Thorsten Boose

Der neue deutsche Jackie Chan Filmführer

Thorsten Boose

Der neue deutsche Jackie Chan Filmführer

Shaker Media

Bibliografische Information der Deutschen Nationalbibliothek
Die Deutsche Nationalbibliothek verzeichnet diese Publikation in der Deutschen Nationalbibliografie; detaillierte bibliografische Daten sind im Internet über http://dnb.d-nb.de abrufbar.

Fotos: Ute Oey (Steckbrief), Klaus Dahle (Deutschland-Premiere von »The Karate Kid« am 19.07.2010 am Sony Center in Berlin)
Typo: Dipl.-Des. Corinna Schneider
Satz & Umschlaggestaltung: Thorsten Boose

Printed in Germany.

ISBN 978-3-95631-696-8

Shaker Media GmbH • Postfach 101818 • 52018 Aachen
Telefon: 02407 / 95964 - 0 • Telefax: 02407 / 95964 - 9
Internet: www.shaker-media.de • E-Mail: info@shaker-media.de

Inhaltsverzeichnis

Bonusteil

Vorwort

Als ich 2008 mein Buch »Der deutsche Jackie Chan Filmführer« veröffentlichte, lagen bereits viele Jahre der Recherche und als Fan hinter mir. Zeitgemäße Bücher über mein Idol gab es länger nicht mehr. Mit dieser ersten, seit langem in deutscher Sprache erschienenen Filmografie von Jackie Chan war es mir daher ein persönliches Anliegen, alle Produktionen der Hongkonger Filmlegende in einem Lexikon zusammenzufassen. Wer hätte damals gedacht, dass Jackie Chan zehn Jahre später immer noch Action-Komödien dreht und mittlerweile Preisträger eines Ehrenoscars ist?

Der sympathische Chinese hat sich mehr als einmal neu erfunden: vom Kung-Fu-Clown der 70er, über den »happy go lucky«-Darsteller der 80er und 90er bis hin zum seriösen Schauspieler und Filmemacher, der er heute ist. Jackie Chan blickt auf eine vielseitige Filmkarriere zurück, die eng mit seinem Privatleben verwoben ist. Nach Bruce Lee und einer Handvoll anderer asiatischer Talente wie John Woo, Yuen Wo-Ping, Jet Li und Michelle Yeoh ist es wohl Jackie Chan als einzigem gelungen, westliche Filmemacher und Produzenten nachhaltig zu inspirieren.

Diese Inspiration wirkt sich auch ansteckend auf seine Fans aus. Fans auf der ganzen Welt zeigen sich seit Mitte der 80er Jahre nicht nur spendabel, wenn es darum geht, seine Wohltätigkeitsaktionen zu unterstützen (»Zu jedem Dollar, den mir meine Fans für meine Charity schicken, lege ich zwei Dollar aus meinem Geldbeutel drauf!«, Jackie Chan), sondern wollen das Erbe von ihrem Idol aktiv weitertragen, mit Fan-Treffen, Besuchen seiner Drehorte auf der ganzen Welt, Spendenaktionen, Geburtstagsgrüßen und vielem mehr. Mich hat sein Schaffen und Dasein dazu inspiriert, eben diese beiden Punkte mit einem weiteren Buch zu ehren und eine neue Generation von Chan-Fans darauf aufmerksam zu machen.

In »Der neue deutsche Jackie Chan Filmführer« blicken wir daher nicht nur auf seine gesamte Filmografie zurück, die nach intensiver Recherche weiter ausgebaut werden konnte, sondern tauchen ein in eine Welt der bewegten Bilder, die in zahlreichen Kapiteln vom Kino, Fernsehen, Internet, Werbespots, Videospielsequenzen und vielem mehr berichtet. Wir entdecken zusammen verlorengeglaubte Schätze der Filmgeschichte, folgen unserem Idol filmisch bis zum heutigen Tag und genießen die Anekdoten von Persönlichkeiten aus der Filmbranche, die mit Jackie Chan erfolgreich zusammenarbeiteten.

Also, tauchen Sie auch 2018 ein in die spannende Welt von Jackie Chan.

Viel Vergnügen!

Thorsten Boose im September 2018

Leseanleitung

Um Ihnen das Lesen der Filmografie zu erleichtern, gibt es diese Leseanleitung, auf die Sie bei Fragen problemlos zurückgreifen können. Jeder Oberpunkt enthält eine allgemeine Zusammenfassung dessen, was auf 199 Seiten für den jeweiligen Film mit zahlreichen Informationen erklärt wird. Die Reihenfolge der Filme ergibt sich aus dem Datum der Erstveröffentlichung – manche Filme mit einer unbekannten Erstveröffentlichung wurden an das jeweilige Produktionsjahr hinten angestellt.

Kopfdaten

Den obersten Teil jeder Seite der Filmografie stellen die Kopfdaten dar, in denen am linken Rand die Filmnummer (#) und am rechten Rand die Jahreszahl des Films steht. Unter dem internationalen Filmtitel befinden sich weitere Titelangaben, falls vorhanden: deutscher (dt.) Titel, alternativer (alt.) Titel, Alias sowie andere und der Originaltitel. In der ersten Infobox darunter können Sie sich über das Filmgenre, die in Klammern gesetzten Angaben zum Subgenre, die beteiligten Produktionsländer/Drehorte und den Produktionszeitraum informieren. Die Schlussangaben »K«, »V«, »TV« und »I« beziehen sich auf das mit dem Film jeweils primär zu erreichende Medium: »K« steht für Kino, »V« für Video, »TV« steht für das Fernsehen und »I« fürs Internet. Fehlt solch eine Angabe, ist das Primärmedium entweder unbekannt oder die Produktion wurde für ein Event oder Festival erstellt.

Inhalt

Eine prägnante Inhaltsangabe des Films, auch bekannt als Synopsis, befindet sich unter der ersten Infobox und fasst die jeweilige Filmhandlung kurz zusammen.

Cast & Crew

Hier werden die Beteiligten des Films genannt. Die erste Zeile ist für eine Auswahl der Hauptdarsteller reserviert. Danach folgen Drehbuchautoren, Ko-Autoren etc. hinter dem Begriff »Buch«. Als Regisseur wird eben dieser oder bei Mehrzahl diese hinter dem Begriff »Regie« genannt, hinter »Produktion« stehen die Produzenten, Ko-Produzenten, ausführende Produzenten, Produktionsleiter oder, wenn nötig, ganze Firmennamen. Der darauffolgende »Credit« ist nicht standardisiert. So kann in dieser Zeile der Action Director, der Stuntkoordinator, der Komponist (»Musik«), der Schnitt u.ä. genannt werden. Den Schluss bildet »Jackies Beitrag«: Hier wird aufgelistet, als was Jackie Chan genau bei der jeweiligen Filmproduktion mitwirkte.

Daten & Erstveröffentlichungen

Die darauffolgende Tabelle weist die Originaldaten des Films auf. So zum Beispiel die linke Spalte in welchen Sprachen und Tontechniken der Film gedreht wurde. Die mittlere Spalte enthält das Bildsystem (Farbe oder schwarzweiß), das Bildformat (internationale Angabe) und teilweise auch das kinematografische Verfahren. Die abschließende rechte Spalte zeigt die jeweilige Spieldauer der in Klammern dahinter geschriebenen Filmfassung an, die sich sekundengenau auf den Heimkinotipp bezieht, sofern vorhanden. Hierbei wurde versucht, nur die jeweils ungeschnittenen Fassungen aufzulisten, d. h. gekürzte Sonderfassungen werden aufgrund von Materialverlust hier nicht beachtet.

Die Erstveröffentlichungen richten sich in erster Linie nach dem Produktionsland des Films und/oder der weltweiten Erstaufführung – und zweitens nach einer deutschen Veröffentlichung – sofern vorhanden. Die Angabe in Klammern »K-DVD« bedeutet Erstveröffentlichung der Kauf-DVD, wohingegen sich die Angabe »V-DVD« auf die Erstveröffentlichung der Verleih-DVD bezieht – je nachdem, was zuerst da war. Dasselbe Prinzip gilt natürlich auch für eine eventuelle Blu-ray-Veröffentlichung. Eine knappe Übersicht über die Anzahl von bekannten Nominierungen und Auszeichnungen des Films findet sich darunter.

Schlusskommentar

Im vom Autor verfassten Schlusskommentar finden Sie Informationen über Budget, Einspielergebnisse, Hintergrundaktionen, Produktionsnotizen ebenso wie wissenswertes Biografisches von Jackie Chan. Auch werden manche Filmfassungen und ihre verwirrende wie faszinierende Einzigartigkeit genauer erläutert.

Heimkinotipp & Fußnoten

Die zweite Infobox beinhaltet den Heimkinotipp, der sich je nach empfohlener Filmfassung auf Blu-ray, DVD oder sogar noch auf VCD bezieht. Bei einer geringen Anzahl von Filmen ist leider kein Tipp möglich. Der Filmtitel, der zusätzliche Hinweis (z. B. »(Director's Cut)«) und das in eckigen Klammern gesetzte Herstellerland sollen Fans bei ihrer Auswahl einer möglichst in Bild, Ton und Spieldauer ungeschnittenen Filmfassung behilflich sein. Die jeweils gesetzte Fußnote enthält weitere Informationen.

Steckbrief: Jackie Chan

Jackie Chan – geboren am **7. April 1954** in Hongkong – ist Sohn von Charles Chan (Fong Dao-Long, 18.12.1914-25.02.2008) und Lee-Lee Chan (Chan Yuet-Wing, ca. 1916-28.02.2002). Mit seiner Frau Lin Feng-Jiao (*30.06.1953), mit der er seit 1982 verheiratet ist, hat er einen Sohn, Jaycee Chan (Chan Cho-Ming, *03.12.1982).

Im Jahr des Pferdes geboren, das für Stärke und Ehrgeiz steht, wurde Jackie Chan auch als *Member of the British Empire* (MBE) für seine Leistungen in der Hongkong-Filmindustrie aufgenommen. Im Jahre 1999 erhielt er den *Silver Bauhinia Star* (SBS), eine Ehrung Hongkongs, die an ehrenamtlich tätige Personen verliehen wird.

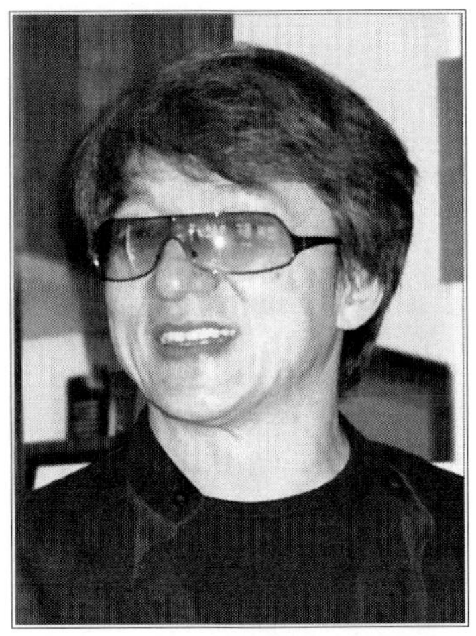

kantonesisch: 成龍

Mandarin: 成龙

Künstlername	
-international	Jackie Chan
-kantonesisch	Sing Lung
-Mandarin	Cheng Long
Geburtsname	Chan Kong-Sang
Ahnenname	Fong Si-Lung
Schulname -(Peking-Oper)	Yuen Lo
Hauptcredits -(alphabetisch)	Chan Yuen Lung, Jacky Chan, Sing Lung, Yuen Lung
weitere Aliase -(alphabetisch)	Chan Kwong Sang, Chan Yuan Lung, Chan Yuen Lung, Chen Gang Shen, Chen Lung, Chen Yuan Lung, Chen Yuen Lung, Cheng Long, Cheng Lung
Spitznamen -(chronologisch)	Pao-Pao, Double Boy, Jack, Dai Gor, Cowboy

Hauptberuf:	Schauspieler, Regisseur, Produzent, Drehbuchautor, Action Director, Stuntkoordinator, Stuntman, Sänger
Nebenberuf:	Kameramann, Beleuchter, Cutter, »Putze«, Tourismusbotschafter …
Hobbys:	Filme, Autos, seine Fans, seine Freunde und die Familie

Jackie Chan wurde für seine filmischen Leistungen bisher 39 mal ausgezeichnet und 47 mal nominiert. Die *Hong Kong Avenue of Stars* und der *Hollywood Walk of Fame* schenkten ihm je einen Stern. Er engagiert sich wohltätig und blickt auf eine 38 Jahre alte Musikkarriere zurück. 2017 erhielt er den Ehren-Oscar für sein Lebenswerk.

1

The 7 Tyrants Of Jiangnan

1962

alt. Titel: *(The) Seven Little Valiant Fighters*
alt. Titel: *Big And Little Wong Tin Bar / Big And Little Huang Tian Ba*

Drama (Chinesische Oper, Komödie) | Hongkong | 1962 | K

Nachdem eine arrangierte Hochzeit nicht so verläuft, wie geplant, und ein wertvolles Artefakt gestohlen wird, versucht man vergeblich, den Dieb ausfindig zu machen. Dem wurde aber unwissentlich der Diebstahl in die Schuhe geschoben. Sieben tapfere Kampfkunst-Schüler schleichen sich also ins Dorf, um den vermeintlichen Kriminellen zu befreien und den Komplott im Auftrag der Liebe aufzuklären.

mit Yu Kai, Cheng Pik-Ying, Lam Yim, Mui Yan, Yam Yin, Ho Siu-Hung ...
Buch: Lee Yuen-Man
Regie: Lung To
Produktion: *The Wing-Scope Film Production Ltd.*
Action Director: Yu Jim-Yuen

Jackies Beitrag: Kinderrolle

Sprache / Ton	**Bild / Format**	**Spieldauer**
Kantonesisch Mono	Schwarzweiß / 1.33:1 35 mm	106:05 Min. (*uncut*)

Erstveröffentlichungen
Hongkong: 5. Dezember 1962
(Nominierungen: 0 | Auszeichnungen: 0)

»The 7 Tyrants Of Jiangnan« gilt als erster Jackie-Chan-Film. Mit acht Jahren wurde er von der Peking-Oper dafür rekrutiert, um neben Sammo Hung, Yuen Wah und anderen Mitschülern eine kleine Nebenrolle in diesem sogenannten 7-Tage-Film zu spielen; 7-Tage, weil die Produktion solcher Filme meist nur eine Woche dauerte. Lange galt dieser Film als verschollen, bevor er am 23. Dezember 2015 in einem YouTube-Kanal in kompletter Länge als Aufzeichnung eines chinesischen TV-Senders auftauchte. Parallel fand das Hongkong-Filmarchiv (HKFA) weitere korrigierende Produktionsnotizen, darf auf Nachfrage aus rechtlichen Gründen aber nicht auf dieses illegal geteilte Material zurückgreifen. »The 7 Tyrants Of Jiangnan« ist nie in Deutschland erschienen, sein Weg endete nach kurzer Zeit im Hongkonger Kino wieder in den Regalen, von wo er seinen Weg irgendwie ins chinesische Fernsehen fand. Die Rechte sind bis heute nicht ganz geklärt, sodass der Film weiterhin offiziell als verschollen gilt. Ein Privatkauf ist demnach ausgeschlossen. Vielleicht wird sich die JC Film Gallery für die Neuentdeckung einsetzen.

Tipp: **leider (noch) nicht möglich**

2

The Story Of Qin Xiang-Lian

1963

alt. Titel: *The Story Of Ching Hsian-Lien*
Originaltitel: *Qin Xiang Lian*

Historisches Drama (Chinesische Oper) | Hongkong | 1963 | K

Während der Song-Dynastie geht der tapfere Chen Shi-Mei in den kaiserlichen Palast, wo er seinen Staatsdienst antreten möchte. Seine Frau Qin Xiang-Lian und seine beiden Kinder lässt er zurück. Vor Ort verliebt er sich in die Prinzessin, sie heiraten. Nach Jahren möchte die verzweifelte Qin Xiang-Lian ihre Familie wieder mit dem Vater vereinen, doch der verweigert ihnen den Zutritt und will sie sogar töten lassen.

mit Li Li-Hua, Yan Jun, Peter Yang Kwan, Leung Sing-Bo, Jackie Chan ...
BUCH: Chen Yu-Hsin
REGIE: Yan Jun, Chen Yu-Hsin
PRODUKTION: Lam Wing-Tai

JACKIES BEITRAG: Kinderrolle

Sprache / Ton	**Bild / Format**	**Spieldauer**
Mandarin Mono	Farbe / 2.35:1 35 mm (Shawscope)	117:18 Min. (*uncut*) ¬

Erstveröffentlichungen
Hongkong: 21. Dezember 1963
(Nominierungen: 0 | Auszeichnungen: 0)

Nach fast 50 Jahren erschien dieser Meilenstein des Hongkong-Kinos endlich auf DVD. Das HKFA fand zudem weitere Produktionsnotizen, sodass ein zurückliegender Kinostart bereits für den 21. Dezember 1963 Fakt ist, nicht, wie zuvor angenommen, am 19. Juli 1964 (dies ist der Kinostart für Malaysia). Anders als bei dem 7-Tage-Film »The 7 Tyrants Of Jiangnan« war diese Produktion der berühmten Cathay-Studios viel größer und technisch fortgeschrittener. Auch Jackies Rolle könnte man als Supporting Role ansehen. Neben vielen Minuten Leinwandpräsenz brilliert er auch durch tolles, dramatisches Schauspiel. Kein Wunder, dass Li Li-Hua so von dem kleinen Rebell schwärmte. Eine deutsche Veröffentlichung ist derzeit weder verfügbar noch geplant, da die Fangemeinde solcher Nischenfilme doch sehr klein ist und damit für Verleiher wirtschaftlich ein Risiko darstellt. Ungeschnitten kann er allerdings auf der taiwanesischen DVD in guter Qualität – und vor allem in Farbe – bewundert werden.

DVD-Tipp: **The Story Of Qin Xianglian*** [TWN]

* Vertrieb: Hoker Records, VÖ: 3. Dezember 2012, Hinweis: Schreibfehler im englischen Titel

3

The Eighteen Darts (Part 1)

1966

alt. Titel: *(The) Seven Little Tigers (Part 1)*

Drama (Martial Arts, Chinesische Oper) | Hongkong | 1966 | K

Als ein Sohn seinen Vater besucht, stellt er erschreckt fest, dass er verschwunden ist. Der Sohn bleibt und lernt den Rest der Familie kennen, darunter sieben Kinder, von denen jedes ein Meister in seiner Kampfkunst ist. Diese bringen ihm Techniken bei, der Sohn lehrt sie Literatur und Poesie. Nach einem schrecklichen Brand, in dem die Sieben Kleinen Tiger als Retter auftraten, fand ein Fest statt. Als dann der Meister der Achtzehn Pfeile auftaucht, fordert er einen Schatz ein.

mit Cheung Ying-Tsoi, Lam Fung, Yue Ming, Ko Lo-Chuen, Lok Gung, Chow Gat ...
BUCH: Sze-To On
REGIE: Wu Pang
PRODUKTION: Chan Yun

JACKIES BEITRAG: Kinderrolle

Sprache / Ton	Bild / Format	Spieldauer
Kantonesisch Mono	Farbe / 1.33:1 35 mm	90 Min. (*geschätzt*)

Erstveröffentlichungen
Hongkong: 24. August 1966
(Nominierungen: 0 | Auszeichnungen: 0)

Produziert als einer der letzten Filme der Dali Film Company in Zusammenarbeit mit der Wader Motion Picture & Development Co. Ltd. Ein DVD-Tipp schließt sich hier von selbst aus. Wo Fans bei »The 7 Tyrants Of Jiangnan« mittlerweile wirklich auf eine Veröffentlichung hoffen können, gilt dieser Film weiterhin als verschollen. Unterdessen hat das HKFA seine Datenbank mit einigen Informationen zu diesem Film gefüllt, doch eine Kopie des Streifens fehlt bis heute. Eine frühere Veröffentlichung in Europa und somit auch in Deutschland ist beinahe gänzlich auszuschließen. Die Filmfotos, welche man im Internet häufig findet, sprechen aber für sich: Jackie sowie Sammo und Yuen Biao haben definitiv in beiden Teilen mitgespielt.

Tipp: **leider nicht möglich**

4

The Eighteen Darts (Part 2)

1966

alt. Titel: *(The) Seven Little Tigers (Part 2) / (The) Seven Little Tigers (concluding episode)*

Drama (Martial Arts, Chinesische Oper) | Hongkong | 1966 | K

Als der Meister der Achtzehn Pfeile sich den Schatz zu eigen gemacht hat, verschwindet er und hinterlässt erstaunte Gesichter. Der Sohn und die Sieben Kleinen Tiger beschließen, ihm hinterherzugehen und den Schatz zurückzufordern. Dabei will der Sohn endlich seinen vermissten Vater wiederfinden. Doch was folgt, ist ein mystisches Finale um Liebe und Tod.

mit Cheung Ying-Tsoi, Lam Fung, Yue Ming, Ko Lo-Chuen, Lok Gung, Chow Gat ...
BUCH: Sze-To On
REGIE: Wu Pang
PRODUKTION: Chan Yun

JACKIES BEITRAG: Kinderrolle

Sprache / Ton	Bild / Format	Spieldauer
Kantonesisch Mono	Farbe / 1.33:1 35 mm	90 Min. (*geschätzt*)

Erstveröffentlichungen
Hongkong: 31. August 1966
(Nominierungen: 0 | Auszeichnungen: 0)

Wie schon bei Teil 1 ist hier ein DVD-Tipp ausgeschlossen; der zweite Teil gilt ebenso wie sein Vorgänger als verschollen. Dass Jackie Chan, Sammo Hung und Yuen Biao in den 1960ern aber einige Filmauftritte hatten, manchmal auch zusammen, lässt sich anhand von überlebenden Fotos nachweisen. Wer sich weiter mit den Wirren der Filme aus den 1960ern beschäftigen möchte, dem sei mein Artikel »Aufgeklärt: Jackie Chan ist nicht in „Come Drink With Me" („Das Schwert der Gelben Tigerin") von 1966 zu sehen«* ans Herz gelegt, in dem ich nicht nur zusammenfasse, dass, sondern auch erkläre, warum Jackie Chan nicht im besagten Film zu sehen ist. Zur Anwendung kommen hier auch einige Vergleichsbilder aus anderen Filmen jener Zeit.

Tipp: **leider nicht möglich**

* Kurzlink zum Artikel: http://bit.ly/ComeDrinkWithMeJC

5

Lady Of Steel

1970

Originaltitel: *Huang Jiang Nu Xia*

Action (Schwertkampf, Abenteuer, Drama) | Hongkong | 1969-1970 | K

Zwei Ehrenmänner planen einen Gütertransfer durch die Landschaft. Die Ware soll Flutopfern zugute kommen. Doch der Transport wird überfallen und die beiden Männer und ihre Familien kaltblütig ermordet. Nur die kleinste Tochter Fang Ying Chi kommt mit dem Leben davon. Zwanzig Jahre später will sie Rache üben und sucht mithilfe eines Briefes ihres Kung-Fu-Meisters in der Stadt nach Unterstützung. Sie findet sie im König der Bettler und seiner Armee. Als eine Intrige die nächste jagt, scheint es fast unmöglich zu sein, dass Fang Ying Chi ihre Familie rächen kann.

mit Cheng Pei-Pei, Yueh Hua, Huang Chung-Hsin, Fang Mian, Lee Pang-Fei ...
Buch: Liang Jen
Regie: Ho Meng-Hua
Produktion: Runme Shaw
Action Director: Leung Siu-Chung

Jackies Beitrag: Kinderrolle

Sprache / Ton	Bild / Format	Spieldauer
Mandarin Mono	Farbe / 2.35:1 35 mm (Shawscope)	83:54 Min. (*uncut*) ¬

Erstveröffentlichungen
Hongkong: 27. Februar 1970
(Nominierungen: 0 | Auszeichnungen: 0)

Jackie spielt einen Bettlerjungen, der sich zusammen mit Meng Yuen-Man mit einem erwachsenen Schwertkämpfer anlegt – wenn auch nur für kurz. Da Jackie laut Cheng Pei-Pei nicht in »Come Drink With Me« (1966) zu sehen sein soll, es aber in diesem Film, der ebenfalls mit Cheng Pei-Pei in der Hauptrolle besetzt ist, ist, könnte es sich um eine Verwechslung handeln. Um eine sehr große Filmverwechslung sogar! Wie »Come Drink With Me« ist auch »Lady Of Steel« ein Meisterwerk des Hongkong-Kinos. Herausragend sind vor allem die Kämpfe, Kulissen und Kostüme sowie die gesamte Kinematografie. Ein Highlight setzt der moderne Schnitt und die perfekte Musikuntermalung. In Deutschland ist er leider nie erschienen, aber der Erwerb der Hongkong-DVD lohnt sich – wenn man noch das Glück hat, ein mittlerweile vergriffenes Exemplar zu ergattern!

DVD-Tipp: **Lady Of Steel**[*] [HK]

* Vertrieb: IVL, VÖ: 20. September 2007

6

The Blade Spares None

1971

Originaltitel: *Dao Bu Liu Ren*

Action (Schwertkampf, Abenteuer, Drama) | Hongkong | 1971 | K

Die schöne Schwertkämpferin Ho Li-Chun nimmt an einem spektakulären Wettkampf in Prinz Kueis Palast teil. Ein Konkurrent, Chen Jo-Yu, wird besiegt und flüchtet. Als er auf einen Mann namens Tang Ching-Yun stößt, ist dies gleichzeitig das Treffen mit Ho Li-Chun, gegen die er im Wettkampf zuvor verloren hat. Ho Li-Chun erkennt das Schwert Tangs, mit dem einst ein Erzfeind der Familie Ho kämpfte. Sie schließt sich den beiden Männern an, und als sie entdecken, dass Prinz Kuei eigentlich der Erzfeind Ho Li-Chuns ist, der den echten Prinzen vor langer Zeit ermordet hat, beginnt die Jagd nach ihm in seinem Palast.

mit Nora Miao, Patrick Tse Yin, James Tien, David Lo Tai-Wai, Paul Chang Chung ...
BUCH: David Lo Tai-Wai (nach einer Geschichte von Ni Kuang)
REGIE: Teddy Yip Wing-Cho
PRODUKTION: Raymond Chow
ACTION DIRECTOR: Han Ying-Chieh, Sammo Hung

JACKIES BEITRAG: Komparse, Stuntman

Sprache / Ton	Bild / Format	Spieldauer
Mandarin Mono	Farbe / 2.35:1 35 mm (Dyaliscope)	101:34 Min. ¬ 103:24 Min. (*uncut*)

Erstveröffentlichungen
Hongkong: 30. April 1971
(Nominierungen: 0 | Auszeichnungen: 0)

Als der Film gedreht wurde, war Jackie noch an der Peking-Oper und Sammo bereits als Action Director tätig; wie hier als Chu Yuan-Lung. Jackie ist als einer der Schwertkämpfer im dunklen Wald schwer zu erkennen. In einer kurzen Einstellung läuft er aber von links nach rechts durch den Vordergrund. Bestimmt war er auch als eine der Leichen am Set tätig, weil er sich früh den Ruf erarbeitet hatte, sehr still über lange Zeit liegen bleiben zu können. »The Blade Spares None« bietet epochale Schwertkampfszenen mit Dutzenden Stuntmen/Komparsen, die oft verhüllende Kostüme tragen. Einige Aufnahmen aus diesem Film sind sogar in »Jackie Chan – My Stunts« zu sehen ... Die HK-DVD scheint leicht geschnitten zu sein, eine Uncut-Fassung findet man bisher angeblich nur auf der taiwanesischen VHS.

DVD-Tipp: **The Blade Spares None*** [HK]

* Vertrieb: Joy Sales, VÖ: 12. Oktober 2009

The Angry River

Originaltitel: *Gui Nu Chuan*

Abenteuer (Action, Drama) | Hongkong | 1971 | K

Der Meister des Liangyi-Schlosses, Lan Ting-Lung, ruft zur Ausrottung der Mond-Sekte auf. Im Schwertkampf wird er vom Sektenführer verwundet. Seine Tochter Lan Feng muss seltene Kräuter herbeischaffen, um das Überleben ihres Vaters zu sichern. Unterwegs freundet sie sich mit Leng Yu-Han an, der ihr im Kampf gegen die Mond-Sekte zur Seite steht, als sie nach ihrer Rückkehr erkennt, dass ihr Zuhause in Schutt und Asche liegt – ihr Vater brutal ermordet.

mit Angela Mao, Kao Yuen, Pai Ying, Raymond Lui, Han Ying-Chieh, Fung Ngai ...
BUCH: Wong Fung
REGIE: Wong Fung
PRODUKTION: Raymond Chow
ACTION DIRECTOR: Han Ying-Chieh, Sammo Hung

JACKIES BEITRAG: Komparse, Stuntman

Sprache / Ton	Bild / Format	Spieldauer
Mandarin Mono	Farbe / 2.35:1 35 mm (Dyaliscope)	86:07 Min. (*uncut*) ¬

Erstveröffentlichungen
Hongkong: 12. Mai 1971
(Nominierungen: 0 | Auszeichnungen: 0)

Jackie Chan ist als einer der in Schwarz gekleideten Schwertkämpfer zu sehen und übernahm beim Filmen sicher auch einige kleinere Stunts. »The Angry River« ist ein optisch beeindruckender Film, der seinen Weg bisher leider nicht in den Westen schaffte. Die HK-DVD ist wie die japanische DVD ungeschnitten; die unterschiedliche Lauflänge kommt wegen der unterschiedlichen Firmenintros der jeweiligen Verleiher zustande.

DVD-Tipp: **The Angry River*** [HK]

* Vertrieb: Joy Sales, VÖ: 16. Oktober 2008

8

Fist Of Fury

1972

dt. Titel: *Todesgrüße Aus Shanghai / Die Faust Des Rächers*
Originaltitel: *Jing Wu Men*

Historisches Drama (Action, Krimi, Romanze) | Hongkong | 1971-1972 | K

Shanghai, 1908. Japanische Ganoven terrorisieren die Kung-Fu-Schule von Meister Fan und wollen sie mit allen Mitteln schließen lassen. Das kommt für die Chinesen nicht in Frage, was ihr Meister schließlich mit dem Leben bezahlen muss. Der Musterschüler Cheng will sich rächen und schmiedet einen cleveren und blutrünstigen Plan gegen die Japaner.

mit Bruce Lee, Nora Miao, Tien Feng, James Tien, Lo Wei, Robert Baker ...
Buch: Lo Wei
Regie: Lo Wei
Produktion: Raymond Chow
Action Director: Han Ying-Chieh

Jackies Beitrag: Stuntman, Komparse

Sprache / Ton	Bild / Format	Spieldauer
Mandarin, Kantonesisch, Englisch Mono	Farbe / 2.35:1 35 mm (Dyaliscope)	106:10 Min. (*uncut*) ¬

Erstveröffentlichungen
Hongkong: 22. März 1972
Deutschland: 28. Juni 1973
(Nominierungen: 3 | Auszeichnungen: 2)

Diese Golden-Harvest-Produktion kostete etwa 800.000 HK-Dollar, doch mit einigen Blockbustern aus den Jahren zuvor konnte sich die junge Filmfirma das locker leisten. Vor allem, weil ihr Talent Bruce Lee als Erfolgsgarant galt. Jackie ist hier als Komparse in der anfänglichen Trainingsszene zu sehen. Als Stuntman doubelt er gegen Ende des Films den japanischen Bösewicht in einem überdurchschnittlichen Stunt, der beinahe nach hinten losging, ihm stattdessen aber großen Respekt in der Szene und bei Bruce Lee persönlich verschaffte. Aus dem Grund wollte Bruce ihn auch bei seinem nächsten Film mit an Bord haben. Beinahe hätte Wu Chia-Hsiang Regie geführt, hätte nicht Lo Weis Frau ihren Ehemann dazu in letzter Sekunde überredet und ihn so zum selbsternannten Entdecker Bruce Lees gemacht. Eine deutsche Uncut-Fassung gibt es auf Blu-ray in exzellenter Qualität mit Retro-Cover.

BD-Tipp: **Todesgrüße aus Shanghai**[*] [BRD]

* Vertrieb: Universum Film, VÖ: 9. September 2011

9 | 1972

The Brutal Boxer

dt. Titel: *Blood Fingers / Death Boxing*
alt. Titel: *Brutal Boxer* | Originaltitel: *Tang Ran Ke*

Action (Faustkampf, Krimi, Drama) | Hongkong, Thailand | 1972 | K

Weil das Restaurant zweier Brüder in den Miesen steckt, sichert ein örtlicher Kleinganove ihnen seine Hilfe zu. Als Gegenleistung will er einen der Brüder für sich arbeiten lassen, was enorme Probleme mit sich bringt.

mit Chan Sing, Raymond Lui, Tanny Tien Ni, Guan Shan, Mars, Ko Hsiang-Ting ...
BUCH: Ni Kuang
REGIE: Guan Shan
PRODUKTION: Guan Shan
ACTION DIRECTOR: Chui Chung-Hok, Chan Sing

JACKIES BEITRAG: Stuntman, Komparse

Sprache / Ton	Bild / Format	Spieldauer
Mandarin Mono	Farbe / 2.35:1 35 mm (anamorph)	73:46 Min. ¬ 83:46 Min. (*uncut*)

Erstveröffentlichungen
Hongkong: 4. Oktober 1972
Deutschland: 1. März 2006 (K-DVD)
(Nominierungen: 0 | Auszeichnungen: 0)

»The Brutal Boxer« macht seinem Titel alle Ehre; Vorgehensweise und Inhalt werden im Titel bereits zur Genüge erklärt. Jackie spielt hier einen Schläger. Gedreht wurde damals in Thailand. Die erhältlichen DVD-Versionen sind alles andere als annehmbar. Die deutsche DVD prahlt auf der Rückseite mit einer englischen Tonspur, die jedoch nicht darauf vorhanden ist. Auch liegt der Film nur im 4:3-Format vor, die Seitenränder der Originalversion fehlen gänzlich, die Bild- und Synchronisationsqualität sind ebenfalls unterste Schublade. Die deutsche Fassung entspricht der US-amerikanischen von Black Belt Theatre, die im Doppelpack mit Jet Lis »The Shaolin One« daherkommt, und ist ebenso geschnitten. Die zehn Minuten längere italienische VHS-Fassung scheint demnach als weltweit einzige Fassung ungekürzt zu sein. Am 1. Dezember 2009 erschien der Film unter dem neuen Titel »Death Boxing« beim Verleih Best Entertainment AG, aber auch diese Version ist nicht empfehlenswert. Als einer der brutalsten Kung-Fu-Filme aller Zeiten spielte er damals dennoch (oder vielleicht deswegen?) satte 838.708,30 HK-Dollar ein!

DVD-Tipp: **Blood Fingers**[*] [BRD]

* Vertrieb: M.I.B., VÖ: 1. März 2006

10

Hapkido

1972

alt. Titel: *Hap Ki Do / Lady Kung Fu*
Originaltitel: *He Qi Dao*

Historisches Drama (Action) | Hongkong, Südkorea | 1972 | K

Nach ihrem Aufenthalt in Korea, wo die drei Studenten Ying, Wei und Chung die Kampfkunst Hapkido erlernten, kehren sie nach China zurück, um ihre eigene Schule zu gründen. Doch sofort bekommen sie Ärger mit der ansässigen japanischen Kampfkunstschule. Da die drei Jungmeister nur in Frieden ihre Schüler unterrichten wollen, bewahren sie eben diesen solange, bis der Druck seitens der Japaner zu groß wird und sie zum Kämpfen gezwungen werden.

mit Angela Mao, Sammo Hung, Carter Wong, Pai Ying, Whang In-Shik ...
BUCH: Ho Jen
REGIE: Wong Fung
PRODUKTION: Raymond Chow
ACTION DIRECTOR: Sammo Hung

JACKIES BEITRAG: Stuntman, Komparse

Sprache / Ton	Bild / Format	Spieldauer
Mandarin Mono	Farbe / 2.35:1 35 mm (Dyaliscope)	93:23 Min. (*uncut*) ¬

Erstveröffentlichungen
Hongkong: 12. Oktober 1972
(Nominierungen: 0 | Auszeichnungen: 0)

Sammo Hungs erste große Hauptrolle brachte ihm auch gleichzeitig den Titel des etablierten Action Directors ein. Als großer Bruder gab er Jackie Arbeit als Komparse. Als der Koordinator keinen seiner Stuntmen für einen waghalsigen Stunt riskieren wollte – ein ungesicherter Sturz ohne Matten in die dunkle Tiefe –, meldete sich Jackie freiwillig. So bewies er nach seinem gefährlichen Stunt an den Stahldrähten in »Fist Of Fury« im gleichen Jahr sein Können. Der Sturz gelang beim ersten Mal, doch Perfektionist Jackie wollte noch einmal. In der Autobiografie widmet sich Jackie Chan auf mehreren Seiten diesem Stunt aus »Hapkido«, der ihm den Spitznamen Double Boy einbrachte. Sammo und Angela Mao trainierten einige Monate Hapkido in Südkorea bei Whang In-Shik, den sie dann zum Filmdreh einluden. Im Studio nebenan filmte übrigens Bruce Lee Szenen für »Way Of The Dragon« und schaute gelegentlich vorbei. Keine deutsche Veröffentlichung bisher.

DVD-Tipp: **Hapkido**[*] [GB]

[*] Vertrieb: Hong Kong Legends, VÖ: 28. August 2006

11 | **Ambush** | 1973

alt. Titel: *The Besieged*
Originaltitel: *Mai Fu*

Action (Schwertkampf, Drama) | Hongkong | 1972 | K

In einem verzwickten Spiel von Intrigen fällt der Verdacht eines Raubes auf den Polizisten Wan Chao-Fan und seinen Vater, da sein Schwert am Tatort gefunden wurde. Doch der alte Herr ist nirgends zu finden, und so bleibt Chao-Fan alleiniger Verdächtiger. Er flieht, um den wahren Räuber zu schnappen und die Ehre seiner Familie wieder herzustellen.

mit Li Ching, Chiu Hung, Yeung Chi-Hing, Wang Hsieh, Dean Shek Tin ...
Buch: Patrick Kong Yeung
Regie: Ho Meng-Hua
Produktion: Runme Shaw
Action Director: Simon Chui Yee-Ang

Jackies Beitrag: Komparse

Sprache / Ton	Bild / Format	Spieldauer
Mandarin Mono	Farbe / 2.35:1 35 mm (Shawscope)	94:06 Min. (*uncut*) ¬

Erstveröffentlichungen
Hongkong: 5. Januar 1973
(Nominierungen: 0 | Auszeichnungen: 0)

Jackie hat hier nur einen kurzen Auftritt, dann aber gleich mit ein wenig Text, als er den Bogen spannt und seinen Kameraden zeigt, wohin sie im Kampf schießen sollen. Gedreht wurde spät 1972, als Jackie schon mit der Schule, der China Drama Academy, fertig war und sich mit kleinen Jobs im Filmgeschäft über Wasser hielt. Leider erschien der Film bisher nicht in Deutschland, sodass Fans auf die Hongkong-DVD ausweichen müssen.

DVD-Tipp: **Ambush**[*] [HK]

* Vertrieb: IVL, VÖ: 8. Juni 2006

12

Not Scared To Die

1973

alt. Titel: *Eagle Shadow Fist / In Eagle's Shadow Fist / Fist Of Anger / Return To China!*
Originaltitel: *Ding Tian Li Di*

Historisches Drama (Action, Faustkampf) | Hongkong | 1972 | K

Basierend auf wahren Ereignissen, spielt der Film während des Zweiten Weltkriegs. Die Japaner haben Teile Chinas besetzt, doch die Einheimischen leisten Widerstand. So auch eine Theatergruppe, die Gegenpropaganda mit ihren Aufführungen startet und schließlich tatkräftig mit Hand und Fuß im Gemetzel steht.

mit Wong Ching, Jackie Chan, Yuen Qiu, Alex Lung Ji-Fei, Chiang Nan, Chu Mu ...
Buch: So Lam
Regie: Chu Mu
Produktion: Hoi Ling
Action Director: Yuen Cheung-Yan

Jackies Beitrag: Nebenrolle, Stuntkoordinator

Sprache / Ton	Bild / Format	Spieldauer
Mandarin Mono	Farbe / 2.35:1 35 mm (anamorph)	87:03 Min. 87:05 Min. *(uncut)*

Erstveröffentlichungen
Hongkong: 12. Januar 1973
Deutschland: 17. November 2005 (K-DVD)
(Nominierungen: 0 | Auszeichnungen: 0)

Nachdem Jackie seinen Debütfilm »The Cub Tiger From Kwang Tung« (1973) bereits 1971 abgedreht hatte, aber noch zwei Jahre auf die Veröffentlichung warten musste, verschaffte der Regisseur Ngai Hoi-Fung ihm einen Vertrag bei der Greath Earth Film Company. So entstand dieser erste von zwei Auftragsfilmen. Nach dem Erfolg von »Snake In The Eagle's Shadow« (1978) fand der bis dato erfolglose Film (Einspielergebnis: 69.336,20 HK-Dollar) unter dem Titel »Eagle's Shadow Fist« einen neuen Kinostart. Weltweit existiert keine Version, die keine Filmrisse aufweist und somit ungeschnitten wäre. Wer die seltene japanische DVD von JVD mit dem Titel »Return to China!« besitzt, kann sich glücklich schätzen. Nur hier gibt es das Breitwand-Bildformat – andere Versionen laufen auf 4:3 – und im Vergleich wenige Filmrisse. Doch auch dort wurde im Finale um ca. 1,5 Sekunden eine Nahaufnahme gekürzt. Eine echte Uncut-Fassung dieses Frühwerks ist nicht existent. Dennoch ist für deutsche Fans der Tipp interessant, da der Film endlich einzeln erhältlich ist.

DVD-Tipp: **Eagle Shadow Fist*** [BRD]

* Vertrieb: Carol Media, VÖ: 25. Mai 2009

13

Fist Of Unicorn

1973

dt. Titel: *Bruce Lee Und Ich* | alt. Titel: *Unicorn Fist / Unicorn Palm / Bruce Lee & I*
Originaltitel: *Qi Lin Zhang*

Action (Faustkampf, Drama) | Hongkong | 1972-1973 | K

Lung hat sein Vagabundenleben satt. Er freundet sich mit dem Akrobat Tiger an und lebt ab sofort als Handlanger bei ihm und seiner Mutter. Eines Tages beleidigt Tiger öffentlich einen Mann, der sich als Gangster entpuppt. Ein Kampf bricht aus, bei dem kaum jemand überlebt. Der traurige Rest sucht erst einmal Schutz, doch als der Gangster Wong wieder auftaucht, gibt es einen weiteren Kampf auf Leben und Tod.

mit Little Unicorn, Kitty Meng Chui, Mang Hoi, Whang In-Shik, Kurata Yasuaki ...
BUCH: Tang Ti
REGIE: Tang Ti
PRODUKTION: Cook Shing-Hwa
ACTION DIRECTOR: Bruce Lee, Little Unicorn

JACKIES BEITRAG: Stuntman, Komparse

Sprache / Ton	Bild / Format	Spieldauer
Mandarin Mono	Farbe / 2.35:1 35 mm (anamorph)	90:03 Min. (*uncut*) ¬

Erstveröffentlichungen
Hongkong: 1. März 1973
Deutschland: 25. Mai 1976
(Nominierungen: 0 | Auszeichnungen: 0)

1972/1973 war Bruce Lee auf dem Höhepunkt seiner Karriere. Sein Freund Little Unicorn wollte immer schon einen eigenen Film drehen, doch er besaß kein Geld und wenig Talent. Also log er einem Produzenten vor, Bruce Lee höchstpersönlich sei am Film beteiligt, sodass der Produzent einstieg. Als Little Unicorn Bruce Lee zum Set einlud, wiesen er und der Produzent ihren Kameramann an, alles mitzudrehen. So wurden satte 15 Minuten dieser Aufnahmen sinnlos in den Film geschnitten und dem Hongkong-Publikum präsentiert, ohne dass Bruce Lee etwas davon erfuhr. Bei der Premiere war er entsetzt und distanzierte sich von seiner Mitarbeit. Die Freundschaft endete vor Gericht. Der Film spielte 722.848,90 HK-Dollar ein. Die deutsche Synchronfassung kam bereits 1976 in die Kinos. In der Bruce-Lee-Kollektion ist der Film erstmals ungeschnitten auf deutsch enthalten, mit dem bitteren Beigeschmack, dass er aber damals in Hongkong schon zerstückelt wurde.

DVD-Tipp: **Fists Of Death (Collection)*** [BRD]

* Vertrieb: Schröder Media, VÖ: 8. November 2012

14

Chinese Hercules

1973

dt. Titel: *Gozakko – Seine Fäuste Trommeln Das Todeslied*
alt. Titel: *Freedom Strikes A Blow / A Duel Of Harbour / The Kid In Pier* | Originaltitel: *Ma Tou Da Jue Dou*

Action (Faustkampf, Drama, Abenteuer) | Hongkong, Taiwan | 1973 | K

In einem Kampf tötet *Chan Wai Man* beinahe den Bruder seiner Verlobten und flüchtet panisch. Er schwört, nie wieder zu kämpfen und findet schließlich eine anständige Arbeit im Hafen. Doch die Arbeitsverhältnisse dort verschärfen sich, als der grausame Boss die Arbeiter betrügt, gewalttätig wird und einige sogar umbringen lässt. Diese Drecksarbeit erledigt ein Muskelpaket für ihn, das keine Gnade kennt. *Chan Wai Man* muss seinen Schwur brechen, um seine Freunde zu schützen.

mit Michael Chan, Chiang Fan, Lee Tin-Ying, Fong Yau, Bolo Yeung, Yuen Fung ...
BUCH: Dorian Tan
REGIE: Huang Ta
PRODUKTION: Lu Ching-Hang
ACTION DIRECTOR: Jackie Chan

JACKIES BEITRAG: Komparse, Stuntman, Stuntkoordinator, Action Director

Sprache / Ton	**Bild / Format**	**Spieldauer**
Mandarin Mono	Farbe / 2.35:1 35 mm (anamorph)	94:56 Min. (*uncut*) ¬

Erstveröffentlichungen
Hongkong: März 1973
Deutschland: 25. Januar 1974
(Nominierungen: 0 | Auszeichnungen: 0)

Interessant, dass auch dieser Titel in Jackies Autobiografie keinen Platz findet, war er doch als Action Director tätig. Und das mit gerade einmal 19 Jahren! Auch im Film kann man ihn als Schläger sehen. In Deutschland erschien bisher keine Kaufversion, obwohl er damals, mit 77 Minuten stark geschnitten, im Kino lief. Die beste Version, die gleichzeitig ungeschnitten zu sein scheint, kommt von Rarescope und bietet englischen sowie O-Ton und originales Bildformat und Titelsequenz. Ein brutales Action-Drama mit Handlung. Übrigens soll die Story aus der Feder Dorian Tans stammen, der später in »The Himalayan« (1976) und »Hand Of Death« (1976) mit Jackie zusammenarbeitete. In einem Interview mit Screen Power sagte Dorian Tan aus, dass er Jackie schon Jahre vor 1976 kennenlernte, als er einen Film produzierte. Damit könnte dieser gemeint und das Gerücht um seine Mitarbeit wahr sein.

DVD-Tipp: **Chinese Hercules*** [GB]

* Vertrieb: Rarescope, VÖ: 26. November 2007

15 | 1973

Facets Of Love

alt. Titel: *(The) Northern Ladies Of China*
Originaltitel: *Bei Di Yan Zhi*

Drama (Erotik, Komödie) | Hongkong | 1973 | K

Im chinesischen Rotlichtviertel Ende des 19. Jahrhunderts: Das arme Mädchen Da Qin wird übers Ohr gehauen und findet sich selbst als Lustsklavin in einem Bordell wieder. Während viele Prostituierte ihre Klienten verwöhnen, erzählt eine von ihnen ihrem Kunden die Geschichte eines früheren jungen Kaisers, dem sein Sexualtrieb zum Verhängnis wurde. Da Qin verzweifelt irgendwann und trifft eine Entscheidung.

mit Lily Ho, Yueh Hua, Woo Gam, Teresa Ha Ping, Cheng Kang-Yeh, Su Hsiang ...
BUCH: Li Han-Hsiang
REGIE: Li Han-Hsiang
PRODUKTION: Sir Run Run Shaw
KOSTÜMDESIGNER: Liu Chi-Yu

JACKIES BEITRAG: Nebenrolle

Sprache / Ton	Bild / Format	Spieldauer
Mandarin Mono	Farbe / 2.35:1 35 mm (Shawscope)	94:06 Min. (*uncut*) ¬

Erstveröffentlichungen
Hongkong: 5. April 1973
(Nominierungen: 0 | Auszeichnungen: 0)

Huren, Sex, Intrigen und mehr. Kein Wunder, dass dieser Film nicht in der offiziellen Jackie-Chan-Filmliste zu finden ist. Zu Unrecht, denn Jackie hat hier eine Glanzrolle. Er spielt einen Kellner in einem schicken Restaurant, der einem angesehenen Staatsmann eine bestimmte Frau verschaffen soll. Jackie singt, schauspielert und hat Spaß abseits seiner Martial-Arts-Arbeiten, das sieht man. »Facets Of Love« liegt bis heute nur in der Hongkong-Version vor. Doch der Kauf lohnt sich, wenn man noch eine vergriffene, heiß begehrte DVD findet. Ein glasklares Bild und ein digital überarbeiteter Ton lassen die ästhetischen Aufnahmen in neuem Licht erscheinen.

DVD-Tipp: **Facets Of Love*** [HK]

* Vertrieb: IVL, VÖ: 13. Dezember 2007

16

Police Woman

1973

dt. Titel: *Rumble In Hong Kong* | alt. Titel: *(The) Young Tiger / The Heroine / Here Come Big Brother*
Originaltitel: *Nu Jing Cha*

Action (Faustkampf, Krimi) | Hongkong | 1972 | K

Hongkong in den 1970er Jahren. Kleinganoven und Halbstarke treiben sich um und versuchen, an schnelles Geld zu kommen. Als eine Gruppe Kleinkrimineller eines Tages einen Taxifahrer bedroht, weiß der sich jedoch mit Händen und Füßen zu wehren und sorgt für ein fulminantes Finale mithilfe einer taffen Polizistin, um dem Ganoventum endlich Einhalt zu gebieten.

mit Charlie Chin, Yuen Qiu, Lee Man-Tai, Woo Gam, Chiang Nan, Jackie Chan ...
Buch: Chu Mu, Ngai Hoi-Fung
Regie: Chu Mu
Produktion: *Great Earth Film Company*
Action Director: Jackie Chan, Yuen Cheung-Yan

Jackies Beitrag: Nebenrolle, Action Director, Stuntkoordinator

Sprache / Ton	Bild / Format	Spieldauer
Mandarin Mono	Farbe / 2.35:1 35 mm (anamorph)	80:41 Min. (*uncut*) ¬

Erstveröffentlichungen
Hongkong: 26. April 1973
Deutschland: 23. März 2007 (K-DVD)
(Nominierungen: 0 | Auszeichnungen: 0)

Dieser zeitgenössische Action-Film war Jackies zweite Vertragsarbeit für die Great Earth Film Company. Auch wenn sich alle Mühe gaben, der Film floppte bereits wie sein Vorgänger (287.493,80 HK-Dollar Einnahmen). Erst als 1996 »Rumble In The Bronx« über Umwege durch die USA weltweit zum Kassenschlager wurde, veröffentlichten verschiedene Labels diese 70er-Jahre-Produktion unter dem Titel »Rumble In Hong Kong« neu. Kurioserweise wird der Film oft mit »None But The Brave« (1973) verwechselt, da beide gleiche Aliase haben. Ein weiterer Alternativtitel ist »The Young Tiger«. Auch hier gibt es viele Fehlveröffentlichungen, da der Film mit dem gleichnamigen Streifen von Regisseur Wu Ma aus demselben Jahr verwechselt wird. Angeblich wurde der Film in nur 35 Tagen und zwar genau vom 8. Juni bis zum 13. Juli 1972 abgedreht. Die deutsche Filmversion scheint ungeschnitten zu sein, zudem zeichnet sie das Widescreen-Format aus.

DVD-Tipp: **Rumble In Hong Kong**[*] [BRD]

[*] Vertrieb: Great Movies, VÖ: 23. März 2007

None But The Brave

alt. Titel: *The Heroine / Kung Fu Girl / Attack Of The Kung Fu Girls*
Originaltitel: *Tie Wa*

Action (Drama) | Hongkong | 1973 | K

Während der Gründung der Republik Chinas ernennt sich General Yuen Sai-Hoi selbst zum neuen Herrscher. Den befeindeten Japanern schenkt er die Macht über den Norden des Landes. Das ruft viele loyale Chinesen zu Demonstrationen auf, unter ihnen der junge Student Choi. Als einer von vielen wird Choi wegen seines rebellischen Verhaltens inhaftiert. Seine Schwester soll für General Yuen Sai-Hoi belastende Beweise vorlegen, um den Studenten zu exekutieren. Da die echte Schwester vor langem starb, gibt die tapfere Siu Ying, eine weitere Rebellin, vor, mit Choi verwandt zu sein, um so das System von innen heraus zu manipulieren.

mit Cheng Pei-Pei, Ou Wei, James Tien, Lo Wei, Shishido Jo, Han Ying-Chieh ...
Buch: Lo Wei
Regie: Lo Wei
Produktion: Raymond Chow
Action Director: Han Ying-Chieh

Jackies Beitrag: Komparse, Stuntkoordinator

Sprache / Ton	Bild / Format	Spieldauer
Mandarin Mono	Farbe / 2.35:1 35 mm (Dyaliscope)	117:33 Min. (*uncut*) ¬

Erstveröffentlichungen
Hongkong: 10. Mai 1973
(Nominierungen: 0 | Auszeichnungen: 0)

Jackie spielt wie seine beiden Freunde Yuen Wah und Corey Yuen Kwai einen japanischen Schurken. Lo Wei, Jackies späterer Arbeitgeber, behauptete immer wieder, seinen Schützling bei diesem Film schon entdeckt zu haben, als der junge Stuntkoordinator seinen Kollegen beibrachte, wie man richtig vor der Kamera stirbt. Am Set schenkte er ihm aber nach Jackies Aussagen keinerlei Beachtung. Da diese Produktion (noch) nicht in deutscher Fassung vorliegt, lohnt sich der Kauf der ungeschnittenen Hongkong-DVD.

DVD-Tipp: **Kung Fu Girl*** [HK]

* Vertrieb: Joy Sales, VÖ: 3. Juli 2009

18

The Awaken Punch

1973

alt. Titel: *Village On Fire / Buddhist Shaolin Avengers / The Fury Of The Black Belt / Awaken Fist*
Originaltitel: *Shi Po Tian Jian*

Action (Faustkampf) | Hongkong | 1973 | K

Cheung Da Gong verdient sein Geld als Gelegenheitskämpfer. Von Zeit zu Zeit kämpft er auf einer Bühne vor Zuschauern, wo seine Figur Schutzgeld erpresst. Eines Tages erhält er einen Brief, in dem er aufgefordert wird, sofort nach Hause zu kommen – sein Vater ist todkrank. An seinem Sterbebett schwört Cheung, das Kämpfen aufzugeben und sich um die Familienfarm zu kümmern. Doch Gangster wollen das Grundstück kaufen. Als Cheung immer wieder ablehnt, brennen sie das Haus nieder, wobei Cheungs Schwester und Mutter umkommen. Von Rachegelüsten geleitet, jagt er der Bande nach, um den Führer umzubringen, doch es kommt ganz anders ...

mit Henry Yu Yung, Au-Yeung Pui-San, Tien Feng, Mang Lee, Kenneth Tsang ...
BUCH: Fong Lung-Seung, Cory B. Sarangaya
REGIE: Fong Lung-Seung
PRODUKTION: Jimmy L. Pascual
ACTION DIRECTOR: Yuen Wo-Ping, Yuen Cheung-Yan

JACKIES BEITRAG: Komparse, Stuntman

Sprache / Ton	Bild / Format	Spieldauer
Mandarin Mono	Farbe / 2.35:1 35 mm (Techniscope)	87:50 Min. (*uncut*) ¬

Erstveröffentlichungen
Hongkong: 23. Mai 1973
(Nominierungen: 0 | Auszeichnungen: 0)

Ein recht brutaler Film, wenn man bedenkt, dass hier Jackie Chan in einer kurzen Szene einer Frau nachstellt und ungehalten auf sie eindrischt. »The Awaken Punch« erzielte an Hongkongs Kinokassen ein Einspielergebnis von 439.052,20 HK-Dollar. Obwohl der DVD-Tipp ein geschnittenes 4:3-Bild enthält, ist diese Version wohl die bisher einzig erhältliche. In seiner Autobiografie listet Jackie Chan den Film »Two In A Black Belt« mit der Jahreszahl 1984 in seiner Filmografie auf. Interessant ist, dass ein Alias dieses Films so ähnlich lautet, hier nur die Jahreszahl nicht übereinstimmt. Könnte sich Jackie damals beim Schreiben geirrt haben?

DVD-Tipp: **Buddhist Shaolin Avengers**[*] [USA]

* Vertrieb: Saturn Productions, VÖ: 15. Juni 2002

Enter The Dragon

dt. Titel: *Der Mann Mit Der Todeskralle*
chin. Titel: *Long Zheng Hu Dou*

Action (Faustkampf, Krimi, Drama) | Hongkong, USA | 1973 | K

Um den Tod seiner Schwester zu rächen, infiltriert der energische Lee die Inselfestung des Gangsterbosses Han. Dieser schmuggelt Opium im großen Stil und tarnt seine Machenschaften mit einem großen Martial-Arts-Turnier, zu dem er nur die besten der Besten einlädt. Doch genau dieses Großereignis soll dem Mann mit der Todeskralle noch zum Verhängnis werden.

mit Bruce Lee, John Saxon, Jim Kelly, Ahna Capri, Robert Wall, Sek Kin ...
BUCH: Hoh Seung-Ling, Michael Allin
REGIE: Robert Clouse
PRODUKTION: Raymond Chow, Fred Weintraub
ACTION DIRECTOR: Bruce Lee

JACKIES BEITRAG: Komparse, Stuntman

Sprache / Ton	Bild / Format	Spieldauer
Englisch, Kantonesisch Mono	Farbe / 2.35:1 35 mm (Panavision)	102:33 Min. (*uncut*) ¬

Erstveröffentlichungen
Hongkong: 26. Juli 1973
Deutschland: 25. Januar 1974
(Nominierungen: 0 | Auszeichnungen: 1)

Bruce Lees letzter vollendeter Film mit 90 Millionen US-Dollar Umsatz weltweit, in dem Jackie in mehreren Szenen als einer der Handlanger des Gegenspielers zu sehen ist. Zwei Szenen stechen dabei hervor: In der ersten streckt Bruce Jackie mit einem Holzstab nieder. In Wahrheit so passiert; Jackie trug eine Wunde knapp über dem Auge davon. Als Bruce bemerkte, dass er den Junior-Stuntman tatsächlich getroffen hatte, kniete er sich neben ihn und bat mehrmals um Verzeihung. Gott sei Dank ging die zweite Szene nicht schief. Hier bricht Bruce Jackies Figur das Genick. Dieses Bild gehört zu den klassischen Auftritten Jackies und Bruces. Jackie zollte dem »King of Kung Fu« in seiner Animationsserie »Jackie Chan Adventures« (2000-2005) Tribut, als er den Film für die Folge »Re-Enter the J-Team« zum Vorbild nutzte. Gedreht wurde übrigens vom 25. Januar bis zum 2. April 1973, der Kinostart in Hongkong fand nur sechs Tage nach Bruce Lees tragischem Tod statt.

BD-Tipp: **Der Mann Mit Der Todeskralle*** [BRD]

* Vertrieb: Warner Home Video, VÖ: 19. Juli 2007

20

Fist To Fist

1973

dt. Titel: *Jen Ko – In Seinen Fäusten Brennt Die Rache*
alt. Titel: *Fists Of The Double K* | Originaltitel: *Chu Ba*

Action (Faustkampf, Drama) | Hongkong, Taiwan | 1973 | K

Ein junger Kadett macht voller Stolz seinen Abschluss an der Polizeiakademie. Von seinen Vorgesetzten wird er in ein kleines Dorf abkommandiert. Dort herrschen andere Regeln, eine Verbrecherbande hat die Gesetze in der Hand. Ein Mitglied hatte vor langer Zeit den Vater des Helden betrogen und ihn vor Ort sterben lassen. So verbindet der junge Polizist seine staatlichen Dienste mit seiner persönlichen Rache.

mit Henry Yu Yung, Huang Chung-Hsin, Lily Chen Ching, San Kuai, Fong Yau ...
BUCH: Jimmy L. Pascual
REGIE: Jimmy L. Pascual
PRODUKTION: Jimmy L. Pascual
ACTION DIRECTOR: Yuen Wo-Ping, Yuen Cheung-Yan

JACKIES BEITRAG: Stuntman, Komparse

Sprache / Ton	Bild / Format	Spieldauer
Mandarin Mono	Farbe / 2.35:1 35 mm (anamorph)	86:24 Min. (*uncut*) ¬

Erstveröffentlichungen
Hongkong: spätestens September 1973
Deutschland: 25. November 1974
(Nominierungen: 0 | Auszeichnungen: 0)

Nach der Index-Listenstreichung im Juni 2009 folgte endlich eine Veröffentlichung dieses Films mit allem Material, das weltweit auffindbar war. Darunter zwei deutsche Synchronisationen (Kino und Video) sowie eine weltweit einzigartige Integralfassung, die ungeschnitten zu sein scheint. Laut IMDb.com habe Jackie hieran auch als Action Director gearbeitet, was jedoch aufgrund der beiden Meister in diesem Gebiet, Yuen Wo-Ping und Yuen Cheung-Yan, als fälschlich angesehen werden kann. Allerdings könnte er eine assistierende Rolle dabei gespielt haben. Als Leibwache, eine Komparsenrolle, kann man ihn hier mehr oder weniger bewundern – auch in diesem Film konnte er sein ganzes Talent noch nicht völlig präsentieren. Auch als Stuntman war er tätig. Eine genaue Erstveröffentlichung in den Hongkonger Kinos ist übrigens immer noch nicht bekannt.

DVD-Tipp: **Jen Ko – In seinen Fäusten brennt die Rache*** [BRD]

* Vertrieb: Film Art / Media Target, VÖ: 7. November 2014

21 | 1973

Supermen Against The Orient

dt. Titel: *Drei Spaghetti In Shanghai / Die Supermänner Aus Shanghai*
chin. Titel: *Si Wang Yi Hou* | Originaltitel: *Crash! Che Botte... strippo, strappo, stroppio*

Action (Abenteuer, Komödie) | Italien, Hongkong | 1973 | K

Der FBI-Agent Captain Robert Wallace wird nach Hongkong versetzt, wo er einen aktuellen Fall aufklären soll. Dort trifft er auf alte Bekannte: die italienischen Ganoven Max und Jerry. Beide sind aus einem guten Grund in Hongkong, einem heißen Pflaster, denn sie haben sich den Inhalt eines Safes der Botschaft vorgenommen. So kreuzen sich die Wege der drei Kumpels und einem Haufen Kung-Fu-Schläger, die aus dem Weg geräumt werden müssen.

mit Lo Lieh, Shih Szu, Tung Lam, Robert Malcolm, Antonio Cantafora, Mars ...
Buch: Bitto Albertini, Gino Capone
Regie: Bitto Albertini
Produktion: Tino Biasia, Attilio Fattori
Musik: Nico Fidenco

Jackies Beitrag: Stuntman, Stuntkoordinator, Action Director

Sprache / Ton	Bild / Format	Spieldauer
Italienisch, Mandarin Mono	Farbe / 2.35:1 35 mm (Shawscope)	94:01 Min. (*uncut*) ¬

Erstveröffentlichungen
Italien: 29. November 1973
Hongkong: 9. Juli 1974
Deutschland: 12. Juli 1974
(Nominierungen: 0 | Auszeichnungen: 0)

Jackie arbeitete für diese plumpe Action-Komödie, eine internationale Zusammenarbeit zwischen Italien und Hongkong, sowohl als Stuntman als auch als Stuntkoordinator und Action Director. Seit einigen Jahren gibt es in Deutschland zwei DVD-Veröffentlichungen, von denen die von Voulez Vous neben der deutschen und englischen auch die italienische Tonspur besitzt und mit ein paar Extras mehr aufwartet als die Konkurrenz. Diese stellt das Label AL!VE, die den Film wohl wegen der political correctness dem Originaltitel angepasst und 2015 auf den Markt geworfen hat. Diese zweite Veröffentlichung zeigt ein Schwarzweiß-Foto von Jackie hinter den Kulissen bei seiner Arbeit als Choreograf mit den italienischen Schauspielern auf dem Cover.

DVD-Tipp: **Drei Spaghetti in Shanghai*** [BRD]

* Vertrieb: Voulez Vous Film, VÖ: 24. Juni 2011

22

The Cub Tiger From Kwang Tung

1973

alt. Titel: *Little Tiger Of Canton*
Originaltitel: *Guang Dong Xiao Lao Hu*

Action (Faustkampf, Drama) | Hongkong | 1971 | K

Hsiao Hsu kellnert im Restaurant seines strengen Onkels, der ihn seit dem Tod seines Vaters großzieht. Als ihn lokale Gangster aufmischen wollen, wehrt sich der junge Mann und hat den Ruf eines taffen Rabauken weg. Das gefällt dem Onkel nicht, doch mithilfe seiner Cousine und eines zwielichtigen Freundes hält er tapfer Stand.

mit Jackie Chan, Chen Hung-Lieh, Shu Pei-Pei, Tien Feng, Hon Kwok-Choi ...
Buch: Lau Suen
Regie: Ngai Hoi-Fung, Gam Yam
Produktion: Lee Long-Koon
Action Director: Jackie Chan, Corey Yuen Kwai, Max Lee, Chiang Kam, Chu Kong

Jackies Beitrag: Hauptrolle, Action Director, Stuntkoordinator

Sprache / Ton	Bild / Format	Spieldauer
Mandarin, Kantonesisch Mono	Farbe / 2.35:1 35 mm (Cinescope)	85:20 Min. (*uncut*) ¬

Erstveröffentlichungen
Hongkong: 1973
(Nominierungen: 0 | Auszeichnungen: 0)

Jackie Chans erste Hauptrolle in einem Independent-Film von 1971. Wegen fehlender Finanzen lief er erst zwei Jahre später regional im Kino. Der Film war kein Hit, er geriet in Vergessenheit. 1979, ein Jahr nach Jackies Durchbruch, wurde er auf erbärmliche Weise neu geschnitten und enthält seitdem Szenen mit Dean Shek und Simon Yuen Siu-Tin. Der Neuschnitt von 1979 wurde international mit vielen Fassungen vermarktet. Beliebte Titel des Neuschnitts sind »Snake Fist Fighter«, »Master With Cracked Fingers«, »Ten Fingers Of Death« und unzählige Variationen davon. Sogar »Stranger In Hong Kong« ist ein seltener Alias. 2011 brachte das deutsche Label Voulez Vous eine Variante namens »Der Tiger von Kwantung« auf DVD heraus; obwohl der Titel auf den Originalfilm von 1973 schließen lässt, ist auch hier wieder nur der Neuschnitt von 1979 unter neuem Titel drin. Der Originalschnitt von 1973 ist bis heute nur auf zwei Veröffentlichungen enthalten: auf der japanischen JVD-DVD und auf der britischen Rarescope-DVD. Der DVD-Tipp richtet sich nach dem Originalfilm von 1973; der Neuschnitt ist ein anerkanntes Rip-Off!

DVD-Tipp: **The Cub Tiger from Kwang Tung*** [GB]

* Vertrieb: Rarescope, VÖ: 25. Juni 2007

23 | 1974

Village Of Tigers

alt. Titel: *Village Of Thugs*
Originaltitel: *E Hu Cun*

Action (Schwertkampf, Drama) | Hongkong | 1973-1974 | K

Es ist der Geburtstag des Familienoberhauptes Ba und alle sind gekommen, um der jung gebliebenen Großmutter zu gratulieren. Doch es kommt zum Eklat, als ihr einziger Enkel Jie sich mit den fiesen Schurken aus dem Dorf der Tiger zusammentut. Jie wird Opfer eines Auftragsmordes, und der wahre Mörder schiebt die Tat einem anderen in die Schuhe. Die Familie Ba will den falschen Mörder zur Rechenschaft ziehen, doch als sich das Missverständnis aufklärt, schließt dieser sich der Ba-Familie an, um das Dorf der Tiger und ihre miesen Tätigkeiten ein für alle Mal in einem blutigen Kampf zu vernichten.

mit Yueh Hua, Shu Pei-Pei, Karen Yip, Tung Li, Chan Ho, Chan Shen, Wang Hsieh ...
BUCH: Yip Yat-Fong
REGIE: Griffin Yueh Feng, Wong Ping
PRODUKTION: Sir Run Run Shaw
ACTION DIRECTOR: Simon Chui Yee-Ang

JACKIES BEITRAG: Komparse

Sprache / Ton	Bild / Format	Spieldauer
Mandarin Mono	Farbe / 2.35:1 35 mm (Shawscope)	78:56 Min. (*uncut*) ¬

Erstveröffentlichungen
Hongkong: 12. Januar 1974
(Nominierungen: 0 | Auszeichnungen: 0)

Leider ein unterschätztes Meisterwerk aus dem Hause Shaw Brothers; Yueh Hua als Schwertmeister im farbenprächtigen Shawscope ist einfach sehenswert! Jackie spielt hier nur einen Banditen, ist aber neben seinen Kollegen und Freunden Yuen Wah, Sammo Hung und Mars zu sehen. Auch der dreiste Little Unicorn (Unicorn Chan), der im Jahr zuvor noch von der Popularität seines Freundes Bruce Lee profitieren wollte, hat hier wieder einen kleinen Auftritt. Und die legendäre Mama Hung, auch bekannt als Auntie Hung, die Großmutter von Sammo Hung, ist zu sehen. Mit einer Laufzeit von nicht einmal 80 Minuten ist dieser Blockbuster in der Tat kurzgehalten, allerdings ungeschnitten. Eine deutsche Veröffentlichung gibt es leider nicht.

DVD-Tipp: **Village Of Tigers*** [HK]

* Vertrieb: IVL, VÖ: 8. November 2007

24

The Golden Lotus

1974

alt. Titel: *Golden Lotus*
Originaltitel: *Jin Ping Shuang Yan*

Erotik-Drama (Tragikomödie, Action) | Hongkong | 1973-1974 | K

Geschäftsmann Ximen Qing hat viel Geld und somit viel Macht. Beides hilft dem Fußfetischisten dabei, jede Frau zu bekommen, die er begehrt. Obwohl er schon mehrere Schönheiten und Konkubinen sein Eigen nennt, gehören immer mehr Frauen seinem Haushalt an. Er entdeckt seine Vorliebe zur prüden Pan Jinlian, die mithilfe ihrer Nachbarin ihren Ehemann, einen Pfannkuchenverkäufer, töten will, damit Ximen Qing sie als eine weitere Ehefrau akzeptiert. Doch Ximen Qings Vorlieben ändern sich schnell, Pan Jinlian wird eifersüchtig und verärgert – und die Geister, die er rief, führen das Ende seines kleinen Erotik-Reiches herbei.

mit Peter Yang Kwan, Woo Gam, Chen Ping, Tanny Tien Ni, Chiang Nan ...
Buch: Li Han-Hsiang
Regie: Li Han-Hsiang
Produktion: Sir Run Run Shaw
Musik: Frankie Chan

Jackies Beitrag: Nebenrolle

Sprache / Ton	Bild / Format	Spieldauer
Mandarin Mono	Farbe / 2.35:1 35 mm (Shawscope)	111:15 Min. (*uncut*) ¬

Erstveröffentlichungen
Hongkong: 17. Januar 1974
(Nominierungen: 0 | Auszeichnungen: 0)

Der Film basiert auf dem erotischsten Roman aus dem alten China mit dem Titel »Jin Ping Mei«, der bereits mehrere Male verfilmt wurde. Leider existiert keine deutsche Fassung, doch selbst im Original ist die humoristische Seite des Films zu deuten, und nur hier kommt der Flair exakt beim Zuschauer an. Wieder einmal hat es Regisseur Li Han-Hsiang geschafft, sinnliche Aufnahmen von den zur damaligen Zeit beliebtesten chinesischen Schauspielerinnen für die Nachwelt festzuhalten. Jackie spielt einen Birnenverkäufer, eine sehr witzige Nebenrolle. Eine Fehlinformation geht im Internet immer noch umher: Der deutsche VHS-Titel »Meister Aller Klassen 3« bezieht sich nicht auf diese Produktion, sondern auf »New Fist Of Fury« von 1976.

DVD-Tipp: **The Golden Lotus**[*] [HK]

[*] Vertrieb: IVL, VÖ: 14. August 2003

25 | All In The Family | 1975

Originaltitel: *Hua Fei Man Cheng Chun*

Komödie (Liebesdrama, Erotik) | Hongkong | 1974-1975 | K

Nach dem Tod teilen sich drei Söhne den Besitz des Vaters, ohne dass ihre Mutter und ihre Schwester etwas abbekommen. Um für diese Ungerechtigkeit zu bezahlen, tüftelt die Schwester einen Plan aus, und mit ihrer Mutter verbreitet sie das Gerücht, dass diese reich sei. Plötzlich stehen die Söhne wieder auf der Matte und wetteifern um das Geld. In der Nachbarschaft verdreht unterdessen ein lüsterner Rikschafahrer verheirateten Frauen den Kopf. Und obwohl ein Ehemann den Seitensprung seiner Frau herausfindet, ist er zu beschäftigt, um sich darum zu kümmern.

mit Wang Lai, Wang Han-Chen, Lau Yat-Fan, Nancy Liang, Ma Chien-Tang ...
BUCH: Si-Ma Ke
REGIE: Chu Mu
PRODUKTION: Raymond Chow
MUSIK: Joseph Koo, Si-Ma Ke

JACKIES BEITRAG: Nebenrolle

Sprache / Ton	Bild / Format	Spieldauer
Mandarin Mono	Farbe / 2.35:1 35 mm (Dyaliscope)	96:11 Min. (*uncut*) ¬

Erstveröffentlichungen
Hongkong: 8. Februar 1975
(Nominierungen: 0 | Auszeichnungen: 0)

»All In The Family« ist kein Porno. Dieses krasse Gerücht kursiert seit geraumer Zeit in unwissenden Kreisen. Ein Grund, der dazu beiträgt, ist die einzige Sexszene Jackie Chans, die er jemals für einen Film gedreht hat und laut eigener Aussage auch für immer gedreht haben wird. Diese Sexszene ist sogar für damalige, westliche Verhältnisse leicht prüde. Über »All In The Family« (Einnahmen: 1.062.710,50 HK-Dollar) sagte Jackie gegenüber Information Times im Jahr 2006 sinngemäß folgendes: »Ich musste jeden Job dankbar annehmen, den ich vor 31 Jahren kriegen konnte, aber es scheint nichts dabei zu sein. Selbst Marlon Brando hatte sich in seinen Filmen ausgezogen.« Den Film gibt es nur aus Hongkong auf DVD und VCD; er wurde nie in deutsch synchronisiert.

DVD-Tipp: **All In The Family*** [HK]

* Vertrieb: Joy Sales, VÖ: 17. Juni 2010

26 1975

The Valiant Ones

dt. Titel: *Die Mutigen / Die Piratenbande Des Weißen Tigers*
Originaltitel: *Zhong Lie Tu*

Action (Schwertkampf, Abenteuer, Fantasy, Drama) | Taiwan, Hongkong | 1974-1975 | K

Im China des 13. Jahrhunderts verbreiten japanische und chinesische Piraten Angst und Schrecken. In diesen schweren Zeiten stellt Chinas Kaiser seinen besten Offizier und eine kleine Gruppe von fähigen Männern zusammen, die das Problem beheben sollen. Als sie auf die Piraten treffen, beginnt eine spektakuläre Schlacht auf Leben und Tod, die viele Überraschungen birgt.

mit Hsu Feng, Pai Ying, Roy Chiao, Han Ying-Chieh, Sammo Hung, Yuen Biao ...
BUCH: King Hu
REGIE: King Hu
PRODUKTION: *Gam Chuen*
ACTION DIRECTOR: Sammo Hung

JACKIES BEITRAG: Stuntman

Sprache / Ton	Bild / Format	Spieldauer
Mandarin Mono	Farbe / 2.35:1 35 mm	102:19 Min. (*uncut*) ¬

Erstveröffentlichungen
Hongkong: 19. Februar 1975
Deutschland: 16. April 1982 (TV)
(Nominierungen: 1 | Auszeichnungen: 0)

Einige Quellen behaupten, Jackie Chan habe hierin eine Nebenrolle. »The Valiant Ones«, der 1.067.130,50 HK-Dollar einspielte, wurde bereits 1974 gedreht. In dem Jahr war Jackie Chan auf der Suche nach jedem Filmjob, den er kriegen konnte. So bat er den Regisseur King Hu um mehr Arbeit, der ihm aber klarmachte, dass das nicht ginge, weil seine Figur im Film bereits gestorben wäre. Als Perfektionist legte King Hu großen Wert auf Kontinuität und konnte ihn nur nochmal einsetzen, wenn man Jackies Gesicht nicht erkannte. Jackie willigte ein. Tatsächlich gibt es untypische Aufnahmen, die Stuntmen von hinten oder mit vorgehaltener Hand zeigen. Im Gegensatz zu seinen Schulfreunden ist Jackie wirklich schwer auffindbar. Doch das Gerücht wurde von Chaplin Chang, einem damaligen Manager von King Hu, bestätigt: »Am Film »The Valiant Ones« arbeitete er [Jackie Chan] beinahe 30 Tage.«*

DVD-Tipp: **Die Mutigen**** [BRD]

* Quelle: »Bruce Lee – Gespräche: Leben und Erbe einer Legende« (von Fiaz Rafiq, S. 214, Shaker Media, Aachen 2010)
** Vertrieb: WGF, VÖ: 15. Januar 2009

27

The Young Dragons

1975

Arbeitstitel (engl.): *Farewell Buddy*
Originaltitel: *Tie Han Rou Qing*

Action (Faustkampf, Krimi, Drama) | Hongkong, Südkorea | 1973, 1975 | K

Bei einer Plünderung eines Dorfes tötet der Bandenführer einen Beamten, dessen Tochter Yeh Feng Rache schwört. Als Chien, der sich der Verbrecherbande annehmen will, ins Dorf kommt, freundet er sich mit dem Verlobten Yeh Fengs an. Doch der wird in einem Kampf vom Gangster Lung über eine Klippe geworfen. Chien bringt Yeh Feng zur Sicherheit in ein Freudenhaus, wo sie mit einer Freundin den Schurken attackiert und tödlich ums Leben kommt. Die Tragödie findet ein Ende, als Fan Ming, Yeh Fengs totgeglaubter Verlobter zu spät am Ort des Geschehens auftaucht.

mit Henry Yu Yung, Tanny Tien Ni, Dean Shek Tin, Woo Gam, Cheng Lui, Mars ...
Buch: Ni Kuang, John Woo
Regie: John Woo
Produktion: Raymond Chow
Action Director: Jackie Chan, Chan Chuen

Jackies Beitrag: Stuntkoordinator, Action Director

Sprache / Ton	Bild / Format	Spieldauer
Mandarin Mono	Farbe / 2.35:1 35 mm (Dyaliscope)	94:59 Min. (*uncut*) ¬

Erstveröffentlichungen
Hongkong: 12. September 1975
(Nominierungen: 0 | Auszeichnungen: 0)

John Woos Regiedebüt wurde 1973 gedreht, doch wegen Zensurbedingungen nicht veröffentlicht. Zwei Jahre später kaufte Golden Harvest den Film, änderte den Titel, ließ ein paar Szenen nachdrehen und bot John Woo einen Vertrag für drei Jahre an. Jackie war als Action Director tätig. Hier erkennt man auch schon John Woos spielerische Filmelemente: Einer der Hauptdarsteller hat seine ganz eigene Methode, sich eine Zigarette anzuzünden, die von seinen Freunden im Film nicht zu imitieren ist. In dieser Produktion finden viele bekannte Yuens ihren Einsatz. Auch Fung Hak-On, späteres JC-Stuntteam-Mitglied, ist hier zu sehen. Leider gibt es diesen Film nicht auf deutsch, sodass nur der Griff zur ungeschnittenen Frankreich-DVD bleibt, die das bessere Bild als die japanische DVD aufweist. Der französische Doppelpack beinhaltet zudem »The Dragon Tamers« von John Woo.

DVD-Tipp: **Les Jeunes Dragons*** [FR]

* Vertrieb: HK Vidéo, VÖ: 23. November 2010

28

No End Of Surprises

1975

Originaltitel: *Pai An Jing Ji*

Drama (Komödie, Liebesdrama) | Hongkong | 1975 | K

Drei Geschichten und kein Ende der Überraschungen in Sicht. Während in der ersten Geschichte ein leidenschaftlicher Spieler einem Freund von Mahjong erzählt, wird in der zweiten Geschichte brutal gemordet, denn wer mit den Frauen spielt, spielt mit seinem Leben! In der dritten und letzten Geschichte tischt ein Edelmann der angesehenen Gesellschaft Hongkongs beim Besuch der Königin aberwitzige Geschichten über sich selbst auf, um somit seinen Begleiter auf eine Probe zu stellen.

mit Tanny Tien Ni, Siu Yam-Yam, Cheung Ying, Hoh Sau-San, Jackie Chan, Yi Fung ...
BUCH: Si-Ma Ke
REGIE: Chu Mu
PRODUKTION: Raymond Chow
MUSIK: Frankie Chan, Hoi Ling

JACKIES BEITRAG: Nebenrolle

Sprache / Ton	**Bild / Format**	**Spieldauer**
Kantonesisch Mono	Farbe / 2.35:1 35 mm (Dyaliscope)	92:31 Min. (*uncut*) ¬

Erstveröffentlichungen
Hongkong: 5. Dezember 1975
(Nominierungen: 0 | Auszeichnungen: 0)

Eine weitere Erotikkomödie aus den 70ern, in der Jackie eine Nebenrolle hat. »No End Of Surprises« gilt als Nachfolgefilm von »All In The Family« und als letzter Film Jackie Chans, bevor er nach Australien flog, um sein Leben in Down Under bei seinen Eltern neu zu beginnen; zu diesem Zeitpunkt glaubte er nicht mehr an eine erfolgreiche Filmkarriere. Doch es sollte ganz anders kommen. In »No End Of Surprises« erleben Fans von Jackie Chan ihr blaues Wunder: Hier spielt er zum allerersten und bisher zum allerletzten Mal einen Mörder! Er kommt in vier Szenen vor, von denen sein erster Auftritt im Film der spektakulärste ist: hier ersticht er gleich zwei Frauen auf einmal und rächt sich später an einem älteren Mann. Jackie in solch einer Rolle zu erleben, ist schockierend und ebenso faszinierend. Leider gibt es diesen Film nur auf der HK-VCD von Joy Sales, die nicht einmal eine DVD-Version davon veröffentlichten.

VCD-Tipp: **No End Of Surprises**[*] [HK]

[*] Vertrieb: Joy Sales, VÖ: 18. April 2008

29 | **The Himalayan** | 1976

Originaltitel: *Mi Zong Sheng Shou*

Action (Faustkampf, Abenteuer, Drama) | Hongkong | 1975-1976 | K

Am alljährlichen tibetischen Kung-Fu-Wettstreit nehmen zahlreiche Kämpfer teil. Unter ihnen ist Kow Li Fan, welcher von seinem Halbbruder Kow Chu dazu angeregt wurde, als Sieger die Tochter eines reichen Beamten zu heiraten. Kow Li Fan gewinnt den Wettkampf, doch ist auch in eine andere verliebt. Kow Chus Vorhaben wird klar, als er alles daran setzt, dass sein Halbbruder in die Familie einheiratet: Er möchte für sich und seine Familie mehr Macht erlangen, und so spinnt er ein Netz aus Lügen. Die Tochter des Beamten steht unter dem geheimen Schutz eines Paares, Chang Ching Lan und Hsu Chin Kang. Beide stehen nach einem harten Training im Himalaya schließlich Kow Chu gegenüber.

mit Angela Mao, Chan Sing, Dorian Tan, Guan Shan, Ling Hon, Angela Wang ...
BUCH: Ni Kuang
REGIE: Wong Fung
PRODUKTION: Raymond Chow
ACTION DIRECTOR: Han Ying-Chieh, Sammo Hung

JACKIES BEITRAG: Komparse, Stuntman

Sprache / Ton	**Bild / Format**	**Spieldauer**
Mandarin Mono	Farbe / 2.35:1 35 mm (anamorph)	111:22 Min. (*uncut*) ¬

Erstveröffentlichungen
Hongkong: 20. Februar 1976
(Nominierungen: 0 | Auszeichnungen: 1)

Jackie Chan ist hier wiederum als Komparse und Stuntman tätig gewesen. Die Starbesetzung vor und hinter der Kamera, die berühmten »Flash Legs« Dorian Tans, eine bezaubernde Angela Mao und ein starker Chan Sing, der einen außergewöhnlichen Bösewicht spielt, trugen dazu bei, dass »The Himalayan« an den Kinokassen Hongkongs in nur knapp zwei Wochen 1.123.865,90 HK-Dollar einspielte. Zu empfehlen ist auf jeden Fall die DVD von Joy Sales, auch wenn es amerikanische und japanische Veröffentlichungen des Films gibt. Eine deutsche Filmfassung liegt leider (noch) nicht vor.

DVD-Tipp: **The Himalayan**[*] [HK]

[*] Vertrieb: Joy Sales, VÖ: 16. Oktober 2008

30

New Fist Of Fury

1976

dt. Titel: *Meister Aller Klassen 3 / Zwei Fäuste ... Stärker Als Bruce Lee*
Originaltitel: *Xin Jing Wu Men*

Historisches Drama (Action, Faustkampf) | Hongkong, Taiwan | 1976 | K

Die Ching-Wu-Schule wurde von den Japanern besetzt und der tapfere, loyale Lung soll seinen Mitschülern beim Kampf gegen die gnadenlosen Besatzer helfen. Er sieht darin seine Chance, endlich sein Land gebührend verteidigen zu können, und organisiert den Widerstand. Ein Widerstand, der auf Leben und Tod endet.

mit Jackie Chan, Nora Miao, Chan Sing, Henry Luk, Yi Ming, Suen Lam, Liu Ming ...
BUCH: Pan Lei, Lo Wei
REGIE: Lo Wei
PRODUKTION: Lo Wei
ACTION DIRECTOR: Han Ying-Chieh

JACKIES BEITRAG: Hauptrolle

Sprache / Ton	**Bild / Format**	**Spieldauer**
Mandarin Mono	Farbe / 2.35:1 35 mm (anamorph)	120:06 Min. (*uncut*) ¬

Erstveröffentlichungen
Hongkong: 8. Juli 1976
Deutschland: 11. März 1977
(Nominierungen: 0 | Auszeichnungen: 0)

Jackies erster von vielen erfolglosen Filmen unter Lo Weis Führung; er spielte nur 456.787,20 Hongkong-Dollar ein. Man drängte ihn förmlich dazu, in die Fußstapfen Bruce Lees zu treten, und obwohl er es damals schon für eine schlechte Idee hielt, musste er diesen Film drehen, um seine Karriere endlich voranzutreiben. Bei »New Fist Of Fury« lernte Jackie die sehr populäre Kampfkünstlerin Nora Miao besser kennen, die bereits im Originalfilm an der Seite von Bruce Lee zu sehen war. Der Film ist in Deutschland mittlerweile in allen erhältlichen Fassungen erschienen: in der Originalfassung mit 120:06 Minuten Lauflänge (ungeschnitten), in der deutschen Kinofassung mit 92:53 Minuten Lauflänge und in der internationalen Exportfassung mit 82:54 Minuten Lauflänge (Kurzfassung).

BD-Tipp: **Meister Aller Klassen III*** [BRD]

* Vertrieb: Splendid Film / Amasia, VÖ: 25. April 2014

Hand Of Death

dt. Titel: *Dragon Forever*
alt. Titel: *The Hand Of Death / Countdown In Kung Fu* | Originaltitel: *Shao Lin Men*

Action (Waffen- und Faustkampf, Abenteuer, Drama) | Hongkong, Südkorea | 1976 | K

Im China des 17. Jahrhunderts missbraucht der Schüler Chow die Ehre und Kunst der Shaolin, um die Ching-Regierung zu terrorisieren. Die Shaolin-Mönche halten es für nötig, einen Kämpfer zu schicken, der Chow davon abhalten soll. Auf seiner Reise erhält der tapfere Kämpfer Yun Fee Unterstützung von Verbündeten.

mit Dorian Tan, James Tien, Jackie Chan, Sammo Hung, John Woo, Chu Ching ...
BUCH: John Woo
REGIE: John Woo
PRODUKTION: Raymond Chow, Hwang Yeong-Sil
ACTION DIRECTOR: Sammo Hung

JACKIES BEITRAG: Nebenrolle

Sprache / Ton	Bild / Format	Spieldauer
Mandarin Mono	Farbe / 2.35:1 35 mm (anamorph)	97:21 Min. (*uncut*) ¬

Erstveröffentlichungen
Hongkong: 15. Juli 1976
Deutschland: 7. Mai 1989 (V-VHS)
(Nominierungen: 0 | Auszeichnungen: 0)

Laut John Woo war Jackies Nebenrolle eigentlich für einen koreanischen Schauspieler bestimmt und sollte kaum Kämpfe beinhalten. Weil dieser laut dem Regisseur dennoch zu alt und langsam war, entließ er ihn kurzerhand, schrieb die Figur etwas um und stellte dafür Jackie ein, den er aus früheren Zusammenarbeiten kannte. John Woos vierter Film als Regisseur war nicht unbedingt ein großer Kassenerfolg. Mit 797.921,20 HK-Dollar Einnahmen stellt er allerdings eine positive Ausnahme in Jackies früher Schauspielkarriere dar. Der Anfang wurde übrigens in Taiwan gedreht, der restliche Film in Südkorea, John Woos damaliger Lieblingslocation. Vor Ort gab es einen Dolmetscher für die Crew aus Hongkong und Südkorea, der in der gemeinsamen Szene zu sehen ist, wie er eine wichtige Nachricht überbringt – ein schönes Easteregg des modernen Regisseurs John Woo.

BD-Tipp: **Hand Of Death**[*] [BRD]

* Vertrieb: Splendid Film / Amasia, VÖ: 30. Januar 2015

32

The Killer Meteors

1976

dt. Titel: *Tiger Der Todesarena*
Originaltitel: *Feng Yu Shuang Liu Xing*

Action (Thriller, Drama) | Hongkong, Taiwan | 1976 | K

Der mächtige Mei Xing-He verlangt die Schätze des Landes und kämpft mit seinen unbesiegbaren Waffen gegen jeden, der sich ihm in den Weg stellt. Konkurrenz bekommt der sogenannte Killer Meteor von Tiger, denn auch der ist hinter den Schätzen her. Ein Duell der Giganten bildet das Finale.

mit Jimmy Wang Yu, Jackie Chan, Lee Man-Tai, Ma Cheung, Phillip Ko Fei ...
Buch: Ku Long, Lee Mun-Ung
Regie: Lo Wei, Kim Jin-Tae
Produktion: Lo Wei, Kang Dae-Jin
Action Director: Chan San-Yat

Jackies Beitrag: Hauptrolle, Stuntkoordinator

Sprache / Ton	Bild / Format	Spieldauer
Mandarin Mono	Farbe / 2.35:1 35 mm (anamorph)	104:36 Min. (*uncut*) ¬

Erstveröffentlichungen
Hongkong: 21. August 1976
Deutschland: 1988 (V-VHS)
(Nominierungen: 0 | Auszeichnungen: 0)

In diesem Film spielt Jackie, als Antagonist von Jimmy Wang Yu, der den Helden verkörpert, erstmals einen Schurken in der zweiten Hauptrolle. Auch wenn Jackie nicht in allen Szenen zu sehen ist, so steht »The Killer Meteors« dennoch zu Recht in seiner Filmografie, schließlich übernahm er auch die Rolle des Stuntkoordinators. Der Originaltitel heißt wörtlich übersetzt übrigens in etwa »Wind, Regen, ein Paar Meteore«. Leider war auch dieser Film ein Flop an den Kinokassen, doch sollte sich später in Jackie Chans Privatleben die Tatsache, dass er sich mit seinem Co-Star Jimmy Wang Yu sehr gut verstand, als lebensrettend herausstellen!

BD-Tipp: **Tiger Der Todesarena**[*] [BRD]

* Vertrieb: Splendid Film / Amasia, VÖ: 28. November 2014

33

Shaolin Wooden Men

1976

dt. Titel: *Wooden Man*
Originaltitel: *Shao Lin Mu Ren Xiang*

Action-Drama (Abenteuer) |Hongkong, Taiwan | 1976 | K

Der stumme Waisenjunge Little Mute wird im Shaolin-Kloster aufgenommen, als sein Vater ums Leben kommt. Mit eiserner Disziplin erlernt er die Kunst der Shaolin, nur um sich am Mörder seines Vaters zu rächen. Um den Segen der Shaolin für dieses Unterfangen zu bekommen, muss er erst noch die Todeskammer überstehen, eine Prüfung, an der viele mutige Kämpfer bereits gescheitert sind.

mit Jackie Chan, Kam Kong, Doris Lung, Chiang Kam, Chang Ping-Yu, Liu Ping ...
Buch: Gam Yam
Regie: Lo Wei
Produktion: Lo Wei
Action Director: Jackie Chan, Gam Ming

Jackies Beitrag: Hauptrolle, Action Director, Stuntkoordinator

Sprache / Ton	Bild / Format	Spieldauer
Mandarin Mono	Farbe / 2.35:1 35 mm (anamorph)	107:57 Min. (*uncut*) ¬

Erstveröffentlichungen
Hongkong: 10. November 1976
Deutschland: 10. Oktober 1988 (V-VHS)
(Nominierungen: 0 | Auszeichnungen: 0)

Auch wenn Lo Wei hier als Regisseur namentlich genannt wird, Chen Chi-Hwa wird im gleichen Vorspann-Bild daneben als Executive Director aufgeführt; soll heißen, Chen Chi-Hwa hatte die meiste Arbeit am Set. An den Kinokassen in Hongkong spielte der Film 476.950,70 HK-Dollar ein und entpuppte sich somit als weiterer Flop des ehemals so erfolgreichen Regisseurs Lo Wei. Jackie spielt hier eine tragische Hauptrolle, auch die Action und Stuntkoordination stammen von ihm. Der Film wird als letzter Spielfilm vor Jackies Augen-Operation angesehen. Dieser musste er sich unterziehen, um seine asiatische Augengröße und -form an ein westliches Erscheinungsbild anzupassen; dieses hatte mehr Erfolg auf der Leinwand. Für den sonst so kriegsfilmaffinen taiwanesischen Markt drehte man übrigens eine andere Schlussszene, in der Little Mute dem Mörder seines Vaters verzeiht und zurück ins Kloster geht.

BD-Tipp: **Wooden Man**[*] [BRD]

* Vertrieb: Splendid Film / Amasia, VÖ: 26. September 2014

34

Dance Of Death

1976

alt. Titel: *Eternal Conflict*
Originaltitel: *Wu Quan*

Action (Faustkampf, Komödie, Drama) | Taiwan, Hongkong | 1976 | K

Fei Fei ist eine Waise. Ihr Klan wurde von einer Gangsterbande brutal ermordet, nur sie hat überlebt. Um Rache zu üben, verkleidet sie sich als Mann und wird so von zwei Großmeistern in Kung Fu unterrichtet. Als Gegenleistung soll Fei Fei den beiden alten Männern sagen, welcher von ihnen der bessere Kämpfer sei, und so erfolgt ein hartes, aber auch witziges Training, bis aus der kleinen Frau eine richtige Akrobatin und Kampfmaschine wird.

mit Angela Mao, Paul Chun Pui, Dean Shek Tin, Hui Bat-Liu, Ga Hoi, Sun Jung-Chi ...
BUCH: Cheung San-Yee, Yiu Hing-Hong
REGIE: Chen Chi-Hwa
PRODUKTION: Yen Wu-Tong
ACTION DIRECTOR: Jackie Chan

JACKIES BEITRAG: Action Director, Stuntkoordinator

Sprache / Ton	**Bild / Format**	**Spieldauer**
Mandarin Mono	Farbe / 2.35:1 35 mm (anamorph)	86:37 Min. (*uncut*) ¬

Erstveröffentlichungen
Hongkong: unbekannt
Taiwan: angeblich erst am 4. Juli 1980
(Nominierungen: 0 | Auszeichnungen: 0)

Ein sehr skurriler Film, der seinen ganz eigenen Flair hat – unterhaltsam in jedem Bereich. Jackie koordinierte hier die wenigen Stunts und half den Darstellern beim Einstudieren der Kämpfe. Um dem Film zu mehr Erfolg zu verhelfen, prangte in Hongkong ein Portraitfoto von Jackie in einem Rahmen auf der Originalzeichnung des Plakates. Leider nicht in Deutschland erschienen, gibt es doch eine sehr gute, ungeschnittene britische DVD aus dem Hause Rarescope. Fans von Action-Komödien innerhalb des Hongkong-Kinos der 70er Jahre werden hier bestens versorgt!

DVD-Tipp: **Dance Of Death*** [GB]

* Vertrieb: Rarescope, VÖ: 24. September 2007

35 | **To Kill With Intrigue** | 1977

dt. Titel: *Der Herausforderer*
Originaltitel: *Jian Hua Yan Yu Jiang Nan*

Action (Liebesdrama, Horror, Abenteuer) | Hongkong, Südkorea | 1977 | K

Der ehrenwerte Vater von Hsiao Lei hat Geburtstag und schmeißt eine riesige Feier, zu der Familie, Nachbarn und Ehrenmänner aus dem ganzen Land kommen. Die Feier wird zur Tragödie, als die gesamte Familie getötet wird – bis auf Hsiao Lei. Dieser schwört Rache und wird von Ting Chan Yen aufgenommen, die ihn schwer verletzt pflegt und sich tragisch in ihn verliebt. Doch Hsiao Lei hat ja noch eine Verlobte, die er aus ganzem Herzen vermisst …

mit Hsu Feng, Jackie Chan, Sin Il-Ryong, Yu Ling-Lung, George Wang Chueh …
BUCH: Ku Long
REGIE: Lo Wei
PRODUKTION: Lo Wei, Kang Dae-Jin
ACTION DIRECTOR: Chan San-Yat, Jackie Chan

JACKIES BEITRAG: Hauptrolle, Action Director, Stuntkoordinator

Sprache / Ton	Bild / Format	Spieldauer
Mandarin Mono	Farbe / 2.35:1 35 mm (anamorph)	107:31 Min. (*uncut*) ¬

Erstveröffentlichungen
Hongkong: 22. Juli 1977
Deutschland: 10. März 1989 (V-VHS)
(Nominierungen: 0 | Auszeichnungen: 0)

Wie Jackie in seiner Autobiografie schreibt, waren die Dreharbeiten in Korea alles andere als angenehm. Das schlechte Wetter trug u. a. dazu bei, dass im Filmteam eine angespannte Stimmung herrschte. Dass dies auch das Publikum gemerkt haben dürfte, macht sich vor allem in den miesen Einnahmen bemerkbar: 292.664,90 Hongkong-Dollar! Der Name von Jackies Freundin im Film musste für die japanische Version geändert werden, da Chin Chin in Japan ein kindlicher Ausdruck für das männliche Geschlechtsteil ist. Der Film ist in der deutschsprachigen Synchronisation sehr düster; nur ein Grund, warum er im Fernsehen gute 30 Minuten gekürzt lief. Deshalb gibt es ihn dank Splendid mittlerweile in der Originalfassung neben der deutschen Filmfassung auf Blu-ray.

BD-Tipp: **Der Herausforderer*** [BRD]

* Vertrieb: Splendid Film / Amasia, VÖ: 25. Juli 2014

36

The Iron Fisted Monk

1977

alt. Titel: *(The) Iron-Fisted Monk*
Originaltitel: *San De Huo Shang Yu Chong Mi Liu*

Action (Faustkampf, Abenteuer, Drama) | Hongkong | 1977 | K

Ein junger Mann namens Husker wird von Rachegefühlen geplagt: sein Onkel wurde von den Mandschu brutal ermordet. Husker sucht Zuflucht im Shaolin-Tempel, wo er in Kung Fu perfekt ausgebildet wird. Nach langer Zeit des intensiven Trainings glaubt Husker, stark genug zu sein, und unterzieht sich einem Test. Obwohl seine Meister herausfinden, dass er dabei gemogelt hat, um seinem Ziel, der Rache, näherzukommen, wird er erfolgreich aus dem Kloster entlassen. Als er dann in der Stadt ankommt, wird er auf eine vergangene Vergewaltigung eines Mädchens, das Suizid begangen hat, aufmerksam. Nun stellt sich Husker der gesamten Mandschurei ...

mit Sammo Hung, Chan Sing, James Tien, Chu Ching, Wang Hsieh, Fung Hak-On ...
Buch: Wong Fung, Sammo Hung
Regie: Sammo Hung
Produktion: Raymond Chow
Action Director: Sammo Hung

Jackies Beitrag: Stuntkoordinator

Sprache / Ton	Bild / Format	Spieldauer
Kantonesisch Mono	Farbe / 2.35:1 35 mm (anamorph)	92:27 Min. (*uncut*) ¬

Erstveröffentlichungen
Hongkong: 25. August 1977
(Nominierungen: 0 | Auszeichnungen: 0)

Sammos Regiedebüt brachte Jackie den Posten des Gehilfen des Stuntkoordinators ein. Klingt erst einmal wenig beeindruckend, der Film ist es aber! 2.283.594,40 HK-Dollar Einnahmen innerhalb von zwei Wochen prägen diesen erschütternden Film. Für westliche Verhältnisse ein eher milder Betrag, doch die Filmmaschinerie Hongkongs konnte damit am Laufen gehalten werden. Leider erschien »The Iron Fisted Monk« nicht in Deutschland, die englische DVD-Fassung musste um fast zwei Minuten geschnitten werden, damit sie wegen einer Vergewaltigungsszene nicht auf dem Index landete. So bleibt für die ungeschnittene Fassung mit einer englischen Tonspur nur der Griff zur amerikanischen DVD.

DVD-Tipp: **The Iron-Fisted Monk**[*] [USA]

[*] Vertrieb: 20th Century Fox, VÖ: 7. September 2004

37

The 36 Crazy Fists

1977

alt. Titel: *The 36 Crazy Fist / The Master And The Boxer / Jackie Chan's Bloodpact*
Originaltitel: *San Shi Liu Mi Xing Quan*

Action (Faustkampf, Drama, Komödie) | Hongkong, Taiwan | 1977 | K

Wong Tai Kwong hat es satt, sich in seinem jungen Leben immer wieder von Kung-Fu-Kämpfern verprügeln zu lassen, also meldet er sich an einer Schule an. Doch dort teilt man ihn zur lästigen Hausarbeit ein. Eines Tages, als er gerade wieder einmal Wasserkrüge im Fluss füllt, begegnet ihm ein betrunkener Einsiedler, der schließlich sein Meister wird. Wong Tai Kwong erlernt von ihm die 36 Stile des Kung-Fu und kann sich von nun an in der Welt gegen jeden Kämpfer behaupten.

mit Tony Leung Siu-Hung, Lau Ga-Yung, Yen Shi-Kwan, Ku Feng, Michelle Yim ...
BUCH: Sze-To On
REGIE: Chen Chi-Hwa
PRODUKTION: *United Enterprise (H.K.) Corp.*
ACTION DIRECTOR: Jackie Chan

JACKIES BEITRAG: Action Director, Stuntkoordinator, er selbst (Footage)

Sprache / Ton	Bild / Format	Spieldauer
Kantonesisch, Mandarin Mono	Farbe / 2.35:1 35 mm (anamorph)	90:38 Min. (*uncut*) ¬

Erstveröffentlichungen
Hongkong: unbekannt
(Nominierungen: 0 | Auszeichnungen: 0)

Jackie war hier lediglich als Action Director und Stuntkoordinator eingeplant, doch während der Dreharbeiten verfolgte man seine Kampftechniken mit einer Kamera. Aus diesen Aufnahmen ließen die Produzenten eine Art Making-Of einiger Szenen schneiden und stellten es an den Anfang des eigentlichen Films. Jackie gefiel das gar nicht, zumal er mit einer Zigarette zwischen seinen Lippen zu sehen ist, was, wie er in seiner Autobiografie selbst schreibt, eine üble Angewohnheit war, die er lange vor Veröffentlichung des Films wieder abgelegt hatte. Wieder einmal ein Film ohne deutsche Veröffentlichung. Hier haben Fans die Qual der Wahl zwischen der wahrscheinlich ungeschnittenen, amerikanischen und der beinahe ungeschnittenen, aber dafür seltenen englischen DVD. Eine Metalcore-Band aus Alaska benannte sich 1994 übrigens nach dem Film.

DVD-Tipp: **36 Crazy Fists*** [GB]

* Vertrieb: Parade Video, VÖ: unbekannt

38

Snake In The Eagle's Shadow

1978

dt. Titel: *Die Schlange Im Schatten Des Adlers*
Originaltitel: *Se Ying Diu Sau*

Action (Faustkampf, Komödie, Drama) | Hongkong | 1977-1978 | K

Der Bettler Pai Chang Tien wird brutal angegriffen und vom Küchenjungen Chien Fu aufgefunden. Der junge Mann pflegt den alten Rebellen gesund und erhält als Dank Lektionen in Sachen Kung-Fu. Doch das Spiel fällt auf und die Obrigkeit erkennt die legendäre Technik des Pai. Und so werden ab sofort beide verfolgt ...

mit Jackie Chan, Hwang Jang-Lee, Simon Yuen Siu-Tin, Dean Shek Tin, Hsu Hsia ...
BUCH: Ng See-Yuen, Clifford Choi Gai-Gwong, Siao Lung
REGIE: Yuen Wo-Ping
PRODUKTION: Ng See-Yuen
ACTION DIRECTOR: Hsu Hsia, Yuen Wo-Ping

JACKIES BEITRAG: Hauptrolle, Stuntkoordinator

Sprache / Ton	Bild / Format	Spieldauer
Kantonesisch Mono	Farbe / 2.35:1 35 mm (anamorph)	97:09 Min. (*uncut*) ¬

Erstveröffentlichungen
Hongkong: 1. März 1978
Deutschland: 13. April 1979
(Nominierungen: 0 | Auszeichnungen: 0)

Nach einer Reihe von sehr erfolglosen Filmen unter der Regie Lo Weis verlieh dieser Jackie an die junge Filmfirma Seasonal Films. Ein doppelter Glücksfall für Jackie Chan, denn eigentlich sollte der aufstrebende Schönling Alexander Fu Sheng die Hauptrolle übernehmen, doch der lehnte ab. In »Snake In The Eagle's Shadow« verlor Jackie durch einen Tritt Hwang Jang-Lees einen seiner Schneidezähne; dies ist noch im Film deutlich zu sehen. Auch einen »misslungenen« Kampf, bei dem Jackie von einem Schwert am Arm getroffen wird, ist darin enthalten. Der Film war ein voller Erfolg: 2.708.748,20 Millionen HK-Dollar Umsatz! Bis vor kurzem gab es noch keine ungekürzte deutsche Fassung, abgesehen von Bootleg-Veröffentlichungen. Doch im September 2018 hat es Koch Media geschafft, eine ungeschnittene Filmfassung für den deutschen Markt auf DVD und Blu-ray zu veröffentlichen.

BD-Tipp: **Die Schlange Im Schatten Des Adlers*** [BRD]

* Vertrieb: Koch Media, VÖ: 13. September 2018

39

Snake & Crane Arts Of Shaolin

1978

dt. Titel: *Die Unbesiegbaren Der Shaolin*
alt. Titel: *Snake And Crane Arts Of Shaolin* | Originaltitel: *She He Ba Bu*

Action (Drama, Krimi, Komödie) | Hongkong, Taiwan, Südkorea | 1977-1978 | K

Die acht mächtigsten Großmeister der Shaolin entwickeln eine tödliche neue Kampftechnik und halten sie in einem Buch fest. Auf mysteriöse Weise kommen alle acht Großmeister ums Leben, und so will jeder im Land das verschollene Buch finden, um unbesiegbar zu werden. Der junge Kämpfer Hsu Yin-Fung gelangt zufällig an das Buch und wird nun von dubiosen Gestalten gejagt.

mit Jackie Chan, Nora Miao, Kam Kong, Kim Jeong-Nan, Lee Yeong-Guk, Ho Kang ...
Buch: Cheung San-Yee
Regie: Chen Chi-Hwa, Kim Jin-Tae
Produktion: Lo Wei, Kang Dae-Jin
Action Director: Jackie Chan, To Wai-Wo

Jackies Beitrag: Hauptrolle, Action Director, Stuntkoordinator

Sprache / Ton	Bild / Format	Spieldauer
Mandarin Mono	Farbe / 2.35:1 35 mm (anamorph)	101:28 Min. (*uncut*) ¬

Erstveröffentlichungen
Hongkong: 8. März 1978
Deutschland: 9. November 1978
(Nominierungen: 0 | Auszeichnungen: 0)

Mit 662.851,30 HK-Dollar Einnahmen ein etwas erfolgreicherer Film der Lo-Wei-Ära. Die Geschichte ist ziemlich gut, die Regiearbeit und der Schnitt ebenso wie die abwechslungsreichen Kämpfe. Hier konnte sich Jackie Chan das erste Mal so richtig austoben. Dass dieser Film genau eine Woche nach dem Start von »Snake In The Eagle's Shadow« anlief, war kein Zufall. Die Produzenten erhofften sich dadurch, auf der Welle des Erfolgs mitreiten zu können. Der Film ist auf der deutschen Blu-ray ungeschnitten.

BD-Tipp: **Die Unbesiegbaren Der Shaolin*** [BRD]

* Vertrieb: Splendid Film / Amasia, VÖ: 28. November 2014

40

Magnificent Bodyguards

1978

dt. Titel: *Master Of Death / The Red Dragon*
Originaltitel: *Fei Du Juan Yun Shan*

Abenteuer (Faust- und Waffenkampf, Action, Mystery-Thriller) | Hongkong, Taiwan | 1978 | K

Um dem schwerkranken Bruder von Lady Nan zu helfen, muss er zum Leibarzt des Königs eskortiert werden. Die Reise dorthin ist jedoch gefährlich, weshalb der Leibwächter Ting Chung mit der Sicherheit beauftragt wird. Sie schaffen es schließlich gemeinsam zum Herrn der Berge, doch dann zeigt der todkranke Bruder Lady Nans sein wahres Ich.

mit Jackie Chan, James Tien, Bruce Leung, Wang Ping, Liu Ming, Wong Gwan ...
Buch: Ku Long
Regie: Lo Wei
Produktion: Lo Wei
Action Director: Luk Chuen, Jackie Chan

Jackies Beitrag: Hauptrolle, Action Director, Stuntkoordinator

Sprache / Ton	Bild / Format	Spieldauer
Mandarin Mono	Farbe / 2.35:1 35 mm, Ultra Vision (dual-strip 3-D)	103:53 Min. (*uncut*) ¬

Erstveröffentlichungen
Hongkong: 27. April 1978
Deutschland: 20. Dezember 1990 (V-VHS)
(Nominierungen: 0 | Auszeichnungen: 0)

Vielleicht trug die Tatsache, dass dies der erste Film Hongkongs ist, welcher in 3D gedreht und dem Kinopublikum jener Tage präsentiert wurde, dazu bei, dass die Einnahmen noch recht erträglich waren: 775.522 Hongkong-Dollar. Immerhin, doch Jackie sagt selbst, dass der Film mehr schlecht als recht sei. Lo Wei benutzte sogar gestohlene Musik aus »Star Wars« (1977), um dem Film mehr Klasse zu verleihen. Was er jedoch bekam, war ein schlechtes Image. »Magnificent Bodyguards«, einer der letzten Filme Jackies für Lo Wei, erschien in Deutschland ungeschnitten auf DVD und Blu-ray und sogar in der originalen 3D-Fassung für Zuhause.

BD-Tipp: **Master Of Death*** [BRD]

* Vertrieb: Splendid Film / Amasia, VÖ: 27. März 2015

41

Immortal Warriors

1978

Alias: *Pak Tai Bo San Ho*
Originaltitel: *Bai Zhan Bao Shan He*

Drama (Abenteuer, Action) | Taiwan | 1978 | K

Das Ende der Sung-Dynastie ist nahe, als die Chings den kaiserlichen Palast angreifen und jeden töten, der sich ihnen in den Weg stellt. Die beiden Kinder der Kaiserfamilie Polly und Mang Fei überleben jedoch und wachsen versteckt auf. Ihre Rache wächst mit ihnen, doch es gibt noch ein großes Geheimnis um Mang Feis eigentliche Herkunft ...

mit Polly Shang-Kuan, Gua Ah-Lei, Lo Lieh, Kam Kong, Miao Tian, James Tien ...
BUCH: Cheng Kang, Shen Chiang, Kung Min
REGIE: Cheng Kang, Shen Chiang, Lo Wei, Chang Tseng-Chai, Wong Sing-Loy, Li Kuan-Chang, Chin Sheng-En, Ulysses Au-Yeung Jun, Tyrone Hsu Tien-Yung, Joseph Kuo Nan-Hong, Hsu Tseng-Hung, Sun Sheng-Yuan
PRODUKTION: Cheung Ying
ACTION DIRECTOR: Han Ying-Chieh, Chen Shih-Wei, Yu Tien-Lung, Jackie Chan

JACKIES BEITRAG: Action Director

Sprache / Ton	**Bild / Format**	**Spieldauer**
Mandarin Mono	Farbe / 2.35:1 35 mm	93:19 Min. (*uncut*) ¬

Erstveröffentlichungen
Taiwan: 26. August 1978
(Nominierungen: 0 | Auszeichnungen: 0)

Dieser Film erschien weltweit leider (noch) nicht auf irgendeinem Heimmedium. Bekannte Regiegrößen waren an diesem Projekt beteiligt und sorgten so für ein episches Meisterwerk des taiwanesischen Kinos. Mit 2.397.558 HK-Dollar Einnahmen dürfte diese Produktion wohl zu einer der erfolgreichsten jener Tage zählen. Da Lo Wei einer der Regisseure ist, ist eine Kooperation Jackie Chans als Action Director gut denkbar und dank der originalen Credits auch definitiv vorhanden. Dort und auf Plakaten wird der Film übrigens mit »Immor Tal Warriors« falsch ins Englische übersetzt. Vielleicht musste Jackie gegen seinen Willen an »Immortal Warriors« arbeiten und hat diesen Film deshalb nirgends offiziell erwähnt. Die Alternative wäre, dass der Film heute als verloren gilt, obwohl er seit geraumer Zeit auf bekannten Videoplattformen in bescheidener Qualität immer mal wieder auftaucht. In Hongkong lief er erst 1979 im Kino.

Tipp: **leider (noch) nicht möglich**

42

Drunken Master

1978

dt. Titel: *Sie Nannten Ihn Knochenbrecher / Der Superbomber Mit Der Schnellen Faust*
Originaltitel: *Jui Kuen*

Action-Komödie (Faustkampf, Drama) | Hongkong | 1978 | K

Die Geschichte des chinesischen Nationalhelden Wong Fei Hungs mal anders erzählt, nämlich aus der Sicht eines rebellischen Jugendlichen, der sich Streiche ausdenkt, statt sich der Kunst des Kung-Fu zu widmen. Als Disziplinierungsmaßnahme muss er zu einem sadistischen Onkel in die Lehre, wo er weiter rebelliert und fliehen will. Bis er eines Tages nach einem prägenden Ereignis einsieht, dass er auserwählt wurde.

mit Jackie Chan, Simon Yuen Siu-Tin, Hwang Jang-Lee, Lam Kau, Dean Shek Tin ...
Buch: Ng See-Yuen, Siao Lung
Regie: Yuen Wo-Ping
Produktion: Ng See-Yuen
Action Director: Hsu Hsia, Yuen Wo-Ping

Jackies Beitrag: Hauptrolle

Sprache / Ton	Bild / Format	Spieldauer
Kantonesisch Mono	Farbe / 2.35:1 35 mm (anamorph)	106:37 Min. (*uncut*) ¬

Erstveröffentlichungen
Hongkong: 5. Oktober 1978
Deutschland: 16. August 1979
(Nominierungen: 0 | Auszeichnungen: 0)

Mit 6.763.793,40 HK-Dollar Umsatz war »Drunken Master« (auch bekannt unter dem Alias »Drunk Monkey In The Tiger's Eyes«) Jackies größter Kinohit bis dato und Inspiration für viele nachgeahmte Filme und sogar Videospiele. Der Film gilt als die Martial-Arts-Komödie schlechthin. Noch heutzutage wird Jackie von Fotografen gebeten, für sie die Drunken-Master-Pose einzunehmen. Der DVD-Tipp enthält die neue, wenngleich schlechtere Synchronisation, ist dafür aber ungeschnitten. Verschiedene Labels kämpfen seit Jahren um die Rechte an diesem Film, um eine gebührende Veröffentlichung mit beiden Synchronfassungen und Bonusmaterial herauszubringen.

DVD-Tipp: **Drunken Master – The Beginning**[*] [BRD]

* Vertrieb: Sony Pictures Home Entertainment, VÖ: 10. April 2008

Spiritual Kung Fu

dt. Titel: *Meister Aller Klassen 2*
Originaltitel: *Quan Jing*

Komödie (Fantasy, Action, Drama) | Hongkong, Taiwan, Südkorea | 1978 | K

Nachdem aus dem berühmten Shaolin-Tempel das Buch »Die sieben tödlichen Fäuste« gestohlen wurde, passieren seltsame Dinge, darunter mysteriöse Morde. Das Wissen scheint für immer verloren zu sein, bis der tollpatschige Yi Lang auf fünf vulgäre Geister trifft, die ihm eine Geheimtechnik beibringen.

mit Jackie Chan, James Tien, Mon Man-Sau, Li Tong-Chun, Dean Shek Tin ...
BUCH: Pan Lei, Song Gil-Han
REGIE: Lo Wei, Kim Jin-Tae
PRODUKTION: Lo Wei
ACTION DIRECTOR: Jackie Chan

JACKIES BEITRAG: Hauptrolle, Action Director, Stuntkoordinator

Sprache / Ton	Bild / Format	Spieldauer
Kantonesisch Mono	Farbe / 2.35:1 35 mm (anamorph)	98:53 Min. (*uncut*) ¬

Erstveröffentlichungen
Hongkong: 23. November 1978
Deutschland: 3. April 1989 (V-VHS)
(Nominierungen: 0 | Auszeichnungen: 0)

»Spiritual Kung Fu« wurde zeitgleich mit dem Film »Dragon Fist« im Frühjahr 1978 gedreht, doch wegen des darauf folgenden Verleihs Jackies an die Firma Seasonal Films archiviert und so später, nach Jackies Durchbruch veröffentlicht, was dazu beitrug, dass dieser Streifen satte 2.397.558 HK-Dollar einspielte. »Spiritual Kung Fu« ist mehr ein Versuch Lo Weis, im Genre der Komödie zu bestehen, als ein wirklicher Action-Film, auch wenn die Action gegen Ende nicht fehlt. Der Humor ist eher vulgäre Situationskomik als clever durchdachter Spaß, jedoch hat »Spiritual Kung Fu« einen gewissen Flair, der unbestreitbar ist. Die deutsche DVD- und Blu-ray-Fassung ist jeweils ungeschnitten.

BD-Tipp: **Meister Aller Klassen II*** [BRD]

* Vertrieb: Splendid Film / Amasia, VÖ: 25. April 2014

44

The Fearless Hyena

1979

dt. Titel: *Zwei Schlitzohren In Der Knochenmühle / The Shadowman / Superfighter 3*
Originaltitel: *Xiao Quan Guai Zhao*

Action-Komödie (Faust- und Waffenkampf, Drama) | Hongkong, Südkorea | 1978-1979 | K

Chans Großvater ist Rebell und auf der Flucht. Versteckt zieht er seinen Enkel auf, bis er eines Tages doch entdeckt und kaltblütig ermordet wird. Chan will seinen Opa rächen und erhält erst einmal einige Lektionen im Kämpfen eines mysteriösen Fremden, der sich letztendlich als Freund und Lebensretter beweist.

mit Jackie Chan, James Tien, Yen Shi-Kwan, Lee Kwan, Chan Wai-Lau, Ma Cheung ...
BUCH: Lo Wei, Jackie Chan
REGIE: Jackie Chan
PRODUKTION: Hsu Li-Hwa
ACTION DIRECTOR: Jackie Chan

JACKIES BEITRAG: Hauptrolle, Drehbuchautor, Regisseur, Action Director, Stuntkoordinator

Sprache / Ton	Bild / Format	Spieldauer
Kantonesisch Mono	Farbe / 2.35:1 35 mm (anamorph)	98:03 Min. (*uncut*) ¬

Erstveröffentlichungen
Hongkong: 17. Februar 1979
Deutschland: 21. März 1980
(Nominierungen: 0 | Auszeichnungen: 0)

»The Fearless Hyena«, im deutschsprachigen Raum unter diversen Titeln bekannt, war Jackies Regiedebüt. Obwohl er diesen Film noch unter Lo Weis Kontrolle drehte, nachdem er seine Arbeit bei Seasonal Films beendet hatte, ließ dieser ihm doch den Freiraum, den er benötigte, um einen weiteren Hit zu landen: 5.445.535 Hongkong-Dollar Einnahmen bestätigten ihn! Humor, Drama und satte Kampfkunst-Action, der Film ist ein Klassiker des Genres. Auch brachte Jackie hier erstmals das »Emotionale Kung Fu« auf die Leinwand. Das Multitalent Chan übernahm bei dieser Produktion viele Rollen vor und hinter der Kamera, sodass er beim Regieführen Unterstützung von Chiu Lo-Kong und Xu Shiao-Liang erhielt.

BD-Tipp: **Superfighter III**[*] [BRD]

---

* Vertrieb: Splendid Film / Amasia, VÖ: 27. Juni 2014

45

Dragon Fist

1979

dt. Titel: *Dragon Hero*
Originaltitel: *Long Quan*

Action (Faustkampf, Drama) | Hongkong, Südkorea, Taiwan | 1978 | K

Um den Kampf eines geheimnisvollen Schilds wird der Meister von Tang Hao Yun getötet. Der junge Schüler will Vergeltung. Als er vor seinem Endgegner steht, erkennt er leidvoll, dass der Mörder bereits gebüßt hat. Doch immer noch ist Tang Hao Yun blind vor Wut und gerät in die Fänge eines fiesen Clans.

mit Jackie Chan, Yen Shi-Kwan, Pearl Lin Yin-Zhu, Nora Miao, James Tien ...
BUCH: Wang Chung-Pin, Hong Jong-Won
REGIE: Lo Wei, Lee Jeong-Ho
PRODUKTION: Lo Wei, Park In-Jae
ACTION DIRECTOR: Jackie Chan

JACKIES BEITRAG: Hauptrolle, Action Director, Stuntkoordinator

Sprache / Ton	Bild / Format	Spieldauer
Mandarin Mono	Farbe / 2.35:1 35 mm (anamorph)	97:07 Min. (*uncut*) ¬

Erstveröffentlichungen
Hongkong: 21. April 1979
Deutschland: 28. November 1988 (V-VHS)
(Nominierungen: 0 | Auszeichnungen: 0)

»Dragon Fist« wurde veröffentlicht, als die Ablösesumme von Seasonal Films an Lo gezahlt wurde, sodass der Film erst nach dem Erfolg von »Drunken Master« seinen Weg in die Kinos fand. Gedreht wurde er wie »Spiritual Kung Fu« aber schon im Frühjahr 1978. Im Gegensatz zu »Spiritual Kung Fu« ist »Dragon Fist« ein Eastern mit einer seriösen Handlung. Selbst diese Produktion kam auf sagenhafte 1.004.276,20 HK-Dollar Einnahmen. Komponist war übrigens wie sooft Frankie Chan, präsentiert wurde der Film von Hsu Li-Hwa, Lo Weis zweiter Ehefrau, die stets zwischen den Meinungsverschiedenheiten ihres Ehemanns und Jackie Chans schlichtete. »Dragon Fist« erschien hierzulande nicht im Kino, doch wurde er Ende der 80er Jahre auf VHS mit einem FSK-18-Zertifikat und um einige Minuten erleichtert veröffentlicht. Auf DVD und Blu-ray ist er mittlerweile ungeschnitten erhältlich.

BD-Tipp: **Dragon Hero*** [BRD]

* Vertrieb: Splendid Film / Amasia, VÖ: 29. August 2014

46

Odd Couple

1979

alt. Titel: *The Odd Couple / Eternal Conflict*
Originaltitel: *Bo Ming Chan Dao Duo Ming Qiang*

Action (Waffenkampf, Drama, Abenteuer) | Hongkong | 1979 | K

Die beiden Rivalen »König des Schwertes« und »König des Speers« sind Meister der Kampfkunst und treffen sich alle zehn Jahre, um herauszufinden, welche Technik die bessere ist. Da die Duelle immer wieder auf Gleichstand hinauslaufen, müssen sich die beiden alternden Großmeister etwas einfallen lassen, wie sie dennoch zu einem endgültigen Ergebnis kommen: Sie nehmen jeder einen Schüler auf, die in Zukunft den Kampf weiterführen sollen. Doch bevor das erste Duell stattfindet, müssen sich alle vereinen und gemeinsam gegen einen mächtigen Feind kämpfen.

mit Sammo Hung, Lau Kar-Wing, Mars, Leung Kar-Yan, Dean Shek Tin, Huang Ha …
Buch: Lai Wai-Man, Raymond Wong Pak-Ming
Regie: Lau Kar-Wing
Produktion: Karl Maka
Action Director: Sammo Hung, Lau Kar-Wing

Jackies Beitrag: Stuntkoordinator

Sprache / Ton	Bild / Format	Spieldauer
Kantonesisch Mono	Farbe / 2.35:1 35 mm (anamorph)	91:51 Min. (*uncut*) ¬

Erstveröffentlichungen
Hongkong: 9. August 1979
(Nominierungen: 0 | Auszeichnungen: 0)

Jackie war hier als Stuntkoordinator beteiligt. Interessant bei »Odd Couple«, dem ersten Film von Hungs, Laus und Makas gegründeter Filmfirma Gar Bo Films, ist, dass die beiden Hauptdarsteller, Sammo Hung und Lau Kar-Wing, auch die beiden Schüler des jeweils anderen spielen. Eine irre Slapstick-Komödie mit einem Hauch Ernst des Lebens und unglaublich gut inszenierten Kämpfen! An Hongkongs Kinokassen spielte er satte 2.961.417 HK-Dollar ein. Yuen Biao, Yuen Miu und Mars sind auch im Film enthalten. Leider erschien er nicht in Deutschland, doch die Hongkong-DVD bietet ein gutes Preis-/Leistungsverhältnis auf dem Markt. Wer allerdings den Audiokommentar von Bey Logan und Interviews von Lau Kar-Wing und Leung Kar-Yan sehen möchte, ist mit der Special Collector's Edition der Hong-Kong-Legends-DVD besser bedient.

DVD-Tipp: **The Odd Couple**[*] [GB]

* Vertrieb: Hong Kong Legends, VÖ: 7. März 2005

47

The Young Master

1980

dt. Titel: *Meister Aller Klassen*
Originaltitel: *Shi Di Chu Ma*

Action-Komödie (Faustkampf, Abenteuer, Drama) | Hongkong | 1979-1980 | K

Dragon und Tiger sind Kumpels und Schüler einer angesehenen Kung-Fu-Truppe. Als Tiger eines Tages des Geldes wegen seinen Meister betrügt, wird er von ihm verbannt. Dragon will ihn zurückholen und erfährt schnell, dass Tiger in den Fängen einer Gangsterbande steckt. So muss er erst gegen Meister Kim antreten.

mit Jackie Chan, Whang In-Shik, Lily Li, Wai Pak, Yuen Biao, Tien Feng, Sek Kin …
BUCH: Lau Tin-Chi, Edward Tang, Tung Lo, Jackie Chan
REGIE: Jackie Chan
PRODUKTION: Raymond Chow
ACTION DIRECTOR: Jackie Chan, Fung Hak-On

JACKIES BEITRAG: Hauptrolle, Drehbuchautor, Regisseur, Action Director, Stuntkoordinator

Sprache / Ton	**Bild / Format**	**Spieldauer**
Kantonesisch Mono	Farbe / 2.35:1 35 mm (anamorph)	106:27 Min. (*uncut*) ¬

Erstveröffentlichungen
Hongkong: 9. Februar 1980
Deutschland: 14. April 1988 (V-VHS)
(Nominierungen: 0 | Auszeichnungen: 0)

Jackie legte sich für seinen ersten »Golden Harvest«-Film, für den er auch die Story lieferte, richtig ins Zeug: monatelanger Dreh, hunderte von Takes pro größere Szene, Blessuren, das Titellied »Kung Fu Fighting Man« gesungen in Englisch von Jackie und einen dreistündigen Rohschnitt! Das ganze Rohmaterial liegt bis heute irgendwo im Archiv; über 70 Minuten mussten wegen Überlänge nach Übergabe des Films von Jackie an Golden Harvest entfernt werden. Ja, Jackie schnitt in den 80ern die meisten seiner Filme selbst bis zur Perfektion, wenngleich er selten für den Job in den Credits genannt wird. Jackie ließ sich sogar Filmmaterial nach San Antonio schicken, wo er in den Drehpausen zu »The Big Brawl« den Rohschnitt vornahm. In einer Kampfszene gegen Whang In-Shik doubelte er einen seiner Stuntman. »The Young Master« spielte 1.026.282,50 HK-Dollar ein und war so erfolgreich, dass Golden Harvest Jackie zum Dank eine Platinkette mit allen Rekorden als Gravur schenkte.

BD-Tipp: **Meister Aller Klassen*** [BRD]

* Vertrieb: Splendid Film / Amasia, VÖ: 25. April 2014

48 | 1980

Half A Loaf Of Kung Fu

dt. Titel: *Karate Bomber*
alt. Titel: *Half A Loaf Of Kung Fu!* | Originaltitel: *Dian Zhi Gong Fu Gan Chian Chan*

Komödie (Faust- und Waffenkampf, Action) | Hongkong, Südkorea, Taiwan | 1978 | K

Der Taugenichts Chang hält sich für einen Kung-Fu-Meister, doch erntet nur Spott. Als er eines Tages einen echten Meister kennenlernt, wendet sich das Blatt und er wird unterrichtet. Als Held geht er aus einem tödlichen Kampf hervor, eher zufällig, und gerät so zwischen die Fronten zweier Clans.

mit Jackie Chan, James Tien, Doris Lung, Kim Jeong-Nan, Kam Kong, Ma Ju-Lung ...
BUCH: Tang Ming-Chi
REGIE: Chen Chi-Hwa, Kim Jin-Tae
PRODUKTION: Lo Wei, Kang Dae-Jin
ACTION DIRECTOR: Jackie Chan

JACKIES BEITRAG: Hauptrolle, Drehbuchautor, Action Director, Stuntkoordinator

Sprache / Ton	Bild / Format	Spieldauer
Kantonesisch Mono	Farbe / 2.35:1 35 mm (anamorph)	97:39 Min. (*uncut*) ¬

Erstveröffentlichungen
Hongkong: 1. Juli 1980
Deutschland: 9. Januar 1989 (V-VHS)
(Nominierungen: 0 | Auszeichnungen: 0)

Willie, Produzent bei der Lo Wei Motion Picture Company und bester Freund Jackies, redete solange auf Lo Wei ein, bis dieser Jackie alle Freiheiten für »Half A Loaf Of Kung Fu« übergab. Das war bereits Mitte 1978. Und so brachte Jackie seine eigenen Ideen mit in die Handlung ein (er wird aber nicht in den Credits in Bezug auf die Geschichte erwähnt). Als Lo den fertigen Film sah, wurde er wütend und beförderte die Kopie in sein Archiv, wo sie über zwei Jahre lang auf ihre Veröffentlichung warte-te. Der Film war entgegen Lo Weis erster Meinung ein voller Erfolg und gilt als erste Parodie des gesamten Eastern-Genres – dank Jackie Chans Story. An den Kinokassen spielte er sagenhafte 1.526.871,50 HK-Dollar ein.

BD-Tipp: **Karate Bomber*** [BRD]

* Vertrieb: Splendid Film / Amasia, VÖ: 31. Oktober 2014

49

The Big Brawl

1980

dt. Titel: *Die Große Keilerei / Kleiner, Lass Die Fetzen Fliegen*
alt. Titel: *Battle Creek Brawl*

Action (Komödie, Abenteuer, Krimi) | USA, Hongkong | 1980 | K

Jerry ist Amerikaner chinesischer Abstammung und gerät zwischen die Fronten zweier Clans. Beide wollen seine Kampffertigkeiten nutzen und ihn für sich bei einem Turnier antreten lassen, weshalb sie seine Familie bedrohen und erpressen.

mit Jackie Chan, Mako, Kristine DeBell, José Ferrer, Rosalind Chao, Chi Chao-Li ...
Buch: Robert Clouse
Regie: Robert Clouse
Produktion: Raymond Chow, Fred Weintraub
Action Director: Jackie Chan

Jackies Beitrag: Hauptrolle, Action Director

Sprache / Ton	Bild / Format	Spieldauer
Englisch Mono	Farbe / 2.35:1 35 mm (Panavision)	96:11 Min. (*uncut*) ¬

Erstveröffentlichungen
Australien: 18. August 1980
USA: 29. August 1980
Deutschland: 1. Mai 1981
(Nominierungen: 1 | Auszeichnungen: 0)

Das Produktionsteam von »The Big Brawl« bestand zum Großteil aus den Leuten, die auch bei »Enter The Dragon« (1973) mitgearbeitet hatten. Golden Harvest und Warner Brothers erhofften sich einen ebenso großen Erfolg für Jackies ersten westlichen Film. Insgesamt spielte der Film in den USA 8.527.743 Dollar ein, in Hongkong satte 5.776.530 HK-Dollar. Jackie ärgerte es am meisten, dass er die Stunts nicht selbst planen und die Kämpfe nicht in Perfektion ausführen durfte/konnte, da die US-Besetzung eine strapaziöse HK-Produktion nicht gewohnt war. Dennoch war er froh, den Film machen zu können, denn so konnte Jackie vor den Triaden fliehen, die Lo Wei ihm nach seinem Vertragsausstieg während der Dreharbeiten zu »Fearless Hyena Part II« auf den Hals hetzte. Während der Dreharbeiten erkannte Jackie zudem, dass er in Hongkong zwar bekannt, aber noch lange kein Filmstar war. Mit Demut kehrte er zurück und wollte für sein nächstes Projekt noch mehr geben. Auf der Blu-ray findet man neben der Kinofassung auch die ZDF-Synchro von 1992.

BD-Tipp: **Die Große Keilerei**[*] [BRD]

[*] Vertrieb: Splendid Film / Amasia, VÖ: 25. Juli 2014

50

Read Lips

1980

Originaltitel: *Zi Bao Chuang Ba Guan*

Komödie (Action, Faustkampf) | Hongkong | 1980 | K

Frankie ist ein Ass im Lippenlesen und arbeitet als Synchronsprecher im Tonstudio. Bei einem Hunderennen in Macao verliebt er sich in die Radiomoderatorin Shelly. Als sie sich verabreden, beobachtet Frankie ein Gespräch aus der Ferne und liest von den Lippen der Beteiligten ab, dass ein Verbrechen bevorsteht. Dies erzählt er Inspektor Fatty, doch der kann ihn nicht leiden. Frankie und Shelly müssen den Fall auf eigene Faust lösen.

mit Frankie Chan, Suet lee, Danny Chow Yun-Kin, Kent Cheng, Eric Tsang ...
Buch: Barry Wong Ping-Yiu
Regie: Richard Yeung Kuen
Produktion: Jackie Chan
Action Director: Danny Chow Yun-Kin, Fung Hak-On

Jackies Beitrag: Produzent

Sprache / Ton	Bild / Format	Spieldauer
Kantonesisch Mono	Farbe / 2.35:1 35 mm (anamorph)	93:08 Min. (*uncut*) ¬

Erstveröffentlichungen
Hongkong: 18. September 1980
(Nominierungen: 0 | Auszeichnungen: 0)

»Read Lips« ist der erster Film, den Jackie Chan jemals produzierte. Dies geschah unter dem Firmennamen seiner neu gegründeten Produktionsfirma Authority Films, die nach diesem Film noch »The Gold Hunters« (1981) und »Dragon Lord« (1982) produzierte; alle drei sind Action-Komödien. Der Film ist nicht unbedingt ein Hit, doch er bietet eine gewisse Atmosphäre der Spätsiebziger, die einfach unverwechselbar ist. Neben Jackies Freund Chen Chi-Hwa ist hier auch noch Star-Komiker Eric Tsang zu bewundern. Filmkomponist Frankie Chan übernimmt die Hauptrolle. In einer kurzen Szene sieht man sogar Jackie in Filmmaterial von »The Young Master«, der gerade im Studio von den Schauspielern synchronisiert wird. Da der Film leider nie in Deutschland erschienen ist und die chinesische DVD bereits nicht mehr hergestellt wird und damit eine echte Rarität ist, bietet sich für Fans nur noch die »Joy Sales«-VCD zum Kauf an.

VCD-Tipp: **Read Lips*** [HK]

* Vertrieb: Joy Sales, VÖ: 9. Mai 2008

51

The Gold Hunters

1981

alt. Titel: *The Gold-Hunters*
Originaltitel: *Lao Shu Jie*

Abenteuer (Komödie, Drama, Action, Faustkampf) | Hongkong | 1980-1981 | K

Die drei Freunde Li, Tong und Ma haben einen Traum: sie wollen über Nacht reich werden. Eines Tages bittet Ma seine beiden Freunde um Hilfe, als Jack, der Sohn des Kommandanten, eine große Feier im Restaurant gibt, in dem Ma kellnert. Währenddessen lauschen sie den Gesprächen und finden heraus, dass ein Goldtransport die Stadt verlässt. Sie beschließen, ihn zu überfallen und mit dem Gold abzuhauen. Doch der korrupte Kommandant hat das Gold bereits gestohlen und einen Überfall auf den Transport geplant, um den Direktor zu töten. Da sich Ma und seine Freunde nur für das Gold interessieren, muss sich Kommandant Wang um den Direktor kümmern.

mit Lau Ga-Yung, Lee Hoi-Sang, Mang Chiu, Lau Nga-Lai, Fung Hak-On, Wu Ma ...
BUCH: Barry Wong Ping-Yiu
REGIE: Fung Hak-On, Law Kei
PRODUKTION: Jackie Chan
ACTION DIRECTOR: *Sing Ga Ban* (Jackie Chan's Stuntmen Association)

JACKIES BEITRAG: Produzent

Sprache / Ton	Bild / Format	Spieldauer
Kantonesisch Mono	Farbe / 2.35:1 35 mm (anamorph)	85:27Min. (*uncut*) ¬

Erstveröffentlichungen
Hongkong: 15. Mai 1981
(Nominierungen: 0 | Auszeichnungen: 0)

Jackies zweite Eigenproduktion unter seiner Filmfirma Authority Films. »The Gold Hunters« ist eine erstklassige Abenteuer-Komödie mit vielen witzigen Einfällen und spannenden und faszinierend choreografierten Kämpfen. Für die Action ist Jackies Stuntmen Club Sing Ga Ban – ebenfalls bekannt als JC Stunt Team, JC Stuntmen Team, Jackie Chan's Stuntman's Club und Jackie Chan's Stuntmen Club – verantwortlich. Der Regisseur, Fung Hak-On, gehörte ebenfalls zur Sing Ga Ban. Leider erschien auch dieser Film nicht in Deutschland, was sehr schade ist, denn er bietet sehr gute und vor allem moderne Unterhaltung. Die Hongkong-VCD von Joy Sales scheint in der Tat ungeschnitten zu sein. Das Bildmaterial wurde anschaulich aufgearbeitet. Eine DVD-Version von Joy Sales wurde nicht veröffentlicht.

VCD-Tipp: **The Gold Hunters*** [HK]

* Vertrieb: Joy Sales, VÖ: 28. Dezember 2007

52

The Cannonball Run

1981

dt. Titel: *Auf Dem Highway Ist Die Hölle Los*

Komödie (Action, Abenteuer) | USA, Hongkong | 1980-1981 | K

Wieder einmal findet das traditionelle Cannonball-Rennen quer durch die USA statt. Die Polizei ist in Alarmbereitschaft, doch die verrückten Querlenker sind nicht zu bremsen. Der Gewinner bekommt einen fetten Scheck – wer wird es wohl schaffen?

mit Burt Reynolds, Dom DeLuise, Dean Martin, Sammy Davis Jr., Jack Elam ...
BUCH: Brock Yates
REGIE: Hal Needham
PRODUKTION: Raymond Chow, David Hamburger, Andre Morgan, Albert S. Ruddy
STUNTKOORDINATOR: Bobby Bass

JACKIES BEITRAG: Nebenrolle

Sprache / Ton	Bild / Format	Spieldauer
Englisch, Kantonesisch, Japanisch, Arabisch Mono	Farbe / 1.85:1 35 mm (Spherical)	95:55 Min. (*uncut*) ¬

Erstveröffentlichungen
USA: 19. Juni 1981
Deutschland: 1. Oktober 1981
(Nominierungen: 2 | Auszeichnungen: 1)

»The Cannonball Run« basiert teilweise auf wahren Begebenheiten, die sich während des »Cannonball Baker Sea-To-Shining-Sea Memorial Trophy Dash«-Rennens in den 1970er Jahren zugetragen haben. Drehbuchautor Brock Yates hatte seiner Zeit dieses Rennen initiiert. Für Jackie war die Verfilmung der zweite erfolglose Versuch, bei dem amerikanischen Publikum anzukommen. Als er hörte, dass seine kantonesisch sprechende Filmfigur Japaner ist, war er sehr aufgebracht. Doch die ernüchternde Erfahrung hatte einen Vorteil: Jackie übernahm von da an die Idee der Patzer am Filmende für seine eigenen Filme, die sogenannten Outtakes oder Bloopers. In Deutschland schauten sich 4.825.937 Menschen den Film im Kino an. Die neue deutsche Blu-ray von Winkler Film bietet neben der deutschen und englischen Synchro noch einen informativen Audiokommentar der Macher.

BD-Tipp: **Auf Dem Highway Ist Die Hölle Los*** [BRD]

* Vertrieb: Winkler Film / AL!VE, VÖ: 12. Dezember 2016

53 | 1982

Dragon Lord

dt. Titel: *Dragon Lord / Der Blindwütige Drachenheld*
Arbeitstitel: *Young Master In Love* | Originaltitel: *Lung Siu Yeh*

Action-Komödie (Krimi, Faustkampf) | Hongkong, Taiwan, Südkorea | 1980-1982 | K

Ganoven haben den Schatz von China gestohlen und wollen die große Kohle daran verdienen. In einem Lagerhaus werden die Schätze in Kisten versteckt. Das findet Dragon zufällig heraus und steht nun auf der Abschussliste der Gangster.

mit Jackie Chan, Michael Chan Wai-Man, Suet Lee, Mars, Whang In-Shik, Tai Bo ...
Buch: Jackie Chan, Edward Tang, Barry Wong
Regie: Jackie Chan
Produktion: Raymond Chow
Action Director: Jackie Chan, Fung Hak-On, Cory Yuen Kwai, *Sing Ga Ban*

Jackies Beitrag: Hauptrolle, Drehbuchautor, Regisseur, Action Director

Sprache / Ton	Bild / Format	Spieldauer
Kantonesisch, Englisch Mono	Farbe / 2.35:1 35 mm (Panavision, anamorph)	96:19 Min. (*uncut*) ¬ 103:22 Min. (*uncut*, asiatische Fassung) ¬

Erstveröffentlichungen
Hongkong: 21. Januar 1982
Deutschland: 5. Oktober 1987 (V-VHS)
(Nominierungen: 1 | Auszeichnungen: 0)

»Dragon Lord« sollte ursprünglich »Young Master In Love« heißen und die große Fortsetzung von »The Young Master« (1980) sein. Perfektionist Jackie hatte sich bei der Produktion selbst übertroffen: Für eine kleine Aufnahme in einem Badminton-Spiel wurden über 2900 Takes angefertigt! In seiner Autobiografie schreibt er, dass der Film in Japan besser ankam als in Hongkong, wo er immerhin sagenhafte 17.936.344 HK-Dollar einnahm! Jackie wurde hier das erste Mal bei den Hong Kong Film Awards (Best Action Choreography) nominiert. Der Dreh in Südkorea wurde laut Mars nach nur zwei Tagen abgebrochen, weil es viel zu kalt war. Dadurch wurden 80 % des Films in den Taipei Film Studios in Taiwan abgedreht. Eine Anekdote erzählt, wie Jackies Mutter zum Set kam, als sie gerade eine Kampfszene drehten. Dabei verletzte sich Jackie und blutete (was noch im Film zu erkennen ist); seine Mutter wurde ohnmächtig. Seitdem war sie nur selten an Filmsets zu Besuch. Die deutsche Blu-ray enthält die internationale und asiatische Fassung.

BD-Tipp: **Dragon Lord*** [BRD]

* Vertrieb: Splendid Film / Amasia, VÖ: 29. August 2014

54

Fantasy Mission Force

1983

dt. Titel: *Mission Force / (The) Shadowman 2 / Die Superfaust*
Originaltitel: *Mi Ni Te Gong Dui*

Abenteuer-Komödie (Fantasy, Action, Mo Lai Tau) | Taiwan, Hongkong | 1982 | K

Im Zweiten Weltkrieg stehlen Japaner die Geldreserven der Alliierten. So beschließt ein geheimer Sondertrupp der Armee, das Geld zurückzuholen. Dafür brauchen sie aber Spezialisten, die unglaubliche Abenteuer durchstehen müssen.

mit Jackie Chan, Brigitte Lin, Adam Cheng, Jimmy Wang Yu, Hui Bat-Liu, Gam Dai ...
Buch: Wai San
Regie: Kevin Chu Yen-Ping
Produktion: Chian Wen-Hsiung, Shen Hsiao-Yin
Action Director: Lam Man-Cheung

Jackies Beitrag: Nebenrolle, Stuntman

Sprache / Ton	Bild / Format	Spieldauer
Mandarin, Kantonesisch Mono	Farbe / 2.35:1 35 mm (anamorph)	89:34 Min. (*uncut*) ¬ 99:42 Min. (*uncut*, japanische Fassung)

Erstveröffentlichungen
Hongkong: 13. Februar 1983
Deutschland: 1990 (V-VHS)
(Nominierungen: 0 | Auszeichnungen: 0)

Ein Film, der so schlecht wie er gut ist. Diese Zeilen liest man oft über »Fantasy Mission Force«, und es stimmt. Die Art der Komödie, die hier stattfindet, nennt sich Mo Lai Tau und bedeutet in etwa Unsinnskomik. In Verbindung mit diesem Begriff wird oftmals Stephen Chow erwähnt. Jackie wird in »Fantasy Mission Force« eine Hauptrolle zugeschrieben, doch er hatte lediglich eine Nebenrolle, die vergleichbar mit einem Gastauftritt ist. Er arbeitete an dem Film mit, um Jimmy Wang Yu einen Gefallen zu tun, da dieser Jackie in den 70er Jahren half, mit den Triaden fertig zu werden, die Lo Wei ihm auf den Hals hetzte. Er gab Jimmy Wang Yu vier Tage Zeit für seine Szenen, und er sollte seinem Manager Willie nichts verraten. In diesen vier Tagen wurden laut Jimmy Wang Yu täglich bis zu 200 Einstellungen gedreht. »Fantasy Mission Force« löste eine regelrechte »Mo Lai Tau«-Welle aus, die bis heute – in veränderter und modernerer Form – anhält. Der Film hat in Japan Überlänge, das zusätzliche Material ist auf der deutschen Blu-ray als Bonus enthalten.

BD-Tipp: **Mission Force**[*] [BRD]

* Vertrieb: Steamboat Pictures / Daredo, VÖ: 20. Februar 2015

Fearless Hyena Part II

dt. Titel: *Superfighter 2*
Originaltitel: *Long Teng Hu Yue*

Action-Komödie (Faustkampf, Drama, Krimi) | Hongkong | 1979/1982-1983 | K

Ching Lung lebt mit seinem Vater zurückgezogen in den Bergen, doch von Zeit zu Zeit reist der Junge in die Stadt, um seinen verlorenen Bruder zu suchen. Als die beiden Brüder nach Jahren endlich wieder vereint sind und zu ihrem Vater in die Berge kommen, finden sie ihn tot vor. Jetzt sind beide Brüder auf Rache aus.

mit Jackie Chan, Austin Wai, Yen Shi-Kwan, Kwan Yung-Moon, James Tien ...
Buch: Lo Wei, Jackie Chan
Regie: Chan Chuen
Produktion: Lo Wei
Action Director: Chui Fat

Jackies Beitrag: Hauptrolle, Drehbuchautor

Sprache / Ton	Bild / Format	Spieldauer
Kantonesisch Mono	Farbe / 2.35:1 35 mm (anamorph)	92:17 Min. (*uncut*) ¬

Erstveröffentlichungen
Hongkong: 4. März 1983
Deutschland: 20. Februar 1989 (V-VHS)
(Nominierungen: 0 | Auszeichnungen: 0)

Jackies letzter und unvollendeter Film für Lo Wei, für den er auch die ursprüngliche Idee lieferte. Er stieg, untypisch für Jackie Chan, während des Drehs 1979 aus, weil er sich ärgerte, zuvor einen neuen, schädigenden Vertrag mit Lo Wei ohne Willie Chans Zustimmung abgeschlossen zu haben, und bat seinen Manager Willie, ihm einen besseren Vertrag vorzulegen. Dieser leistete bei Golden Harvest schließlich gute Überzeugungsarbeit. Während der Produktion von »The Young Master«, Jackies erstem Film für seinen neuen Arbeitgeber, beauftragte Lo Wei die chinesische Mafia, von denen er ein bekanntes Mitglied war, Jackie zu ihm zurückzubringen und manipulierte den damaligen Dreh. Doch Willie Chan und Jackies Ko-Star aus »The Killer Meteors« (1976), Jimmy Wang Yu, halfen ihm schließlich aus der Misere. Lo stellte den Film Ende 1982 bis im Frühjahr 1983 mit schlechten Doubles fertig. Jackie ging gegen die Verbreitung des Films gerichtlich vor, doch zog seine Klage wieder zurück, da sich Golden Harvest und Lo Wei anderweitig einigten.

BD-Tipp: **Superfighter II*** [BRD]

* Vertrieb: Splendid Film / Amasia, VÖ: 27. Juni 2014

#56 — 1983

Winners & Sinners

alt. Titel: *Five Lucky Stars / The 5 Lucky Stars / Winners And Sinners*
Originaltitel: *Qi Mou Miao Ji: Wu Fu Xing*

Komödie (Action, Krimi) | Hongkong | 1983 | K

Nach ihrer Zeit im Gefängnis beschließen die fünf ungleichen Freunde, keine krummen Dinger mehr zu drehen, und gründen eine Reinigungsfirma. Doch zufällig geraten sie an illegale Druckplatten und müssen von nun an als Ex-Häftlinge der Polizei helfen, den Geldfälscher Chan Chiu zu schnappen.

mit Sammo Hung, Richard Ng, Stanley Fung, John Shum, Charlie Chin, Cherie Chung, Jackie Chan, Cecilia Yip, James Tien, Tai Bo, Yuen Biao, Fung Hak-On ...
Buch: Sammo Hung, Barry Wong
Regie: Sammo Hung
Produktion: Raymond Chow
Action Director: *Hung Ga Ban* (Sammo Hung's Stuntmen Association), Yuen Biao, Billy Chan, Lam Ching-Ying

Jackies Beitrag: Nebenrolle

Sprache / Ton	Bild / Format	Spieldauer
Kantonesisch Mono	Farbe / 1.85:1 35 mm (Spherical)	109:01 Min. (*uncut*) ¬ 117:23 Min. (*uncut*, japanische Fassung)

Erstveröffentlichungen
Hongkong: 7. Juli 1983
Deutschland: 31. März 1987 (V-VHS)
(Nominierungen: 1 | Auszeichnungen: 1)

Sammo wurde von einer alten japanischen TV-Sendung zu dem Film inspiriert, arbeitete die Geschichte aus und gab ihr den Titel »Five Lucky Stars«, der sich auf »The Seven Little Fortunes« (auch: »The Lucky Seven«), Sammos, Jackies und Yuen Biaos frühere Operntruppe, bezieht. Für eine Szene im Gefängnis bekamen sie keine Drehgenehmigung, weshalb diese Einstellung im Studio mit ein paar Gitterstäben inszeniert wurde. Ein Easteregg gibt es für Hongkong-Filmfans: Cherie Chung trägt in einer Szene ein Esprit-Shirt, Charlie Chin steht daneben. Dieser war zuvor noch mit der Schauspielerin Brigitte Lin zusammen, die sich nach ihm den Milliardär und Boss von Esprit Hongkong angelte. »Winners & Sinners« stellt den Anfang einer der erfolgreichsten Filmreihen Hongkongs dar und spielte 21.972.419 HK-Dollar ein!

BD-Tipp: **Winners & Sinners**[*] [BRD]

* Vertrieb: Splendid Film / Amasia, VÖ: 29. August 2014

57 | 1983

Project A

dt. Titel: *Der Superfighter*
Arbeitstitel: *Pirate Patrol* | Originaltitel: *'A' Gai Waak*

Abenteuer-Komödie (Action, Drama) | Hongkong | 1983 | K

In Hongkong um 1900 treiben Piraten ihr Unwesen. Als die Marine aufgelöst wird, werden die Matrosen zu Polizisten umgeschult; das nutzen die Seeräuber aus. Der Ex-Matrose Dragon Ma geht aktiv mithilfe einer starken Truppe gegen die Gauner vor.

mit Jackie Chan, Sammo Hung, Yuen Biao, Wong Man-Ying, Dick Wei, Tai Bo …
BUCH: Edward Tang, Jackie Chan
REGIE: Jackie Chan
PRODUKTION: Raymond Chow
ACTION DIRECTOR: Sammo Hung, Jackie Chan

JACKIES BEITRAG: Hauptrolle, Drehbuchautor, Regisseur, Action Director, Stuntkoordinator

Sprache / Ton	Bild / Format	Spieldauer
Kantonesisch, Englisch Mono	Farbe / 2.35:1 35 mm (Technovision)	106:07 Min. (*uncut*) ¬ 105:26 Min. (*uncut*, japanische Fassung)

Erstveröffentlichungen
Hongkong: 22. Dezember 1983
Deutschland: 2. August 1988 (V-VHS)
(Nominierungen: 3 | Auszeichnungen: 1)

Golden Harvest plante Anfang der 80er Jahre einen Zwei-Film-Deal mit Regisseur Robert Clouse. Dieser soll eine Idee namens »Blood Island«, ein Piratenfilm, gepitcht haben. Die Idee könnte in »Project A« übergegangen sein. Anfangs noch als »Pirate Patrol« betitelt, wurde das Projekt schnell anonymisiert, um Nachahmer fernzuhalten. In »Project A« finden sich Jackies bis dato gefährlichste Stunts. Bei den Dreharbeiten zog er sich eine Nackenverletzung und seine zweite gebrochene Nase zu; das erste Mal in »The Young Master« (1980). Jackies Inspiration durch Stummfilmstars Harold Lloyd und Buster Keaton kommt hier hervorragend zum Ausdruck. Dafür wurde er 1984 als bester Schauspieler bei den Hong Kong Film Awards nominiert. Der Film spielte lokal 19.323.824 HK-Dollar ein. Laut Gerüchten kam der Film u. a. Wegen des 124. Herrschers Japans Shōwa zustande, der als Fan unbedingt eine Fortsetzung seines Lieblingsfilms sehen wollte.

BD-Tipp: **Superfighter*** [BRD]

* Vertrieb: Splendid Film / Amasia, VÖ: 27. Juni 2014

58 1984

Pom Pom

dt. Titel: *Crime Land / Zeugenschutzprogramm*
Originaltitel: Shen Yong Shuang Xiang Pao

Komödie (Action, Krimi, Drama) | Hongkong | 1983-1984 | K

Ng Ah Chiu und Beethoven sollen Nachforschungen über den Drogendealer Sha anstellen. Dieser besitzt ein Buch, in dem er seine kriminellen Transaktionen penibel notiert. Diese Notizen befinden sich in Obhut seiner Geliebten. Als ein anonymer Informant Ng Ah Chiu und Beethoven über den Verbleib der Geliebten informiert, machen sich beide auf den Weg, doch finden die Frau des Ex-Kriminellen bereits tot auf. Nur mit der Hilfe einer mysteriösen Dame machen sie weitere Fortschritte.

mit Richard Ng, John Shum, Deannie Yip, Chung Fat, Ng Min-Kan, James Tien ...
BUCH: *Bo Wing Chong Chok Cho* (Bo Ho Writing Team)
REGIE: Joe Cheung Tung-Cho
PRODUKTION: Sammo Hung
ACTION DIRECTOR: Sammo Hung, *Hung Ga Ban*

JACKIES BEITRAG: Gastauftritt

Sprache / Ton	Bild / Format	Spieldauer
Kantonesisch Mono	Farbe / 1.85:1 35 mm (Spherical)	91:31 Min. (*uncut*) ¬

Erstveröffentlichungen
Hongkong: 22. Februar 1984
Deutschland: 17. Januar 2011 (K-DVD)
(Nominierungen: 0 | Auszeichnungen: 0)

»Pom Pom« ist genau wie »Winners & Sinners« (1983) der Anfang einer weiteren erfolgreichen Komödien-Reihe aus Hongkong, die ab und zu Charaktere aus den »Lucky Stars«-Filmen als Nebenrollen oder Gastauftritte beinhaltet. Wie hier Jackies Auftritt als Motorradpolizist und Skater. Insgesamt gab es drei Fortsetzungen und eine Art Remake; das Original spielte 20.170.382 HK-Dollar ein. 2011 erschien die unterhaltsame Action-Komödie endlich in Deutschland mit deutscher Synchro, doch die ist mehr schlecht als recht. Unter einem zweiten Titel kam über ein Jahr später der Film erneut auf DVD mit derselben Synchro heraus. Dass hier angeblich eine nicht verwendete Szene aus »Winners & Sinners« verwendet wurde, in der Jackie die fünf Freunde nach einem Autounfall weiterfahren lässt, stimmt nicht. Stattdessen sieht man ihn kurz neben Mars und in einer Erinnerungsszene John Shums.

DVD-Tipp: **Crime Land – Pom Pom**[*] [BRD]

* Vertrieb: Magic Movie / KSM, VÖ: 17. Januar 2011

59

Cannonball Run II

1984

dt. Titel: *Highway 2 – Auf Dem Highway Ist Wieder Die Hölle Los*
alt. Titel: *(The) Cannonball Run 2 / The Cannonball Run II*

Komödie (Action, Abenteuer) | USA, Hongkong | 1984 | K

Ein verrückter Ölscheich setzt 1 Million Dollar Preisgeld für den Gewinner des diesjährigen Cannonball-Rennens aus. In aberwitzigen Abenteuern fahren Teilnehmer quer durch Amerika, um die Kohle für sich zu beanspruchen. Doch während des Rennens wird der Ölscheich gekidnappt, und so üben die Rennfahrer Selbstjustiz aus, um ihren spendablen Geldgeber zu befreien.

mit Burt Reynolds, Dom DeLuise, Dean Martin, Sammy Davis Jr., Jackie Chan ...
BUCH: Brock Yates, Hal Needham, Albert S. Ruddy, Harvey Miller
REGIE: Hal Needham
PRODUKTION: Raymond Chow, Andre Morgan, Albert S. Ruddy
STUNTKOORDINATOR: Alan Gibbs

JACKIES BEITRAG: Nebenrolle

Sprache / Ton	Bild / Format	Spieldauer
Englisch Mono	Farbe / 1.85:1 35 mm (Spherical)	109:16 Min. (*uncut*) ¬

Erstveröffentlichungen
USA: 29. Juni 1984
Deutschland: 24. August 1984
(Nominierungen: 8 | Auszeichnungen: 1)

Jackie war bei Warner Brothers vertraglich dazu verpflichtet, in dem zweiten Teil der Cannonball-Reihe mitzuspielen; wie er selbst zugibt, war das der einzige Grund für seine Mitarbeit an diesem Film. Wie bereits im ersten Teil 1981 fährt er mit einem technikbeladenen Mitsubishi das Rennen, doch dieses Mal an seiner Seite: Richard Kiel. »Cannonball Run II« beinhaltet eine wässrige Handlung, viele Filmfehler und noch mehr klischeehafte Witze. Aus diesem Grund gab es auch acht Nominierungen bei den Golden Rapsberry Awards 1984. Glücklicherweise ging Jackie leer aus!

BD-Tipp: **Highway 2 – Auf dem Highway ist wieder die Hölle los*** [BRD]

* Vertrieb: Winkler Film / AL!VE, VÖ: 21. November 2014

60

Wheels On Meals

1984

dt. Titel: *Powerman / Powerman I / Der Powerman*
alt. Titel: *Spartan X / Weapon X / Million Dollar Heiress* | Originaltitel: *Kuai Can Che*

Action-Komödie (Krimi, Abenteuer) | Hongkong, Spanien | 1983-1984 | K

Die beiden Chinesen Thomas und David betreiben einen Foodtruck in Barcelona. Als eines Tages die hübsche Diebin Sylvia Zuflucht bei den jungen Unternehmern sucht, stellt sich heraus, dass sie eigentlich eine Millionenerbin ist. Sie wird entführt, und Thomas und David legen die Kochschürzen ab, um ihre neue Freundin zu befreien.

mit Jackie Chan, Sammo Hung, Yuen Biao, Lola Forner, Benny Urquidez ...
Buch: Edward Tang, Johnny Lee
Regie: Sammo Hung
Produktion: Raymond Chow
Action Director: Mars, Chin Kar-Lok, Benny Lai Keung-Kuen, Ka Lee, Wong Kam-Kwan, Danny Chow Yun-Kin

Jackies Beitrag: Hauptrolle

Sprache / Ton	Bild / Format	Spieldauer
Kantonesisch, Englisch Mono	Farbe / 1.85:1 35 mm (Spherical)	108:48 Min. (*uncut*, japanische Fassung) 109:20 Min. (*uncut*) ¬

Erstveröffentlichungen
Hongkong: 17. August 1984
Deutschland: 1987 (V-VHS)
(Nominierungen: 1 | Auszeichnungen: 0)

Jackies erster in Europa gedrehter Film. Im Vorfeld wurden mehrere Orte besichtigt, das Drehbuch wurde vor Ort in Spanien geschrieben. Der Dreh dauerte drei bis vier Monate und enthielt echte spanische Schauspieler, weswegen der Film so flüssig daherkommt. Der seltsame Titel gründet auf Aberglaube: Golden Harvest hatte zuvor zwei Film-Flops mit Titeln, die mit einem »M« begannen, erlitten (»Megaforce« und »Menage A Trois«). Die Produzenten beendeten die Pechsträhne, indem sie den umgekehrten Titel »Wheels On Meals« wählten. Am Set wurde Keith Vitali vom Filmteam zusammengeschrien, als er den Dreh selbst unterbrach, weil er im Kampf Jackie an dessen Kehle zu hart getroffen hatte, wie er meinte. Stuntdouble für die waghalsigen Skateboard-Szenen war wie schon in »Winners & Sinners« der Japaner Shigeru Ishihara. Der Film spielte unglaubliche 21.465.013 HK-Dollar ein.

BD-Tipp: **Powerman*** [BRD]

* Vertrieb: Splendid Film / Amasia, VÖ: 30. Mai 2014

My Lucky Stars

dt. Titel: *Tokyo Powerman*
alt. Titel: *Winners & Sinners 2: My Lucky Stars* | Originaltitel: *Fuk Sing Go Jiu*

Action-Komödie (Krimi) | Hongkong, Japan | 1984-1985 | K

Die Polizisten Muscles und Ricky sollen den mächtigsten Drogenboss Hongkongs festnehmen und reisen dazu nach Tokyo, wo dieser sich aufhält. Doch Ricky wird gekidnappt, und so muss Muscles seine alten Freunde zur Unterstützung herbeirufen.

mit Sammo Hung, Jackie Chan, Yuen Biao, Sibelle Hu, Richard Ng, Eric Tsang ...
Buch: Barry Wong
Regie: Sammo Hung
Produktion: Leonard Ho
Action Director: Sammo Hung, *Hung Ga Ban*, Yuen Biao, Lam Ching-Ying, Yuen Wah, Billy Chan

Jackies Beitrag: Hauptrolle

Sprache / Ton	Bild / Format	Spieldauer
Kantonesisch Mono	Farbe / 1.85:1 35 mm (Spherical)	96:50 Min. (*uncut*, japanische Fassung) 97:05 Min. (*uncut*) ¬

Erstveröffentlichungen
Hongkong: 10. Februar 1985
Deutschland: 18. Dezember 1987 (V-VHS)
(Nominierungen: 1 | Auszeichnungen: 0)

»My Lucky Stars« ist der zweite Film der berühmten Lucky-Stars-Reihe und eine Semi-Fortsetzung zu »Winners & Sinners« (1983). Aufgrund dessen erhielt der Film auch den alternativen Titel »Winners & Sinners 2: My Lucky Stars«. Der Dreh wurde in nur zwei Monaten nonstop gefilmt, um eine Veröffentlichung zum Chinesischen Neujahr zu garantieren. Der Spontan-Dreh an der Shinjuku Station in Tokyo fand ohne Genehmigung statt. Jackie und Yuen Biao werden beide als Hauptdarsteller gelistet, was aufgrund der Geschichte auch zutrifft. Jedoch haben beide nur wenig Leinwandpräsenz. Jackie bekommt seinen Glanzauftritt in der letzten halben Stunde. Sein Kostüm im Freizeitpark stellt die Hauptfigur aus Akira Toriyamas Animeserie »Dr. Slump« (1981-1986) dar, basierend auf der gleichnamigen Manga-Reihe von 1980 bis 1984. Der Film knackte als erster in der Geschichte Hongkongs die 30-Millionen-Dollar-Marke (30.748.643 HK-Dollar), was groß gefeiert wurde.

BD-Tipp: **Tokyo Powerman*** [BRD]

* Vertrieb: Splendid Film / Amasia, VÖ: 26. September 2014

62

The Protector

1985

dt. Titel: *Der Protector*

Action (Krimi, Drama) | Hongkong, USA | 1984-1985 | K

Als der Partner des New Yorker Polizisten Billy erschossen wird, will dieser den Mörder finden und festnehmen. Mit einem neuen Partner an der Seite führt ihn die Reise nach Hongkong, wo der Fall größere Ausmaße annimmt, als zuerst angenommen. Schließlich soll der Drogenboss Mr. Ko für alles büßen.

mit Jackie Chan, Danny Aiello, Roy Chiao, Moon Lee, Bill Wallace, Sally Yeh ...
BUCH: James Glickenhaus / Edward Tang
REGIE: James Glickenhaus / Jackie Chan
PRODUKTION: David Chan, Peter Chow / Leonard Ho, Raymond Chow
ACTION DIRECTOR: Alan Gibbs / *Sing Ga Ban*

JACKIES BEITRAG: Hauptrolle / Regisseur, Action Director (HK-Version)

Sprache / Ton	Bild / Format	Spieldauer
Englisch, Kantonesisch Mono	Farbe / 1.85:1 35 mm (Spherical)	92:23 Min. (*uncut*, HK-Fassung) ¬ 95:51 Min. (*uncut*, internationale Fassung) ¬ 96:33 Min. (*uncut*, japanische Fassung)

Erstveröffentlichungen
Japan: 15. Juni 1985
Deutschland: 9. Januar 1986
(Nominierungen: 0 | Auszeichnungen: 0)

Von »The Protector« existieren drei Filmfassungen: die US-, die HK- und die Japan-Fassung. Dies liegt daran, dass Jackie Chan bereits während der Dreharbeiten mit der Arbeit seiner US-Kollegen unzufrieden war. So ließ er neue Handlungsstränge dazuschreiben und drehte ohne das Einverständnis von James Glickenhaus einige Szenen mit den Schauspielern neu. Diese Fassung kam im asiatischen Raum ins Kino und war mit 13.917.612 HK-Dollar Einnahmen recht erfolgreich. Mittlerweile liegen sowohl die US- als auch die Jackie-Chan-Version aus Hongkong in exzellenter Qualität vor. Nur die japanische Langfassung, die auf der HK-Fassung basiert, hat es noch nicht nach Deutschland geschafft; Teile davon gibt es als Bonus auf der Blu-ray.

BD-Tipp: **The Protector**[*] [BRD]

[*] Vertrieb: Splendid Film / Amasia, VÖ: 30. Januar 2015

Twinkle, Twinkle, Lucky Stars

dt. Titel: *Powerman 2* | alt. Titel: *Winners & Sinners 3: Twinkle, Twinkle, Lucky Stars*
alt. Titel: *My Lucky Stars 2: Twinkle, Twinkle Lucky Stars / The Target* | Originaltitel: *Xia Ri Fu Xin*

Action-Komödie (Krimi) | Hongkong, Thailand | 1985 | K

Ein Killertrio wurde engagiert, um einen befeindeten Gangsterboss umzubringen, hinter dem die Polizisten Muscles und Ricky schon lange her sind. Der Feind meines Feindes ist mein Freund, und so müssen die Gesetzeshüter den Gangsterboss schützen und erleben mit fünf bekannten Freunden erstaunliche Abenteuer.

mit Sammo Hung, Sibelle Hu, Richard Ng, Stanley Fung, Jackie Chan, Yuen Biao ...
BUCH: Barry Wong
REGIE: Sammo Hung
PRODUKTION: Sammo Hung
ACTION DIRECTOR: Sammo Hung, Yuen Biao, Lam Ching-Ying, Yuen Wah, Chin Kar-Lok, *Hung Ga Ban*

JACKIES BEITRAG: Nebenrolle

Sprache / Ton	Bild / Format	Spieldauer
Kantonesisch, Englisch, Japanisch Mono	Farbe / 1.85:1 35 mm (Spherical)	95:15 Min. (*uncut*) ¬ 107:24 Min. (*uncut*, taiwanesische Fassung) ¬

Erstveröffentlichungen
Hongkong: 15. August 1985
Deutschland: 27. Juli 1988 (V-VHS)
(Nominierungen: 0 | Auszeichnungen: 0)

Der dritte Film der Lucky-Stars-Reihe war ebenso wie seine Vorgänger ein voller Erfolg. Er spielte in Hongkong unglaubliche 28.911.851 HK-Dollar ein und ist auch als »Seven Lucky Stars« bekannt. Michelle Yeoh, Jackies Ko-Star aus »Police Story III – Super Cop« (1992), sieht man hier in ihrer allerersten Filmkampfszene als hübsche Judolehrerin, die erst Richard Ng und dann Sammo Hung als Gegner aufmischt. Laut Jackies Aussage in der Autobiografie entwickelten die drei Brüder zu jener Zeit – vor allem Jackie und Sammo – ihre frühere Rivalität, sodass eine Trennung schon damals absehbar war. Gedreht wurde übrigens in Thailand, was an den Strandaufnahmen gut zu erkennen ist; auch wurden echte Transvestiten aus dem dortigen Transvest Club engagiert. Jackie konnte wegen einer Verletzung im Endkampf gegen Richard Norton nicht antreten, weshalb dieser gegen Sammo im Film kämpft.

BD-Tipp: **Powerman II**[*] [BRD]

* Vertrieb: Splendid Film / Amasia, VÖ: 30. Mai 2014

64

Heart Of Dragon

1985

dt. Titel: *Powerman III*

alt. Titel: *Heart Of (A/The) Dragon / (The) First Mission* | Originaltitel: *Long De Xin*

Drama (Komödie, Action, Krimi) | Hongkong | 1985 | K

Der Polizist Tat kümmert sich um seinen geistig zurückgebliebenen Bruder Dodo, doch träumt vom aufregenden Leben als Matrose auf hoher See. Als er eines Tages den Einberufungsbescheid bekommt, übergibt er den Bruder seiner Freundin. Dodo ist enttäuscht und gerät in Schwierigkeiten, wodurch Tat und seine Kumpels von der Polizei gezwungen werden, ihn aus den Fängen von Kriminellen zu befreien.

mit Jackie Chan, Sammo Hung, Melvin Wong, Dick Wei, Mang Hoi, Tai Bo, Wu Ma ...
Buch: Barry Wong
Regie: Sammo Hung
Produktion: Leonard Ho
Action Director: *Hung Ga Ban*, Corey Yuen Kwai, Mang Hoi, Yuen Wah, Billy Chan, Yuen Biao

Jackies Beitrag: Hauptrolle

Sprache / Ton	**Bild / Format**	**Spieldauer**
Kantonesisch Mono	Farbe / 1.85:1 35 mm (Spherical)	87:12 Min. (*uncut*) ¬ 99:24 Min. (*uncut*, japanische Fassung) ¬

Erstveröffentlichungen
Japan: 14. September 1985
Hongkong: 16. Oktober 1985
Deutschland: 20. Januar 1989 (V-VHS)
(Nominierungen: 5 | Auszeichnungen: 1)

»Heart Of Dragon« ist kein Action-Film sondern ein erstklassiges Drama. Sammo spielt den geistig zurückgebliebenen Bruder – und das überaus authentisch. Auch Jackie entdeckte hier seine dramatische Seite. Action-Szenen sind rar; zwei Kampfszenen wurden aus jeder Fassung vor Veröffentlichung des Films herausgeschnitten, nur die Japaner durften sich zum Kinostart darauf freuen. Mittlerweile liegt diese Langfassung aber auch in Deutschland vor. Der Film kam drei Jahre vor dem US-Pendant »Rain Man« (1988) heraus und diente wohl als Inspiration für Hollywood. Sammos japanische Action-Figur im Film heißt übrigens Ultraman. Auch wenn die Resonanz durchwachsen war, spielte der Film 20.335.429 HK-Dollar ein.

BD-Tipp: **Powerman III*** [BRD]

* Vertrieb: Splendid Film / Amasia, VÖ: 30. Mai 2014

65 | 1985

Police Story

alt. Titel: *Police Force*
Arbeitstitel: *Glass Story* | Originaltitel: *Ging Chaat Goo Si*

Action-Komödie (Drama, Krimi) | Hongkong | 1985 | K

Polizist Kevin bringt endlich den Drogenboss Koo vor Gericht. Seine Sekretärin soll gegen ihn aussagen, doch am Tag der Verhandlung wird sie als vermisst erklärt und Koo kommt vorerst auf freien Fuß. Kevin muss also die Zeugin finden, gerät selbst unter Mordverdacht und seine Freundin macht ihm auch noch die Hölle heiß.

mit Jackie Chan, Brigitte Lin, Maggie Cheung, Bill Tung, Chor Yuen, Charlie Cho ...
BUCH: Edward Tang, Jackie Chan
REGIE: Jackie Chan
PRODUKTION: Leonard Ho
ACTION DIRECTOR: Jackie Chan, *Sing Ga Ban*, Danny Chow, Benny Lai, Fung Hak-On, Mars, Paul Wong Kwan, Chris Lee Kin-Sang

JACKIES BEITRAG: Hauptrolle, Drehbuchautor, Regisseur, Action Director, Stuntkoordinator

Sprache / Ton	Bild / Format	Spieldauer
Kantonesisch Mono	Farbe / 2.35:1 35 mm (Technovision, anamorph)	100:42 Min. (*uncut*) ¬ 105:13 Min. (*uncut*, japanische Fassung)

Erstveröffentlichungen
Hongkong: 14. Dezember 1985
Deutschland: 21. August 1986
(Nominierungen: 5 | Auszeichnungen: 2)

»Police Story« verdankt seinen eher nichtssagenden Titel der Tatsache, dass freche Filmemacher in Hongkong bei Ankündigung des neuen Chan-Hits sofort thematische Billigfilme produzierten. Dasselbe Prinzip wurde auch schon bei »Project A« (1983) verfolgt. »Police Story« nahm 26.626.760 HK-Dollar ein und inspiriert Filmemacher weltweit bis heute. Jackie setzte hier in Sachen riskante Action und Stunts die Messlatte noch höher. Er erfand sich und das Action-Kino neu, weshalb er extra ein Re-Branding seiner Filmfirma Authority Films anging; seit 1985 wurde unter dem mondänen Namen Golden Way Films produziert. Andy Cheng wohnte zur Zeit der Dreharbeiten am Hang des Bus-Stunts; als er die Aufnahmen sah, beschloss er, selbst Stuntman zu werden. Die japanische Langfassung des Films ist hier nicht erschienen.

BD-Tipp: **Police Story*** [BRD]

* Vertrieb: Splendid Film / Amasia, VÖ: 28. Februar 2014

66

Naughty Boys

1986

dt. Titel: *Freche Jungs / Diamantenfieber*
alt. Titel: *A Little Bit Of Trick / (The) Violent Caper* | Originaltitel: *Niu Ji Za Pai Jun*

Action-Komödie (Drama, Krimi) | Hongkong | 1986 | K

Zusammen mit seinen drei Freunden sitzt Sing im Gefängnis. Eines Tages wird er als einziger entlassen und übernimmt die Aufgabe, eine vor Jahren vergrabene Beute endlich in Sicherheit zu bringen. Aber als er am Versteck ankommt, ist sie nirgends auffindbar. Natürlich glauben seine Freunde, dass Sing sie gestohlen habe, woraufhin dieser mithilfe seiner alten Freundin Kuen sofort flieht. Doch auch Versicherungsbeamte suchen jetzt nach dem Schatz und schon beginnt die Jagd.

mit Kara Hui, Carina Lau, Mars, Clarence Ford, Billy Lau, Paul Chang Chung ...
BUCH: Chung Guk-Fong, Edward Tang
REGIE: Wellson Chin Sing-Wai
PRODUKTION: Jackie Chan
ACTION DIRECTOR: *Sing Ga Ban*

JACKIES BEITRAG: Gastauftritt, Produzent, Stuntkoordinator

Sprache / Ton	Bild / Format	Spieldauer
Kantonesisch Mono	Farbe / 1.85:1 35 mm (Spherical)	92:28 Min. (*uncut*) ¬

Erstveröffentlichungen
Taiwan: 12. Juli 1986
Hongkong: 25. Juli 1986
Deutschland: 17. Januar 2011 (K-DVD)
(Nominierungen: 0 | Auszeichnungen: 0)

Jackie produzierte »Naughty Boys« für seine im Jahr zuvor re-gebrandete Filmfirma Golden Way Films; in den Patzern zum Schluss sieht man ihn, neben einem Gastauftritt während des Films. »Naughty Boys« glänzt mit hervorragend inszenierten Kämpfen, bei denen unzählige Gegenstände benutzt werden. Die Stunts sind waghalsig und reißen einen wirklich vom Hocker! Der Film spielte an den Kinokassen Hongkongs 9.818.377 HK-Dollar ein. Hier ist auch Jackies späterer Leibwächter Kenneth (Ken) Lo in einem seiner ersten Filme zu sehen. Ende der 90er Jahre kam das Gerücht auf, dass Jackie selbst Regie führte und Wellson Chin nur ein Pseudonym von ihm sei; dies stimmt natürlich nicht und gilt auch für andere Filme, die Jackie im geheimen inszeniert haben soll.

DVD-Tipp: **Freche Jungs**[*] [BRD]

* Vertrieb: Magic Movie / KSM, VÖ: 17. Januar 2011

67

Armour Of God

1986

dt. Titel: *Der Rechte Arm Der Götter*
Originaltitel: *Long Xiong Hu Di*

Abenteuer (Komödie, Action) | Hongkong, Jugoslawien, Österreich, ... | 1985-1986 | K

Der Abenteurer Jackie stiehlt in Afrika das Schwert einer Reliquie und versteigert es für teures Geld. Erst danach findet er heraus, dass dies nur eines von fünf Teilen der sogenannten Rüstung Gottes darstellt. Die fehlenden Teile will eine europäische Sekte vollständig besitzen und schreckt nicht einmal vor Kidnapping zurück.

mit Jackie Chan, Alan Tam, Lola Forner, Rosamund Kwan, Ken Boyle, Danny Yip ...
BUCH: John Sheppard, Lo Kin, Edward Tang, Sze-To Cheuk-Hon
REGIE: Jackie Chan, Eric Tsang
PRODUKTION: Leonard Ho
ACTION DIRECTOR: *Sing Ga Ban*, Danny Yuen Ching-Yeung, Lau Kar-Wing

JACKIES BEITRAG: Hauptrolle, Drehbuchautor, Regisseur, Stuntkoordinator

Sprache / Ton	Bild / Format	Spieldauer
Kantonesisch, Englisch Mono	Farbe / 1.85:1 35 mm (Spherical)	98:43 Min. (*uncut*) ¬

Erstveröffentlichungen
Japan: 16. August 1986
Hongkong: 21. Januar 1987
Deutschland: 26. November 1987
(Nominierungen: 1 | Auszeichnungen: 0)

Bei den Dreharbeiten zu »Armour Of God« im damaligen Jugoslawien kam Jackie bei einem Sturz aus fünf Metern Höhe beinahe ums Leben. Die Folge: ein Loch im Kopf und ein einseitig schlechteres Gehör. »Armour Of God« steht auf Platz drei der beliebtesten Hongkong-Filme der 80er Jahre; er spielte satte 35.469.408 HK-Dollar ein! In der Originalversion nennt Laura Jackie Kong-Sang, in der westlichen Version dagegen Cowboy; eine schöne Hommage an Jackies Cowboykostüm aus Kindertagen, könnte man meinen, doch die Herkunft dessen wurde (noch) nicht bestätigt. Eric Tsang war der eigentliche Regisseur, bis er nach der Erholung Jackies nach seinem Unfall nicht mehr zur Verfügung stand und damit der Hauptdarsteller selbst einspringen musste. Cynthia Rothrock war als Oberschurkin vorgesehen, doch auch hier wegen des Unfalls nicht mehr verfügbar gewesen. Während sich Jackie von seinen Blessuren erholte, arbeitete er bereits am Rohschnitt.

BD-Tipp: **Armour Of God**[*] [BRD]

* Vertrieb: Splendid Film / Amasia, VÖ: 31. Januar 2014

68 | 1987

That Enchanting Night

alt. Titel: *Enchanting Night*
Originaltitel: *Liang Xiao Hua Nong Yue*

Drama (Komödie, Romanze) | Hongkong | 1987 | K

Als der gutaussehende Wah in ein kleines Dorf in Macao kommt und eine Stelle in einem Familienrestaurant annimmt, sorgt er dort für Furore. Schnell verliebt er sich in die Tochter des Hauses, Ling. Beide werden ein Paar, was Lings Schwester Fang eifersüchtig stimmt. Doch Wah hat einen Traum: Er möchte zur See fahren. Traurigen Herzens verlässt er also seine Ling, die plötzlich bemerkt, dass sie schwanger ist. Eine falsche Hochzeit mit Freund Kay wird arrangiert, der sich nach einer kurzen Weile selbst in Ling verliebt, doch für Wah bloß auf sie aufpassen soll, bis dieser zurückkommt. Als Wah vor ihnen steht, ist es Zeit für eine Entscheidung.

mit Ray Lui, Mimi Kung Chi-Yan, Anglie Leung, Clarence Ford, Kenny Ho ...
BUCH: *Wai Wing Chong Chok Cho* (Golden Way Creative Group), Chor Yuen
REGIE: Chor Yuen
PRODUKTION: Jackie Chan
ACTION DIRECTOR: *Sing Ga Ban*

JACKIES BEITRAG: Produzent

Sprache / Ton	Bild / Format	Spieldauer
Kantonesisch Mono	Farbe / 2.35:1 35 mm (anamorph)	88:00 Min. (*uncut*) ¬

Erstveröffentlichungen
Hongkong: 18. Juni 1987
(Nominierungen: 0 | Auszeichnungen: 0)

Gemeinsam mit der Golden Way Creative Group, die für die Geschichte und das Drehbuch verantwortlich war, produzierte Jackie diese Tragikomödie für Golden Harvest. Kampfszenen gibt es wenige. Obwohl die Darsteller überzeugend sind, die Geschichte sehr mitreißend und der Film kurzweilig ist, konnte er das damalige von unzähligen Action-Filmen verwöhnte Publikum Hongkongs nicht recht überzeugen. Die Einnahmen beliefen sich auf magere 1.473.819 HK-Dollar. Regisseur Chor Yuen spielte übrigens zuvor den Bösewicht in »Police Story« (1985). Der Film erhielt bisher leider keine internationale Veröffentlichung, sodass den Fans nur die DVD aus Hongkong zur Unterhaltung bleibt – sofern noch ein vergriffenes Exemplar auffindbar ist. Alternativ brachte Joy Sales den Film auch auf VCD heraus.

DVD-Tipp: **That Enchanting Night*** [HK]

* Vertrieb: Joy Sales, VÖ: 11. August 2010

Project A II

dt. Titel: *Projekt B*
Originaltitel: *'A' Gai Waak Juk Jaap*

Action-Komödie (Abenteuer, Drama) | Hongkong | 1986-1987 | K

Kaum hat Dragon Ma das Piratenproblem in den Griff bekommen, machen ihm kriminelle Landratten das Leben schwer. Er soll korrupte Polizisten ausfindig machen und festnehmen, doch als sich die Piraten zur Rache zurückmelden und er selbst ins Schussfeuer gerät, scheint die Lage beinahe aussichtslos.

mit Jackie Chan, Maggie Cheung, Rosamund Kwan, Lam Wai, Bill Tung, Mars ...
BUCH: Jackie Chan, Edward Tang
REGIE: Jackie Chan
PRODUKTION: Leonard Ho
ACTION DIRECTOR: *Sing Ga Ban*, Jackie Chan, Rocky Lai, Johnny Cheung Wa, Frankie Poon, Benny Lai, Lai Sing-Kwong, Hon Chun, Mars, Lee Jun-Git, Wan Fat, Danny Chow, Chung Chi-Yung, Chan Tat-Kwong, Go Shut-Fung, Nicky Li, Ben Lam, Chris Lee

JACKIES BEITRAG: Hauptrolle, Drehbuchautor, Regisseur, Action Director, Stuntkoordinator

Sprache / Ton	**Bild / Format**	**Spieldauer**
Kantonesisch Mono	Farbe / 2.35:1 35 mm (Technovision)	106:50 Min. (*uncut*) ¬ 107:16 Min. (*uncut*, japanische Fassung)

Erstveröffentlichungen
Japan: 25. Juli 1987
Hongkong: 19. August 1987
Deutschland: 23. Juni 1988
(Nominierungen: 4 | Auszeichnungen: 1)

Diese Fortsetzung spielte satte 31.459.916 HK-Dollar ein! Jackie wollte, nachdem er bei »Armour Of God« dem Tod nur knapp entkam, den nächsten Film gemütlicher angehen, also verwendete er sehr viel Zeit für die Story-Recherche. Seine Armee von Action-Regisseuren plante jeden Stunt akribisch, und die gebauten Kulissen waren so authentisch, dass sie noch lange danach für andere Filmproduktionen benutzt wurden. Neben waghalsigen Stunts gibt es hier die längste und vermeintlich witzigste Comedy-Szene in einem Chan-Film. Sammo Hung und Yuen Biao verzichteten zugunsten des gemeinsamen Films »Eastern Condors« (1987) auf ihre Mitarbeit.

BD-Tipp: **Projekt B**[*] [BRD]

* Vertrieb: Splendid Film / Amasia, VÖ: 26. September 2014

70 | **Rouge** | 1987

Originaltitel: *Yan Zhi Kou*

Drama (Romanze) | Hongkong | 1987 | K

Hongkong, 1934. Playboy Chan Chen-Peng treibt sich in Clubs herum, wo er eines Tages die begehrte Kurtisane Fleur trifft. Sie starten eine Liebesaffäre, die von ihren Familien nicht akzeptiert wird. Das Liebespaar sieht keine andere Chance, als sich umzubringen, um im Jenseits wieder glücklich vereint zu sein. Doch nach 50 Jahren des bangen Wartens kehrt Fleur als Geist zurück auf die Erde und sucht nach ihrem Liebhaber. Wie sich herausstellt, starb dieser bei seinem Suizidversuch damals nicht; seither plagten ihn Gewissensbisse. Fleur hat nun eine schwere Wahl zu treffen.

mit Anita Mui, Leslie Cheung, Alex Man, Emily Chu, Irene Wan, Tam Sin-Hung ...
BUCH: Chiu Kang-Chien, Lillian Lee Pik-Wah
REGIE: Stanley Kwan Kam-Pang
PRODUKTION: Jackie Chan
ACTION DIRECTOR: *Sing Ga Ban*

JACKIES BEITRAG: Produzent

Sprache / Ton	**Bild / Format**	**Spieldauer**
Kantonesisch Mono	Farbe / 1.85:1 35 mm (Spherical)	96:36 Min. (*uncut*) ¬

Erstveröffentlichungen
Taiwan: 5. Dezember 1987
Hongkong: 7. Januar 1988
(Nominierungen: 9 | Auszeichnungen: 12)

Mit »Rouge« bewies Jackie sich selbst und dem weltweiten Publikum sowie seinen Kritikern, dass er auch ein Gespür für echte Dramen hat. »Rouge« spielte nicht nur 17.476.414 HK-Dollar ein, sondern räumte viele Preise und Nominierungen ab, was davon zeugt, dass der Film in der Filmgeschichte Hongkongs einen wichtigen Platz einnimmt, nicht nur zuletzt wegen seiner Hommage an den gleichnamigen Stummfilm von 1925 und seinen damaligen Stars. »Rouge« gilt heute als einer der einhundert besten Hongkong-Filme überhaupt. Eine internationale Fassung existiert leider nicht. Neben dem neuen BD-Tipp empfiehlt sich auch der Kauf der seltenen IVL-DVD, die in Gedenken an die beiden Hauptdarsteller Anita Mui und Leslie Cheung (beide sind 2003 verstorben) produziert wurde und viele Extras enthält.

BD-Tipp: **Rouge*** [HK]

* Vertrieb: Kam & Ronson, VÖ: 23. Mai 2012

71

Dragons Forever

1988

dt. Titel: *Action Hunter*
alt. Titel: *Cyclone Z / 3 Brothers* | Originaltitel: *Fei Lung Maang Jeung*

Action-Komödie (Krimi) | Hongkong | 1987-1988 | K

Der dubiose Rechtsanwalt Lung soll den Geschäftsmann Hua vertreten, dem vorgeworfen wird, mit seiner Firma giftige Abwasser illegal zu entsorgen und damit den regionalen Fischereibetrieb zu vernichten. Lung heuert alte Bekannte an, die für ihn die Ankläger ausspionieren sollen, doch schnell merkt er, dass das keine gute Idee war. Es kommt zum Streit, und Lung merkt, dass er auf der falschen Seite steht.

mit Jackie Chan, Sammo Hung, Yuen Biao, Deannie Yip, Pauline Yeung, Yuen Wah ...
Buch: Sze-To Cheuk-Hon
Regie: Sammo Hung
Produktion: Leonard Ho
Action Director: *Hung Ga Ban, Sing Ga Ban*

Jackies Beitrag: Hauptrolle, Produktionsleiter

Sprache / Ton	Bild / Format	Spieldauer
Kantonesisch Mono	Farbe / 1.85:1 35 mm (Spherical)	97:43 Min. (*uncut*, japanische Fassung) 98:07 Min. (*uncut*) ¬

Erstveröffentlichungen
Hongkong: 11. Februar 1988
Deutschland: 28. März 1989 (V-VHS)
(Nominierungen: 1 | Auszeichnungen: 0)

Die Produzenten erhofften sich einen weltweiten Erfolg von »Dragons Forever«. So fand die Premiere am Chinesischen Neujahr statt, um die guten Geister auf ihrer Seite zu haben. Obwohl der Film in Hongkong 33.578.920 HK-Dollar einspielte, wurden sie beim weltweiten Boxoffice enttäuscht. Dies könnte an den unüblichen Filmfiguren liegen; alle drei Brüder spielen hier den Gegenpart zu ihren bekannten Filmrollen. Der Film wurde in Rekordzeit abgedreht, was die echten Spannungen zwischen den drei Brüdern förderte. Das Set des Gerichtssaals und der Chemiefabrik waren so teuer, dass sie fast zeitgleich für Cynthia Rothrocks Film »Blonde Fury« (1988) herhielten. Jackie war auch als 2nd Unit Director tätig. Deutschland hat eine besondere Langfassung des Films erwischt; nur die japanische Fassung enthält eine kurze Szene mehr sowie Outtakes am Schluss (diese sind auf der Blu-ray enthalten).

BD-Tipp: **Action Hunter*** [BRD]

* Vertrieb: Splendid Film / Amasia, VÖ: 25. Juli 2014

72

The Inspector Wears Skirts

1988

dt. Titel: *Top Squad*
alt. Titel: *Lady Enforcers* | Originaltitel: *Ba Wong Fa*

Action-Komödie (Krimi, Romanze) | Hongkong | 1988 | K

Die Fraueneinheit der Hongkonger Polizei ist eine harte Truppe. Als ihre Ausbilderin Madam Wu von Juwelendieben entführt wird, setzen die Mädels alles daran, sie zu befreien. Dabei kämpfen sie mit Fäusten und natürlich den Waffen der Frauen.

mit Sibelle Hu, Cynthia Rothrock, Kara Hui, Sandra Ng, Stanley Fung, Jeff Falcon ...
BUCH: Abe Kwong Man-Wai, Cheng Kam-Fu
REGIE: Wellson Chin Sing-Wai
PRODUKTION: Jackie Chan
ACTION DIRECTOR: *Sing Ga Ban*

JACKIES BEITRAG: Produzent, Stuntkoordinator

Sprache / Ton	Bild / Format	Spieldauer
Kantonesisch, Englisch Mono	Farbe / 1.85:1 35 mm (Spherical)	91:54 Min. (*uncut*) ¬

Erstveröffentlichungen
Taiwan: 23. April 1988
Hongkong: 3. Juni 1988
Deutschland: 5. November 1989 (V-VHS)
(Nominierungen: 1 | Auszeichnungen: 0)

Laut eigener Aussage lernte Jackie Cynthia Rothrock durch Ng See-Yuen sehr früh kennen. Bereits bei »Armour of God« (1986) sollte sie zum Einsatz kommen. Von ihren taffen Fähigkeiten als Kampfkünstlerin musste man Jackie also nicht erst überzeugen; sofort wollte er »The Inspector Wears Skirts« produzieren. Sein Stuntteam unter seiner (zeitweisen) aktiven Leitung war für die Action und Stunts verantwortlich. Beides wird hier extrem gut in Szene gesetzt. Außerdem gibt es in diesem Film sehr viele, witzige Szenen, die die Geschichte auflockern und einen Kontrast zu den brutal inszenierten Kämpfen bieten. Stuntman Rocky Lai musste sich die Haare blondieren, um als Double von Jeff Falcon durchzugehen. Der Gute hat seine Haare so strapaziert, dass sie ihm danach büschelweise ausgefallen sind und er seitdem als Markenzeichen seine Glatze trägt. An den Hongkonger Kinokassen spielte der Film 15.581.156 HK-Dollar ein. Die deutsche Filmfassung auf DVD von Splendid ist erstmals ungeschnitten unter dem Titel »Top Squad« erschienen.

DVD-Tipp: **Top Squad**[*] [BRD]

* Vertrieb: Splendid Film, VÖ: 28. Juli 2006

73 | | 1988

Police Story Part II

dt. Titel: *Police Story 2*
alt. Titel: *Police Force II* | Originaltitel: *Ging Chaat Goo Si Juk Jaap*

Action-Komödie (Drama, Krimi) | Hongkong | 1988 | K

Nach seinem großen Coup gegen Gangsterboss Koo will Polizist Kevin mit seiner Freundin May in den Urlaub fliegen. Doch als es immer wieder Bombenanschläge in Hongkong gibt, ist seine Expertise gefragt und seine Beziehung zu May steht auf dem Spiel. Als diese dann noch entführt wird, sieht Kevin endgültig rot.

mit Jackie Chan, Maggie Cheung, Lam Gwok-Hung, Bill Tung, Mars, Kenny Ho …
BUCH: Edward Tang, Jackie Chan
REGIE: Jackie Chan
PRODUKTION: Leonard Ho
ACTION DIRECTOR: *Sing Ga Ban*

JACKIES BEITRAG: Hauptrolle, Drehbuchautor, Regisseur, Produzent, Stuntkoordinator

Sprache / Ton	**Bild / Format**	**Spieldauer**
Kantonesisch Mono	Farbe / 2.35:1 35 mm (Tohoscope)	91:06 Min. (*uncut*) ¬ 101:52 Min. (*uncut*, HK-Fassung) 122:12 Min. (*uncut*, japanische Fassung) ¬

Erstveröffentlichungen
Japan: 13. August 1988
Hongkong: 20. August 1988
Deutschland: 17. August 1989
(Nominierungen: 1 | Auszeichnungen: 2)

Bei den Dreharbeiten zu »Police Story Part II« floss viel Blut. Maggie Cheung musste nach einer Platzwunde am Hinterkopf gedoublet werden. Der Film, u. a. produziert von Golden Way Films, spielte satte 34.151.609 HK-Dollar ein! Im Prinzip existieren heutzutage drei Fassungen: die internationale, die Hongkong- und die japanische Langfassung. Das gesamte Filmmaterial kann erstmals auf einer deutschen Blu-ray bestaunt werden.

BD-Tipp: **Police Story II*** [BRD]

* Vertrieb: Splendid Film / Amasia, VÖ: 28. Februar 2014

Someone Will Know Me

Dokumentation (Film) | Hongkong | 1987-1988

Die drei Mitglieder der *Sing Ga Ban*, dem Jackie Chan Stuntmen Club, Mars, Chris Lee und Rocky Lai, erzählen von ihren Erfahrungen und Karrieren in der Filmbranche und wie ihr Mentor und Arbeitgeber Jackie Chan sie beeinflusst hat.

mit Mars, Chris Lee Kin-Sang, Rocky Lai, May Wong (Erzählerin) ...
BUCH: Roberta Chow
REGIE: Roberta Chow
PRODUKTION: Roberta Chow, *Department of Communication* (*Stanford University*)
CINEMATOGRAPHER: Henry Chung

JACKIES BEITRAG: er selbst, Story lizenziert von Jackie Chan (inoffiziell)

Sprache / Ton	Bild / Format	Spieldauer
Englisch, Kantonesisch Mono	Farbe / 1.33:1 16 mm	12:40 Min. (*uncut*) ¬

Erstveröffentlichungen
USA: 1988 (Stanford University)
Deutschland: 26. September 2014 (K-BD)
(Nominierungen: 0 | Auszeichnungen: 0)

»Someone Will Know Me« ist ein echter Schatz der Filmgeschichte und für Jackie-Chan-Fans. Entstanden ist diese Kurzdokumentation über Jackie Chans legendäres Stuntteam als Abschlussarbeit von Roberta Chow, die an der Stanford University in Kalifornien ihren Masterabschluss in Kommunikation machte und nebenher immer mal wieder für diverse Filme Jackie Chans arbeitete. Als Tochter des berühmten Golden-Harvest-Mitgründers Raymond Chow hatte sie freien Zugang zum Gelände der Produktionsstätte. Über lange Zeit begleitete sie Jackie und sein Team; Jackie selbst kommt hier nicht zu Wort, ist aber in seltenen Aufnahmen zu sehen, die es nirgends sonst gibt. Als Leiter der Sing Ga Ban gab er seinen Leuten und Roberta Chow das Okay für diese Dokumentation. Ebenso belieferte er sie mit einigem Footage-Material seiner eigenen Filme. Im Interview mit Roberta Chow in diesem Buch erzählt sie noch mehr aus dieser Zeit und bestätigt erstmals ein altes Gerücht!

BD-Tipp: **Projekt B*** [BRD]

* Vertrieb: Splendid Film / Amasia, VÖ: 26. September 2014

75 | 1989

The Inspector Wears Skirts II

alt. Titel: *Top Squad 2*
Originaltitel: *Shen Yong Fei Hu Ba Wang Hua*

Action-Komödie (Krimi, Romanze) | Hongkong | 1988-1989 | K

Zwei Teams bilden die Elite der Hongkonger Polizei: die »Flying Tigers« und die »Banshees«, beide starke Rivalen. Madam Wus »Banshees« gelingt der Schlag gegen eine Bande von Juwelendieben, und so können sie vor den »Flying Tigers«, geleitet von Herrn Kan, damit angeben. Obwohl Kan nur Augen für seine Madam Wu hat, wird die Rivalität zwischen beiden Teams ins Unermessliche gesteigert. Bis zu dem Tag, an dem die Juwelendiebe ausbrechen und sich die »Flying Tigers« mit den »Banshees« zusammentun.

mit Sibelle Hu, Sandra Ng, Kara Hui, May Lo, Anglie Leung, Amy Yip, Bill Tung ...
BUCH: Lee Man-Choi, Abe Kwong Man-Wai
REGIE: Wellson Chin Sing-Wai
PRODUKTION: Jackie Chan
ACTION DIRECTOR: *Sing Ga Ban*

JACKIES BEITRAG: Produzent, Stuntkoordinator

Sprache / Ton	Bild / Format	Spieldauer
Kantonesisch Mono	Farbe / 1.85:1 35 mm (Spherical)	91:52 Min. (*uncut*) ¬

Erstveröffentlichungen
Hongkong: 28. Januar 1989
(Nominierungen: 0 | Auszeichnungen: 0)

Auch der zweite Teil von »The Inspector Wears Skirts« bringt die unvergleichliche Mischung aus Humor, Romanze und Action mit, die bereits Teil I zu einem Erfolg machte. Jackie war wieder als Produzent und Leiter der Sing Ga Ban tätig. Der Film spielte 18.151.313 HK-Dollar an den Hongkonger Kinokassen ein und ebnete so den Weg für zwei weitere Fortsetzungen – allerdings ohne die Unterstützung Jackies. Eine deutsche Filmfassung ist bislang nicht vorhanden, auch die Deltamac- und Joy-Sales-DVD aus Hongkong werden nicht mehr hergestellt.

DVD-Tipp: **The Inspector Wears Skirts II*** [HK]

* Vertrieb: Joy Sales, VÖ: 10. September 2009

76

Miracles

1989

alt. Titel: *Mr. Canton And Lady Rose / (The) Canton Godfather*
Originaltitel: *Qi Ji*

Action-Komödie (Krimi, Drama) | Hongkong, Macau | 1988-1989 | K

Im Hongkong der 1930er Jahre läuft Kuo, ein einfacher Arbeiter, zufällig in die Arme eines sterbenden Mafiabosses. Seine letzten Worte werden falsch verstanden, und so wird der ehrliche Kuo der neue Mafioso der Stadt. Er eröffnet eine Bar und wird sowohl in kriminelle als auch familiäre Beziehungen involviert, aus denen er nur mithilfe von Notlügen und Handkantenschlägen wieder herausfindet.

mit Jackie Chan, Anita Mui, Gua Ah-Lei, Richard Ng, Lo Lieh, Wu Ma, Bill Tung ...
Buch: *Wai Wing Pin Kek Cho*, Edward Tang, Jackie Chan
Regie: Jackie Chan
Produktion: Leonard Ho
Action Director: *Sing Ga Ban*, Jackie Chan

Jackies Beitrag: Hauptrolle, Drehbuchautor, Regisseur, Produzent, Action Director, Stuntkoordinator

Sprache / Ton	Bild / Format	Spieldauer
Kantonesisch, Englisch Mono	Farbe / 2.35:1 35 mm (Panavision, anamorph)	127:52 Min. (*uncut*, HK-Fassung) ¬

Erstveröffentlichungen
Hongkong: 15. Juni 1989
Deutschland: 12. März 1990 (V-VHS)
(Nominierungen: 8 | Auszeichnungen: 1)

Die Dreharbeiten zu »Miracles« dauerten neun Monate und fanden in Hongkong und Macau statt, die Produktion kostete über 64 Millionen HK-Dollar! Zu der immensen Summe hat auch ein Taifun beigetragen, der das Set so zerstörte, dass es wieder aufgebaut werden musste. Die Straße in der Anfangsszene wurde schon für »Project A II« benutzt. »Miracles« spielte 34.036.029 HK-Dollar ein und ist Jackies Geheimtipp unter seinen Filmen, da hier u. a. eine außergewöhnliche Kameraführung und Kinematografie vorliegt. Auf dem Weltmarkt gibt es viele Fassungen des Films, darunter eine internationale Exportfassung, die in Deutschland damals nochmal geschnitten wurde, eine ungeschnittene Hongkong-Fassung sowie eine etwas längere chinesische und eine alternative japanische Fassung. Einiges an dem verstreuten Material findet sich auf der neuen deutschen Blu-ray wieder.

BD-Tipp: **Canton Godfather**[*] [BRD]

[*] Vertrieb: Splendid Film / Amasia, VÖ: 28. März 2014

77

I Am Sorry

1989

alt. Titel: *Lying Woman / Her Beautiful Life Lies*
Originaltitel: *Shuo Huang De Nu Ren*

Drama (Romanze) | Hongkong | 1988-1989 | K

Carole macht sich etwas vor: Sie liebt Edward und glaubt, dass er eines Tages seine Frau für sie verlassen würde. Als eines Tages eine junge Dame namens Mandy in die Nachbarschaft zieht, freundet diese sich mit Carole an. Durch sie lernt Carole Edgar kennen und verliebt sich prompt in ihn. Doch als dessen Ex-Freundin zurückkommt, beschließt Carole, ihn zu verlassen. Sie hat ihren Herzschmerz satt und arbeitet ab sofort sehr hart, um so unabhängig wie ihre Freundin Mandy zu werden. Als Edgar bemerkt, dass sie ihm fehlt, erlebt er eine völlig neue und sehr starke Carole, die ihr Leben nicht mehr auf Lügen aufbauen will.

mit Carina Lau, Pat Ha, May Lo, Lawrence Ng, Elaine Kam, Kenneth Tsang ...
BUCH: Chiu Kang-Chien
REGIE: Tony Au Ting-Ping
PRODUKTION: Vicky Leung Lee Siu-Ha, Willie Chan Chi-Keung
MAKE-UP: Lo Shui-Lin

JACKIES BEITRAG: (Ko-)Produzent, Präsentator

Sprache / Ton	Bild / Format	Spieldauer
Kantonesisch Mono	Farbe / 1.85:1 35 mm (Spherical)	93:11 Min. (*uncut*) ¬

Erstveröffentlichungen
Hongkong: 5. Oktober 1989
(Nominierungen: 2 | Auszeichnungen: 0)

Ein ziemlich bedrückendes Liebesdrama stellt »I Am Sorry« dar. Jackie war als Ko-Produzent für seinen Manager Willie Chan und seine Firma Golden Way Films tätig und warb für den Film zusätzlich mit seinem Namen als Präsentator. Eine seriöse wie dramatische Romanze, die bei den Hong Kong Film Awards 1990 in den Kategorien Best Actress (Carina Lau) und Best Cinematography (Christopher Doyle) nominiert wurde. Der Film spielte alleine in Hongkong 4.776.267 HK-Dollar ein und ist abermals ein Beweis dafür, dass Jackie nicht nur für Action-Komödien ein Gespür hat. Leider erschien der Film bisher nicht in Deutschland, die DVDs von Deltamac sowie von Joy Sales sind »out of print« (trotz DVD-Tipp); so bleibt einem nur die VCD von Joy Sales, solange noch welche vorhanden sind.

DVD-Tipp: **I Am Sorry*** [HK]

* Vertrieb: Deltamac, VÖ: 22. April 2003

78

The Outlaw Brothers

1990

dt. Titel: *Born To Fight 4*
Originaltitel: *Zui Jia Zei Pai Dang*

Action-Thriller (Faustkampf, Krimi) | Hongkong | 1989-1990 | K

James und Bond, zwei Freunde, sind Kriminelle, die ihren Lebensunterhalt damit verdienen, indem sie gestohlene Luxusautos versetzen. Doch als beide eine Frau an ihrer Seite haben, beschließen sie, keine krummen Dinger mehr zu drehen. Bei ihrem letzten kriminellen Akt wollen beide allerdings einen Sportwagen stehlen, von dem sie nicht wissen, dass er randvoll mit Drogen ist. Der Besitzer will seine Ware zurück, macht Druck und entführt James' Schwester. Die beiden Freunde und die Polizistin Tequila, James' Freundin, machen sich auf einen harten Kampf gefasst.

mit Frankie Chan, Max Mok, Oshima Yukari, Michael Miu Kiu-Wai, Sheila Chan ...
BUCH: Barry Wong
REGIE: Frankie Chan
PRODUKTION: Frankie Chan, Eric Tsang
ACTION DIRECTOR: Cheng Chi-Ho, Fung Hak-On, Yuen Shun-Yi, Jackie Chan

JACKIES BEITRAG: Action Director, Stuntkoordinator

Sprache / Ton	**Bild / Format**	**Spieldauer**
Kantonesisch Mono	Farbe / 1.85:1 35 mm (Spherical)	101:46 Min. (*uncut*) ¬

Erstveröffentlichungen
Hongkong: 17. März 1990
Deutschland: Juli 1991 (V-VHS)
(Nominierungen: 0 | Auszeichnungen: 0)

»The Outlaw Brothers« ist eine erstklassige Produktion, die neben Action, Autos und Stunts auch noch eine überaus spannende Handlung um die Hauptfiguren bietet. Der Film musste für westliche Verhältnisse etwas geschnitten werden, da in einer Szene lebendige Hühner überfahren werden. Ein anderer Grund ist, dass in zwei Szenen kriminelle Handlungen gezeigt werden; aus Angst vor Nachahmung wurden diese Szenen entfernt. Die deutsche Fassung des Films ist bislang nur auf VHS erhältlich, dafür aber ungeschnitten. Die DVD von Hong Kong Legends ist geschnitten, sodass die DVD aus den USA als Tipp herhalten muss. Umsatz in Hongkong: 5.141.879 HK-Dollar.

DVD-Tipp: **Outlaw Brothers**[*] [USA]

* Vertrieb: Dragon Dynasty, VÖ: 30. Oktober 2012

79

Stage Door Johnny

1990

Originaltitel: *Wu Tai Jie Mei*

Action-Drama (Krimi) | Hongkong | 1989-1990 | K

Im Shanghai der 1930er Jahre ist die Chinesische Oper immer noch die Nummer eins der Unterhaltungsmedien. Doch die nur mit Frauen besetzte Operntruppe von Pop hat zu kämpfen, denn ihre Leistungen lassen rapide nach. Um den Leuten weiterhin etwas bieten und ihre Jobs behalten zu können, wird Pops Freundin Tsui zu Rate gezogen; sie trainiert die Truppe ab sofort im Kämpfen. Wie es das Schicksal will, erweist sich dies in zweierlei Hinsicht als sehr effizient, denn Chang, der mit Rauschgift handelnde Gangsterboss, will die Truppe auflösen. Die Frauen und Pop kämpfen einen Kampf für die Kultur, für das Recht und für die Freiheit.

mit Kara Hui, Eva Lai, Ida Chan, Pauline Wong, Ann Mui, Wu Ma, Waise Lee ...
Buch: Chan Ka-Cheong
Regie: Wu Ma
Produktion: Jackie Chan
Action Director: *Sing Ga Ban*

Jackies Beitrag: Produzent

Sprache / Ton	Bild / Format	Spieldauer
Kantonesisch Mono	Farbe / 1.85:1 35 mm	94:02 Min. (*uncut*)

Erstveröffentlichungen
Hongkong: 24. März 1990
(Nominierungen: 0 | Auszeichnungen: 0)

»Stage Door Johnny« wurde für Golden Way Films realisiert. Anders als einige der vorangegangenen Produktionen finden hier taffe Kämpfe statt, die von Jackies Sing Ga Ban, welche sich mit traditionellen Opernkämpfen besonders gut auskennt, aufs Genaueste choreografiert wurden. Es ist ein Film mit Botschaft: Kultur vor Kapital! Er spielte in Hongkong 2.237.184 HK-Dollar ein. »Stage Door Johnny« wurde nicht in Deutschland veröffentlicht, da der Film bisher leider keinen internationalen Verleih gefunden hat. Die DVD von Deltamac wird heute nicht mehr hergestellt und enthält in einer Auflage sogar Fehlpressungen mit falschem digitalen Inhalt; äußerlich nicht erkennbar. Daher sei auf die Joy-Sales-DVD oder ihr VCD-Pendant verwiesen.

DVD-Tipp: **Stage Door Johnny*** [HK]

* Vertrieb: Joy Sales, VÖ: 17. Juni 2010

Island Of Fire

dt. Titel: *The Prisoner*
alt. Titel: *Island On Fire / The Burning Island / When Dragons Meet* | Originaltitel: *Huo Shao Dao*

Krimi-Drama (Action) | Taiwan, Hongkong, Philippinen | 1989 | K

Steve tötet in Rage einen Betrüger, als er versucht, in einem Casino Geld zu machen, um seine Freundin medizinisch zu versorgen. Im Gefängnis erwartet ihn bereits der Partner seines getöteten Freundes, der Rache will. Mithilfe von anderen Häftlingen meistert er den gefährliche Alltag, doch er will schnellstens raus aus dem Knast.

mit Andy Lau, Jackie Chan, Sammo Hung, Tony Leung, Jimmy Wang Yu, Jack Kao ...
BUCH: Fuh Li, Yeh Yun-Chiao
REGIE: Kevin Chu Yen-Ping
PRODUKTION: Jimmy Wang Yu
ACTION DIRECTOR: Lam Man-Cheung

JACKIES BEITRAG: Nebenrolle

Sprache / Ton	Bild / Format	Spieldauer
Mandarin, Kantonesisch, Englisch, Tagalog Mono	Farbe / 1.85:1 35 mm (Spherical)	96:20 Min. (*uncut*) ¬ 119:33 Min. (*uncut*, taiwanesische Fassung) ¬

Erstveröffentlichungen
Taiwan: 28. März 1990
Hongkong: 1. August 1991
Deutschland: 25. März 1992 (V-VHS)
(Nominierungen: 0 | Auszeichnungen: 0)

Während des anstrengenden Drehs zu »Armour Of God II – Operation Condor« war Jackie auch am Set von »Island Of Fire« zugange. Er und die anderen Darsteller taten Jimmy Wang Yu einen Gefallen. Die Dreharbeiten fanden vom 5. April bis zum 17. Mai 1989 in Taiwan und auf den Philippinen statt. Obwohl Jackie als Hauptdarsteller gelistet wird, hat er nur eine Nebenrolle. Als taiwanesische Produktion fand die Premiere im Frühjahr 1990 in Taiwan statt, bevor nach langen Verhandlungen und einer angepassten Fassung auch im Rest Asiens gestartet wurde. Jackie fand den Film so schlecht, dass er die Vertriebsrechte aufkaufte und die Verbreitung erst einmal stoppte. Im Prinzip existieren drei Fassungen des Films: die geschnittene Exportfassung (91:30 Min.), die ungeschnittene Hongkong-Fassung und eine Langfassung aus Taiwan, die sich mehr mit den Filmcharakteren und der Handlung beschäftigt.

BD-Tipp: **The Prisoner*** [BRD]

* Vertrieb: Koch Media, VÖ: 28. September 2017

81

Story Of Kennedy Town

1990

Originaltitel: *Xi Huan De Gu Shi*

Action-Drama (Romanze) | Hongkong | 1990 | K

Die drei jungen Männer Chiang, Peng und Wei leben in Kennedy Town, einem Bezirk Hongkongs, in dem nur die Harten überleben können. Peng beschließt daher, Polizist zu werden und wird von Chiang und Wei tatkräftig unterstützt: Die beiden liefern ihm von Zeit zu Zeit Informationen, um Fälle lösen zu können. Als beide eines Tages zusammen aus Versehen einen Ganoven ermorden, stellt sich Chiang Peng freiwillig und wird sofort verhaftet. Chiangs Freundin findet bei Peng Trost, und als dieser bald wieder auf freiem Fuß ist, beginnt das Chaos: Peng will die Straßen vom kriminellen Unrat befreien – dazu zählt er jetzt auch Chiang und Wei.

mit Waise Lee, Mark Cheng, Aaron Kwok, Sharla Cheung Man, May Lo, Bill Tung ...
BUCH: *Wai Wing Chong Chok Cho* (Golden Way Creative Group)
REGIE: Wu Ma
PRODUKTION: Jackie Chan
ACTION DIRECTOR: Ka Lee

JACKIES BEITRAG: Produzent

Sprache / Ton	Bild / Format	Spieldauer
Kantonesisch Mono	Farbe / 1.85:1 35 mm	92:37 Min. (*uncut*) ¬

Erstveröffentlichungen
Hongkong: 16. November 1990
(Nominierungen: 0 | Auszeichnungen: 0)

»Story Of Kennedy Town« ist eine »Golden Way Films«-Produktion, die gerne mal in Vergessenheit gerät. Gerne heißt es, dass der Film ein inoffizieller Nachzügler von »Bullet In The Head« (1990) sei, bei dem John Woo Regie führte und der eine erstklassige Besetzung aufweist. Dies kann aber ruhigen Gewissens ausgeklammert werden, da beide Filme durch sich selbst eigenständig und unabhängig voneinander bestehen und erzählt werden können. Jackie produzierte den Film; er spielte satte 3.610.814 HK-Dollar ein. Die HK-DVD ist zwar »out of print«, sei dennoch als Rarität neben ihrem VCD-Pendant empfohlen.

DVD-Tipp: **Story Of Kennedy Town*** [HK]

* Vertrieb: Joy Sales, VÖ: 28. Juli 2010

82

Armour Of God II – Operation Condor

1991

dt. Titel: *Mission Adler – Der Starke Arm Der Götter*
alt. Titel: *Project Eagle* | Originaltitel: *Fei Ying Gai Wak*

Abenteuer (Komödie, Action) | Hongkong, Marokko, Spanien, Philippinen | 1989-1991 | K

Nach den Wirren des Zweiten Weltkriegs verschwindet ein großes Goldvorkommen der früheren Nazis, welches der Abenteurer Jackie nun wiederfinden soll. Doch das ist wegen der Sprachbarriere und dem Wüstensand gar nicht so leicht – und Gesellschaft eines ehemaligen Wehrmachtsoldaten bekommt er auch noch.

mit Jackie Chan, Carol Cheng, Eva Cobo De Garcia, Ikeda Shoko, Vincent Lyn ...
BUCH: Jackie Chan, Edward Tang, Fibe Ma Mei-Ping
REGIE: Jackie Chan
PRODUKTION: Leonard Ho, Jackie Chan
ACTION DIRECTOR: *Sing Ga Ban*, Jackie Chan

JACKIES BEITRAG: Hauptrolle, Drehbuchautor, Regisseur, Produzent, Action Director, Stuntkoordinator

Sprache / Ton	**Bild / Format**	**Spieldauer**
Kantonesisch Mono / SDDS (USA)	Farbe / 2.35:1 35 mm (Technovision, anamorph)	107:25 Min. (*uncut*) ¬ 113:56 Min. (*uncut*, japanische Fassung)

Erstveröffentlichungen
Hongkong: 7. Februar 1991
Deutschland: 22. August 1991
(Nominierungen: 1 | Auszeichnungen: 0)

Hongkongs bis dato teuerster Film aller Zeiten mit stolzen 115 Millionen HK-Dollar Produktionskosten! Jackie bekam danach von Leonard Ho Regieverbot, was in einigen Kollaborationsfilmen mit anderen Regisseuren fußte. Doch das Resultat kann sich sehen lassen. Auch bei diesem Film wurde Jackie Chan von Steven Spielbergs Indiana-Jones-Reihe und Buster Keatons »Steamboat Bill Jr.« (1928) inspiriert. Der Film ist perfektes Popcornkino. Diese Meinung teilte auch das Publikum Hongkongs: 39.048711 HK-Dollar Umsatz (in den USA 10.440.032 US-Dollar). Sein irreführender US-Titel »Operation Condor« kommt zustande, da dort der zweite vor dem ersten Teil, »Armour Of God« (1986), veröffentlicht wurde, sodass der erste Teil in den USA »Operation Condor 2« hieß. Das Material der japanischen Langfassung ist hier noch nicht erschienen, dafür ist die Duschszene auf der Blu-ray nicht mehr retuschiert.

BD-Tipp: **Armour Of God II – Der Starke Arm Der Götter*** [BRD]

* Vertrieb: Splendid Film / Amasia, VÖ: 31. Januar 2014

83

Angry Ranger

1991

Originaltitel: *Huo Bao Lang Zi*

Action-Drama (Krimi, Romanze) | Hongkong | 1991 | K

Nach seinem Gefängnisaufenthalt schwört sich Peter, sein Leben von nun an auf die friedliche Art zu leben; er findet schnell Arbeit bei einem Fischhändler. Doch die Gangs kontrollieren die Gesetze der Straße. Als sich Peter in die wunderschöne Jane verliebt, wird diese vom Gangsterboss Hon in seinem Zuhause eingesperrt: sie ist sein Mädchen! Es kommt zu Konfrontationen zwischen Peter und Hons Männern, doch Hon will sie zurückhalten, wenn er im Gegenzug von Peter den Schwur erhält, keinen Kontakt mehr zu Jane zu haben. Peter kämpft um die Liebe.

mit Ben Lam, Leung Yuen-Jing, Bruce Mang Lung, Sun Chien, Jackie Lui ...
BUCH: Chan Ka-Cheong
REGIE: Johnny Wang Lung-Wei
PRODUKTION: Jackie Chan
ACTION DIRECTOR: *Sing Ga Ban*

JACKIES BEITRAG: Produzent

Sprache / Ton	Bild / Format	Spieldauer
Kantonesisch Mono	Farbe / 1.85:1 35 mm (Spherical)	86:58 Min. (*uncut*) ¬

Erstveröffentlichungen
Hongkong: 14. September 1991
(Nominierungen: 0 | Auszeichnungen: 0)

»Angry Ranger« war eine weitere »Golden Way Films«-Produktion, bei der die Sing Ga Ban, Jackie Chan's Stuntmen Association, für die Action zuständig war. Der Film verschwand nach seiner Leinwandkarriere 1991 (die Einnahmen in Hongkong beliefen sich lediglich auf 764.386 HK-Dollar) in der Versenkung. Viele Menschen wollten den seltsamerweise oft hoch gelobten Film sehen, doch erst 2007 erschien eine VCD-Version von Joys Sales, der spät 2008 die DVD mit einem anderen Cover folgte – bisher die weltweit einzigen Kaufversionen des Films. Das Resultat: eine ernüchternde Krimi-Romanze mit mäßiger Action; doch dafür finden wieder Grausamkeiten an Tieren statt: Krebse und andere Meerestiere werden von mehreren Personen auf offener Straße brutal zertreten. Regie führte hier nicht Lo Wei, wie es einige Quellen fälschlicherweise oft behaupten, sondern Wang Lung-Wei!

DVD-Tipp: **Angry Ranger*** [HK]

* Vertrieb: Joy Sales, VÖ: 30. Oktober 2008

84 | 1991

Beauty And The Beast

dt. Titel: *Die Schöne Und Das Biest*

Animation (Romanze, Tragikomödie, Musical) | USA | 1989-1991 | K

Als eine Fee einen hartherzigen Prinzen in ein Biest und alle seine Schlossbewohner in lebendige Gegenstände verwandelt, kann nur die ehrliche Liebe eines Mädchens den Fluch brechen. Dem Prinzen scheint das egal, als eines Tages die hübsche Belle auftritt. Doch diese bekommt Hilfe von den Gegenständen, die im Schloss wandeln.

mit Paige O'Hara, Robby Benson, Richard White, Jerry Orbach ... (Originalversion)
BUCH: Linda Woolverton, Brenda Chapman, Chris Sanders, Burny Mattinson ...
REGIE: Gary Trousdale, Kirk Wise
PRODUKTION: Don Hahn, Howard Ashman, Sarah McArthur
MUSIK: Alan Menken

JACKIES BEITRAG: Synchronsprecher, Sänger

Sprache / Ton	Bild / Format	Spieldauer
Englisch, Französisch Dolby Stereo	Farbe / 1.85:1 35 mm (Eastman), Digital (Spherical)	84:54 Min. (*uncut*) ¬ 91:44 Min. (*uncut*, Langfassung) ¬

Erstveröffentlichungen
USA: 29. September 1991 (NYFF)
Deutschland: 26. November 1992
(Nominierungen: 25 | Auszeichnungen: 26)

Walt Disneys 30. Meisterwerk feierte weltweit großen Erfolg. Für die chinesische Filmfassung lieh Jackie Chan dem Biest nicht nur seine Stimme in Mandarin, sondern dank seiner guten Ausbildung an der China Drama Academy in Gesang sang er auch die Lieder selbst (Titelsong mit Sarah Chen). Die chinesische Tonspur ist auf keiner westlichen Veröffentlichung enthalten, somit auch nicht die von Jackie gesungenen Lieder. Im September 2007 strahlte der chinesische Filmsender CCTV6 eine überarbeitete Fassung aus, in der Nicholas Tse die Zeilen des Biestes singt. Der Film wurde von Walt Disney selbst zum 30. Bestehen neu auf Blu-ray und DVD in der Diamond Edition veröffentlicht; somit ist auch die chinesische Tonspur mit Jackie Chan vorhanden. Allerdings muss man diese Versionen erst im Internet finden. Für die deutschen Fans gibt es die Kinofassung und den Extended Cut im BD-Tipp; das chinesische Pendant dazu findet sich auf internationalen Shopping-Portalen.

BD-Tipp: **Die Schöne und das Biest*** [BRD]

* Vertrieb: Walt Disney, VÖ: 4. November 2010

85

Centre Stage

1991

alt. Titel: *Center Stage / (The) Actress*
Originaltitel: *Ruan Lingyu / Yuen Ling Yuk*

Melodram (Biografie, Romanze) | Hongkong, Taiwan | 1991-1992 | K

Die wahre Geschichte des ersten weiblichen Filmstars Hongkongs der 1930er Jahre, Yuen Ling-Yuk. Obwohl ihre Wurzeln nie darauf hätten schließen würden, wurde sie die Primadonna Chinas, die von Millionen Schülern verehrt, von doppelt so vielen Männern angebetet und von allen Frauen mit einem staunenden Blick missachtet wurde. In ihren neun sehr kurzen Jahren als Filmstar drehte sie 29 Filme und spielte verschiedene tragische Rollen. Und diese Tragik gestaltete ihre letzte Zeit im Leben: Gefängnisaufenthalt, Zusammenbrüche, Zwangsheirat ... und letztendlich Selbstmord.

mit Maggie Cheung, Tony Leung Ka-Fai, Chin Han, Carina Lau, Lawrence Ng ...
BUCH: Chiu Kang-Chien
REGIE: Stanley Kwan Kam-Pang
PRODUKTION: Tsui Siu-Ming, Willie Chan Chi-Keung
MAKE-UP: Yan Shang-Shan, Min Xiao-Mei, Nanxy Tong

JACKIES BEITRAG: Produzent, Präsentator

Sprache / Ton	**Bild / Format**	**Spieldauer**
Kantonesisch, Mandarin, Englisch Mono	Farbe / 1.85:1 35 mm (Spherical)	120:49 Min. (*uncut*, internationale Fassung) 154:09 Min. (*uncut*, Director's Cut) ¬

Erstveröffentlichungen
Taiwan: 29. November 1991
Deutschland: Februar 1992 (Berlinale)
Hongkong: 20. Februar 1992
(Nominierungen: 14 | Auszeichnungen: 11)

Ein mitreißendes Stück Zeitgeschichte auf Film gebannt. Maggie Cheung bekam für ihre grandiose Schauspielarbeit als erster chinesischer Darsteller überhaupt einen der vielen großen europäischen Filmpreise verliehen: den Silbernen Bären. Die Hongkong-Einnahmen beliefen sich auf 7.480.778 HK-Dollar und waren nötig, um Golden Way Films in Kennerkreisen endgültig als seriöse Produktionsfirma zu etablieren. Zwei Fassungen dieses Films liegen heutzutage vor: die internationale Fassung und der Director's Cut. Eine deutschsprachige Fassung existiert leider nicht.

DVD-Tipp: **Center Stage*** [HK]

* Vertrieb: IVL, VÖ: 31. März 2005

A Kid From Tibet

Originaltitel: *Xi Zang Xiao Zi*

Abenteuer (Action, Fantasy) | Taiwan, Hongkong | 1991 | K

Die geheimnisvolle, goldene Urne des Potala-Palastes ist seit vielen Jahrhunderten verschollen. Eines Tages sucht der Hongkonger Anwalt E. G. Robinson den Palast auf und erklärt dem obersten Dalai Lama, wo sich das Gefäß befindet und was damit passieren soll. Wonglai, ein frommer Mönch, wird dazu beauftragt, nach Hongkong zu reisen und den Schatz an sich zu nehmen. Leider spricht sich das Vorhaben schnell herum, und so schickt der Bösewicht Law Wah seine Männer hinter Wonglai her, um ihm die mysteriöse Urne zu stehlen.

mit Michelle Reis, Nina Li Chi, Yuen Biao, Wu Ma, Roy Chiao, Billy Lau, Yuen Wah ...
BUCH: Barry Wong, Sam Chi-Leung, Chan Ka-Cheong
REGIE: Yuen Biao
PRODUKTION: Yuen Biao
ACTION DIRECTOR: Yuen Biao, Ka Lee

JACKIES BEITRAG: Gastauftritt

Sprache / Ton	Bild / Format	Spieldauer
Kantonesisch Mono	Farbe / 2.35:1 35 mm (anamorph)	97:10 Min. (*uncut*) ¬

Erstveröffentlichungen
Hongkong: 11. Januar 1992
(Nominierungen: 0 | Auszeichnungen: 0)

In Yuen Biaos Regiedebüt hat Jackie einen kleinen Gastauftritt; man sieht ihn in einer Szene am Flughafen. Yuen Biaos und Jackies großer Bruder aus der Zeit der China Drama Academy Yuen Wah spielt den coolen Bösewicht. Mit 10.384.155 HK-Dollar Einnahmen war »A Kid From Tibet« auf jeden Fall ein Erfolg für Yuen Biao und seine Filmfirma Yuen Biao Productions. Yuen Biaos Arbeit als Regisseur beschränkt sich bisher auf zwei Filme, wobei er bei »The Peacock King« (1989) nur selten als Assistenzregisseur aufgelistet wird. »A Kid From Tibet« bietet viel Witz, Akrobatik, Action und viele alte Fantasy-Filmelemente, worüber man heutzutage schmunzeln muss. Der Film erschien leider nie in einer deutschsprachigen Fassung; die asiatischen DVDs sind mittlerweile schwer zu finden.

DVD-Tipp: **A Kid From Tibet*** [HK]

* Vertrieb: Panorama, VÖ: 28. März 2008

87

The Twin Dragons

1992

dt. Titel: *Twin Dragons – Das Powerduo*
alt. Titel: *When Dragons Collide / Brother vs. Brother* | Originaltitel: *Seong Lung Wui*

Action-Komödie (Krimi, Romanze) | Hongkong | 1990-1991 | K

Die eineiigen Zwillinge Boomer und John Ma werden nach der Geburt getrennt und leben unterschiedliche Leben; der eine wird ein angesehener Pianist, der andere ein gesuchter Kleinkrimineller. Als sich beide in Hongkong zufällig treffen, nehmen die Probleme ihren Lauf. Beide werden für den jeweils anderen gehalten, und so manövrieren sie sich immer tiefer in den Schlamassel.

mit Jackie Chan, Maggie Cheung, Nina Li Chi, Teddy Robin Kwan, James Wong ...
BUCH: Joe Cheung Tung-Cho, Tsui Hark, Barry Wong
REGIE: Ringo Lam, Tsui Hark
PRODUKTION: Ng See-Yuen
ACTION DIRECTOR: Yuen Wo-Ping, Stephen Tung Wai, Tony Leung Siu-Hung, Chris Lee Kin-Sang, Jackie Chan, Tsui Siu-Ming, *Miu Bye Gung Kooi* (Union of Martial Arts Masters)

JACKIES BEITRAG: Hauptrolle(n), Action Director, Stuntkoordinator

Sprache / Ton	**Bild / Format**	**Spieldauer**
Kantonesisch Mono	Farbe / 2.35:1 35 mm (Technovision)	104:47 Min. (*uncut*) ¬

Erstveröffentlichungen
Hongkong: 15. Januar 1992
Deutschland: 12. Januar 1993 (V+K-VHS)
(Nominierungen: 1 | Auszeichnungen: 0)

Dieser Benefizfilm, bei dem jeder beteiligte Star auf seinen Lohn verzichtete, spielte 33.225.134 HK-Dollar ein! Der Erlös sollte dem Bau des neuen Bürogebäudes der Hong Kong Director's Guild zufließen; bis heute steht das Gebäude noch nicht. In der US-Version von 1999 hat Jackie sich selbst auf englisch synchronisiert. Obwohl die Spezialeffekte relativ billig sind, so ist es die Starbesetzung und die grandiose Action auf keinen Fall. In Deutschland kam der Film im Oktober 2018 erstmals auf Blu-ray, als Ergänzung der bekannten Dragon Edition von Splendid, heraus.

BD-Tipp: **Twin Dragons*** [BRD]

* Vertrieb: Splendid Film, VÖ: 26. Oktober 2018

88

Once Upon A Time In China II

1992

dt. Titel: *Last Hero I – Once Upon A Time In China II*
Originaltitel: *Wong Fei Hung II: Nam Yee Tung Chi Keung*

Historisches Abenteuer (Action, Romanze) | Hongkong | 1991-1992 | K

Wong Fei-Hung ist ein chinesischer Nationalheld und Arzt der traditionellen chinesischen Medizin. Als er zu einem Ärztekongress nach Kanton reist, stößt er auf eine Vereinigung, die sich vehement gegen den Einfluss des Westens auf ihr Heimatland wehrt. Wong Fei-Hung weiß, dass er handeln muss.

mit Jet Li, Rosamund Kwan, Donnie Yen, Max Mok, David Chiang, Xiong Xin-Xin ...
Buch: Tsui Hark, Charcoal Tan, Hanson Chan Tin-Suen
Regie: Tsui Hark
Produktion: Ng See-Yuen, Tsui Hark
Action Director: Yuen Wo-Ping

Jackies Beitrag: Sänger (Titelsong)

Sprache / Ton	Bild / Format	Spieldauer
Kantonesisch, Englisch Mono	Farbe / 2.35:1 35 mm (Panavision, anamorph)	111:59 Min. (*uncut*) ¬

Erstveröffentlichungen
Hongkong: 16. April 1992
Deutschland: 1993 (V-VHS)
(Nominierungen: 11 | Auszeichnungen: 2)

Jackie hat mit dem eigentlichen Film nichts zu tun, er kommt weder vor der Kamera als Darsteller, noch hinter der Kamera als Produzent oder sonst irgendwie vor. Doch der Titelsong »A Man Should Be Of Self Help« (»Wong Fei-Hung«-Theme) wurde von ihm gesungen. Das Lied ist im Abspann zu hören und natürlich auf dem Soundtrack zu finden. Da der Titelsong auch fester Bestandteil einer Filmproduktion ist, existiert logischerweise auch der Bezug zu Jackie. Wer sich den Film allerdings nur wegen des Liedes kaufen möchte, sollte lieber etwas drauflegen und sich auch die anderen Teile zulegen. Die Filme wurden in Deutschland sehr unübersichtlich betitelt, sodass man aufpassen muss, welchen Teil man gerade kauft bzw. sieht. Daher seien hier die neuen Blu-ray-Veröffentlichungen von Splendid empfohlen.

BD-Tipp: **Once Upon A Time In China II*** [BRD]

* Vertrieb: Splendid Film, VÖ: 25. Februar 2011

89

The Shootout

1992

alt. Titel: *The Shoot Out*
Originaltitel: *Wei Xian Qing Ren*

Action (Drama, Krimi, Romanze) | Hongkong | 1992 | K

Eine Bande von Ganoven stiehlt einen Wagen mit zwei Millionen US-Dollar an Bord. Der junge Polizist Wong schafft es irgendwie, einen der Kriminellen festzunehmen. Als dieser im Gefängnis steckt, bahnt sich der Boss der Gaunerbande seinen Weg zu ihm durch und erschießt ihn kaltblütig, damit er nicht aussagen kann. Wong wird ein Partner zugeteilt; beide sollen den Fall lösen und müssen zu aller erst den Boss der Bande ausfindig machen. Als sich der junge Polizist aber in dessen Freundin verliebt, gibt es riesige Probleme.

mit Aaron Kwok, Fennie Yuen, Leung Kar-Yan, Lau Ching-Wan, Elvis Tsui ...
BUCH: Edward Tang
REGIE: Michael Mak Dong-Git
PRODUKTION: Jackie Chan
ACTION DIRECTOR: Leung Ka-Hung

JACKIES BEITRAG: Produzent

Sprache / Ton	Bild / Format	Spieldauer
Kantonesisch Mono	Farbe / 1.85:1 35 mm (Spherical)	93:42 Min. (*uncut*) ¬

Erstveröffentlichungen
Hongkong: 27. Juni 1992
(Nominierungen: 0 | Auszeichnungen: 0)

»The Shootout« wurde von Jackies Firma Golden Way Films für Golden Harvest gedreht. Der Film wird als Action-Film dargestellt, doch innerhalb dessen springt er gerne von Genre zu Genre: Drama, Romanze, Krimi und selbst Komödie an manchen Stellen – wenn auch eher unbeabsichtigt. »The Shootout« war kaum erfolgreich an den Kinokassen Hongkongs. Mit mageren 3.819.056 HK-Dollar Einnahmen war man bei Golden Harvest schon größeren finanziellen Erfolg gewöhnt. Der Film erschien nie in Deutschland. Ein denkbarer Grund könnte der Genre-Mix sein. Aber auch die Handlung und das Schauspiel lassen zu wünschen übrig; es gibt zu viele Zufälle im Film. Die Deltamac-DVD wird nicht mehr hergestellt, dafür hilft Joy Sales mit einer neuen DVD-Version mit gutem Ton und Bild und ungeschnitten aus.

DVD-Tipp: **The Shootout*** [HK]

* Vertrieb: Joy Sales, VÖ: 24. April 2009

90 | 1992

Police Story III – Super Cop

dt. Titel: *Police Story 3: Supercop*
Originaltitel: *Ging Chaat Goo Si III: Chiu Kup Ging Chaat*

Action-Komödie (Drama, Krimi) | Hongkong, Malaysia | 1991-1992 | K

Der Polizist Chan Ka-Kui arbeitet undercover mit den Chinesen zusammen, um den Drogenboss Panther und seine Gang endlich hochzunehmen. Er freundet sich mit ihm an und hilft ihm bei seiner Flucht nach Hongkong. Dort lernt er den Oberschurken kennen, und die Falle scheint zuzuschnappen ...

mit Jackie Chan, Michelle Yeoh, Maggie Cheung, Kenneth Tsang, Yuen Wah, Mars ...
BUCH: Lee Wai-Yee, Fibe Ma Mei-Ping, Edward Tang
REGIE: Stanley Tong
PRODUKTION: Willie Chan, Edward Tang, Jackie Chan, Leonard Ho
ACTION DIRECTOR: Mak Wai-Cheung, Dang Tak-Wing, Ho Hon-Chau, Chan Man-Ching, Sam Wong Ming-Sing, Stanley Tong, Ailen Sit Chun-Wai

JACKIES BEITRAG: Hauptrolle, Produzent

Sprache / Ton	Bild / Format	Spieldauer
Kantonesisch, Mandarin, Englisch, Malaysisch, Thai Mono	Farbe / 2.35:1 35 mm (Technovision, anamorph)	91:04 Min. (*uncut*) ¬

Erstveröffentlichungen
Hongkong: 4. Juli 1992
Deutschland: 25. März 1993 (V+K-VHS)
(Nominierungen: 4 | Auszeichnungen: 2)

Der dritte Teil der Police-Story-Reihe spielte in Hongkong insgesamt 32.609.783 HK-Dollar und Jahre später in den USA sogar 16.270.600 US-Dollar ein. Michelle Yeoh, die in Deutschland anfangs unter dem Namen Michelle Khan bekannt war, wird von Jackie selbst als das weibliche Pendant von ihm bezeichnet: ihre Stunts führte sie hier selbst aus! Während der harten Dreharbeiten wurde Jackie schwer verletzt, als er von einem Helikopter gerammt wurde. Eine andere Verletzung war der ausgekugelte Wangenknochen. Der Film gilt als erster Actionfilm Hongkongs mit Originalton vom Set. Dies ist der modernen Denkweise Stanley Tongs zu verdanken, der damit bessere Chancen im internationalen Vertrieb sah – damit sollte er recht behalten. Die deutsche Filmfassung ist ausnahmsweise ungeschnitten, aber bislang nicht auf Blu-ray erschienen.

DVD-Tipp: **Police Story III – Supercop*** [BRD]

* Vertrieb: Laser Paradise / Evolution, VÖ: 1. Januar 2003

91

Too Happy For Words

1992

alt. Titel: *Woman And Woman / Onna To Onna*
Originaltitel: *Leung Goh Nui Jen, Yat Goh Leng, Yat Goh M Leng*

Kurzfilm (Drama, Komödie) | Hongkong, Japan | 1992

Zwei Freundinnen unterschiedlichen Alters werden in ihrem Alltag gezeigt.

mit Maggie Cheung, Josephine Siao ...
BUCH: Edward Lam
REGIE: Stanley Kwan
PRODUKTION: Willie Chan, Jackie Chan
CINEMATOGRAPHER: Peter Pau Tak-Hai

JACKIES BEITRAG: Produzent

Sprache / Ton	**Bild / Format**	**Spieldauer**
Kantonesisch Mono	Farbe / 2.35:1 35 mm	17 Min. (*uncut*)

Erstveröffentlichungen
Es liegen zwei Daten vor, 16. Mai 1992 und 8. Oktober 1993,
wobei zweiteres fehlerhaft sein kann (s. # 93 in diesem Buch)
(Nominierungen: 0 | Auszeichnungen: 0)

Stanley Kwan hatte schon vor seiner Zusammenarbeit mit Jackie Chan Mitte der 1980er einige Filmerfolge im dramatischen Bereich vorzeigen können. Mit »Rouge« (1988) und »Centre Stage« (1991), beide für Golden Way Films, ebnete Stanley Kwan seinen weiteren Erfolgsweg für und mit Jackie quasi selbst. Noch während den Vorbereitungen für den Hongkong-Start von »Centre Stage« drehte er dann diesen Kurzfilm, eine Art Sketch, mit den beiden legendären Schauspielerinnen Maggie Cheung und Josephine Siao mit Unterstützung der japanischen Toho Co. Ltd. sowie der Furumiei International. Da Jackie vom Talent seines Freundes nicht erst überzeugt werden musste, seine Filmfirma Golden Way Films aber vorrangig Kinospielfilme produzierte, trat die alte Willie-Jackie-Erfolgskombo auf: »Too Happy For Words« wurde demnach von Jackie & Willie Productions, einem kaufmännischen, büroabhängigen Zusammenschluss beider Talente aus der 1970er Ära produziert. Die vorliegenden, aus einem Archiv stammenden Erstaufführungsdaten könnten kleinere Screenings in Japan und/oder Hongkong gewesen sein, denn der Film ist seitdem auf keinem Medium mehr erschienen – bis auf die Ausnahme des Episodenfilms »Kin Chan No Cinema Jack« (1993) ...

Tipp: **leider (noch) nicht möglich**

City Hunter

franz. Titel: *Niki Larson*
Originaltitel: *Sing Si Lip Yan*

Komödie (Action, Krimi, Romanze) | Hongkong, Japan | 1992 | K

Ryo Saeba ist Privatdetektiv und den Frauen verfallen. Als er den Fall einer vermissten Tochter eines reichen Unternehmers übernimmt, führen ihn seine Ermittlungen auf ein Kreuzfahrtschiff, das auf dem Weg nach Japan ist. An Bord wollen Terroristen Lösegeld erpressen, und so muss Ryo Saeba nicht nur seinen sondern auch diesen Fall lösen.

mit Jackie Chan, Joey Wong, Richard Norton, Gotoh Kumiko, Gary Daniels ...
Buch: Wong Jing
Regie: Wong Jing
Produktion: Chua Lam
Action Director: *Sing Ga Ban*, Tony Ching Siu-Tung

Jackies Beitrag: Hauptrolle, Action Director

Sprache / Ton	Bild / Format	Spieldauer
Kantonesisch Mono	Farbe / 1.85:1 35 mm (Spherical)	97:17 Min. (*uncut*, chinesische Fassung) 99:53 Min. (*uncut*) ¬

Erstveröffentlichungen
Hongkong: 16. Januar 1993
Deutschland: 9. Februar 1994 (V+K-VHS)
(Nominierungen: 0 | Auszeichnungen: 0)

»City Hunter« basiert auf dem gleichnamigen, sehr erfolgreichen japanischen Manga. Jackie und Regisseur Wong Jing hatten kreative Differenzen, die sich mit der Zeit in persönliche Angriffe wandelten. In Wong Jings »High Risk« (1995) brachte er Jet Li dazu, sich an Jackie zu rächen. Jet Li und Jackie waren nie verfeindet, trotzdem entschuldigte sich Jet Li dafür, in dieses unfaire Spiel mit involviert worden zu sein. Beide sind gute Freunde und im Film »The Forbidden Kingdom« (2008) zu sehen. »City Hunter« spielte 30.762.782 HK-Dollar ein; es liegt eine besondere Langfassung auf japanisch vor, die einen längeren Vorspann und exklusives Material nach dem Film zeigt. Diese wurde erstmals auf der deutschen Blu-ray veröffentlicht. Eine chinesische TV-Fassung zeigt wiederum an ein paar Stellen erweiterte Einstellungen vorliegender Szenen. Als krasser Kontrast parallel zu »Crime Story« (1993) gedreht.

BD-Tipp: **City Hunter**[*] [BRD]

* Vertrieb: Splendid Film / Amasia, VÖ: 28. März 2014

Kin Chan No Cinema Jack

alt. Titel: *Kin Chan No Shinema Jakku*

Anthologiefilm (Komödie, Drama) | Australien, Hongkong, Japan | 1992-1993 | K

Über den Inhalt dieses Films ist nichts bekannt. Es handelt sich um einen sogenannten Anthologiefilm, eine Art Episodenfilm mit mehreren Kurzfilmen, die zusammen einen roten Faden bilden. Die Titel der einzelnen Episoden lauten wie folgt: »Dream Rider«, »Minato, Nanka Hen?«, »Kitto Kurusa«, »Tantei«, »Woman And Woman«, »Dakigekiso«, »Genruko Onna Taiyoden« und »Ikiru«.*

mit Jôji Abe, Maggie Cheung, Yuen Biao, Ken Osawa, Harold Hopkins, Yoko Maki ...
BUCH: Yû Aku, James Bogle, Kin'ichi Hagimoto, Jun Ichikawa, Narito Kaneko, Ryôichi Kimizuka
REGIE: James Bogle, Kin'ichi Hagimoto, Jun Ichikawa, Naosuke Kurosawa, Stanley Kwan, Keisuke Miyake, Hisashi Watanabe, Shinya Yamamoto
PRODUKTION: Jackie Chan, Charles Hannah, Hisao Masuda, Kin'ichi Hagimoto
MUSIK: Shunichi Tokura

JACKIES BEITRAG: Produzent

Sprache / Ton	**Bild / Format**	**Spieldauer**
Kantonesisch, Englisch, Japanisch	Farbe / 2.35:1 35 mm	120 Min. (*geschätzt*)

Erstveröffentlichungen
Japan: 22. Mai 1993
(Nominierungen: 0 | Auszeichnungen: 2)

Dieser Film ist eine Gemeinschaftsarbeit zwischen Australien, Hongkong und Japan. Jackie hat für den Hongkong-Teil des Films als Produzent agiert. Stanley Kwan, der auch für die »JCE Movies Limited«-Produktion »Everlasting Regret« (2005) Regie führte, übernahm diesen Part bei »Kin Chan No Cinema Jack« für das Segment »Woman And Woman«, der unter dem Titel »Too Happy For Words« ein Jahr zuvor von Jackie & Willie Productions produziert wurde. Laut einigen Quellen sei in einem der acht Segmente, welches von Jackie produziert wurde, Yuen Biao zu sehen. Das liegt nahe, dass ein weiterer Kurzfilm neben dem von Stanley Kwan von Jackie produziert wurde. Leider liegen kaum mehr Informationen zu diesem interessanten Projekt vor, auch eine Veröffentlichung auf käuflichen Medien fand bisher leider niemals statt – bis auf eine japanische VHS? Die Spieldauer ist vom Autor geschätzt.

Tipp: **leider nicht möglich**

* Quelle: http://german.imdb.com/title/tt0827510/fullcredits; Stand: 28. März 2018

94

Crime Story

1993

dt. Titel: *Hard To Die*
alt. Titel: *Serious Crimes Squad / New Police Story* | Originaltitel: *Zhong An Zu*

Action-Drama (Krimi) | Hongkong, Taiwan | 1992-1993 | K

Inspector Eddie Chan leidet an der posttraumatischen Belastungsstörung, nachdem ein schwerer Unfall einen seiner Kollegen tötet. Nun muss er skrupellosen Kidnappern auf die Schliche kommen, die Lösegeld von einem Millionär erpressen wollen. Als er herausfindet, wer wirklich hinter dem kriminellen Akt steckt, versucht man, dem ehrenwerten Polizisten die Schuld in die Schuhe zu schieben.

mit Jackie Chan, Kent Cheng, Christine Ng, Law Kar-Ying, Au-Yeung Pui-San ...
Buch: Cheung Lai-Ling, Chan Man-Keung, Chun Tin-Nam, Cheung Chi-Sing ...
Regie: Kirk Wong, Jackie Chan
Produktion: Chua Lam
Action Director: *Sing Ga Ban*, Bruce Law

Jackies Beitrag: Hauptrolle, Regisseur, Action Director, Stuntkoordinator

Sprache / Ton	Bild / Format	Spieldauer
Kantonesisch, Mandarin, Hokkien Mono	Farbe / 1.85:1 35 mm (Spherical)	107:36 Min. (*uncut*) ¬ 113:23 Min. (*uncut*, thailändische Fassung)

Erstveröffentlichungen
Hongkong: 24. Juni 1993
Deutschland: 30. September 1994 (V-VHS)
(Nominierungen: 8 | Auszeichnungen: 2)

Der Film basiert auf der wahren Entführung Teddy Wangs vom 10. April 1990. Im Gegensatz zu der Filmfigur tauchte Teddy Wang nie mehr auf; er wurde 1999 offiziell für tot erklärt. Seine Witwe bat Jackie Chan damals persönlich darum, ein Ende zu drehen, in dem ihr Mann am Leben bleibt. Dieses ernste Action-Drama spielte in Hongkong 27.439.331 HK-Dollar ein und zeigt echte Explosionen in der Kowloon Walled City; diese wurde im selben Jahr abgerissen. Jet Li sollte die Rolle übernehmen, wurde aber durch den Mord an seinem Agenten dazu gezwungen, die Rolle abzulehnen – die Triaden? Jackie wird offiziell nicht als Regisseur und Action Director gelistet, war aber als beides teilweise tätig; als Regisseur, weil er mit Kirk Wongs Schnitt nicht zufrieden war. Der Tipp beinhaltet die ungeschnittene Fassung, die längere Thai-Fassung lief nur im Kino, die VHS war nochmal anders geschnitten.

BD-Tipp: **Hard To Die*** [BRD]

* Vertrieb: Splendid Film / Amasia, VÖ: 31. Oktober 2014

95 | **Project S** | 1993

dt. Titel: *Mega Cop*

alt. Titel: *Once A Cop / Police Story 3: Supercop 2 / Police Story 4: Project S* | Originaltitel: *Chao Ji Ji Hua*

Action-Krimi (Thriller, Komödie) | Hongkong | 1993 | K

Als durch Hongkong eine Welle des Verbrechens rollt, wird die taffe Polizistin Jessica Yang engagiert, um das Problem zu lösen. Mit ihrer Spezialeinheit geht sie Bankräubern und anderen Kriminellen nach.

mit Michelle Yeoh, Yu Rong-Guang, Emil Chow, Athena Chu Yun, Bill Tung ...
Buch: Sandy Shaw Lai-King, Stanley Tong
Regie: Stanley Tong
Produktion: Barbie Tung Wan-Si, So Hau-Leung
Action Director: Stanley Tong

Jackies Beitrag: Gastauftritt, Produzent

Sprache / Ton	**Bild / Format**	**Spieldauer**
Kantonesisch Mono	Farbe / 1.85:1 35 mm (Spherical)	102:08 Min. (*uncut*) ¬

Erstveröffentlichungen
Hongkong: 21. Oktober 1993
Deutschland: 20. Februar 1995 (V-VHS)
(Nominierungen: 0 | Auszeichnungen: 0)

»Project S« ist ein sogenanntes Spin-Off, eine inhaltliche Ausgliederung eines bestehenden Films, basierend auf entweder vorhandenen Charakteren oder fortzuführenden Handlungssträngen, wie hier mit der Police-Story-Reihe. Jackie hat hier einen Gastauftritt als Polizist, wie man ihn aus den Police-Story-Filmen kennt – dieses Mal sieht man ihn u.a. in Frauenkleidern. Der Film wurde von Jackies Filmfirma Golden Way Films gedreht und produziert; in seiner Autobiografie wird Jackie zusätzlich noch als Produzent gelistet. Wegen Marketingstrategien war der Film in den USA erfolgreicher als in Hongkong. Zum Vergleich: 9.337.853 HK-Dollar und 16.270.600 US-Dollar Umsatz! Er trägt als offizielles Spin-Off sogar alternative Titel, die ihn zur Police-Story-Reihe zugehörig machen. In Deutschland existiert keine Fassung dieses Films mehr; die Verleihkassette wurde indiziert. Der DVD-Tipp ist zwar ungeschnitten, aber mittlerweile auch schwer zu finden.

DVD-Tipp: **Project S**[*] [GB]

[*] Vertrieb: M.I.A., VÖ: 8. November 1999

96

Drunken Master II

1994

dt. Titel: *Drunken Master*

alt. Titel: *(The) Legend Of (The) Drunken Master* | Originaltitel: *Jui Kuen II*

Action-Komödie (Drama, Krimi) | Hongkong | 1993-1994 | K

Chinas Ming-Dynastie ist am Ende und die Republik auf dem Vormarsch. Dieses politische und wirtschaftliche Chaos nutzen einige skrupellose Engländer aus und schmuggeln wertvolles Jade-Gut aus China heraus. Der patriotische Arzt und Kämpfer Wong Fei-Hung möchte dies aber verhindern.

mit Jackie Chan, Anita Mui, Ti Lung, Felix Wong, Liu Chia-Liang, Andy Lau ...
BUCH: Edward Tang, Yuen Kai-Chi, Tong Man-Ming
REGIE: Liu Chia-Liang, Jackie Chan
PRODUKTION: Edward Tang, Barbie Tung Wan-Si, Eric Tsang
ACTION DIRECTOR: Liu Chia-Liang, *Sing Ga Ban*

JACKIES BEITRAG: Hauptrolle, Regisseur, Action Director, Stuntkoordinator

Sprache / Ton	Bild / Format	Spieldauer
Kantonesisch Mono	Farbe / 2.35:1 35 mm (Panavision, anamorph)	96:40 Min. (*uncut*, internationale Fassung) ¬ 101:12 Min. (*uncut*, Originalfassung)

Erstveröffentlichungen
Hongkong: 3. Februar 1994
Deutschland: 18. September 1996 (V-VHS)
(Nominierungen: 1 | Auszeichnungen: 3)

»Drunken Master II« brach in Hongkong alle Rekorde. Er nahm sagenhafte 40.971.484 HK-Dollar ein, obwohl man wegen des Streits zwischen Jackie und Liu Chia-Liang einen Flop befürchtete. Nachdem der Regisseur genervt die Produktion verließ bzw. verlassen musste, übernahm Jackie für die restlichen Filmszenen seinen Posten – allerdings ohne Nennung im Abspann. Es existieren drei Fassungen: die Exportfassung, die Originalfassung und die für den US-Markt neu geschnittene und neu synchronisierte US-Fassung (diese enthält ca. 1 Minute Material, welches in den anderen Fassungen nicht sichtbar ist). Trotz schlechter Bildqualität und ohne Material der Originalfassung sei immer noch die Masterpiece-Edition-DVD von Splendid für die deutschsprachigen Fans empfohlen. Japans neue Blu-ray ist extravagant!

DVD-Tipp: **Drunken Master*** [BRD] | BD-Tipp: **Drunken Master II (Ultimate Collector's Edition)**** [J]

* Vertrieb: Splendid Film, VÖ: 24. Juni 2002
** Vertrieb: Warner Home Video, VÖ: 3. Oktober 2018

97

Rumble In The Bronx

1995

dt. Titel: *In Der Bronx Ist Die Hölle Los*
alt. Titel: *Red Bronx* | Originaltitel: *Hung Fan Kui*

Action-Komödie (Drama, Krimi) | Hongkong, Kanada | 1994 | K

Keung, ein Hongkonger Polizist, fliegt zur Hochzeit seines Onkels nach New York. Der Kulturschock trifft ihn hart, vor allem als eine Bande den Supermarkt seines Onkels plündert und verwüstet. Keung setzt sich zur Wehr und gelangt durch Zufall an eine andere Beute der Kriminellen, die ihr Hab und Gut zurück wollen.

mit Jackie Chan, Anita Mui, Bill Tung, Francoise Yip, Ailen Sit, Morgan Lam ...
BUCH: Fibe Ma Mei-Ping, Edward Tang
REGIE: Stanley Tong
PRODUKTION: Barbie Tung Wan-Si
ACTION DIRECTOR: Stanley Tong, Jackie Chan

JACKIES BEITRAG: Hauptrolle, Action Director, Stuntkoordinator

Sprache / Ton	Bild / Format	Spieldauer
Englisch, Kantonesisch Dolby	Farbe / 2.35:1 35 mm (Technovision, anamorph)	85:44 Min. (*uncut*, internationale Fassung) ¬ 105:26 Min. (*uncut*, asiatische Fassung)

Erstveröffentlichungen
Hongkong: 21. Januar 1995
Deutschland: 17. Oktober 1996
(Nominierungen: 11 | Auszeichnungen: 2)

Der erfolgreichste Film Hongkongs von 1995 und Jackies bis dato größter Hit spielte unglaubliche 56.911.136 HK- und in den USA sogar 32.392.047 US-Dollar ein; das Budget betrug ca. 7,5 Millionen US-Dollar. Am 6. Oktober 1994 brach sich Jackie seinen rechten Knöchel, als er in Vancouver den Luftkissenboot-Stunt drehte – er drehte mit einer bemalten Socke über seinem Gipsfuß weiter. Die Dreharbeiten dauerten vom 2. Juni bis zum 27. Oktober 1994 und wurden im Originalton und erstmals komplett auf Englisch (mit einigen Ausnahmen) gedreht, um die Chancen auf dem US-Markt zu stärken, da dieser synchronisierte Filme nur selten akzeptiert. Der Film ist in der internationalen fast 20 Minuten kürzer als die asiatische Fassung; hier wollte man mehr von Jackie sehen. Die taiwanesische DVD vom Label Funny ist hier in der Neuauflage zu empfehlen, den Deutschen bleibt nur die alte Splendid-DVD.

DVD-Tipp: **Rumble In The Bronx*** [BRD]

* Vertrieb: Splendid Film, VÖ: 2001

98

Thunderbolt

1995

dt. TV-Titel: *Jackie Chan – Showdown Mit 1000 PS*
jap. Titel: *Dead Heat* | Originaltitel: *Pik Lik Foh*

Action-Drama (Thriller, Rennsport, Komödie) | Hongkong, Malaysia, Japan | 1994-1995 | K

Der Automechaniker Jackie und sein Team helfen der Hongkonger Polizei, illegal getunte Fahrzeuge aus dem Verkehr zu ziehen. Als dabei ein schwerer Unfall passiert, verfolgt Jackie den Übeltäter, doch der entkommt. Beeindruckt von der Fahrleistung des Mechanikers, will der skrupellose Cougar gegen ihn ein Rennen fahren und zwingt Jackie dazu, indem er seine Familie bedroht.

mit Jackie Chan, Anita Yuen, Michael Wong, Dayo Wong, Thorsten Nickel, Ken Lo ...
BUCH: Chan Hing-Kar, Gordon Chan, Philip Kwok
REGIE: Gordon Chan
PRODUKTION: Chua Lam
ACTION DIRECTOR: Sammo Hung, *Hung Ga Ban*, Jackie Chan, *Sing Ga Ban*

JACKIES BEITRAG: Hauptrolle, Produzent, Action Director, Stuntkoordinator

Sprache / Ton	Bild / Format	Spieldauer
Kantonesisch, Englisch, Japanisch Dolby	Farbe / 2.35:1 35 mm (Technovision, anamorph)	106:04 Min. (*uncut*) ¬

Erstveröffentlichungen
Hongkong: 5. August 1995
Deutschland: 10. August 1999 (V+K-VHS)
(Nominierungen: 1 | Auszeichnungen: 1)

»Thunderbolt« kostete utopische 2 Milliarden HK-Dollar! An den Kinokassen spielte er 45.647.210 HK-Dollar ein. Die Regierung Malaysias war wegen der gefährlichen Autostunts so besorgt, dass das Filmteam die Rennaufnahmen in normalem Tempo drehen musste und diese später am Schneidetisch beschleunigte. An diesem Rennen nahmen bekannte Rennfahrer aus mehreren Ländern als Freiwillige teil. Eigentlich sollte »Thunderbolt« ein kleiner Film über das Leben von Teilnehmern illegaler Straßenrennen sein, ähnlich der späteren Fast-&-Furious-Reihe. Doch durch drei Filmteams unter der Leitung von Gordon Chan, Sammo Hung und Frankie Chan mit den Ideen von Jackie Chan als vierte Unit wurde so viel Material angehäuft, dass sich das Filmprojekt während des Drehs weiterentwickelte. Die deutsche Fassung ist ausnahmsweise komplett ungeschnitten.

DVD-Tipp: **Thunderbolt**[*] [BRD]

* Vertrieb: Kinowelt Home Entertainment, VÖ: 26. August 1999

Red Zone

Originaltitel: *Bao Zha Ling*

Action-Thriller (Krimi, Drama) | Hongkong | 1995 | K

Wong Hoi-Hung, ein berüchtigter Drogendealer, wurde mit einem Komplizen endlich geschnappt und muss sich nun vor Gericht behaupten. Wongs Freundin Ivy und sein bester Mann Wei versuchen alles, um den Boss vor dem Knast zu bewahren – dabei scheuen sie sich nicht einmal zu morden. Die Polizei Hongkongs ist machtlos und so setzen sie einen Polizei-Offizier, Kwong, auf den Fall an. Er soll Wongs Freundin Ivy verführen und ihr wichtige Informationen entlocken.

mit Kenny Ho, Yu Rong-Guang, Ken Lo, Valerie Chow, Waise Lee, Tam Suk-Mui ...
BUCH: Lee Wai-Yee, Fibe Ma Mei-Ping, Edward Tang
REGIE: Edward Tang
PRODUKTION: Jackie Chan
ACTION DIRECTOR: Hon Chun, Nicky Li Chung-Chi

JACKIES BEITRAG: Produzent

Sprache / Ton	Bild / Format	Spieldauer
Kantonesisch Mono	Farbe / 1.85:1 35 mm (Spherical)	97:25 Min. (*uncut*) ¬

Erstveröffentlichungen
Hongkong: 1. Dezember 1995
(Nominierungen: 0 | Auszeichnungen: 0)

»Red Zone« war Edward Tangs Regiedebüt, nachdem er zuvor an drei Jackie-Chan-Filmen als Regieassistent mitarbeitete, und bisher seine einzige Regiearbeit. Der Film wurde für Jackies Firma Golden Way Films produziert – es sollte ihr letzter Film sein. Auch wenn Jackie Chan als Produzent gar nicht im Vorspann auftaucht, so hat er doch die Rolle des ausführenden Produzenten für seine Firma übernommen. Der Streifen kam beim Publikum nicht an; bescheidene 842.255 HK-Dollar lautet das Resultat der lokalen Einspielergebnisse. In Deutschland erschien der Film niemals; die unten aufgeführte VCD ist lange »out of print«. Man muss schon Glück haben, um noch ein gebrauchtes Exemplar ergattern zu können. Andere legale Veröffentlichungen sind bis heute – bis auf eine alte Hongkonger Laserdisc von Cameron Entertainment, nicht bekannt. Ein Bootleg kursiert allerdings im Internet.

VCD-Tipp: **Red Zone*** [HK]

* Vertrieb: Mei Ah, VÖ: 27. Dezember 2000

100

First Strike

1996

dt. Titel: *Jackie Chan's Erstschlag* | inoffizieller Titel: *Police Story 4: First Strike*
Originaltitel: *Ging Chaat Goo Si 4: Ji Gaan Daan Yam Mo*

Action-Komödie (Krimi, Drama, Abenteuer) | Hongkong, Australien, Russland, ... | 1995-1996 | K

Als sich nach der Wende Mitglieder der russischen Mafia als KGB-Agenten ausgeben und Atomsprengköpfe stehlen wollen, setzt das amerikanische CIA auf Unterstützung aus Hongkong. Doch die Lage scheint verzwickter, als zuerst angenommen, und so sitzt der Hongkonger Polizist Jackie bald zwischen zwei Stühlen.

mit Jackie Chan, Bill Tung, Jackson Lau, Annie Wu, Elaine George, Rocky Lai ...
Buch: Elliot Tong Ming-Gei, Greg Mellor, Nick Tramontane, Stanley Tong
Regie: Stanley Tong
Produktion: Barbie Tung Wan-Si
Action Director: Stanley Tong, Jackie Chan

Jackies Beitrag: Hauptrolle, Action Director, Stuntkoordinator

Sprache / Ton	Bild / Format	Spieldauer
Englisch, Kantonesisch, Mandarin, Russisch, ... Dolby Digital	Farbe / 2.35:1 35 mm (Panavision, anamorph), 35 mm (Technovision, anamorph)	83:50 Min. (*uncut*, internationale Fassung) ¬ 107:09 Min. (*uncut*, Originalfassung)

Erstveröffentlichungen
Hongkong: 10. Februar 1996
Deutschland: 14. August 1997
(Nominierungen: 9 | Auszeichnungen: 2)

Der vierte offizielle Film der Police-Story-Reihe trägt den für den internationalen Markt gemachten Kurztitel »First Strike«. Jackie wollte ihn ursprünglich »Piece Of Cake« nennen; in manchen Ländern wird er auch als »Story of the CIA« vermarktet. Dieses Mal war Maggie Cheung nicht dabei, weil sie für nur zwei Drehtage wie eine Hauptdarstellerin bezahlt werden wollte und das selbst Jackie zu teuer und frech war. Mit 57.518.794 HK-Dollar Umsatz war er ein echter Hit in Hongkong und ein neuer Rekord für einen Jackie-Chan-Film. Die Exportfassung des Films ist um fast 25 Minuten kürzer als die ungeschnittene Originalfassung. Dennoch sei hier die deutsche Blu-ray zu empfehlen – deutsche Fans hoffen weiterhin auf eine würdige Veröffentlichung mit beiden Fassungen und viel Bonusmaterial.

BD-Tipp: **Jackie Chan's First Strike**[*] [BRD]

* Vertrieb: Warner Home Video, VÖ: 15. Oktober 2015

101 **Mr. Nice Guy** 1997

Arbeitstitel: *A Nice Guy / Superchef*
Originaltitel: *Yat Goh Ho Yan*

Action-Komödie (Krimi) | Hongkong, Australien | 1996 | K

Jackie ist leidenschaftlicher Koch und hat eine eigene Fernsehsendung. Als er auf seinem Nachhauseweg nach einer Fernsehaufzeichnung auf die flüchtige Diana stößt, hilft er ihr, sich gegen Gangster zu wehren. Nun sind diese nicht nur hinter der schönen Journalisten sondern auch hinter Jackie her.

mit Jackie Chan, Richard Norton, Miki Lee, Karen McLymont, Vince Poletto ...
BUCH: Fibe Ma Mei-Ping, Edward Tang
REGIE: Sammo Hung
PRODUKTION: Chua Lam
ACTION DIRECTOR: Cho Wing, *Sing Ga Ban*

JACKIES BEITRAG: Hauptrolle, Stuntkoordinator

Sprache / Ton	Bild / Format	Spieldauer
Englisch, Kantonesisch, Mandarin Dolby Digital	Farbe / 2.35:1 35 mm (Technovision, anamorph)	95:36 Min. (*uncut*) 97:33 Min. (*uncut*, japanische Fassung) ¬

Erstveröffentlichungen
Hongkong: 31. Januar 1997
Deutschland: 17. Juni 1999
(Nominierungen: 2 | Auszeichnungen: 1)

Nach »Thunderbolt« (1995) wieder eine Zusammenarbeit zwischen Jackie und Sammo. Der Film war ein voller Erfolg. Er feierte am Chinesischen Neujahr Premiere und spielte insgesamt 45.420.457 HK-Dollar ein. Regisseur Sammo Hung hat hier einen schönen Gastauftritt als Fahrradfahrer; auch Emil Chow ist nach »Rumble In The Bronx« (1995) wieder als Eisverkäufer zu sehen. Jackies Produktionsfirma wurde nach den Dreharbeiten auf Lebenszeit verboten, wieder in Australien zu drehen, da sie so viel verwüstet hatten. Die internationale Filmfassung, die vorrangig für den US-Markt erstellt wurde, ist stark geschnitten, Hongkong hat den Film komplett und Japan wieder einmal in einer Langfassung vorliegen. Der DVD-Tipp beinhaltet neben der Japan-Fassung auch den US-Cut. Cameron Douglas, Michael Douglas' Sohn, spielt entgegen mancher Behauptung hier nicht mit. Stattdessen erkennt man aber Sammos zweite Frau Joyce Godenzi im Publikum vor Jackie.

DVD-Tipp: **Mr. Nice Guy**[*] [J]

[*] Vertrieb: Warner Home Video, VÖ: 25. August 2006

102 **An Alan Smithee Film: Burn Hollywood Burn** 1997

dt. Titel: *Die Hölle Hollywood / Fahr' Zur Hölle, Hollywood!*
Arbeitstitel: *An Alan Smithee Film*

Komödie (Satire) | USA | 1996-1997 | K

Der Regisseur Alan Smithee dreht einen Big-Budget-Film mit den drei größten Actionhelden seiner Zeit. Doch die Produzenten und die peniblen Stars quatschen ihm in seine Arbeit. Selbst im Schnitt ist nichts mehr zu retten. Normalerweise könnte er als Regisseur ein bekanntes Pseudonym einsetzen, doch dieses ist sein richtiger Name. Also sieht er nur noch eine Chance: den Film stehlen und vernichten.

mit Eric Idle, Sylvester Stallone, Whoopi Goldberg, Jackie Chan, Ryan O'Neal ...
BUCH: Joe Eszterhas
REGIE: Arthur Hiller (als Alan Smithee)
PRODUKTION: Ben Myron, Joe Eszterhas, Fred C. Caruso, Andrew G. Vajna ...
MUSIK: Chuck D., Gary G-Wiz, Joel Diamond

JACKIES BEITRAG: Nebenrolle (er selbst)

Sprache / Ton	Bild / Format	Spieldauer
Englisch Dolby Digital	Farbe / 1.85:1 35 mm (Spherical)	81:37 Min. (*uncut*) ¬

Erstveröffentlichungen
USA: 2. Oktober 1997 (Mill Valley Film Festival)
Deutschland: 11. Juni 1998
(Nominierungen: 8 | Auszeichnungen: 6)

Budget: 10 Millionen US-Dollar, US-Einnahmen: 43.904 US-Dollar – ein totaler Flop! Jackie hatte die Chance genutzt, mit Kumpel Sylvester Stallone vor der Kamera zu stehen. Gedreht wurde vom 14. November 1996 bis zum 24. Januar 1997. Eine schöne Filmtradition fand hier ein jähes Ende: Arthur Hiller war selbst mit diesem Film so unzufrieden, dass er seinen Credit-Namen in Alan Smithee umändern ließ. Da so der Zauber um dieses Mysterium verschwand, beschloss die Director's Guild of America, den Namen Alan Smithee als Pseudonym für künftige Produktionen für immer zu streichen. Der Film wird sehr oft als einer der schlechtesten Filme aller Zeiten und weltweit kritisiert. In »Jackie Chan: My Story« (1998) sieht man Footage vom Dreh, das im Film selbst nicht enthalten ist. Die Vermarktung dieser Satire war so mau, dass weltweit auch nur eine Fassung davon existiert, natürlich ungeschnitten.

DVD-Tipp: **Die Hölle Hollywood*** [BRD]

* Vertrieb: New KSM, VÖ: 14. Juni 2007

103

Who Am I?

1998

dt. Titel: *Jackie Chan Ist Nobody*
Originaltitel: *Wo Shi Shui*

Abenteuer (Action, Komödie, Thriller) | Hongkong, Südafrika, Niederlande, ... | 1997-1998 | K

Lee ist Teil eines Spezialkommandos, das in Südafrika bei einem Auftrag mit dem Heli abstürzt. Er verliert sein Gedächtnis und wird von einem Eingeborenenstamm gesund gepflegt, bis ihn sein Wille, herauszufinden wer er ist, in die Niederlande treibt. Dort wendet sich das Blatt, denn ab sofort wird Jagd auf ihn gemacht.

mit Jackie Chan, Michelle Ferre, Yamamoto Mirai, Ron Smerczak, Ed Nelson ...
Buch: Jackie Chan, Susan Chan Suk-Yin, Lee Reynolds
Regie: Jackie Chan, Benny Chan
Produktion: Barbie Tung Wan-Si
Action Director: Jackie Chan, Nicky Li, Sam Wong

Jackies Beitrag: Hauptrolle, Drehbuchautor, Regisseur, Action Director, Stuntkoordinator

Sprache / Ton	**Bild / Format**	**Spieldauer**
Englisch, Kantonesisch, Holländisch DTS, Dolby Digital	Farbe / 2.35:1 35 mm (Panavision & Technovision, anamorph)	115:22 Min. (*uncut*) ¬

Erstveröffentlichungen
Hongkong: 17. Januar 1998
Deutschland: 26. November 1998
(Nominierungen: 10 | Auszeichnungen: 2)

»Who Am I?« verdrängte 1998 in Hongkong sogar »Titanic« von der Spitze des Kinoolymps: 38.852.845 HK-Dollar. Jackie verbrachte mit der Produktion ein ganzes Jahr. Doch die Aufnahmen haben sich gelohnt: extrem gefährliche Stunts, witzige Action, eine dramatische Geschichte und ein überzeugendes Schauspiel. Ursprünglich war der Film als Zweiteiler geplant, doch Golden Harvest hatte Bedenken, ob das Publikum zwei Filme interessant genug finden würde. Teil 1 sollte mit Jackie auf einem Dach enden, wie er ruft »Wer bin ich?«. Das gesamte Material wurde neu geschnitten; in Hongkong prangten schon Promoplakate, die Fotos aus den Deleted Scenes zeigten. Die deutsche Fassung ist entgegen der US-Fassung ungeschnitten, liegt auf der alten DVD aber in bescheidener Qualität vor: das Bild wurde vergrößert. Der Titelsong von Emil Chow und Jackie Chan ist ein Klassiker der Filmmusik.

DVD-Tipp: **Jackie Chan Ist Nobody**[*] [BRD]

---

[*] Vertrieb: Splendid Film, VÖ: 29. November 1999

104 | **Mulan** | 1998

Arbeitstitel: *China Doll / The Legend Of Mulan*

Animation (Komödie, Drama, Abenteuer) | USA | 1994-1998 | K

Als die Hunnen China bedrohen, verlangt der Kaiser, dass jede Familie einen Mann in den Krieg schickt. Als ihr kranker Vater einberufen werden soll, beschließt die junge Mulan, sich als Mann zu verkleiden und anstatt seiner in die Schlacht zu ziehen. Unterstützung erfährt die tapfere Frau von ihren Freunden Mushu und Kriki.

mit Miguel Ferrer, Harvey Fierstein, Freda Foh Shen ... (Originalversion)
BUCH: Robert D. San Souci, Rita Hsiao, Chris Sanders, Philip LaZebnik ...
REGIE: Tony Bancroft, Barry Cook
PRODUKTION: Pam Coats, Robert S. Garber, Kendra Haaland
MUSIK: Jerry Goldsmith

JACKIES BEITRAG: Synchronsprecher, Sänger

Sprache / Ton	Bild / Format	Spieldauer
Englisch, Mandarin DTS, Dolby Digital, SDDS	Farbe / 1.66:1 35 mm, Digital (Spherical)	87:51 Min. (*uncut*) ¬

Erstveröffentlichungen
USA: 5. Juni 1998 (Premiere)
Deutschland: 19. November 1998
(Nominierungen: 21 | Auszeichnungen: 17)

Der zweite Einsatz für Jackie als Synchronsprecher. Er lieh der Figur Shang, dem Krieger, seine kantonesische und Mandarin-Stimme und sang dessen Parts selbst. Auf der deutschen Blu-ray ist das Musikvideo mit Jackie zum Song »I'll Make A Man Out Of You« auf Mandarin, auf der DVD hingegen sogar in beiden Sprachen vorhanden. »Mulan« durfte erst nach Zustimmung der Regierung Chinas und nur begrenzt in den Kinos dort gezeigt werden, da jährlich nur zehn westliche Filme importiert werden durften. Mit vier Jahren Produktionsdauer und geschätzten 70 Millionen US-Dollar Budget ist Disneys 36. Meisterwerk eines der bis dato teuersten gewesen (Umsatz weltweit: 304 Millionen US-Dollar) und das erste, das von Walt Disney auf DVD erschien. Für den chinesischen Markt wurde eine leicht veränderte Sprachfassung erstellt, die sich thematisch mehr an der chinesischen Kultur orientiert.

BD-Tipp: **Mulan (Zum 15. Jubiläum)*** [BRD]

* Vertrieb: Walt Disney / Buena Vista, VÖ: 7. März 2013

105

Jackie Chan: My Story

1998

alt. Titel: *Jackie Chan – My Story*
Arbeitstitel: *The Jackie Chan Story*

Dokumentation (Biografie) | Hongkong | 1996-1998 | V

Zum ersten Mal plaudert Jackie Chan in einer abendfüllenden Doku über sich selbst aus dem Nähkästchen. Auf den Spuren des erfolgreichsten Hongkong-Chinesen der Welt, beeinflusst von der Legende Bruce Lee genauso sehr wie von seinen Eltern, Freunden und Kollegen aus der Filmwelt. Ein beeindruckendes Portrait.

mit Jackie Chan, Charles Chan, Willie Chan, Emil Chow, Chuck D., Joe Eszterhas ...
BUCH: Bey Logan
REGIE: Jackie Chan
PRODUKTION: Jackie Chan, Willie Chan, Bey Logan, Solon So, Peter Poon ...

JACKIES BEITRAG: er selbst (Hauptrolle), Regisseur, Produzent

Sprache / Ton	Bild / Format	Spieldauer
Englisch, Kantonesisch Dolby Digital	Farbe / 1.33:1	72:08 Min. (*uncut*, HK-Fassung) 74:16 Min. (*uncut*) ¬

Erstveröffentlichungen
Japan: 17. Juli 1998
Hongkong: 17. November 1998
Deutschland: 29. November 1999
(Nominierungen: 0 | Auszeichnungen: 0)

Die erste eigens von Jackie produzierte Dokumentation über sich selbst, die zugleich die qualitativ und informativ höchstwertige ist. Kritiker behaupten oft, dass Jackie ein Meister sei, wenn es darum geht, sein gutes Image aufrechtzuerhalten. Was ist daran verkehrt? Schließlich hat ihm nicht nur die Filmindustrie viel zu verdanken. Und genau das wird in diesem Film gezeigt. Die Planung begann bereits 1996, als Jackie Erfolge mit »Rumble In The Bronx« (1995) und »Police Story III – Super Cop« (1992) in den USA feierte. Initiator war der britische Hongkong-Filmexperte Bey Logan, der mit seinem Label Hong Kong Legends die Klassiker des Eastern-Genres im englischsprachigen Raum bekannter machte. Für Hongkong wurden Interviews in Kantonesisch nachgedreht; da Kantonesisch Jackies Muttersprache ist, gehen ihm die Erklärungen besser und schneller über die Lippen als im Englischen. Nur so kommt die unterschiedliche Spieldauer beider vorhandenen Fassungen zustande.

DVD-Tipp: **Jackie Chan – My Story**[*] [BRD]

* Vertrieb: Splendid Film, VÖ: 29. November 1999

Rush Hour

Action-Komödie (Thriller) | USA, Hongkong | 1997-1998 | K

Inspektor Lee aus Hongkong fliegt in die USA, wo er seinen Freund, Konsul Han, besucht. Als dessen Tochter entführt wird, soll das FBI den Fall lösen, doch für Lee ist das eine persönliche Angelegenheit; er will sich mit einbringen. Um Lee davon abzuhalten, soll der nervige Polizist Carter ihn von den Ermittlungen fernhalten. Doch beide raufen sich schnell zusammen und kämpfen im Alleingang gegen die Kriminellen.

mit Jackie Chan, Chris Tucker, Ken Leung, Tom Wilkinson, Tzi Ma, Chris Penn ...
BUCH: Ross LaManna, Jim Kouf
REGIE: Brett Ratner
PRODUKTION: Roger Birnbaum, Jonathan Glickman, Arthur M. Sarkissian ...
MUSIK: Lalo Schifrin

JACKIES BEITRAG: Hauptrolle, Stuntkoordinator

Sprache / Ton	Bild / Format	Spieldauer
Englisch, Kantonesisch, Mandarin DTS, Dolby Digital, SDDS	Farbe / 2.35:1 35 mm (Panavision, anamorph)	97:49 Min. (*uncut*) ¬

Erstveröffentlichungen
USA: 18. September 1998
Deutschland: 25. März 1999
(Nominierungen: 9 | Auszeichnungen: 6)

»Rush Hour« war mit 33 Millionen US-Dollar Budget ein Hollywood-Hit, der weltweit 244 Millionen US-Dollar einspielte. Die Produktionsdauer betrug gerade einmal drei Monate, gedreht wurde vom 1. Dezember 1997 bis zum 17. Februar 1998. Erst kurz vor Produktionsstart reiste Brett Ratner nach Südafrika, wo er Jackie und Willie Chan am Set von »Who am I?« (1998) von seinem Film überzeugen konnte. Für die Rolle des James Carter waren auch Dave Chappelle und Martin Lawrence vorgesehen. Obwohl Jackie viel selbst in Sachen Stuntarbeit tun durfte, musste Willie ihn immer wieder beruhigen, da das amerikanische Team zu oft nicht mit seinem schnellen Hongkong-Stil des Filmemachens fertig wurde. In einer kleinen Szene, als Carter Lee in seinem Auto ans Lenkrad fesselt, sieht man im Hintergrund einen Mann mit Hut und Pfeife auf einem Stuhl sitzen: das ist Jackie Chans Vater, Charles Chan.

BD-Tipp: **Rush Hour*** [BRD]

* Vertrieb: Warner Home Video, VÖ: 17. September 2010

107 | **Hot War** | 1998

Originaltitel: *Waan Ying Dak Gung*

Thriller (Sci-Fi, Drama, Action) | Hongkong | 1998 | K

Die drei jungen Wissenschaftler mit den Codenamen Tango One, C. S. und Blue arbeiten am streng geheimen »Virtual Reality Fighter«-Projekt der CIA, das innerhalb kürzester Zeit Normalsterbliche in übermenschliche Soldaten transferiert. Als Terroristen die Technik stehlen wollen und Blue entführen, muss die Gruppe einschreiten und die neue Technologie in der Praxis testen.

mit Ekin Cheng, Jordan Chan, Kelly Chan, Terence Yin, Jude Poyer, Rocky Lai ...
BUCH: Calvin Poon Yuen-Leung, Law Chi-Leung, Chow Siu-Man
REGIE: Jingle Ma Choh-Shing
PRODUKTION: Jackie Chan
ACTION DIRECTOR: Stephen Tung Wai

JACKIES BEITRAG: Produzent

Sprache / Ton	Bild / Format	Spieldauer
Kantonesisch Dolby Digital	Farbe / 1.85:1 35 mm	89:28 Min. (*uncut*) ¬

Erstveröffentlichungen
Hongkong: 24. Dezember 1998
Deutschland: 16. Juni 2000 (V+K-VHS)
(Nominierungen: 4 | Auszeichnungen: 0)

Jackie Chan produzierte dieses Sci-Fi-Action-Drama für Golden Harvest, das an den Hongkong-Kinokassen 9.296.675 HK-Dollar einnahm. Die Erstaufführung war am Heiligen Abend 1998. In Deutschland lief der Film nie im Kino, sondern fand seinen Weg anderthalb Jahre später direkt in die Videotheken. Präsentiert von keinem geringeren als Raymond Chow, entpuppt sich »Hot War« als ein Millennium-Hit. Die Charaktere wirken authentisch, die verzwickten Kämpfe – sehr gut choreografiert – steigern die Dramatik der Geschichte noch mehr. Die internationale Fassung ist gleich der Hongkong-Fassung, nämlich ungeschnitten. Die deutsche Limited Gold Edition weist eine Erstauflage von 3000 Exemplaren auf, darüber hinaus gibt es die Splendid/Amasia-DVD auch in der normalen Special Edition ohne Metallschuber.

DVD-Tipp: **Hot War**[*] [BRD]

* Vertrieb: Splendid Film, VÖ: 31. August 2007

Gorgeous

dt. Titel: *Under Control*
alt. Titel: *(The) Glass Bottle* | Originaltitel: *Boh Lei Chun*

Action-Romanze (Komödie) | Hongkong, Taiwan | 1998-1999 | K

C. N. Chan ist Multimillionär und lebt ein einsames Leben als Geschäftsmann und Weltverbesserer. Als er eines Tages die junge hübsche Bu kennenlernt, die dank einer fehlgeleiteten Flaschenpost zu ihm findet, entdeckt er seine romantische Seite neu. Probleme gibt es, als ein alter Freund ihm geschäftlich dazwischenfunken will.

mit Jackie Chan, Shu Qi, Tony Leung Chiu-Wai, Emil Chow, Bradley James Allan ...
Buch: Vincent Kok Tak-Chiu, Jackie Chan, Law Yiu-Fai, Ivy Ho (Geschichte)
Regie: Vincent Kok Tak-Chiu
Produktion: Jackie Chan
Action Director: Jackie Chan, *Sing Ga Ban*

Jackies Beitrag: Hauptrolle, Drehbuchautor, Produzent, Action Director, Stuntkoordinator

Sprache / Ton	Bild / Format	Spieldauer
Kantonesisch, Mandarin, Englisch, Japanisch, Min Nan Dolby Digital	Farbe / 2.35:1 35 mm (Technovision, anamorph)	99:13 Min. (*uncut*) ¬ 119:49 Min. (*uncut*, HK-Fassung) ¬ 122:30 Min. (*uncut*, alternative asiatische Fassung)

Erstveröffentlichungen
Taiwan: 6. Februar 1999
Hongkong: 13. Februar 1999
Deutschland: 22. Februar 2001
(Nominierungen: 2 | Auszeichnungen: 0)

Ein etwas anderes Chan-Projekt, das ihn anfangs nur als Produzent vorsah und für den asiatischen Markt bestimmt war, wo er in Hongkong 27.545.889 HK-Dollar einspielte. Shu Qi hatte Bedenken, also wurde Jackie kurzerhand als Hauptrolle ins Drehbuch geschrieben, um ihr mehr Sicherheit zu geben. Im Film kommen seine eigenen Trainingsgeräte und auch andere privaten Gegenstände zum Einsatz. Seine Figur ist zu 60–70 % Jackie Chan. Die Exportfassung ist schneller und actionreicher als die handlungsfüllende, romantischere Hongkong-Fassung. Ein wenig Alternativmaterial kann man in anderen asiatischen Fassungen des Films finden.

BD-Tipp: **Under Control*** [BRD]

* Vertrieb: Splendid Film / Amasia, VÖ: 24. April 2015

109 | 1999

King Of Comedy

dt. Titel: *King Of Comedy – Action Forever*
Originaltitel: *Hei Kek Ji Wong*

Komödie (Mo Lai Tau, Romanze, Drama) | Hongkong | 1998-1999 | K

Wan Tin-Sau ist der geborene Schauspieler, doch niemand in den Filmstudios mag ihn. Er beschwert sich ständig darüber, und um seine leere Kasse aufzufüllen, gibt er Marketing-Seminare an einem Theater. Als Lau Piu-Piu diese Vorstellung sieht, ist sie zwar von Wans Schauspieltalent beeindruckt, doch seiner Marketingidee gegenüber bleibt sie skeptisch. Und dennoch fällt sie schließlich darauf hinein. Als dann die schöne Schauspielerin To Kuen-Yee Wan die Rolle seines Lebens verschafft, kann er allen zeigen, was er drauf hat – und verliebt sich prompt in die Schauspielerin.

mit Stephen Chow, Karen Mok, Ng Man-Tat, Cecilia Cheung, Alex Lam, Tenky Tin ...
BUCH: Tsang Kan-Cheung, Stephen Chow, Erica Li Man, Cheng Man-Fai ...
REGIE: Stephen Chow, Lee Lik-Chi
PRODUKTION: Yeung Kwok-Fai
ACTION DIRECTOR: Bruce Law

JACKIES BEITRAG: Gastauftritt

Sprache / Ton	Bild / Format	Spieldauer
Kantonesisch Dolby Digital	Farbe / 1.85:1 35 mm (Spherical)	89:10 Min. (*uncut*) ¬

Erstveröffentlichungen
Hongkong: 13. Februar 1999
Deutschland: 3. Dezember 2010 (V-DVD)
(Nominierungen: 1 | Auszeichnungen: 0)

»King Of Comedy« war mit 29.848.860 HK-Dollar Einnahmen eine erfolgreiche »Mo Lai Tau«-Komödie, obwohl dieser für Stephen Chows Filme typische Aspekt hierin geringer als sonst ausfällt. Einige Kenner sagen, dass die Geschichte auf Stephen Chows Leben basiert. Jackie hat hier einen coolen Gastauftritt als berühmter Filmstar. Leider gibt es diesen sehr witzigen und dramatischen Film – eben ein echter Stephen-Chow-Klassiker – nur geschnitten und in einer schlechten Synchro auf deutsch; die deutsche DVD aus dem Hause New Age 21 Entertainment hat den Zusatztitel »Action Forever« und kann leider nicht empfohlen werden. Allerdings gilt auch Vorsicht beim DVD-Tipp, denn die Neuauflage von Universe Laser enthält weniger Bonusmaterial als der erste Print des Labels von 1999.

DVD-Tipp: **King Of Comedy*** [HK]

* Vertrieb: Universe Laser, VÖ: 1. Juli 1999

110

Jackie Chan: My Stunts

1999

alt. Titel: *Jackie Chan – My Stunts*

Dokumentation (Filmografie, Filmtechnik, -tricks, -geschichte) | Hongkong | 1998-1999 | V

In der zweiten offiziellen Jackie-Chan-Doku enthüllt dieser seine Tricks vor der Kamera, besucht alte Drehorte seiner Filme und stellt mit seinem Stuntteam gefährliche Stunts nach. Ein 1A-Einblick in die Arbeit des legendären Jackie Chans.

mit Jackie Chan, Ken Lo, Bradley James Allan, Anthony Carpio, Mars, Andy Cheng ...
BUCH: Bey Logan
REGIE: Jackie Chan
PRODUKTION: Jackie Chan, Willie Chan, Bey Logan, Thomas Chung, Solon So ...

JACKIES BEITRAG: er selbst (Hauptrolle), Regisseur, Produzent

Sprache / Ton	Bild / Format	Spieldauer
Kantonesisch, Englisch, Mandarin Dolby Digital	Farbe / 1.33:1	93:20 Min. (*uncut*) ¬ 96:11 Min. (*uncut*, HK-Fassung)

Erstveröffentlichungen
Hongkong: 30. März 1999
Deutschland: 28. Juni 1999
(Nominierungen: 0 | Auszeichnungen: 0)

Nach »Jackie Chan: My Story« (1998), worin es vor allem um Jackies Leben geht, wird in »Jackie Chan: My Stunts« das Augenmerk auf seine Filme, Kämpfe, Stunts und Filmtricks gelegt. Als wahrer Fan fühlt man bei den einzelnen Erklärungen mit, ist begeistert über die Darstellungen und das Wiedersehen der alten Drehorte von »Police Story« (1985). Die deutsche DVD wird nicht mehr hergestellt und ist kaum noch neuwertig erhältlich. Auch für diese Doku wurden Interviews zusätzlich auf Chinesisch gefilmt und damit die Hongkong-Fassung gefüttert. Diese beinhaltet seltsamerweise nicht die Szene mit Jackies sogenannter Wand der Ideen – vielleicht aus Aberglaube oder Schutz vor Nachahmern in Asien. Beide Fassungen gibt es zum Beispiel auf der Hongkong-DVD von Mega Star.

DVD-Tipp: **Jackie Chan – My Stunts*** [BRD]

* Vertrieb: Splendid Film, VÖ: 28. Juni 1999

111

Gen-X Cops

1999

Originaltitel: *Dak Ging San Yan Lui*

Action-Thriller (Tragikomödie) | Hongkong, Singapur, USA | 1998-1999 | K

Die sogenannten Generation-X-Cops ist eine Spezialeinheit der Hongkonger Polizei, bestehend aus vier jungen, extrem gut ausgebildeten Polizisten. Als eine Ladung Sprengstoff gestohlen wird, soll die Einheit den Komplott aufdecken und sich in ein internationales Verbrechersyndikat einschleusen. Die Zeit drängt, als sie herausfinden, dass der japanische Boss ganz Hongkong zerstören will.

mit Nicholas Tse, Stephen Fung, Sam Lee, Daniel Wu, Grace Yip, Gordon Lam ...
BUCH: Benny Chan, Peter Tsi, Koan Hui On, Anna Lee Yee-Wa
REGIE: Benny Chan
PRODUKTION: John Chong Ching, Solon So, Benny Chan, Jackie Chan, Willie Chan ...
ACTION DIRECTOR: Nicky Li Chung-Chi

JACKIES BEITRAG: Gastauftritt, Produzent, Präsentator

Sprache / Ton	**Bild / Format**	**Spieldauer**
Kantonesisch, Englisch, Japanisch Dolby Digital	Farbe / 2.35:1 35 mm (Arriscope, Hawk & Kowa Scope; anamorph)	108:33 Min. (*uncut*) ¬

Erstveröffentlichungen
Hongkong: 18. Juni 1999
Deutschland: 3. Februar 2004 (V-DVD)
(Nominierungen: 7 | Auszeichnungen: 0)

»Jackie Chan's neue Action-Generation« – so lautet der starke Werbeslogan auf der deutschen DVD. In der Tat ist die Hauptbesetzung dieses Action-Thrillers sehr jung, dafür aber auch sehr leistungsfähig. Jackie Chan agierte bei diesem 30 Millionen HK-Dollar teuren Film als ausführender Produzent und hat einen kleinen Gastauftritt als armer Fischer, um die Popularität des Streifens zu stärken. Ebenso präsentiert er »Gen-X Cops« stolz dem weltweiten Publikum. Leider blieb der große Erfolg aus; der Film nahm 15.631.989 HK-Dollar ein – nur die Hälfte seiner Produktionskosten. Doch das Potenzial wurde mit einer Fortsetzung ausgebaut. »Gen-X Cops« legte den Grundstein einer neuen Generation Hongkonger Jungschauspieler wie Nicholas Tse, Daniel Wu und Stephen Fung. Zwei Tauchszenen wurden im Ausland gedreht, ansonsten ist der Film eine reine Hongkong-Produktion.

DVD-Tipp: **Gen-X Cops**[*] [BRD]

[*] Vertrieb: Highlight, VÖ: 6. Mai 2004

112

Dragon Heat

1999

alt. Titel: *Dragon Fire*
Originaltitel: *Lung Feng*

Experimentalfilm (Tragikomödie, Drama) | Hongkong, China, Japan | 1999 | K

Hongkong, eine neue, junge Generation von Filmemachern kündigt sich an. Eric Kots Experimentalfilm enthält alle populären Stars der Millionenmetropole – gewollt und ungewollt. Die recht bizarr ausfallende wie gewöhnungsbedürftige Schnitttechnik, die tragikomische Erzählstruktur und die originellen Ideen lassen »Dragon Heat« zu einem außergewöhnlichen und mysteriösen Drama werden, in dem eine junge Frau auf ihrer ganz persönlichen Suche ist – und das man gesehen haben muss.

mit Ekin Cheng, Shu Qi, Anita Yuen, Julian Cheung, Karen Mok, Jacky Cheung ...
BUCH: Eric Kot
REGIE: Eric Kot
PRODUKTION: Eric Kot
MUSIK: Zetima

JACKIES BEITRAG: er selbst

Sprache / Ton	Bild / Format	Spieldauer
Englisch, Japanisch, Mandarin Dolby Surround	Farbe / 1.85:1	71:42 Min. (*uncut*) ¬

Erstveröffentlichungen
Japan: 7. August 1999
Hongkong: unbekannt
(Nominierungen: 0 | Auszeichnungen: 0)

Eric Kots Experimentalfilm zur Jahrtausendwende ist auf den ersten Blick schwer zu verstehen – es ist nicht gewollt, dass man großartig nachdenkt. Er widmet seinen Film den Médicins Sans Frontières mit dem Satz »They are the most beautiful faces in my dragon heart.« (wörtl. übersetzt: »Sie sind die schönsten Gesichter in meinem Drachenherz.«), der im Abspann erscheint. Er leitet danach zu der »dunklen Seite seines Drachenherzes« ein: Mitglieder des Filmteams werden vor der Kamera mit Filmeffekten erschossen, während im Hintergrund entspannte Musik läuft. Jackie ist zusammen mit Willie Chan in weniger als drei Sekunden zu sehen. Beide sitzen an einem Tisch während einer Galafeier, die die Figuren im Film terrorisieren wollen. So gesehen sind es die bisher einzigen »Privataufnahmen« Jackies in einem Film.

DVD-Tipp: **Dragon Heat**[*] [HK]

* Vertrieb: Sun Power Production Co., VÖ: 11. Oktober 2001

113

Tempting Heart

1999

Originaltitel: *Sam Dung*

Drama (Romanze, Tragikomödie) | Hongkong | 1999 | K

Die sympathische Hongkong-Regisseurin Cheryl engagiert einen jungen Drehbuchautoren, der ihr neues Projekt festhalten und ihn Szene setzen soll. Ihr Film basiert auf ihrer ersten wahren Liebe, und so durchlebt sie die Erinnerungen während des Erzählens noch einmal: Ho-Jun ist ein schüchterner junger Mann, der lieber Gitarre spielt, anstatt zur Schule zu gehen. Durch einen glücklichen Zusammenstoß verliebt sich die junge Sheo-Rou in Ho-Jun und die Romanze beginnt. Doch als Sheo-Rous Mutter herausfindet, dass das Liebespaar heimlich eine Nacht zusammen verbracht hat, tauchen ungeahnte Schwierigkeiten auf.

mit Takeshi Kaneshiro, Gigi Leung, Karen Mok, William So, Sylvia Chang Ai-Chia...
BUCH: Sylvia Chang Ai-Chia, Cat Kwan Ho-Ming
REGIE: Sylvia Chang Ai-Chia
PRODUKTION: John Chong Ching, Solon So
SCHNITT: Eric Kwong Chi-Leung

JACKIES BEITRAG: Präsentator

Sprache / Ton	Bild / Format	Spieldauer
Kantonesisch Dolby Digital	Farbe / 1.85:1 35 mm	114:03 Min. (*uncut*) ¬

Erstveröffentlichungen
Kanada: 12. September 1999 (TIFF)
Hongkong: 23. September 1999
(Nominierungen: 13 | Auszeichnungen: 2)

Erfolgsregisseurin Sylvia Chang schuf mit dem Film »Tempting Heart« eine viel prämierte, tragische Romanze, die unter die Haut geht. Sie hielt Takeshi Kaneshiro für viel zu gutaussehend, sodass sie den Maskenbildnern anordnete, ihm einige künstliche Pickel ins Gesicht zu setzen, damit die Figur realistischer wirke. Jackie präsentiert zusammen mit Media Asia Films diesen Film, der im Westen bisher – außer auf Filmfestspielen – leider keinen Anklang fand, doch unter Kennern als asiatischer Geheimtipp des Genres angesehen wird. Die DVD aus Hongkong wird nicht mehr hergestellt, sodass rare Restbestände herhalten müssen oder alternativ zur Taiwan-DVD gegriffen werden muss. Die chinesische DVD ist hingegen über 20 Minuten geschnitten.

DVD-Tipp: **Tempting Heart**[*] [HK]

* Vertrieb: Universe Laser, VÖ: 1. Februar 2000

114

Purple Storm

1999

dt. Titel: *Purple Storm – Ein Tödlicher Auftrag / Anti Terror Force*
Originaltitel: *Zi Yu Feng Bao*

Action-Thriller (Sci-Fi) | Hongkong | 1999 | K

Eine terroristische Vereinigung der kambodschanischen Khmer führt unter der Leitung des Bosses Soong eine Operation, bei der eine Frachtercrew ermordet wird. Die Antiterroreinheit ATF aus Hongkong nimmt sich der Sache an und befragt einen Augenzeugen, der sich an nichts erinnern kann. Als sich herausstellt, dass er Teil der Terroristengruppe ist, will das ATF ihn bei Soong einschleusen, um ihn so hochzunehmen. Doch langsam kehrt Todds Gedächtnis wieder zurück …

mit Daniel Wu, Kam Kwok-Leung, Emil Chow, Josie Ho, Joan Chen, Patrick Tam …
Buch: Jojo Hui Yuet-Chun, Clarence Yip Wai-Chung, Aubrey Lam Oi-Wa
Regie: Teddy Chen Tak-Sum
Produktion: John Chong Ching, Solon So
Action Director: Stephen Tung Wai

Jackies Beitrag: Präsentator

Sprache / Ton	**Bild / Format**	**Spieldauer**
Mandarin, Kantonesisch, Khmer Dolby Digital	Farbe / 1.85:1 35 mm (Spherical)	109:03 Min. (*uncut*) ¬

Erstveröffentlichungen
Hongkong: 25. November 1999
Deutschland: 21. Januar 2003 (V+K-DVD)
(Nominierungen: 10 | Auszeichnungen: 10)

Im Rahmen der neuen, jungen Action-Generation präsentiert Jackie Chan auch diesen hochkarätigen und teuren Action-Thriller von Media Asia Films aus Hongkong, der mit US-amerikanischer Handlungs- und Charakterbildung sowie westlich inspirierten Spannungsbögen geprägt, dank der chinesischen Methode des Filmemachens aber dramatischer beim Publikum angekommen ist. Die lokalen Einnahmen belaufen sich auf stolze 10.112.592 HK-Dollar.

DVD-Tipp: **Purple Storm**[*] [BRD]

* Vertrieb: M.I.B., VÖ: 21. Januar 2003

115

Shanghai Noon

2000

dt. Titel: *Shang-High Noon*

Abenteuer-Komödie (Western, Action, Drama) | USA, Hongkong, Kanada, China | 1999-2000 | K

Im Jahr 1881 erhält der chinesische Gardist Chon Wang den Auftrag, Prinzessin Pei Pei aus den Fängen ihres Kidnappers aus Amerika zurück nach China zu bringen. In der neuen Welt angekommen, muss er sich gegen Cowboys, Indianer und sonstige Halunken zur Wehr setzen – zum Glück lernt er den Outlaw Roy kennen.

mit Jackie Chan, Owen Wilson, Lucy Liu, Brandon Merrill, Roger Yuan ...
BUCH: Miles Millar, Alfred Gough
REGIE: Tom Dey
PRODUKTION: Gary Barber, Roger Birnbaum, Jonathan Glickman, Jackie Chan ...
MUSIK: Randy Edelman

JACKIES BEITRAG: Hauptrolle, Produzent, Action Director, Stuntkoordinator

Sprache / Ton	Bild / Format	Spieldauer
Englisch, Mandarin, Sioux, Spanisch DTS, Dolby Digital, SDDS	Farbe / 2.35:1 35 mm (Panavision, anamorph)	110:18 Min. (*uncut*) ¬

Erstveröffentlichungen
Malaysia: 19. Mai 2000
USA: 23. Mai 2000
Deutschland: 19. Oktober 2000
(Nominierungen: 7 | Auszeichnungen: 1)

Mit »Shanghai Noon« hat sich Jackie seinen Lebenstraum erfüllt, einmal ein echter Cowboy zu sein. Bereits Mitte der 90er wollte er ein ähnliches Drehbuch unter dem Wunschtitel »The Lion Goes West« angehen. Der Film kostete 55 Millionen US-Dollar und spielte weltweit 99.274.467 US-Dollar ein. Jackie schrieb den Rohentwurf nach seiner 90er-Jahre-Idee des Drehbuchs selbst; der Titel lautete erst »West, West«. Regisseur Tom Dey wollte einen Drunken-Master-Kampf einbauen, als Jackies Figur betrunken ist. Die Zeit war jedoch zu knapp für eine Choreografie, stattdessen sieht man Jackie wie in »Drunken Master II« (1994) Blasen mit dem Mund machen. Der Dreh fand vom 25. Mai 1999 bis zum 20. August 1999 statt und begann mit der Kampfszene im Wald gegen die Indianer. Yuen Biao arbeitete hier als Stuntman und Stuntkoordinator mit. Sean Connerys Sohn Jason Connery hat einen Gastaufritt.

BD-Tipp: **Shang-High Noon**[*] [BRD]

[*] Vertrieb: Constantin Film, VÖ: 5. Februar 2009

116

Who Is Albert Woo?

2000

Dokumentation (Gesellschaft, Unterhaltung) | Kanada, USA, China | 2000 | K

Die Frage »Wer oder was ist der typische asiatische Mann?« beschäftigte den Filmemacher Hunt Hoe so sehr, dass er in dieser Dokumentation versucht, der Frage mithilfe von asiatischen Persönlichkeiten auf den Grund zu gehen. Ist es der Kung-Fu-Killer oder doch der Yo-Yo-Clown? Der musikalische Pianist oder der intelligente Mathematiker? Wie und wo positioniert sich der moderne asiatische Mann in der globalisierten Welt nach dem Millennium?

mit Dr. Mohan Agashe, Jackie Chan, Salman Hussein, Girish Bansal, Ming Lee ...
Buch: Hunt Hoe, David Sobelman
Regie: Hunt Hoe
Produktion: Germaine Ying Gee-Wong
Schnitt: Marlene Millar, Alfonso Peccia

Jackies Beitrag: er selbst

Sprache / Ton	**Bild / Format**	**Spieldauer**
Englisch Dolby SR	Farbe / 1.33:1 35 mm	51:56 Min. (*uncut*)

Erstveröffentlichungen
Kanada: 22. September 2000 (VIFF)
(Nominierungen: 0 | Auszeichnungen: 2)

Mit seinem Film »Foreign Ghosts« (1998) hatte Regisseur Hunt Hoe bleibenden Eindruck hinterlassen. Nachdem eine befreundete Produzentin den Film sah, identifizierte sie sich teilweise mit der Figur des Albert, gespielt vom Regisseur selbst. Die beiden sprachen öfter über das Thema Identifikation und gesellschaftliche Stände der Asiaten. So entwickelte Hunt Hoe mit der Zeit die Idee zu dieser prämierten Dokumentation, die 2001 den Golden Sheaf Award für die beste Dokumentation auf dem Yorkton Film Festival und 2003 den Honourable Mention Award des Anchorage International Film Festival gewann. Gedreht wurde die Doku bereits 2000, ging dann auf Festivaltour, bevor sie ihre TV-Premiere im kanadischen Fernsehen auf TVOntario am 14.03.2001 fand. Leider ist sie weltweit nicht käuflich zu erwerben; auf YouTube lässt sie sich dennoch von Zeit zu Zeit wiederfinden. Jackie Chan sieht man hier in exklusiven Aufnahmen. Die Daten wurden dank Rücksprache des National Film Board of Canada (NFB) exklusiv bestätigt (51:44 Min. Lauflänge ohne NFB-Intro).

Tipp: **leider nicht möglich**

117

Gen-Y Cops

2000

alt. Titel: *Gen-X Cops 2 / Metal Mayhem*
Originaltitel: *Te Jing Xin Ren Lei 2*

Action-Thriller (Sci-Fi, Komödie) | Hongkong | 1999-2000 | K

Ein neuer Kampfroboter mit dem Namen RS 1 wird auf der weltgrößten Robotershow vorgestellt. Die Eliteeinheit der Hongkonger Polizei, die Gen-Y Cops, sollen die neue Technik bewachen. Trotz aller Sicherheitsvorkehrungen wird die Maschine am Abend zuvor von Terroristen umprogrammiert – ganz Hongkong schwebt in Gefahr.

mit Edison Chen, Stephen Fung, Sam Lee, Richard Sun, Maggie Q, Anthony Wong ...
BUCH: Chan Kiu-Ying, Felix Chong Man-Keung, Bey Logan
REGIE: Benny Chan
PRODUKTION: Thomas Chung, John Chong Ching, Solon So, Benny Chan
ACTION DIRECTOR: Nicky Li Chung-Chi

JACKIES BEITRAG: Präsentator

Sprache / Ton	Bild / Format	Spieldauer
Kantonesisch, Englisch Dolby Digital	Farbe / 2.35:1 35 mm (Panavision, anamorph)	105:09 Min. (*uncut*) ¬

Erstveröffentlichungen
Hongkong: 14. Dezember 2000
Deutschland: 15. April 2004 (V-DVD)
(Nominierungen: 4 | Auszeichnungen: 0)

Der Nachfolger von »Gen-X Cops« (1999) ist beladen mit noch mehr Technik und noch viel reicher an geballter Action. Jackie präsentiert diese erfolgreiche Regent-Entertainment-Produktion (sein bester Freund Willie Chan war als ausführender Produzent verantwortlich, Bey Logan für die englischsprachigen Dialoge), die Mitte Januar 2001 nach einem Monat in den Hongkonger Kinos 11.912.461 HK-Dollar einnahm. Die deutsche Filmfassung scheint ungeschnitten zu sein; auf der Splendid-DVD findet sich leider nicht der Originalton. Aus diesem Grund ist noch die sehr günstige DVD von Mega Star oder Xin Sheng Dai zu empfehlen – im Film wird über 80 % Englisch gesprochen.

DVD-Tipp: **Gen-Y Cops**[*] [BRD]

* Vertrieb: Splendid Film, VÖ: 24. Mai 2004

118

The Accidental Spy

2001

dt. Titel: *Spion Wider Willen*
Originaltitel: *Dak Miu Mai Shing*

Action-Komödie (Thriller, Abenteuer, Drama) | Hongkong, Türkei, Südkorea | 2000 | K

Jackie ist ein leidenschaftlicher Verkäufer in einem Sportgeschäft und führt ein normales Leben. Als er eines Tages Besuch von einem Erbverwalter bekommt, will dieser ihm erklären, dass er der längst vermisste Sohn eines im Sterben liegenden Koreaners ist. Jackie besucht seinen ihm unbekannten Vater, erhält sein Erbe, und damit beginnen die ganzen Probleme, die ihn um den halben Globus führen.

mit Jackie Chan, Eric Tsang, Vivian Hsu, Kim Min-Jeong, Wu Hsing-Guo ...
Buch: Ivy Ho
Regie: Teddy Chen Tak-Sum
Produktion: Jackie Chan
Action Director: Stephen Tung Wai, *Sing Ga Ban*, Sam Wong Ming-Sing

Jackies Beitrag: Hauptrolle, Produzent, Stuntkoordinator

Sprache / Ton	Bild / Format	Spieldauer
Kantonesisch, Mandarin, Englisch, Koreanisch, Französisch, Türkisch Dolby Digital	Farbe / 2.35:1 35 mm (Technovision, anamorph)	83:44 Min. (*uncut*) ¬ 105:52 Min. (*uncut*, malaysische Fassung) 107:42 Min. (*uncut*, HK-Fassung)

Erstveröffentlichungen
Hongkong: 18. Januar 2001
Deutschland: 27. August 2002 (V-DVD)
(Nominierungen: 3 | Auszeichnungen: 2)

Mit 30.009.076 HK-Dollar Einnahmen war »The Accidental Spy« die drittgrößte Hongkong-Produktion des Jahres 2001. Der Film ist keine typische Action-Komödie, sondern gründet auf einer dramatischen Geschichte mit manchen humoristischen Szenen (wie z.B. eine Kampfszene, die Jackie völlig nackt – vermutlich aber in einem hautfarbenen Tanga – drehte). Die internationale Fassung ist stark geschnitten und hierzulande noch nicht um die anderen Fassungen ergänzt erschienen; nur die Hongkong-DVD von Universe ist wirklich zu empfehlen. Die malaysische Fassung ist sogar noch über fünf Minuten länger, dafür aber in einer anderen Szene stark gekürzt.

DVD-Tipp: **Spion Wider Willen*** [HK]

* Vertrieb: Highlight, VÖ: 7. November 2002

Rush Hour 2

Action-Komödie (Thriller) | USA, Hongkong | 2000-2001 | K

Nach ihrem Einsatz in den USA, reisen die beiden Kumpels Lee und Carter nach Hongkong. Dort will Carter Urlaub machen, doch Lee ist hinter einem neuen Fall her, nachdem eine Bombe im Polizeirevier explodiert. Beide Polizisten glauben, der andere sei dabei gestorben und gehen ihre Rache eigeninitiativ an.

mit Jackie Chan, Chris Tucker, John Lone, Zhang Ziyi, Roselyn Sanchez, Alan King ...
BUCH: Jeff Nathanson, Ross LaManna
REGIE: Brett Ratner
PRODUKTION: Roger Birnbaum, Jonathan Glickman, Arthur M. Sarkissian ...
MUSIK: Lalo Schifrin

JACKIES BEITRAG: Hauptrolle, Action Director, Stuntkoordinator

Sprache / Ton	Bild / Format	Spieldauer
Englisch, Mandarin, Kantonesisch Dolby Digital, SDDS, DTS	Farbe / 2.35:1 35 mm (Panavision, anamorph)	90:07 Min. (*uncut*) ¬

Erstveröffentlichungen
USA: 26. Juli 2001 (Premiere)
Deutschland: 7. Februar 2002
(Nominierungen: 22 | Auszeichnungen: 10)

Der Film hatte auf einem Flug von Los Angeles nach Hongkong Premiere. Im finalen Stunt fand auf den Straßen zufällig eine reale Autoverfolgungsjagd statt, bei der aber niemand verletzt wurde. Mit insgesamt 347.325.802 US-Dollar Umsatz entwickelte sich die 90-Millionen-Dollar-Produktion zum elft erfolgreichsten Film des Jahres 2001 und zum erfolgreichsten Martial-Arts-Film überhaupt. Jackies (angebliche) Lieblingszahl 32 spielt mehrmals eine versteckte Rolle, wie zum Beispiel auf dem Kennzeichen der Gangsterlimousine, die übrigens einem echten Gangsterboss gehörte; Brett Ratner nannte ihn einfach nur Nummer 9, weil er seine wahre Identität nicht kennen durfte. Der chinesische Karaokedarsteller in der Bar wurde eigentlich nur als Jackie Chans Stand-In für die Proben angeheuert. Als sie aber jemanden für diese Szene casteten, hatte er alle am Set von seinen Karaokekünsten überzeugt, sodass sie ihm einen Auftritt auf den Leib schrieben.

BD-Tipp: **Rush Hour 2**[*] [BRD]

[*] Vertrieb: Warner Home Video, VÖ: 15. Oktober 2015

120 | **The Tuxedo** | 2002

dt. Titel: *The Tuxedo – Gefahr Im Anzug*
Arbeitstitel: *T.U.X. / Tux-1*

Action-Komödie (Sci-Fi, Thriller) | USA, Kanada | 2001-2002 | K

Durch Zufall gerät der Taxifahrer Jimmy Tong an einen Chauffeursjob für einen Milliardär, der zuhause einen superintelligenten Anzug aufbewahrt. Als Jimmy den Luxuszwirn anprobiert, verwandelt er sich in einen Top-Agenten, und gleich muss er mit einer Partnerin einen Spionagering aufdecken.

mit Jackie Chan, Jennifer Love Hewitt, Jason Isaacs, Debi Mazar, Ritchie Coster ...
BUCH: Phil Hay, Matt Manfredi, Michael J. Wilson, Michael Leeson
REGIE: Kevin Donovan
PRODUKTION: Adam Schroeder, John H. Wiliams, Willie Chan, Solon So ...
MUSIK: Christophe Beck, John Debney

JACKIES BEITRAG: Hauptrolle

Sprache / Ton	Bild / Format	Spieldauer
Englisch, Kantonesisch DTS, Dolby Digital, SDDS	Farbe / 1.85:1 35 mm (Spherical)	94:42 Min. (*uncut*) ¬

Erstveröffentlichungen
USA: 19. September 2002 (Premiere)
Deutschland: 5. Dezember 2002
(Nominierungen: 1 | Auszeichnungen: 2)

Ein Budget von 60 Millionen und ein Einspielergebnis von 104.391.623 US-Dollar – »The Tuxedo« war kein sehr großer Erfolg für die Produktionsfirma DreamWorks Pictures. Die Abkürzung TUX steht übrigens für Tactical Uniform eXperiment (wörtl.: taktisches Uniformexperiment). Neben einem Gastauftritt James Browns – Jackie gibt sein Gesangstalent hier auch zum Besten – gibt der Film nicht wirklich viel Großartiges her: nette Geschichte, einige gute Witze und leider zu wenig Jackie Chan. »The Tuxedo« entpuppte sich schnell als einer der weniger guten in den USA produzierten Chan-Filme. Der Soundtrack glänzt jedoch mit vielen digital erzeugten Liedern, die unterhaltsam sind und den Streifen etwas aufpeppen. Gedreht wurde der Film übrigens nur in Kanada vom 10. September 2001 bis Mitte Januar 2002.

DVD-Tipp: **The Tuxedo – Gefahr Im Anzug*** [BRD]

* Vertrieb: Universal / DreamWorks, VÖ: 17. Juli 2003

121

Jackie Chan's Hong Kong

2002

dt. Titel: *Jackie Chan's Hongkong - Städtereisen*

Dokumentation (Geografie, Reisen, Geschichte) | Hongkong, USA | 2001-2002 | V

Hongkong, die Stadt des Lebens. Hier steht die Zeit niemals still und hier trifft sich die Kultur des Westens mit der des Ostens. Superstar und berühmtestes Kind der Metropole Jackie Chan präsentiert in dieser exklusiven Dokumentation das Leben in der Millionenstadt, führt die Zuschauer an viele sehenswürdige Orte und gibt Tipps rund ums Essen, Wohnen, Einkaufen u. v. m.

mit Jackie Chan (Gastgeber) ...
BUCH: Margy Sweeney
REGIE: Justin Wickham
PRODUKTION: *Creative Media Prodcutions* für *The Travel Channel*, Gerry Easter ...
SCHNITT: Ben Stark, John Kirk

JACKIES BEITRAG: Gastgeber

Sprache / Ton	Bild / Format	Spieldauer
Englisch Dolby Digital	Farbe / 1.33:1	44:02 Min. (*uncut*) ¬

Erstveröffentlichungen
Australien: 8. September 2004 (K-DVD)
Deutschland: 16. Mai 2006 (K-DVD)
(Nominierungen: 0 | Auszeichnungen: 0)

Jackie Chan erklärte sich dazu bereit, diese Dokumentation für den Travel Channel zu drehen, da er aufgrund seiner Tätigkeit als Tourismusbotschafter Hongkongs so die breiteste Masse erreicht. Jahrelanger Kollege Solon So stand ihm dabei zur Seite. Die Dokumentation berichtet hauptsächlich über Hongkong, seine Anfänge, den Auf- und Umbau und die frühere Wirtschaftslage. Aber auch Fans von Jackie Chan kommen auf ihre Kosten. Nicht nur, dass er die Zuschauer persönlich durch seine Stadt herumführt, man erfährt auch einiges Interessantes über Jackies frühes Leben in Hongkong und fühlt sich in der Zeit zurückversetzt. Der Film erschien zwar in Deutschland mit einer deutschen Tonspur, jedoch ist diese DVD-Version leider nicht zu empfehlen – sie ist geschnitten! Auch ist die deutsche Synchronisation nicht das Wahre, darum sollte man bei Magna Pacific nach der ungeschnittenen Original-DVD anfragen.

DVD-Tipp: **Jackie Chan's Hong Kong*** [AUS]

* Vertrieb: Magna Pacific, VÖ: 8. September 2004

122 | **Shanghai Knights** | 2003

Arbeitstitel: *Shanghai Noon 2*

Abenteuer-Komödie (Action, Drama, Western) | USA, Tschechien, Kanada, ... | 2002 | K

Nach ihrem ersten Abenteuer im Wilden Westen verschlägt es die beiden ungleichen Freunde Chon Wang und Roy O'Bannon auf der Suche nach Wangs Vater nach London. Auch Wangs Schwester Lin will Rache üben, und der vermeintliche Frauenheld Roy verliebt sich in sie. Zusammen finden die drei heraus, dass eine große Verschwörung rund um die kaiserliche Familie in Gange ist.

mit Jackie Chan, Owen Wilson, Fann Wong, Aidan Gillen, Donnie Yen, Tom Fisher ...
Buch: Alfred Gough, Miles Millar
Regie: David Dobkin
Produktion: Gary Barber, Roger Birnbaum, Jonathan Glickman, Jackie Chan ...
Action Director: Jackie Chan, Bradley James Allan, Nicky Li Chung-Chi

Jackies Beitrag: Hauptrolle, Produzent, Action Director, Stuntkoordinator

Sprache / Ton	Bild / Format	Spieldauer
Englisch, Mandarin DTS, Dolby Digital, SDDS	Farbe / 2.35:1 35 mm (Panavision, anamorph)	114:21 Min. (*uncut*) ¬

Erstveröffentlichungen
Malaysia: 30. Januar 2003 (Premiere)
USA: 3. Februar 2003 (Premiere)
Deutschland: 25. Dezember 2003
(Nominierungen: 4 | Auszeichnungen: 0)

»Shanghai Knights« war leider kein großer Erfolg: das Budget von 50 Millionen US-Dollar wurde nur mit 88.323.487 US-Dollar weltweit entlohnt. Trotzdem beinhaltet der Film viel Gutes. Zum Beispiel den allerersten Kampf zwischen Jackie und Donnie Yen, auch wenn sich Fans mehr von diesem Aufeinandertreffen versprachen. Außerdem bietet er viele unterschiedliche Hommagen an alte Filme, Musik und Schauspieler. Jackie Chan wählte den Regisseur, David Dobkin, persönlich aus. Die Turmuhr-Szene aus »Project A« (1983) wurde zusammen mit Owen Wilson am Tower von Big Ben neu in Szene gesetzt, dieses Mal aber vor einem Green Screen in sicherer Fallhöhe und an Seilen. Gerüchte über einen dritten Teil namens »Shanghai Dawn« existieren bereits seit 2003 laut Mundpropaganda und wurden vor kurzem erst wieder aufgewärmt. Gedreht wurde übrigens recht lange vom 4. Februar bis zum 21. Juni 2002.

BD-Tipp: **Shanghai Knights*** [BRD]

* Vertrieb: Universum Film, VÖ: 30. Juli 2010

123 **Traces Of A Dragon: Jackie Chan & His Lost Family** 2003

dt. Titel: *Traces Of A Dragon: Jackie Chan Auf Den Spuren Seiner Verlorenen Familie*
Originaltitel: *Long De Shen Chu: Shi Luo De Pin Tu*

Dokumentation (Autobiografie, Geschichte) | Hongkong | 1999/2001-2003 | K

Sein Leben lang glaubte Jackie Chan, der einzige Sohn einer hart arbeitenden Familie zu sein: sein Vater war Koch und seine Mutter Haushälterin. Doch eines Tages setzten sich Jackie und sein Vater Charles Chan zusammen, und er offenbarte seinem Sohn, dass er noch Halbgeschwister auf dem chinesischen Festland habe. Diese Dokumentation nimmt Fans mit auf die Spuren Jackie Chans zu seinen wahren Wurzeln.

mit Jackie Chan, Fang Shi-De, Fang Shi-Sheng, Chan Yu-Lan, Chan Gui-Lan ...
RECHERCHEN: Wang Biao, Cheung Wing-Hung, Henry Ng, Heman Peng
REGIE: Mabel Cheung Yuen-Ting
PRODUKTION: Willie Chan, Solo So
ERZÄHLER: Ti Lung

JACKIES BEITRAG: er selbst

Sprache / Ton	Bild / Format	Spieldauer
Kantonesisch Dolby SR	Farbe / 1.85:1 35 mm (Spherical)	94:37 Min. (*uncut*) ¬

Erstveröffentlichungen
Frankreich: 16. Mai 2003 (Internationale Filmfestspiele von Cannes)
Deutschland: 29. August 2005 (K-DVD)
(Nominierungen: 1 | Auszeichnungen: 0)

Eine unglaubliche Dokumentation, die unter die Haut geht. Anhand seines und des Schicksals seiner Familie zeigt Jackie auf, wie es Abertausenden Chinesen ohne greifbare Wurzeln heutzutage ergeht. Informationen, die man nirgends sonst bekommen kann, findet man hier: Jackie Chan müsste z. B. streng genommen Jackie Fang heißen. Die Dokumentation war eigentlich schon 1999 unter dem Arbeitstitel »Jackie Chan: My Story 2« geplant, doch aufgrund der kulturellen Thematik sensibler verfilmt. Dies ist auch der Grund, warum der Film seine Premiere auf den Cannes-Filmfestspielen fand und beim Publikum hervorragend ankam. Im Original erzählt Schauspiellegende Ti Lung, der Jackies Vater in »Drunken Master II« (1994) spielte – dort das erste und einzige Mal zusammen vor der Kamera –, diese ergreifende Geschichte.

DVD-Tipp: **Traces Of A Dragon: Jackie Chan Auf Den Spuren Seiner Verlorenen Familie*** [BRD]

* Vertrieb: UFA, VÖ: 29. August 2005

124 | 2003

The Twins Effect

US-Titel: *Vampire Effect*
Originaltitel: *Chin Gei Bin*

Horror-Action-Komödie (Fantasy, Abenteuer) | Hongkong | 2002-2003 | K

Reeve ist Vampirjäger und säubert die Welt von den blutsaugenden Geschöpfen. Sein Erzfeind Duke will ein neues dunkles Zeitalter einläuten. Das einzige, was ihm dazu noch fehlt, ist das Blut des Vampirprinzen Kazaf. Und so wird es ein Wettlauf gegen die Zeit zwischen den Teams der dunklen und der hellen Seite der Welt.

mit Gillian Chung, Charlene Choi, Ekin Cheng, Josie Ho, Jackie Chan, Edison Chen ...
BUCH: Chan Hing-Kar, Jack Ng Wai-Lun
REGIE: Dante Lam, Donnie Yen
PRODUKTION: Cheung Shing-Sheung
ACTION DIRECTOR: Donnie Yen

JACKIES BEITRAG: Gastauftritt

Sprache / Ton	Bild / Format	Spieldauer
Kantonesisch Dolby Digital	Farbe / 1.85:1 35 mm (Spherical)	102:16 Min. (*uncut*) ¬

Erstveröffentlichungen
Hongkong: 24. Juni 2003
Deutschland: 15. August 2004 (Fantasy Filmfest, Berlin)
(Nominierungen: 2 | Auszeichnungen: 10)

Der Film verdankt seinen Titel dem Cantopop-Duo Twins, das sich aus Gillian Chung und Charlene Choi, den Hauptdarstellerinnen, zusammensetzt. Gemeinsam mit Jackie Chan sangen sie das Titellied »Change! Change! Change!« für den Film. »The Twins Effect« war ein voller Erfolg in Hongkong, sodass eine zweite Twins-Produktion nicht lange auf sich warten ließ. Jackies Filmfigur ist übrigens äußerst witzig und unterhaltsam in Sachen Schauspiel, Kampf und Akrobatik, wird dennoch nur als Gastauftritt ausgelotet. Wo Donnie Yen in »Shanghai Knights« (2003) noch nach Jackies Pfeife kämpfen musste, ist dies hier umgekehrt, da Donnie Yen die meisten Kämpfe selbst choreografierte.

DVD-Tipp: **The Twins Effect*** [BRD]

* Vertrieb: Universal, VÖ: 30. November 2004

125

The Medallion

2003

dt. Titel: *Das Medaillon*
Arbeitstitel: *Highbinders*

Fantasy-Komödie (Action, Thriller) | Hongkong, Irland, Großbritannien, Thailand | 2001-2003 | K

Eddie Yang ist ein Cop aus Hongkong, der hinter einem mysteriösen Medaillon her ist. Seine britische Partnerin und Ex-Freundin soll ihm helfen, das Geheimnis um das Medaillon zu lüften und den dahintersteckenden Kriminellenring zu zerschlagen. Als Eddie stirbt, erfährt er am eigenen Leib, welche Kräfte im Medaillon stecken.

mit Jackie Chan, Anthony Wong, Christy Chung, Lee Evans, Claire Forlani ...
Buch: Alfred Cheung, Gordon Chan, Bey Logan, Paul Wheeler, Bennett Davlin
Regie: Gordon Chan
Produktion: Alfred Cheung, Jackie Chan, Willie Chan, Albert Yeung ...
Action Director: Sammo Hung

Jackies Beitrag: Hauptrolle, Produzent

Sprache / Ton	Bild / Format	Spieldauer
Englisch DTS, Dolby Digital, SDDS	Farbe / 2.35:1 35 mm (anamorph)	84:46 Min. (*uncut*) ¬

Erstveröffentlichungen
Hongkong: 15. August 2003
Deutschland: 23. Oktober 2003
(Nominierungen: 2 | Auszeichnungen: 0)

Eigentlich sollte der Film »Highbinders« heißen und von einer künstlich erzeugten Armee von sogenannten Highbinders, Extremisten, handeln. Doch er wurde so geschnitten, dass das Medaillon im Vordergrund steht – daher der neue Titel. Das Budget des Films betrug etwa 41 Millionen US-Dollar; er spielte weltweit nicht einmal 27 Millionen US-Dollar ein! Dies lag vor allem an den billig wirkenden CGI-Effekten und der Tatsache, dass man Jackie Chan wieder in eine westliche Filmfigur zwängte. Zudem wirkt der letztendliche Schnitt nicht flüssig, viele Szenen wurden gekürzt oder ganz weggelassen. Der ursprüngliche Regisseur Reginald Hudlin wollte Jackie so darstellen, wie seine Fans es eben nicht mögen, deshalb wurde er durch Gordon Chan ersetzt, der zu der Zeit Executive in Charge of Production war. Julian Sands, der Bösewicht, synchronisierte einige Male Valmont in der TV-Serie »Jackie Chan Adventures« (2000-2005).

DVD-Tipp: **Das Medaillon*** [BRD]

* Vertrieb: Columbia TriStar, VÖ: 6. April 2004

Jackie Chan: The Inside Story

Dokumentation | Hongkong, Großbritannien | 2002-2004 | TV

Diese Dokumentation beleuchtet Hintergründe des Hongkong-Kinos anhand von Jackie Chans einzigartiger Karriere. Dazu kommen eher unbekanntere Namen der Branche zu Wort und berichten über die lebende Legende. Ebenso erscheint Jackie selbst in diversen Interviews.

mit Jackie Chan, Lucy Liu, Mark Hamilton, Brett Ratner, Tim Wheeler ...
BUCH: John Quinn
REGIE: Nigel Levy, Martin Callanan
PRODUKTION: Keiko Hagihara Bang, Willie Chan, Solon So, Nigel Levy ...
ERZÄHLER: Gideon Coe

JACKIES BEITRAG: er selbst, Ko-Produzent

Sprache / Ton	Bild / Format	Spieldauer
Englisch Stereo	Farbe / 1.85:1	64:41 Min. (*uncut*)

Erstveröffentlichungen
Großbritannien: 7. April 2004
(Nominierungen: 0 | Auszeichnungen: 0)

Diese Dokumentation stellt eine Besonderheit in der Filmografie Jackie Chans dar. Eigentlich gehört sie in die separate Doku-Rubrik – warum steht sie dann hier? Ganz einfach: Seine Partner Willie Chan und Solon So waren als Produzenten der JC Group, dessen Schirmherr Jackie Chan höchstpersönlich ist, aktiv an der Mitgestaltung dieses Films beteiligt; Jackie selbst als (wahrscheinlich aus Imagegründen) namenloser ausführender Ko-Produzent. »Jackie Chan: The Inside Story« erlaubte dem Team um Nigel Levy, Jackie damals für einige Monate lang zu begleiten. Das Material wurde von den Filmfirmen North One Television und Bang Productions rund um die japanisch-amerikanische Produzentin Keiko Hagihara Bang, einer bedeutenden Dokumentarfilmerin aus und in Asien, für den britischen Fernsehsender Channel 5 produziert und erstmals in Großbritannien im TV ausgestrahlt. Eine deutsche Fassung dieser Doku existiert nicht. Allerdings enthält eine zeitgleich rund um dasselbe Team produzierte Doku gleiches Material, ergänzt um weitere Aufnahmen (s. # 132 »Crossings: Jackie Chan« (2004)).

Tipp: **leider nicht möglich**

127 | **Enter The Phoenix** | 2004

Enter The Phoenix

dt. Titel: *Enter The Phoenix*
Originaltitel: *Da Lao Ai Mei Li*

Tragikomödie (Action, Drama) | Hongkong | 2003-2004 | K

Als der mächtige Triadenboss Hung, eine Legende in Hongkong, im Sterben liegt, soll sein Sohn Georgie sein Erbe antreten. Doch Georgie ist schwul und so gar nicht an der Welt eines Gangsters interessiert. So springt Georgies Freund Sam ein und gibt sich als verschollener Sohn aus. Auf der Beerdigung von Hung eskaliert die Situation.

mit Daniel Wu, Eason Chan, Karen Mok, Law Kar-Ying, Chapman To, Yuen Biao ...
BUCH: Stephen Fung, Law Yiu-Fai, Helen To Yu-Fung
REGIE: Stephen Fung
PRODUKTION: Willie Chan, Solon So, Jackie Chan, Albert Yeung Sau-Shing
ACTION DIRECTOR: Ma Yuk-Sing

JACKIES BEITRAG: Gastauftritt, Produzent

Sprache / Ton	Bild / Format	Spieldauer
Kantonesisch Dolby Digital	Farbe / 1.78:1 35 mm (Super 35)	100:41 Min. (*uncut*) ¬

Erstveröffentlichungen
Hongkong: 8. April 2004
Deutschland: 20. April 2006 (V-DVD)
(Nominierungen: 0 | Auszeichnungen: 0)

Eine »JCE Movies Limited«-Produktion der neuen Generation Filmemacher, zu der Stephen Fung, Eason Chan und Daniel Wu gehören. Der Film hat solch einen Einfluss im Filmgeschäft hinterlassen, dass sogar ein US-Remake mit Owen Wilson und Jennifer Aniston geplant war! »Enter The Phoenix« rächt sich in gewisser Weise an den harten Triaden Hongkongs mit den übertriebenen Pointen und den witzigen Beziehungen der Figuren zueinander. In der Unterhaltungsbranche hatten diese schon immer recht großen Einfluss auf Produzenten, Regisseure und Schauspieler, welche oft – vor allem zwischen den 60er und 90er Jahren – dazu gezwungen wurden, Filme zu drehen. Auf der deutschen DVD befindet sich leider nicht der Originalton, daher sei an dieser Stelle zusätzlich auf die HK-DVD von Universe Laser verwiesen.

DVD-Tipp: **Enter The Phoenix**[*] [BRD]

* Vertrieb: e-m-s, VÖ: 20. April 2006

128 | 2004

Around The World In 80 Days

dt. Titel: *In 80 Tagen Um Die Welt*
alt. Schreibweise: *Around The World In Eighty Days*

Abenteuer-Komödie | USA, Deutschland, Irland, Großbritannien, ... | 2003-2004 | K

Der englische Erfinder Phileas Fogg wettet gegen die gesamte Lordschaft Großbritanniens, dass er in nur achtzig Tagen die Welt umrunden kann. Auf seiner abenteuerlichen Reise wird er von seinem treuen und schlagkräftigen Diener Passepartout sowie der hübschen Französin Monique begleitet. Schnell merken sie, dass ihnen jemand auf den Fersen ist. Foggs Wette steht auf dem Spiel.

mit Jackie Chan, Steve Coogan, Cécile De France, Ewen Bremner, Rob Schneider ...
BUCH: Jules Verne (Roman), David N. Titcher, David Benullo, David A. Goldstein
REGIE: Frank Coraci
PRODUKTION: Bill Badalato, Hal Lieberman, Jackie Chan, Willie Chan ...
ACTION DIRECTOR: Nicky Li Chung-Chi, Jackie Chan

JACKIES BEITRAG: Hauptrolle, Produzent, Action Director, Stuntkoordinator

Sprache / Ton	Bild / Format	Spieldauer
Englisch, Kantonesisch, Französisch, Deutsch, Hindi, Türkisch DTS, Dolby Digital, SDDS	Farbe / 2.35:1 35 mm (Super 35)	120:16 Min. (*uncut*) ¬

Erstveröffentlichungen
USA: 13. Juni 2004 (Premiere)
Deutschland: 23. Dezember 2004
(Nominierungen: 2 | Auszeichnungen: 2)

Der Film war mit 110 Millionen US-Dollar Budget und ca. 72 Millionen US-Dollar Umsatz ein Flop. Doch er hat großen Familienunterhaltungswert. Zum ersten Mal spielen hier Luke und Owen Wilson Filmbrüder und zum letzten Mal Schwarzenegger überhaupt in einem Film, bevor er Gouverneur wurde. Der größte Teil des Films wurde in Deutschland gedreht, in Berlin, Brandenburg und Sachsen, wozu im Vorfeld ein riesiges Statistencasting ins Leben gerufen wurde. Vor Ort in Berlin wurde Jackie auf bemalte Bärenskulpturen aufmerksam, die United Buddy Bears, die von der Künstlerin Eva Herlitz ins Leben gerufen wurden. Seit 2001 werden diese Skulpturen für wohltätige Zwecke versteigert. Jackie ließ sich in Berlin mit ihnen fotografieren und verhalf nach den Dreharbeiten dem Projekt in Hongkong zu Bekanntheit.

BD-Tipp: **In 80 Tagen Um Die Welt*** [BRD]

* Vertrieb: Universum Film, VÖ: 3. Dezember 2010

129

The Twins Effect II

2004

dt. Titel: *Die Chroniken Von Huadu – Blade Of The Rose*
Originaltitel: *Chin Gei Bin 2: Fa Doh Dai Jin*

Abenteuer-Komödie (Fantasy, Action) | Hongkong, China | 2003-2004 | K

Im Land Huadu regiert eine grausame Herrscherin und unterdrückt die Männer. Aus Angst vor einer alten Prophezeiung, die besagt, dass eines Tages ein junger Mann auf den Thron zurückkehren wird, will sie alle Kinder im Land töten lassen. Unter diesen harten Bedingungen finden die beiden Männer Wirrkopf und Klotzkopf eine sagenumwobene Schatztruhe, die sie auf eine gefährliche Reise schickt.

mit Gillian Chung, Charlene Choi, Jaycee Chan, Wilson Chen, Donnie Yen ...
BUCH: John Chan, Roy Szeto Wai-Cheuk, Peter Tsi, Lam Suet, Michelle Tsui
REGIE: Corey Yuen Kwai, Patrick Leung Pak-Kin
PRODUKTION: Albert Lee Nga-Bok, Zhao Jian-Guo
ACTION DIRECTOR: Corey Yuen Kwai, Guo Jian-Yong

JACKIES BEITRAG: Nebenrolle

Sprache / Ton	Bild / Format	Spieldauer
Kantonesisch Dolby Digital	Farbe / 1.85:1 35 mm (Spherical)	106:14 Min. (*uncut*) ¬

Erstveröffentlichungen
Hongkong: 12. August 2004
Deutschland: 9. Mai 2006 (V-DVD)
(Nominierungen: 4 | Auszeichnungen: 0)

»The Twins Effect II« ist eigentlich keine Fortsetzung des ersten Teils, er beinhaltet lediglich die beiden Hauptdarstellerinnen und bleibt dem Genre-Mix treu. Aus diesem Grund lautet der internationale Titel »The Huadu Chronicles: Blade Of The Rose«, der auch der eigentliche Arbeitstitel in Hongkong war. Jackies Sohn, Jaycee, feiert hier sein Leinwanddebüt. Gleichzeitig ist es der erste Film, in dem Vater und Sohn zusammen mitwirken – leider nicht in einer gemeinsamen Szene. Ein Highlight des Films: der Waffenkampf zwischen Donnie Yen und Jackie Chan! Mit der Blu-ray-Veröffentlichung in Deutschland hat Splendid den Titel auf den englischen Teil hinuntergebrochen; das darauf befindliche Material ist gleich der DVD-Version.

BD-Tipp: **Blade Of The Rose**[*] [BRD]

[*] Vertrieb: Splendid Film / Amasia, VÖ: 27. März 2015

130 · 2004

New Police Story

dt. Titel: *New Police Story*
Originaltitel: *Xin Jing Cha Gu Shi*

Action-Drama (Thriller) | Hongkong, China | 2003-2004 | K

Der Polizist Wing ist das Aushängeschild der Hongkonger Polizei, jeder kennt ihn, jeder will so sein wie er. Doch als eines Tages eine Bande jugendlicher Krimineller ihn und sein Team in einen Hinterhalt lockt, werden viele Kollegen brutal hingerichtet. Wing kann sich den Zwischenfall nicht verzeihen und ist gebrochen. Erst als der junge Polizist Frank auftaucht, will dieser seinem Idol aus dem Tief helfen – doch seine Beweggründe kann Wing noch nicht verstehen.

mit Jackie Chan, Nicholas Tse, Charlie Yeung, Charlene Choi, Daniel Wu, Andy On ...
Buch: Alan Yuen Kam-Lun
Regie: Benny Chan
Produktion: Willie Chan, Solon So, Benny Chan, Barbie Tung Wan-Si
Action Director: Jackie Chan, Nicky Li Chung-Chi, *Sing Ga Ban*

Jackies Beitrag: Hauptrolle, Produzent, Action Director, Stuntkoordinator

Sprache / Ton	Bild / Format	Spieldauer
Kantonesisch, Englisch, Mandarin Dolby Digital	Farbe / 2.35:1 35 mm (Super 35)	122:54 Min. (*uncut*) ¬

Erstveröffentlichungen
Thailand: 23. September 2004 (Premiere)
Deutschland: 13. Oktober 2005
(Nominierungen: 21 | Auszeichnungen: 7)

»New Police Story« ist inhaltlich eigentlich nicht der fünfte Teil der Police-Story-Reihe, vielmehr eine neue Generation des originalen Action-Dramas, also der Start einer Reboot-Reihe, die mit »Police Story 2013« (2013) aber auch nicht konsequent weitergeführt wurde. Mit einem geschätzten Budget von 80 Millionen HK-Dollar eine riesige Produktion, die lokal 21.109.502 HK-Dollar einspielte. Der Film war vor allem in Großbritannien ein Kinoerfolg. Weltweit bewies Jackie hiermit, dass er sowohl Action und Drama verkörpern und kombinieren kann. In Deutschland lief er nur in ausgewählten Kinos, aber immerhin. Die Blu-ray-Veröffentlichung enthält keinerlei Extras, daher sei hier die sättigende DVD empfohlen.

DVD-Tipp: **New Police Story (Special Edition)*** [BRD]

* Vertrieb: e-m-s, VÖ: 29. März 2006

131

Rice Rhapsody

2004

alt. Titel: *Hainan Chicken Rice*
Originaltitel: *Hainan Ji Fan*

Tragikomödie | Singapur, Hongkong, Australien | 2003-2004 | K

Die allein erziehende Mutter Jen und ihre drei Söhne leben vom Einkommen eines Restaurants, wo Jen ihr »Hainan Chicken Rice«-Rezept verfeinert. Die beiden älteren Söhne sind homosexuell, sodass sich Jen langsam um ihren jüngsten Sorgen macht – sie will schließlich Enkel haben! Zusammen mit Freund und Geschäftskollege Kim Chui entwickelt Jen einen Plan: sie nimmt eine französische Austauschstudentin bei sich auf. Zur Freude Jens entwickelt sich zwischen der Französin, Sabine, und Jens Sohn, Leo, eine Freundschaft. Und als Kim Chui fast wie über Nacht mit seinem Kochtalent berühmt wird, müssen alle auf ihr Herz hören, um Streitigkeiten zu bereinigen.

mit Sylvia Chang, Martin Yan, Maggie Q, Mélanie Laurent, Chin Han, Ivy Ling Po ...
BUCH: Kenneth Bi Guo-Zhi
REGIE: Kenneth Bi Guo-Zhi
PRODUKTION: Rosa Li, Duncan Jepson, Jackie Chan, Willie Chan, Solon So, ...
MUSIK: Masahiro Kawasaki

JACKIES BEITRAG: Produzent

Sprache / Ton	Bild / Format	Spieldauer
Englisch, Mandarin, Französisch Dolby Digital	Farbe / 1.85:1 35 mm	105:09 Min. (*uncut*) ¬

Erstveröffentlichungen
Südkorea: 11. Oktober 2004 (BIFF)
Hongkong: 20. Januar 2005
(Nominierungen: 4 | Auszeichnungen: 3)

Freche Zungen könnten behaupten, dass Jackie diesen Film nur produzierte, weil er sich ums Essen dreht – falsch. Vielmehr stehen hier moderne, gesellschaftskritische Themen wie Homosexualität, Kulturaustausch und gieriges Konkurrenzverhalten im Vordergrund, die alle sehr gut aus der asiatischen Sicht behandelt werden. Der Film spielte in Hongkong nur 939.980 HK-Dollar ein, doch unter Filmliebhabern gilt er als Glanzstück des modernen asiatischen Kinos. Leider erschien bisher überhaupt keine internationale Fassung. Die HK-DVD enthält u. a. ein Making Of und ein Bonusvideo, ist aber, wie auch das taiwanesische Pendant, nur noch schwer zu finden.

DVD-Tipp: **Rice Rhapsody*** [HK]

* Vertrieb: Joy Sales, VÖ: 18. März 2005

132

Crossings: Jackie Chan

2004

dt. Titel: *Jackie Chan: Vom Stuntman Zum Superstar*

Dokumentation | Hongkong, Singapur, Großbritannien | 2002-2004 | TV

Diese Dokumentation enthält weitaus mehr Hintergrundmaterial mit Jackie Chan, das nur hier zu sehen ist. Zudem kommen Kollegen wie Brett Ratner und Owen Wilson zu Wort. Jackie wird exklusiv befragt und in seinem Alltag begleitet.

mit Jackie Chan, Ng See-Yuen, Willie Chan, Brett Ratner, Owen Wilson ...
REGIE: Nigel Levy
PRODUKTION: Keiko Hagihara Bang, Willie Chan, Solon So, Nigel Levy ...
KAMERA: Danny Lai

JACKIES BEITRAG: er selbst, Ko-Produzent

Sprache / Ton	**Bild / Format**	**Spieldauer**
Englisch Stereo	Farbe / 1.85:1	47:34 Min. (*uncut*) ¬

Erstveröffentlichungen
Großbritannien: 20. Oktober 2004
Deutschland: 20. Oktober 2004
(Nominierungen: 0 | Auszeichnungen: 0)

Genau wie »Jackie Chan: The Inside Story« stellt auch diese Dokumentation aus demselben Jahr eine Besonderheit dar. Die JC Group rund um Willie und Jackie Chan erlaubte es dem Team von Bang Productions, Jackie für einige Monate zu begleiten, um eine Dokumentation zu drehen. Um sich die Sicherheit für den letzten Schnitt zu garantieren, sprang die JC Group gleich als Produzententeam mit ein. »Crossings: Jackie Chan« (2004) ist die bessere der beiden zusammengeflickten Bang-Dokus über die Filmlegende. Regisseur und Produzent Nigel Levy drehte zeitgleich auch die Dokumentation »Crossings: Joan Chen«, die die weltberühmte Schauspielerin unter die Lupe nimmt und mit der Jackie erstmals im Film »1911 Revolution« (2011) zusammenarbeiten sollte. Eine dritte Doku dieser Reihe mit kleinen Abweichungen im Produktionsteam stellt »Crossings: John Woo« dar. Erstaunlich ist, dass »Crossings: Jackie Chan« (2004) tatsächlich einmal im deutschen Fernsehen lief unter dem für Fans verwirrenden Titel »Jackie Chan: Vom Stuntman Zum Superstar«, der fälschlicherweise auf eine britische Doku von 1996 schließen lässt. Die deutsche Fassung sowie einige Ausschnitte der englischsprachigen lassen sich bei YouTube von Zeit zu Zeit finden. Ein zweites Mal lief die Doku am 6. April 2006 nachts um 1:05 Uhr im TV.

Tipp: **leider nicht möglich**

Magic & Me

alt. Titel: *Magic And Me*

Dokumentarfilm (Zaubertricks, Komödie) | Hongkong | 2003-2005 | V

Multitalent Stephen Fung ist nicht nur Schauspieler und Regisseur – er ist auch ein begnadeter Zauberkünstler. Zwei Jahre lang drehte er an seinem Programm »Life Is Magical« und »Magic & Me« und hielt dabei seine besten Tricks fest. Produziert wurde das Programm für die Children's Cancer Foundation, zu Gast sind u. a. Jackie Chan, Shu Qi und Karen Mok, deren erstaunte Gesichter ebenso amüsant sind wie Stephens Tricks. Aus alltäglichen Gegenständen zaubert der junge Mann allerhand zutage und zeigt sogar auf der Straße sein Können vor Publikum.

mit Stephen Fung, Faye Wong, Nicholas Tse, Jackie Chan, Kristy Yeung, Shu Qi ...
BUCH: Stephen Fung (Zaubertricks)
REGIE: Stephen Fung
PRODUKTION: für *Children's Cancer Foundation*

JACKIES BEITRAG: er selbst

Sprache / Ton	Bild / Format	Spieldauer
Kantonesisch, Mandarin Dolby Digital	Farbe / 1.33:1	27:40 Min. (*uncut*) ¬

Erstveröffentlichungen
Hongkong: 18. März 2005
China: 17. Februar 2006
(Nominierungen: 0 | Auszeichnungen: 0)

Stephen Fung ist der David Blaine von Hongkong – so sehen ihn jedenfalls seine Fans. Aus Filmmaterial aus über zwei Jahren, das seine besten Tricks enthält, entstand diese DVD. Jackie ist neben Nicholas Tse, Faye Wong, Kristy Yeung und anderen als Gast zu sehen, den Stephen Fung mehr als einmal beeindruckt. Als Stephen Fungs erste VCD am 2. Oktober 2003 unter dem Titel »Life Is Magical« herauskam, arbeitete er bereits an seiner zweiten Zaubertrick-VCD. Diese erschien zusammen mit der ersten in einem Paket im Jahr 2005 in Hongkong. Auf dem chinesischen Festland schaffte es nur »Magic & Me« ein Jahr später auf DVD und VCD.

DVD-Tipp: **Magic & Me**[*] [HK]

[*] Vertrieb: Mega Star, VÖ: 18. März 2005

House Of Fury

dt. Titel: *House Of Fury*
Originaltitel: *Jing Mo Gaa Ting*

Action-Komödie (Drama, Thriller) | Hongkong | 2004-2005 | K

Der ehemalige Geheimagent Siu-Bo hat sich lange zur Ruhe gesetzt und genießt seinen Lebensabend als angesehener Chiropraktiker, der seinen beiden Kinder Natalie und Nicky nebenher Kung Fu beibringt. Doch als ihn eines Tages seine Vergangenheit in Gestalt eines rachsüchtigen Agenten einholt, muss er sich mit seinen Kindern zusammentun und noch einmal in den Kampf ziehen.

mit Anthony Wong, Stephen Fung, Gillian Chung, Daniel Wu, Charlene Choi ...
BUCH: Stephen Fung, Law Yiu-Fai
REGIE: Stephen Fung
PRODUKTION: Willie Chan, Solon So, Jackie Chan, Albert Yeung Sau-Shing
ACTION DIRECTOR: Yuen Wo-Ping, Yuen Shun-Yi, Ku Huen-Chiu

JACKIES BEITRAG: Produzent

Sprache / Ton	Bild / Format	Spieldauer
Kantonesisch, Englisch Dolby Digital	Farbe / 2.35:1 35 mm (Panavision, anamorph)	101:11 Min. (*uncut*) ¬

Erstveröffentlichungen
Hongkong: 24. März 2005
Deutschland: 20. April 2006 (V-DVD)
(Nominierungen: 2 | Auszeichnungen: 0)

Der Titel ist eine parodistische Hommage an Bruce Lees Film »Fist Of Fury« (1972). Anthony Wong imitiert in einem Kampf sogar Bruce Lee; einige gleiche Kamera- und Schnitttechniken wurden übernommen. Das Budget betrug 35 Millionen HK-Dollar. In Hongkong spielte er 10.992.862 HK-Dollar ein. Wie schon bei »Rice Rhapsody« (2004) war Jackie hier als ausführender Produzent für seine Filmfirma JCE Movies Limited tätig. Hinweis: Die deutsche Filmfassung weist ein zurechtgestutztes Bildformat auf, ansonsten ist diese Fassung ungeschnitten.

DVD-Tipp: **House Of Fury**[*] [BRD]

* Vertrieb: MFA+ / EuroVideo, VÖ: 8. Juni 2006

135

Everlasting Regret

2005

Originaltitel: *Chang Hen Ge*

Drama (Romanze) | Hongkong, China | 2004-2005 | K

Basierend auf dem berühmten Roman »Changhen Ge« von Wang Anyi, dreht sich hier alles um eine legendäre Schönheit aus dem frühen Shanghai. Anfangs führt sie ein glamouröses Leben und wird geliebt. Doch als ihr Mann sie betrügt, setzt die starke Frau alles daran, um ihre Würde zu bewahren, was ihr ein einfacheres Leben beschert. Auch zeitliche Änderungen zwischen 1947 und 1981 tragen nicht gerade zu ihrem Wohlergehen bei – und schließlich kommt ihre letzte Lebensprüfung.

mit Sammi Cheng Sau-Man, Hu Jun, Tony Leung Ka-Fai, Daniel Wu, Su Yan ...
BUCH: Elmond Yeung Chi-Sam
REGIE: Stanley Kwan
PRODUKTION: Jackie Chan, Xu Peng-Le, Chen Bao-Ping, Fang Jun, Willie Chan
MUSIK: Mak Chun-Hung

JACKIES BEITRAG: Produzent

Sprache / Ton	Bild / Format	Spieldauer
Mandarin Dolby Digital	Farbe / 1.85:1 35 mm (Spherical)	109:16 Min. (*uncut*) ¬

Erstveröffentlichungen
Italien: 8. September 2005 (Internationale Filmfestspiele von Venedig)
Hongkong: 29. September 2005
(Nominierungen: 8 | Auszeichnungen: 4)

Nach »Rouge« (1988) und »Centre Stage« (1991) ist dieses Projekt ein weiterer Meilenstein mit Stanley Kwan als Regisseur und Jackie Chan als Produzent. Wie damals schufen sie nun mit »Everlasting Regret« ein epochales Drama, das zurecht gebührend gefeiert und auch ausgezeichnet wurde. Mit einem Budget von 5 Millionen HK-Dollar, das sich u. a. aus den aufwendigen Kostümen, Kulissen und der anspruchsvollen Musik ergibt, ist der Film eine hochkarätige Produktion, die am Eröffnungswochenende in Hongkong 1,5 Millionen HK-Dollar einspielte. Bei den Hong Kong Film Awards 2006 wurde Tony Leung Ka-Fai als bester Schauspieler, Sammi Cheng als beste Schauspielerin und William Chang für das beste Kostüm- und Make-Up-Design nominiert. »Everlasting Regret« erhielt bisher leider keinen internationalen Vertrieb. Die neue Blu-ray aus Hongkong beinhaltet wenig Extras.

DVD-Tipp: **Everlasting Regret*** [HK]

* Vertrieb: Panorama, VÖ: 15. Dezember 2005

136 | 2005

The Myth

dt. Titel: *Der Mythos*

Arbeitstitel: *Time Breaker / Titanium Rain / Hidden Kingdom* | Originaltitel: *San Wa*

Abenteuer-Drama (Fantasy, Action, Komödie) | China, Hongkong, Indien | 2004-2005 | K

Der Archäologe Jack und sein Freund, der Wissenschaftler William, sind auf der Suche nach den Schätzen des Kaisers Qui Shin-Huang. Doch als Jack immer wieder von Träumen verfolgt wird und sie der Lösung des Rätsels um des Kaisers Geheimnis auf die Schliche kommen, kann der Abenteurer nicht mehr zwischen Traum und Realität unterscheiden.

mit Jackie Chan, Kim Hee-Sun, Tony Leung Ka-Fai, Yu Rong-Guang, Ken Lo ...
BUCH: Stanley Tong, Wang Hui-Ling, Li Hai-Shu
REGIE: Stanley Tong
PRODUKTION: Willie Chan, Solon So, Barbie Tung Wan-Si, Jackie Chan, Albert Yeung ...
ACTION DIRECTOR: Jackie Chan, Stanley Tong, Yuen Tak

JACKIES BEITRAG: Hauptrolle, Produzent, Action Director, Stuntkoordinator

Sprache / Ton	**Bild / Format**	**Spieldauer**
Mandarin, Hindi, Koreanisch, Kantonesisch, Englisch, Malayalam Dolby Digital, DTS	Farbe / 2.35:1 35 mm (Panavision, anamorph)	120:39 Min. (*uncut*) ¬

Erstveröffentlichungen
Kanada: 15. September 2005 (TIFF)
Hongkong: 23. September 2005
Deutschland: 14. September 2006 (V-DVD)
(Nominierungen: 5 | Auszeichnungen: 1)

Alleine in Hongkong nahm der Film die 15 Millionen HK-Dollar Produktionskosten mit 17.062.608 HK-Dollar wieder ein – weltweit spielte er ca. 70 Millionen HK-Dollar ein. Während der Dreharbeiten fiel Jackie vom Pferd und konnte für den Rest des Tages seine Beine kaum bewegen; der Pferdetrainer war übrigens schon bei der Herr-der-Ringe-Saga tätig. Im Film stehen Jackies persönliche Schätze als Requisite herum, wie das große Brett unter dem Fernseher und ein schwebender Globus. Die Szene mit dem schwebenden Tony Leung wurde in Jackies Büro in Kowloon gedreht. Der Titelsong »Endless Love« wird von Jackie in Mandarin und Kim Hee-Sun in Koreanisch gesungen. Die indische Prinzessin sollte von Ashwarya Rai gespielt werden.

BD-Tipp: **Der Mythos*** [BRD]

* Vertrieb: Splendid Film / Amasia, VÖ: 27. Februar 2015

A Century Of Light And Shadow

Dokumentation (Filmgeschichte) | Hongkong | 2005 | TV

Das RTHK-Programm »A Century Of Light And Shadow« bietet einen erstklassigen Rückblick auf 100 Jahre chinesisches Kino. Von den Anfängen bis zum modernen Hongkong-Kino, vom Mandarin- bis hin zum kantonesischen Film, von A bis Z – diese Dokumentation präsentiert die Entwicklung der chinesischen Filmindustrie und die verschiedenen Filmgenres. Hunderte von Persönlichkeiten kommen zu Wort.

mit Jackie Chan, John Woo, Sammo Hung, Connie Chan, Andrew Lau, Peter Chan ...
PRODUKTION: für *Radio Television Hong Kong*

JACKIES BEITRAG: er selbst, Moderator

Sprache / Ton	Bild / Format	Spieldauer
Kantonesisch Dolby Digital	Farbe, Schwarzweiß / 1.33:1	328:12 Min. (*uncut*) ¬

Erstveröffentlichungen
Hongkong: 29. Oktober 2005 (Teil 5)
Hongkong: 17. Juli 2007 (K-DVD)
(Nominierungen: 0 | Auszeichnungen: 0)

Eine unglaublich gute Dokumentation, die sich in acht Episoden mit der Geschichte des chinesischen Films zum 100-jährigen Jubiläum auseinandersetzt. Sie wurde das erste Mal 2005 im Hongkonger TV ausgestrahlt; leider sind die Datumsangaben für alle Episoden nicht aufzufinden. Die einzelnen Folgen heißen: »Dream Factory Revisited (Part 1 & 2)«, »Song And Dance Through The Century«, »A Tale Of Two Tongues«, »Heroes Have Many Faces«, »The World Of Comedy«, »The Rise And Fall Of Local Culture« und »Filmmakers Without Frontiers«. Diese Dokumentation bietet mehr als nur gut sortierte Einblicke in das Wesen der Filmgemeinschaft Chinas. »A Century Of Light And Shadow« ist ein wertvolles Zeitdokument, das voll gestopft ist mit raren Aufnahmen und Informationen. Jackie führt als Moderator durch dieses Programm, tritt aber nur in Teil 1 und 2 auf, wohingegen in den anderen Teilen ab und zu Footage von ihm zu sehen ist. In Teil 5 ist Jackie dann Teil der Geschichte und wird als Lokalheld Hongkongs gefeiert, Bruce Lee als Nationalheld Chinas. In Teil 8 gibt es exklusive Aufnahmen von Jackie bei der Premiere von »The Love Letter« (1999) von Peter Chan sowie in Cannes 2001 mit Sammo Hung, Raymond Chow und anderen.

DVD-Tipp: **A Century Of Light And Shadow**[*] [HK]

* Vertrieb: IVL, VÖ: 17. Juli 2007

138

Megacities: Hong Kong

2005

alt. Titel: *Mega Cities: Hong Kong*

Dokumentation (Tourismus) | USA, Hongkong | 2004-2005 | TV

Hongkong, eine kleine Stadt, in der Zeit Geld ist. Auch wenn auf engstem Raum Millionen von Menschen leben und arbeiten, so ist Hongkong doch ein boomendes Pflaster für die gesamte Weltwirtschaft.

mit Jackie Chan, Paterson Joseph (Erzähler) ...
Buch: Gary Parker
Produktion: Mickey Stern, Brendan Goeckel, John Brenkus, Maggie Choy ...
Schnitt: Jason Mergott
Nachforschungen: Tohry Petty

Jackies Beitrag: er selbst (Moderator)

Sprache / Ton	Bild / Format	Spieldauer
Englisch Stereo	Farbe / 1.78:1	47:00 Min. (*uncut*)

Erstveröffentlichungen
Australien: 20. Juni 2008
(Nominierungen: 0 | Auszeichnungen: 0)

Der US-amerikanische Fernsehsender National Geographic startete 2005 seine Doku-Reihe »Megacities«, in der er zusammen mit der Produktionsfirma BASE Productions Metropolen der Welt besuchte und die heimische Wirtschaft und Politik erläuterte, darunter Las Vegas, Paris, São Paulo und New York. Und eben auch Hongkong. Die Planung begann bereits Jahre zuvor, gedreht wurde die Hongkong-Episode 2004 und 2005. Das im Internet kursierende Veröffentlichungsdatum von 2008 stimmt zwar, bezieht sich aber nur auf die TV-Ausstrahlung in Australien. Im Abspann der betreffenden Folge sieht man den Copyright-Vermerk mit dem Jahr 2005 (MMV). Einen genauen Termin der Erstausstrahlung ließ sich bis heute leider nicht ermitteln. In Deutschland spielte der Nachrichtensender n-tv des öfteren eine um etwa sechs Minuten geschnittene Fassung, in der die Aufnahmen zum Geld fehlen. In der Internet Movie Database wird die Doku-Reihe als »Mega Cities« bezeichnet, doch National Geographic bedient sich einer anderen Schreibweise.

Tipp: **leider nicht möglich**

The Heavenly Kings

alt. Titel: *The Heavenly Kings: A Popumentary*
Originaltitel: *Sei Dai Tin Wong*

Tragikomödie (Dokumentarfilm, Musikfilm) | Hongkong | 2005-2006 | K

Boy Bands sind weltweit der Marketinghit schlechthin; sie werden in fast jedem Bereich vermarktet – auch im Film. Fans, vor allem weibliche, sind von ihren Idolen so angetan, dass sie alles geben würden, um sie einmal im Leben treffen zu können. Doch was im Vordergrund alles so harmonisch bei den Zuschauern ankommt, ist im Hintergrund sehr harte Arbeit. Die vier Heavenly Kings werden auf ihrem Weg von unten nach oben begleitet, und die Fans erkennen endlich, was dahinter steckt.

mit Daniel Wu, Terence Yin, Andrew Lin, Conroy Chan, Jo Kuk Chu-Lam, Tony Ho ...
BUCH: Daniel Wu
REGIE: Daniel Wu
PRODUKTION: Conroy Chan, Andrew Lin, Daniel Wu, Terence Yin, Patrick Lee
MUSIK: Jun Kung Shek-Leung, Troy Brandon

JACKIES BEITRAG: er selbst

Sprache / Ton	Bild / Format	Spieldauer
Kantonesisch, Englisch Dolby Digital	Farbe / 1.78:1 Video (DVCAM)	86:15 Min. (*uncut*) ¬

Erstveröffentlichungen
Hongkong: 5. April 2006 (HKIFF)
(Nominierungen: 4 | Auszeichnungen: 3)

Eine sehr interessante Tragikomödie der neuen Generation Filmemacher Hongkongs, die in einer Art Dokumentarfilmperspektive gedreht wurde, um die nötige Authentizität zu gewährleisten. An einigen Stellen wirkt der Film so real, dass man denken könnte, es sei keine Schauspielerei vonnöten gewesen. Dies ist beabsichtigt: Daniel Wu gründete mit seinen drei Hauptdarstellerkollegen 2005 die Band Alive, die große Erfolge feierte. Doch das war mehr Schein als Sein und diente letztendlich dazu, diesen Film zu realisieren. Da er weder eine Dokumentation noch eine Mockumentary (eine fiktive Doku) ist, trägt der Film auch gerne mal den erklärenden Untertitel „A Popumentary". In Daniel Wus Regiedebüt – bis heute seine einzige Regiearbeit – ist auch Jackie Chan vertreten; ihm wird auch in den Credits dafür gedankt.

DVD-Tipp: **The Heavenly Kings*** [HK]

* Vertrieb: CN Entertainment Ltd., VÖ: 21. Juli 2006

140

Rob-B-Hood

2006

dt. Titel: *Rob-B-Hood – Das 30 Millionen Dollar Baby*
Arbeitstitel und jap. Titel: *Project BB* | US-Titel: *Robin-B-Hood* | Originaltitel: *Bo Bui Gai Wak*

Action-Komödie (Drama, Abenteuer) | Hongkong | 2005-2006 | K

Die beiden Gauner Thongs und Octopus arbeiten für den Profiverbrecher Landlord und sollen einen neuen Coup aushecken. Widerwillig sagen sie zu, um sich weiterhin ihre Spielsucht und die Gesellschaft von jungen Frauen leisten zu können. Die Überraschung ist groß, als ihr Boss Landlord ihnen verrät, was sie diesmal stehlen sollen: ein Baby einer Millionärsfamilie.

mit Jackie Chan, Michael Hui, Louis Koo, Charlene Choi, Yuen Biao, Teresa Carpio ...
BUCH: Alan Yuen Kam-Lung, Jackie Chan, Benny Chan
REGIE: Benny Chan
PRODUKTION: Willie Chan, Solon So, Benny Chan, Wang Zhong-Lei, Jackie Chan ...
ACTION DIRECTOR: Jackie Chan, Nicky Li Chung-Chi, *Sing Ga Ban*

JACKIES BEITRAG: Hauptrolle, Drehbuchautor, Produzent, Action Director, Stuntkoordinator

Sprache / Ton	**Bild / Format**	**Spieldauer**
Kantonesisch DTS, Dolby Digital	Farbe / 2.35:1 35 mm (Super 35)	126:32 Min. (*uncut*) ¬ 135:28 Min. (*uncut*, Langfassung) ¬

Erstveröffentlichungen
Italien: 8. September 2006 (Internationale Filmfestspiele von Venedig)
Hongkong: 29. September 2006
Deutschland: 30. August 2007 (V-DVD)
(Nominierungen: 4 | Auszeichnungen: 0)

Das 16,8 Millionen US-Dollar Budget wurde weltweit mit 20.434.179 Millionen US-Dollar Einnahmen ausgeglichen; in Amerika und fast ganz Europa lief er nicht im Kino. Über 100 Babys kamen zum Vorsprechen der Rolle. Der echte Name des Babys lautet Matthew Medvedev (* 2. Juli 2005); er wurde 2007 sogar als bester Newcomer bei den Hong Kong Film Awards nominiert. Jackie spielt hier erst zum zweiten Mal in seiner Karriere einen Kriminellen, der hinter Gittern landet; es ist Jackie und Benny Chans dritte Zusammenarbeit. Beide Fassungen findet man auf der deutschen Bluray zusammen mit ungenutzten Szenen und weiterem Bonusmaterial.

BD-Tipp: **Rob-B-Hood**[*] [BRD]

* Vertrieb: Splendid Film / Amasia, VÖ: 24. April 2015

Rush Hour 3

Action-Komödie (Thriller) | USA, Deutschland, Frankreich | 2006-2007 | K

Die beiden ungleichen Cops Lee und Carter sind in Paris, um den Drahtziehern eines Anschlags nachzukommen. Dies führt sie schnell zu den Triaden, und Lee erlebt seine ganz persönliche Überraschung, als er ein Familienmitglied wiederfindet. Die Intrigen reichen bis ganz nach oben und bringen die beiden Polizisten in Gefahr.

mit Jackie Chan, Chris Tucker, Max von Sydow, Hiroyuki Sanada, Noémie Lenoir ...
BUCH: Jeff Nathanson, Ross LaManna
REGIE: Brett Ratner
PRODUKTION: Roger Birnbaum, Andrew Z. Davis, Jonathan Glickman, Jay Stern ...
ACTION DIRECTOR: Philippe Guégan, Bradley James Allan, Eddie Braun ...

JACKIES BEITRAG: Hauptrolle

Sprache / Ton	Bild / Format	Spieldauer
Englisch, Französisch, Mandarin, Japanisch, Latein Dolby Digital, DTS, SDDS	Farbe / 2.35:1 35 mm (Panavision, anamorph)	90:47 Min. (*uncut*) ¬

Erstveröffentlichungen
USA: 30. Juli 2007 (Premiere)
Deutschland: 16. August 2007
(Nominierungen: 9 | Auszeichnungen: 0)

Mit einem enormen Budget von 140 Millionen US-Dollar Jackies bis dato teuerster Film. Weltweit spielte er 255.045.928 US-Dollar ein, und das obwohl er mäßige bis schlechte Kritiken bekam. Die Produzenten wollten ursprünglich Teil 3 und 4 der Rush-Hour-Reihe hintereinander drehen. Dabei hätte er inhaltlich eigentlich in New York beginnen sollen, wurde aus Budgetgründen aber in LA gedreht; darum konnte man einen ganzen Monat in Paris filmen. Eine Abmachung unter dem Filmteam besagte, dass derjenige, dessen Handy während des Drehs klingelte, 20 US-Dollar spenden würde – es wurden über 600 US-Dollar gesammelt! Jackie brach sich das Brustbein während eines relativ harmlosen Stunts. Im ganzen Film wurden über 500 Effekteinstellungen verarbeitet, mehr als in »Alien vs. Predator«. Roman Polanski lud sich quasi selbst zum Filmdreh ein, zwei Wochen vor Drehbeginn. Das Baby auf Jackies Arm in den Outtakes ist übrigens das Kind von Assistentin Anita.

BD-Tipp: **Rush Hour 3*** [BRD]

* Vertrieb: Warner Home Video, VÖ: 1. Oktober 2010

142

Air Diary

2007

Originaltitel: *Fei Xing Ri Zhi*

Drama (Musik, Biografie) | China | 2006-2007 | K

In diesem halb-autobiografischen Film über die Musikerin Xu Fei lebt diese ihr Musikerleben mitsamt einhergehender Probleme aus. Sie ist die Frontsängerin der Band AIR und freundet sich auf der Schule mit einer neuen Mitschülerin an, die sie bei ihren Auftritten begleitet.

mit Xu Fei, Huang Jue, Junny, Huang Bo, Zhang Wei-Xun, Liu Chang, Dennis Chan ...
Buch: Han Ke-Yi, Chang Yu-Xiang
Regie: Han Ke-Yi
Produktion: Yuan Nong, Yang Le, Zhang Yu, Jackie Chan, Ni Wei-Ling
Cinematographer: Du Jie

Jackies Beitrag: Produzent

Sprache / Ton	Bild / Format	Spieldauer
Mandarin Dolby Digital	Farbe / 1.78:1 35 mm	100:51 Min. (*uncut*)

Erstveröffentlichungen
Hongkong: 2. September 2007
(Nominierungen: 0 | Auszeichnungen: 0)

»Air Diary« (2007) stellt den ersten Film der sogenannten Chinese New Movie Supporting Scheme dar, einem von Jackie Chan ins Leben gerufenen Filmproduktionsplan für neue Künstler auf dem Festland Chinas. Bis heute ist und bleibt »Air Diary« aber der letzte dieser Reihe, was womöglich daran liegt, dass zu dieser Zeit die neue Filmfirma Jackie & JJ Productions in Vorbereitung war, welche 2009 letztendlich von Jackie Chan, seinem Sohn Jaycee und seiner Ehefrau Joan Lin Feng-Chiao gegründet wurde. Die Premiere von »Air Diary« fand am Sonntag, dem 2. September 2007, in Peking statt, bei der Sängerin Xu Fei und Jackie Chan anwesend waren. Der offizielle Starttermin in den chinesischen Kinos ist der 6. September 2007; lange lief der Film dort aber nicht. Bisher fehlt auch jede Veröffentlichung auf DVD und Blu-ray. Lediglich bei dem chinesischen YouTube-Pendant namens Youku lässt sich der Originalfilm noch finden. Jackie Chan wird in den Credits als Production Supervisor ausgewiesen - inklusive Schreibfehler, bei dem das »c« fehlt.

Tipp: **leider (noch) nicht möglich**

143

2008

Run Papa Run

Originaltitel: *Yat Kor Ho Ba Ba*

Drama (Krimi, Action) | Hongkong | 2007-2008 | K

Obwohl seine Mutter ihm davon abrät, tritt Tin Yun in die Fußstapfen seines Vaters und schließt sich Ende der 70er Jahre den Triaden an. Schnell steigt er in seinem Rang auf. Als die junge Anwältin Mabel dem sympathischen Mann aus der Patsche hilft, ist es Liebe auf den ersten Blick. Nachdem Tin Yun Vater wird, möchte er seine Tätigkeiten als Gangster aufgeben, um seiner Tochter ein normales Leben bieten zu können. Doch das ist leichter gesagt als getan ...

mit Louis Koo, Nora Miao, Rene Liu, Liu Yihan, Max Mok, Lam Suet, Derek Tsang ...
BUCH: Susan Chan Suk-Yin, Sylvia Chang, Woo Yan-Wai
REGIE: Sylvia Chang
PRODUKTION: Willie Chan, Patricia Chong Lai-Chan, Solon So
ACTION DIRECTOR: Nicky Li Chung-Chi

JACKIES BEITRAG: Produzent

Sprache / Ton	Bild / Format	Spieldauer
Kantonesisch, Thailändisch, Englisch Dolby Digital	Farbe / 2.35:1 35 mm (Super 35)	114:27 Min. (*uncut*) ¬

Erstveröffentlichungen
Hongkong: 23. März 2008 (HKIFF)
(Nominierungen: 9 | Auszeichnungen: 1)

Als eine der erfolgreichsten weiblichen Regisseure Hongkongs hat Sylvia Chang schon einige Hits landen können (s. »Tempting Heart« (1999)). So entschied sich Jackie schnell, auch dieses Drama zu produzieren. Geschichten über die Triaden wurden bisher immer von männlichen Regisseuren mal mehr, mal weniger erfolgreich verfilmt – die Sicht aus der weiblichen Perspektive ist modern, gefühlvoll und sehr real, was den Streifen einzigartig macht! Im Westen wurde der Film bisher nicht gezeigt; es ist fragwürdig, ob er es überhaupt in die Kinos schafft, geschweige denn auf DVD erscheinen wird. Die Hongkong-DVD ist auf jeden Fall schon jetzt für Fans zu empfehlen.

DVD-Tipp: **Run Papa Run*** [HK]

* Vertrieb: Deltamac, VÖ: 5. Juni 2008

144

The Forbidden Kingdom

2008

dt. Titel: *Forbidden Kingdom – Der Kampf Um Die Ewigkeit*
Arbeitstitel: *Untitled J&J Project / Jackie Chan/Jet Li Project*

Fantasy-Abenteuer (Action, Komödie, Romanze) | USA, China | 2007-2008 | K

Der junge Fanatiker von Kung-Fu-Filmen Jason macht eines Tages eine gewaltige Entdeckung in einem kleinen Laden in Chinatown. Schnell wird ihm klar, dass es sich um die sehr antike Waffe des legendären Monkey King handeln muss – und diese Waffe hat ungeahnte Kräfte. Jason wird in die Zeit zurückversetzt und findet sich mitten im alten China wieder. Er trifft die beiden Kung-Fu-Meister Lu Yan und Lan Cai He und begleitet sie ab sofort auf ihrem Abenteuer: gemeinsam wollen sie den Monkey King befreien!

mit Jet Li, Jackie Chan, Ngai Sing, Liu Yi-Fei, Michael Angarano, Li Bing-Bing ...
Buch: John Fusco
Regie: Rob Minkoff
Produktion: Casey Silver
Action Director: Yuen Wo-Ping

Jackies Beitrag: Hauptrolle

Sprache / Ton	Bild / Format	Spieldauer
Englisch, Mandarin SDDS, DTS, Dolby, Dolby Digital	Farbe / 2.35:1 HDCAM (SR), 35 mm (Super 35)	104:26 Min. (*uncut*) ¬

Erstveröffentlichungen
USA: 4. April 2008 (Dallas International Film Festival)
Hongkong: 19. April 2008
Deutschland: 16. April 2009
(Nominierungen: 5 | Auszeichnungen: 0)

Der Film basiert auf der Geschichte »Die Reise Nach Westen«, einer der vier Romane der klassischen Literatur Chinas, und beinhaltet viele Charaktere der chinesischen Mythologie. Noch während des anstrengenden Drehs wurden viele Änderungen am Drehbuch vorgenommen; insgesamt wurde es fünf Mal umgeschrieben. Das Budget betrug 55 Millionen US-Dollar, weltweit spielte der Film 127.980.002 US-Dollar ein. Die Frau des Regisseurs, Kung Ling-Hua, ist in 76. Generation ein Nachfahre von Konfuzius und im Film kurz zu sehen. Zu empfehlen ist entweder die 2-Disc-DVD oder die 2-Disc-Blu-ray aus Deutschland; nur hier gibt es reichlich Bonusmaterial.

BD-Tipp: **Forbidden Kingdom (Collector's Edition)*** [BRD]

* Vertrieb: Koch Media, VÖ: 11. September 2009

145

Kung Fu Panda

2008

dt. Titel: *Kung Fu Panda*
Geheimtitel: *Daydreamer*

Animation (Action, Komödie) | USA | 2005-2008 | K

Der tollpatschige und vorlaute Panda Po träumt davon, ein berühmter Kung-Fu-Kämpfer zu sein, doch sein Platz ist die Küche, wo er gerne is(s)t. Als der grausame Schneeleopard Tai Lung das Tal des Friedens bedroht, scheint sich die alte Prophezeiung zugunsten Pos zu erfüllen. Er und die fünf besten Kämpfer des Meisters Shifu sollen die Ordnung im Tal wieder herstellen – doch zuvor müssen die tapferen Kämpfer aus Po einen Kung-Fu-Meister machen und den Helden in ihm wecken.

mit Jack Black, Dustin Hoffman, Angelina Jolie, Jackie Chan ... (Originalversion)
BUCH: Ethan Reiff, Cyrus Voris, Jonathan Aibel, Glenn Berger
REGIE: Mark Osborne, John Stevenson
PRODUKTION: Melissa Cobb, Jonathan Aibel, Glenn Berger, Kristina Reed
MUSIK: John Powell, Hans Zimmer

JACKIES BEITRAG: Synchronsprecher

Sprache / Ton	Bild / Format	Spieldauer
Englisch SDDS, Dolby Digital, DTS	Farbe / 2.35:1 Digital	91:59 Min. (*uncut*) ¬

Erstveröffentlichungen
Frankreich: 15. Mai 2008 (Internationale Filmfestspiele von Cannes)
Deutschland: 3. Juli 2008
(Nominierungen: 38 | Auszeichnungen: 14)

Jackies dritter Einsatz als Synchronsprecher. Dem Eintrag seines Online-Tagebuchs vom 15. Oktober 2007 ist zu entnehmen, dass dieser all seine im Film verwendeten Zeilen an nur einem Tag im Tonstudio aufnahm. Der Film wurde u. a. von »Kung Fu Hustle« (2004) inspiriert und enthält Musik von Hans Zimmer. »Kung Fu Panda« spielte weltweit 631.744.560 US-Dollar ein und erhielt sogar eine Oscar-Nominierung als Bester Animationsfilm. Jackie spricht nicht nur die englische Fassung des Master Monkey sondern auch die Mandarin- und kantonesische Sprachfassung. Um Ideenklau vorzubeugen entschied sich das Studio DreamWorks dazu, die Produktion beinahe vier Jahre lang unter dem Geheimtitel »Daydreamer« laufen zu lassen.

BD-Tipp: **Kung Fu Panda*** [BRD]

* Vertrieb: Universal Pictures, VÖ: 1. März 2018

146

The One Man Olympics

2008

alt. Titel: *Our Olympic Hero*
Originaltitel: *Yi Ge Ren De Ao Lin Pi Ke*

Drama (Sport, Biografie) | China | 2007-2008 | K

Nach der wahren Geschichte des Sportlers Liu Chang-Chun, der bei den Olympischen Spielen 1932 in Los Angeles als Läufer für China antrat und große Hürden überwand: gesellschaftlich, politisch und persönlich. Ein Sportlerfilm über einen Nationalhelden Chinas.

mit Li Zhao-Lin, Sun Hai-Ying, Hu Jun, David Wu Dai-Wai, Zhao Zi-Qi, Shi Liang ...
Buch: Wang Xing-Dong
Regie: Hou Yong
Produktion: Xu Jian-Hai, Lu Hong-Shi, Wu Jian-Wei
Cinematographer: Li Bing-Qiang

Jackies Beitrag: Sänger (Titelsong)

Sprache / Ton	Bild / Format	Spieldauer
Mandarin, Englisch Dolby Digital	Farbe / 2.35:1	109:12 Min. (*uncut*) ¬

Erstveröffentlichungen
China: 16. Mai 2008
Hongkong: 14. August 2008
(Nominierungen: 0 | Auszeichnungen: 0)

»The One Man Olympics« (2008) erschien als Promotionfilm für die Olympischen Sommerspiele, die im selben Jahr in Peking stattfanden. China wollte somit an einen seiner vielen Nationalhelden erinnern. Um der Filmproduktion einen gewissen Kommerz zuzurechnen, engagierte man Jackie Chan, um den Titelsong zu singen. Zusammen mit Zhang Ziyi, Whang Lee-Hom und Stefanie Sun nahm er so das Theme mit dem Titel »Stand Up« auf, welches von Wang Ping-Jiu, einem Mitglied von Pekings Organisationskomitees der Olympischen Spiele, geschrieben und von Shu Nan komponiert wurde. Leider erfuhr der Film außerhalb von Chinas Grenzen kaum Beachtung, was am heimischen Verleiher lag, der auf den Rechten sitzt. Lediglich Hongkong spielte ihn eine Zeitlang im Kino. Veröffentlichungen für das Heimkino gab es aus China und Hongkong auf DVD, doch beide Versionen sind heute »out of print«. Eine gebrauchte DVD findet man sehr selten im Internet.

BD-Tipp: **The One Man Olympics**[*] [CHN]

[*] Vertrieb: Bei Jing Ke Ying Yin Xiang Chu Ban She, VÖ: 22. September 2008

A Touch Of Beijing

Titel des Komplettpakets: *Travel Pac: Beijing / The Travel-Pac To Beijing*

Dokumentation (Olympische Sommerspiele, Geschichte) | USA, China | 2008 | TV

2008 fanden die 29. Sommerspiele der Olympiade in Peking statt. Die chinesische Regierung investierte 48 Milliarden US-Dollar. »A Touch Of Beijing« spiegelt die für die Volksrepublik China in zweierlei Hinsicht erfolgreiche Olympiade wider – China gewann insgesamt 100 Medaillen, davon 51 aus Gold – und bietet den Zuschauern einen tiefen Einblick in das historische Geschehen. Kommentiert wird das ganze von Scott Alexander. Als Gastgeber und Moderator fungiert Jackie Chan.

mit Jackie Chan, Larry Lee, Wan Que, James Zimmerman ...
BUCH: Richard J. Adamson
REGIE: Richard J. Adamson
PRODUKTION: Michael F. Bianco, Richard J. Adamson, Haik Airapetian ...
SCHNITT: Shane Stanley, Jesse Adams, Eric Binns

JACKIES BEITRAG: er selbst (Moderator)

Sprache / Ton	**Bild / Format**	**Spieldauer**
Englisch, Mandarin, Kantonesisch Dolby Digital	Farbe / 1.33:1	45:57 Min. (*uncut*) ¬

Erstveröffentlichungen
USA: 5. August 2008
(Nominierungen: 0 | Auszeichnungen: 0)

Jackie, als offizieller Tourismusbotschafter Chinas, war weltweites Aushängeschild der 29. Olympischen Sommerspiele, die in seinem Heimatland China stattfanden. Er war nicht nur bei der pompösen Eröffnungs- und Abschlussfeier aktiv zu erleben (beide sind auf DVD einzeln oder zusammen erhältlich), ihm wurde auch als einzigem Künstler erlaubt, ein eigenes Musikalbum zum Großevent aufzunehmen, »Beijing Olympics – Official Album«. Und als Sonderbotschafter war er sogar Gastgeber dieser US-Dokumentation, produziert von Olympic Pictures. Der Film wurde bisher nur im US-Fernsehen ausgestrahlt. Eine DVD-Version ist im unten genannten TravelPac erhältlich: ein Komplettpaket mit Reiseführer, Stadtkarte, nützlichen Informationen rund ums Reisen nach und in Peking sowie der DVD mit dem Film. Eine einzelne DVD-Veröffentlichung des Films wird es wohl nicht geben.

DVD-Tipp: **Travel Pac: Beijing*** [USA]

* Vertrieb: The TravelPac, VÖ: unbekannt, es liegen drei Daten vor: 2.6.2009, 21.8.2009, 8.9.2009

148

Wushu

2008

alt. Titel: *Wushu: The Young Generation / WuShu – The Young Generation*
Titel der zensierten Mandarin-Version: *Wu Shu Zhi Shao Nian Xing*

Action-Drama | Hongkong, China | 2006-2007 | K

Als sich der junge Kickboxer Li Er in eine Wushu-Kämpferin verliebt, möchte er natürlich bei ihr landen. Er beendet sein Training, was seinem Trainer nicht passt. Der wollte aus Li Er den neuen Kickbox-Meister machen. Doch Li Er nimmt es stattdessen zum ersten Mal in seinem Leben mit Wushu und der Liebe auf.

mit Sammo Hung, Liu Feng-Chao, Wang Fei, Wang Wen-Jie, Wang Ya-Chao ...
BUCH: Dennis Chan Kwok-San, Lau Ho-Leung
REGIE: Dennis Chan Kwok-San, Antony Szeto Wing-Wah, Guo Yu-Dan
PRODUKTION: Jackie Chan, John Shum Kin-Fun, Colette Koo Ka-Ling
ACTION DIRECTOR: Douglas Kung Cheung-Tak, Antony Szeto Wing-Wah

JACKIES BEITRAG: Produzent

Sprache / Ton	Bild / Format	Spieldauer
Mandarin Dolby Digital	Farbe / 2.35:1 35 mm	98:11 Min. (*uncut*) ¬

Erstveröffentlichungen
China: 10. September 2008 (Golden Rooster and Hundred Flower Film Festival)
Hongkong: 23. Oktober 2008
(Nominierungen: 0 | Auszeichnungen: 0)

Jackie fungiert hier als ausführender Produzent, wohingegen Sammo die Hauptrolle spielt. Der Film kostete etwa 5 Millionen US-Dollar und wurde in Peking und in der Provinz Shandong realisiert. Noch in der Drehbuchphase wurde das Projekt vom Taipei TV & Film Festival, das vom 23. bis zum 25. November 2006 stattfand, ausgewählt und Finanziers vorgestellt, bevor es dann im März 2007 in Produktion ging. Als Sammos Filmkampf gedreht wurde, verbreitete sich im Internet die Falschmeldung, dass er verstorben sei. Am darauffolgenden Tag, dem 9. Dezember 2007, Sammo Hungs 53. Geburtstag, musste er deshalb Familie, Freunde und die Presse, die ihn alle hysterisch anriefen, beruhigen. Deutschland ging bisher leer aus. Das angebliche Bonusmaterial wie Behind the Scenes und eine 18-minütige Doku vom Cannes-Besuch einiger Darsteller und Jackie Chan vom 16. Mai 2008 (der Film wurde dort nur promoted, nicht gezeigt) ist nicht auf der britischen DVD enthalten; diese sei aus anderen technischen Ausstattungsgründen dennoch empfohlen.

DVD-Tipp: **Wushu**[*] [GB]

* Vertrieb: MVM, VÖ: 18. April 2011

149

Shinjuku Incident

2009

dt. Titel: *Stadt der Gewalt*
Originaltitel: *San Suk Si Gin*

Drama (Action, Krimi) | Hongkong, China, Japan | 2007-2008 | K

Anfang der 1990er Jahre wandert der Mechaniker Steelhead illegal nach Japan ein, um seine Freundin Xiu Xiu zu suchen. Er und sein Freund Jie treffen sich im Bezirk Shinjuku und nehmen Drecksarbeiten an, um Geld zu verdienen. Als Steelhead herausfindet, dass seine Xiu Xiu einen Yakuza geheiratet hat, beschließt er, in Japan zu bleiben und für Eguchi zu arbeiten.

mit Jackie Chan, Takenaka Naoto, Daniel Wu, Xu Jing-Lei, Kato Masaya, Jack Kao ...
Buch: Derek Yee Tung-Sing, Chun Tin-Nam, Liu Yung-Ping
Regie: Derek Yee Tung-Sing
Produktion: Willie Chan, Solon So, Jackie Chan, Albert Yeung
Action Director: Chin Ka-Lok

Jackies Beitrag: Hauptrolle, Produzent

Sprache / Ton	Bild / Format	Spieldauer
Mandarin, Japanisch, Kantonesisch, Englisch, Min Nan, Hokkien Dolby Digital	Farbe / 2.35:1 35 mm (anamorph)	114:23 (*uncut*) ¬

Erstveröffentlichungen
Hongkong: 22. März 2009 (HKIFF)
Deutschland: 5. November 2009 (Asia Filmfest)
(Nominierungen: 6 | Auszeichnungen: 1)

Unter JCE Movies Limited produziert und mit Jackie in der Hauptrolle eines hochkarätigen Dramas besetzt, zeigt Jackie Chan hier wieder seine dramatische und düstere Seite. Ursprünglich sollte der Film schon am 25. September 2008 erscheinen, man entschied sich dann doch für einen werbewirksameren Start zum HKIFF – auch, weil wohl die chinesische Regierung Druck machte. Die Idee war übrigens zehn Jahre im Gespräch, bis die erste Klappe im November 2007 fiel. Für den US-Markt drehte Barking Cow Distribution ein Interview mit Jackie Chan und produzierte die Kurzdoku »Say Hello to the Bad Guy«, die als Bonus auf der US-DVD zu sehen ist. Als seltener Fall erhielten die deutsche DVD und Blu-ray jeweils ein FSK-18-Zertifikat. Um 1 Minute und 24 Sekunden geschnitten liegt der Film auch als FSK 16 vor.

BD-Tipp: **Stadt der Gewalt*** [BRD]

* Vertrieb: New KSM, VÖ: 4. Februar 2010

150

Looking For Jackie

2009

dt. Titel: *Jackie Chan – Kung Fu Master*
alt. Titel: *Searching For Jackie Chan / Looking For Jackie Chan* | Originaltitel: *Xun Zhao Cheng Long*

Drama (Komödie, Action) | China | 2008-2009 | K

Jackie Chan ist ein Kampfkünstler und Filmstar, der seit Generationen junge Kämpfer inspiriert. Als sich ein junger Mann schwört, den Stil seines Idols in- und auswendig zu lernen, und zwar vom Meister höchstpersönlich, wird er nicht nur Zeuge von atemberaubenden Kämpfen, sondern lernt eine wichtige Lektion fürs Leben.

mit Zhang Yi-Shan, Tiffany Tang Yan, Zhang Yi-Bai, Jackie Chan, Jiang Hong-Bo ...
BUCH: Hua Xuan, Wu Jia-Min
REGIE: Fang Gang-Liang, Jiang Ping
PRODUKTION: Han Xiao-Li, Jia Qi, Ma Weigan, Peggy Cheung Siu-Ping, Jiang Tao ...
ACTION DIRECTOR: Yuen Bo

JACKIES BEITRAG: Nebenrolle

Sprache / Ton	Bild / Format	Spieldauer
Mandarin Dolby Digital	Farbe / 2.35:1 35 mm	87:51 Min. (*uncut*) ¬

Erstveröffentlichungen
China: 3. Juli 2009
Deutschland: 13. Januar 2011 (V+K-DVD)
(Nominierungen: 1 | Auszeichnungen: 0)

Für diese Produktion wurde Jackie Chan persönlich und von behördlicher Seite aus gebeten, seinen Image-Status auszuspielen. Der Film wurde beim 10. China International Children's Film Festival in Qingdao in der Provinz Shandong aufgeführt und passt demnach thematisch zum Inhalt des Films. Jackie liebt Kinder und unterstützt Nachwuchskräfte in allen Bereichen seit jeher. Jackies Brüder aus Peking-Opern-Zeiten sind ebenfalls zu sehen, darunter Yuen Wah, Yuen Bun und Yuen Miu. Die deutsche DVD scheint leicht geschnitten zu sein, wohingegen die deutsche Blu-ray ungekürzt aufwartet.

BD-Tipp: **Jackie Chan – Kung Fu Master*** [BRD]

* Vertrieb: MIG / EuroVideo, VÖ: 17. Februar 2011

151

The Founding Of A Republic

2009

alt. Titel: *The Great Cause Of China's Foundation*
Arbeitstitel: *Founding Of A Country* | Originaltitel: *Jian Guo Da Ye*

Historisches Drama (Krieg, Geschichte) | China | 2008-2009 | K

Inspiriert von wahren Begebenheiten rund um die Gründung der Volksrepublik China, erzählt der Film eine emotionale Geschichte eines jungen Mannes, der sein Volk in den Kampf gegen die Tyrannei führt.

mit Tang Guo-Qiang, Zhang Guo-Li, Summer Xu Qing, Liu Jin, Chen Kun, Liu Sha ...
BUCH: Wang Xing-Dong, Chen Bao-Guang
REGIE: Huang Jian-Xin, Han San-Ping
PRODUKTION: John Chong Ching, Suo Yu-Qin, Wu Bing, Sun Xiang-Dong, Ding Li ...
MAKE-UP: Wang Xi-Zhong, Ren Yi-Gong

JACKIES BEITRAG: Gastauftritt

Sprache / Ton	Bild / Format	Spieldauer
Mandarin, Englisch Dolby Digital	Farbe / 2.35:1 35 mm	140:57 Min. (*uncut*) ¬

Erstveröffentlichungen
China: 16. September 2009
(Nominierungen: 6 | Auszeichnungen: 7)

»The Founding Of A Republic« (2009) ist der erste von bisher drei Filmen der Reihe »The Founding Of A New China«, welche die Geschichte des asiatischen Landes in epischen Bildern und Erzählungen darstellt. Im Westen wird er mit den drei großen Namen Jet Li, Jackie Chan und Donnie Yen beworben, die hier das erste Mal gemeinsam vor der Kamera stehen. Neben dem historischen Wert des Films ist es vor allem die Tatsache, dass dutzende Stars hier eine Haupt- oder Nebenrolle sowie einen Gastauftritt haben und somit den größten Cast Chinas darstellt. Nach einer Legende kam dies zustande, weil der beliebte Schauspieler Zhang Guo-Li nach Bekanntgabe dieses Großprojekts auf die Produzenten zuging und seine Rolle ohne Bezahlung anbot, sodass ihm andere Stars nacheiferten. Jackie spielt hier einen Journalisten. Eine deutsche Veröffentlichung steht noch aus, die HK-Blu-ray beinhaltet zusätzlich eine DVD mit viel Extras und einer Dokumentation über alle Charaktere im Film.

BD-Tipp: **The Founding Of A Republic**[*] [HK]

[*] Vertrieb: Mega Star, VÖ: 9. Dezember 2009

152

Walking To School

2009

alt. inoffizieller Titel: *On The Road To School*
Originaltitel: *Zou Lu Shang Xue*

Drama (Familie) | China | 2008 | K

Wawa und Naxiang sind Geschwister und leben in einem abgelegenen Bergdorf am Fluss Nujiang in Yunnan. Während der Vater auf Geschäftsreisen ist, kümmert sich die Mutter um Haus und Hof und verpflegt zudem ihre beiden Kinder und eine kranke Großmutter. Als Naxiang eines Tages den gefährlichen Weg zu ihrer Schule über einen Seilzug zurücklegt, möchte ihr kleiner Bruder das auch tun. Doch der ist noch zu klein und muss zuhause bleiben. Die Familie wird beinahe entzwei gerissen, als die junge Naxiang in den Fluss fällt und stirbt und ihr kleiner Bruder aufhört zu reden.

mit Ding Jia-Li, Ana Mu-Ling, Cao Yu-Wen, Chen Yi-Wei, Shi Ning ...
Buch: Peng Chen
Regie: Peng Jia-Huang, Peng Chen
Produktion: Yu Rong-Guang, Peng Chen, Peng Jia-Huang, Song Pu
Schnitt: Zhou Ying

Jackies Beitrag: Sänger (Titelsong)

Sprache / Ton	**Bild / Format**	**Spieldauer**
Mandarin Dolby Digital	Farbe / 1.78:1 35 mm	86:12 Min. (*uncut*)

Erstveröffentlichungen
China: Oktober 2009
(Nominierungen: 5 | Auszeichnungen: 7)

Für diesen Film tat Jackie Chan seinem Freund Yu Rong-Guang einen Gefallen. Gemeinsam nahmen sie bereits 2008 den gleichnamigen Titelsong auf, den der Sänger dem Filmproduzenten für sein Filmvorhaben unentgeltlich spendete. Der Film selbst erzählt eine Geschichte auf wahren Begebenheiten und macht die Bevölkerung Chinas auf die gefährliche Überquerung des Nujiang-Flusses aufmerksam. Nicht zuletzt wegen seiner gesellschaftlichen Kritik wurde die Produktion mit diversen Preisen ausgezeichnet, darunter einen Golden Rooster, einen Children's Bull Award sowie den ersten Platz bei den 14. China Population Culture Awards. In Nigeria erhielt er 2014 sogar eine Nominierung als bester ausländischer Film. Auf DVD und Blu-ray ist er bisher nicht erschienen, lief aber bereits im chinesischen Fernsehsender CCTV6.

Tipp: **leider (noch) nicht möglich**

Beijing

Dokumentation (Wirtschaft, Politik, Sport) | USA, China | 2008 | K

In dieser surrealen Dokumentation der britischen Künstlerin Sarah Morris betrachtet sie die Olympischen Sommerspiele 2008 in Peking mit einem kritischen Ansatz. Welchen Stellenwert nimmt diese Großveranstaltung ein in Anbetracht der globalen Klimakrise? Welche Geschichte verbindet das Sportevent und welchen wirtschaftlichen Effekt hat es auf den kommunistischen Staat Chinas, der sich immer mehr dem Kapitalismus öffnet?

mit Henry Kissinger, Jackie Chan, Fan Bing-Bing, Michael Phelps, Zhang Yi-Mou ...
Buch, Regie & Produktion: Sarah Morris
Schnitt: Ryan Murphy
Cinematographer: David Daniel
Musik: Liam Gillick

Jackies Beitrag: er selbst

Sprache / Ton	**Bild / Format**	**Spieldauer**
Englisch Stereo	Farbe / 2.35:1 35 mm, HD	84:47 Min. (*uncut*)

Erstveröffentlichungen
Deutschland: 31. Oktober 2009 (KunstFilmBiennale)
(Nominierungen: 0 | Auszeichnungen: 0)

Sarah Morris ist eine begnadete Malerin, Grafikerin und Filmemacherin, die sich seit Mitte der 1990er Jahre einen Namen in der Künstlerszene der Welt erarbeitet hat. Geboren wurde sie 1967 in Großbritannien und lebt heute in New York. Die Olympischen Sommerspiele 2008 wollte sie kritisch in ein Kunstobjekt verwandeln. Dies gelang ihr mit einem Fotoband namens »Beijing«, der am 28. Mai 2009 vom Kölner Verlag Buchhandlung Walther König vertrieben wurde, und dem gleichnamigen Film. In diesem Film sieht man Jackie Chan beim sogenannten »The Forum«, einer zweitägigen Zusammenkunft und Diskussionsrunde von Vertretern aus Wirtschaft, Politik und Unterhaltung, die seit 2000 vor Start der Olympischen Spiele abgehalten wird. »The Forum« fand am 4. und 5. August 2008 statt; Jackies Auftritt fand am zweiten Tag im zweiten Panel statt. Die Diskussionsrunde wurde nicht nur von Sarah Morris gefilmt, sondern damals auch live auf CCTV übertragen. Kommerziell wartet der Film noch auf seine Veröffentlichung.

Tipp: **leider nicht möglich**

154

The Spy Next Door

2010

dt. Titel: *Spy Daddy* | fr. Titel: *Kung Fu Nanny* | jap. Titel: *Double Mission*
Arbeitstitel und informeller Kurztitel: *Spy Next Door*

Komödie (Familie, Action) | USA | 2008-2009 | K

Der CIA-Agent Bob Ho will seiner Freundin zuliebe seinen gefährlichen Dienst an den Nagel hängen, denn die Hochzeit der beiden steht bevor. Doch die Kinder aus erster Ehe haben so gar nichts mit ihrem neuen Papa am Hut. Als ihre Mutter geschäftlich verreisen muss, übernimmt Bob die Rolle des Vaters, die ihm die drei absichtlich schwer machen. Als dann noch der Terrorist Poldark auf der Matte steht, nimmt Bob sein altes Leben wieder ein und muss sich beweisen.

mit Jackie Chan, Amber Valletta, Madeline Carroll, Will Shadley, Alina Foley ...
Buch: Jonathan Bernstein, James Greer, Gregory Poirier
Regie: Brian Levant
Produktion: Robert Simonds, Solon So, Ryan Kavanaugh, Tucker Tooley ...
Action Director: Philippe Guégan, Bradley James Allan, Eddie Braun ...

Jackies Beitrag: Hauptrolle

Sprache / Ton	Bild / Format	Spieldauer
Englisch Dolby, Dolby Digital	Farbe / 1.85:1 35 mm (Spherical)	94:18 Min. (*uncut*) ¬

Erstveröffentlichungen
USA: 15. Januar 2010
Deutschland: 23. Juni 2010 (V-DVD)
(Nominierungen: 2 | Auszeichnungen: 0)

»The Spy Next Door« kostete etwa 28 Millionen US-Dollar, die der Film nicht einmal einspielte. Die Kritiken waren so schlecht, dass gleich zwei Schauspielkollegen, nämlich Billy Ray Cyrus und George Lopez, mit je einer Goldenen Himbeere bei den Razzie-Awards 2011 für den Worst Supporting Actor nominiert wurden – nicht mal für den Sieg reichte es. Kurioser ist die Entstehungsgeschichte des Films. Ursprünglich war Jackie Chan schon für die Hauptrolle in »The Pacifier« (2005) vorgesehen, in dem sich dann Vin Diesel als Nanny beweisen durfte. 2011 wollte Disney dann einen zweiten Teil mit Jackie Chan nachliefern, doch aus dem Projekt wurde nichts. Die Dreharbeiten zum inhaltsgleichen »The Spy Next Door« begannen Ende Oktober 2008 und waren bereits Ende Dezember desselben Jahres abgeschlossen.

BD-Tipp: **Spy Daddy*** [BRD]

* Vertrieb: Universum Film, VÖ: 9. Juli 2010

155 2010

Little Big Soldier

dt. Titel: *Little Big Soldier*
Arbeitstitel: *Junior Soldiers / Big Soldier / Big Soldiers* | Originaltitel: *Da Bing Xiao Jiang*

Abenteuer-Komödie (Action) | China, Hongkong | 2009 | K

Nach einer blutigen Schlacht hat der alte Soldat Liang keine Lust mehr auf Krieg und entführt den einzigen Überlebenden, seinen General. Dieser ist zwar einige Jahre jünger und viel fitter, doch auch verletzt. Liang will sich so aus dem Kriegsdienst freikaufen, doch stattdessen stoßen beide unterwegs auf ungeahnte Abenteuer.

mit Jackie Chan, Wang Lee-Hom, Steve Yoo Seung-Jun, Lin Peng, Do Yuk-Ming ...
BUCH: Ding Sheng, Jackie Chan (Story)
REGIE: Ding Sheng
PRODUKTION: Jackie Chan, Solon So, Yuan Nong, Ren Yi-Wan, Zhang Xing
ACTION DIRECTOR: Jackie Chan, He Jun, Ng Kong, Han Kwan-Hua

JACKIES BEITRAG: Hauptrolle, Drehbuchautor, Produzent, Action Director, Stuntkoordinator

Sprache / Ton	**Bild / Format**	**Spieldauer**
Mandarin Dolby DIgital	Farbe / 2.35:1 35 mm (Super 35, anamorph)	95:31 Min. (*uncut*) ¬

Erstveröffentlichungen
Malaysia: 11. Februar 2010
China: 14. Februar 2010
Deutschland: 17. Februar 2010 (Berlinale)
(Nominierungen: 0 | Auszeichnungen: 0)

»Little Big Soldier« ist ein ungewöhnlicher Jackie-Chan-Film, was ihn aber gerade deswegen so besonders macht. Gedreht wurde er von Januar bis April 2009 überwiegend in Yunnan, China, und bildet den ersten von bisher drei Filmen mit Jackie Chan in der Hauptrolle und Ding Sheng als Regisseur. Laut Jackie Chan trug er die Idee schon über zwanzig Jahre mit sich herum. Inoffiziell wird er als der 99. Film von Jackie Chan beworben. Für den jüngeren General waren erst Daniel Wu und Jaycee Chan im Gespräch.

BD-Tipp: **Little Big Soldier**[*] [BRD]

* Vertrieb: New KSM, VÖ: 15. November 2010

156 | 2010

The Karate Kid

dt. Titel: *Karate Kid*
Arbeitstitel: *Kung Fu Kid / Untitled Karate Kid Remake*

Action-Komödie (Familie, Drama) | USA, China | 2009-2010 | K

Als der junge Dre erfährt, dass seine Mutter berufsbedingt von Detroit nach Peking versetzt wird, bricht für ihn eine Welt zusammen. Im fernen China findet er sich nicht zurecht und wird von Rowdys drangsaliert. Bis er eines Tages auf einen chinesischen Kung-Fu-Meister trifft, der sich mit der Familie anfreundet und dem jungen Dre hilft, sich zu wehren.

mit Jaden Smith, Jackie Chan, Taraji P. Henson, Wenwen Han, Yu Rong-Guang ...
BUCH: Christopher Murphey, Robert Mark Kamen
REGIE: Harald Zwart
PRODUKTION: James Lassiter, Jada Pinkett Smith, Will Smith, Solon So ...
ACTION DIRECTOR: Ng Kong

JACKIES BEITRAG: Hauptrolle

Sprache / Ton	Bild / Format	Spieldauer
Englisch, Mandarin Dolby Digital, DTS, SDDS	Farbe / 2.35:1 35 mm (Super 35)	132:48 Min. (*uncut*, HK-Fassung) 140:01 (*uncut*) ¬

Erstveröffentlichungen
USA: 7. Juni 2010 (Premiere)
Deutschland: 22. Juli 2010
(Nominierungen: 12 | Auszeichnungen: 5)

Bereits 1980, als Jackie Chan das erste Mal Hollywood-Geruch in der Nase hatte, kam ihm die Filmidee eines asiatischen Auswanderers, der sich gegen Straßenbanden in den USA beweisen muss. Hongkong-Filmgeek Renée Winterstaetter bezeichnete dieses ungeschriebene Skript als »Pre Karate Kid«, welches ein paar Jahre später abgeändert mit Ralph Macchio gedreht und zu einem Klassiker wurde. Inwiefern Jackies erste Idee mit dem originalen Karate Kid von 1984 wirklich zu tun hat, wird wohl nie ganz aufgelöst werden. Hier allerdings hat die Familie Smith dafür gesorgt, dass der Film mit 40 Millionen US-Dollar Budget ein weltweiter Hit wurde, der beinahe 340 Millionen US-Dollar Umsatz machte. Gedreht wurde von Juli bis zum 16. Oktober 2009. Auch wenn der Titel inhaltlich falsch ist, da es um Kung Fu geht, ist der Film dennoch kurzweilig.

BD-Tipp: **Karate Kid*** [BRD]

* Vertrieb: Sony Pictures Home Entertainment, VÖ: 25. November 2010

157

The Legend Of Silk Boy

2010

übersetzter Originaltitel: *Weltexpo: Gewinner der Seide*
Originaltitel: *Shi Bo Zong Dong Yuan: Shi Bo Guan Jun Hu Si Zi*

Animation (Komödie, Abenteuer, Geschichte) | China | 2008-2010 | K

Im Jahr 1851 stellt der chinesische Geschäftsmann Xu Rong-Cun seine berühmte Yun-Kee-Seide, die beste der Welt, auf der Weltausstellung in London vor. Sie beschert ihm ein Imperium, das lange währt. Einhundert Jahre später, zur Weltausstellung 2010 in Shanghai, findet aber ein Ur-ur-ur-Enkel des Erfinders, dass Seide nicht mehr in ist und legt mehr Wert auf seine Robotertechnik. Diese beschert ihm bald eine abenteuerliche Reise durch Raum und Zeit und die Geschichte seines Landes.

mit Jackie Chan, Li Bing-Bing, Xie Na, Zhou Li-Bo, Angela An ... (Originalversion)
BUCH: Christopher Donaldson, Neil Every, Xu Xi-Zeng
REGIE: David Liu Da-Dao
PRODUKTION: Rob Diamond, Lucy Yang, Han Fang-Xi, Shen Gen-Lin, Hu Jin-Jun ...
MUSIK: Alain Mayrand

JACKIES BEITRAG: Synchronsprecher

Sprache / Ton	Bild / Format	Spieldauer
Mandarin Dolby Digital	Farbe / 1.78:1 Digital	80:32 Min. (*uncut*) ¬

Erstveröffentlichungen
China: 20. August 2010
(Nominierungen: 1 | Auszeichnungen: 0)

»Die Abenteuer des Silkboy« ist eine Geschichte von Xu Xi-Zeng, den ein internationales Team (USA, Kanada, Hongkong, China, Taiwan, ...) für die Weltausstellung 2010 in Shanghai auf Geheiß der Volksrepublik China produziert hat. Im Film stellt sich China natürlich als großer Erfinder und Gastgeber dar; Jackie Chan übernahm die Sprechrolle des Xu Rong-Cun in der Mandarin-Fassung. Was den Chinesen gut gefiel, war die Tatsache, dass die chinesische Stimme des berühmten Donald Duck mit einem markanten Shanghai-Akzent eine Sprechrolle bekam. Der Film wurde kaum beworben und feierte seine Premiere inmitten der Weltausstellung 2010. Die Effekte sind billig, wurden schnell produziert; weit weg vom Standard jener Zeit ähneln sie einem 2000er PC-Spiel. Die chinesische DVD ist »out of print«, genau wie der Soundtrack auf CD – aber Jackie Chan singt hier eh nicht.

DVD-Tipp: **The Legend of Silk Boy**[*] [CHN]

[*] Vertrieb: Shanghai Audio & Video Company, VÖ: 15. August 2011

158

Kung Fu Panda Holiday

2010

dt. Titel: *Kung Fu Panda – Ein schlagfertiges Winterfest*
kompletter Originaltitel: *Kung Fu Panda Holiday Special*

Animation (Kurzfilm, Action, Komödie) | USA | 2009-2010 | TV

Die Vorweihnachtszeit verbringt Po bei seinem Vater im Restaurant, wo sie zusammen festlich dekorieren und den ganzen Tag Nudelsuppe kochen. Als Shifu Po aufklärt, dass er als Drachenkrieger das offizielle Winterfest im Jade-Palast organisieren muss, sieht der Panda sich wieder einmal in der Zwickmühle. Als die Situation eskaliert, merkt er, dass er es nicht beiden gerecht machen – und so folgt er seinem Herzen und lernt, was Tradition wirklich bedeutet.

mit Jack Black, Dustin Hoffman, Angelina Jolie, Seth Rogen ... (Originalversion)
Buch: Jonathan Grff, Jon Pollack
Regie: Tim Johnson
Produktion: Melissa Cobb, Ellen Coss
Musik: Henry Jackman, John Powell, Hans Zimmer

Jackies Beitrag: Synchronsprecher

Sprache / Ton	**Bild / Format**	**Spieldauer**
Englisch Dolby Digital	Farbe / 1.78:1 Digital	24:39 Min. (*uncut*) ¬

Erstveröffentlichungen
USA: 24. November 2010
Deutschland: 8. November 2012 (K-DVD)
(Nominierungen: 3 | Auszeichnungen: 6)

Jackie Chan übernimmt hier wieder die Rolle des Master Monkey, in der englischen, kantonesischen und der Mandarin-Version. Der Kurzfilm wurde für das US-Fernsehen produziert, das in der Vorweihnachtszeit heiß läuft. Er stellt eine Art Promokurzfilm für den zweiten Teil des Kinofilms dar, der nur wenige Monate später erscheinen sollte. Der Film ist weltweit ungeschnitten erschienen. In Großbritannien trägt die DVD den Titel »Kung Fu Panda Po's Winter Wonderland«. Den US-Zusatztitel »Special« erhielt der Kurzfilm durch seine Ausstrahlung im amerikanischen Fernsehen, welches als TV-Special beworben wurde.

DVD-Tipp: **Kung Fu Panda: Ein schlagfertiges Winterfest**[*] [BRD]

* Vertrieb: Paramount / Universal Pictures, VÖ: 8. November 2012

159

Shaolin

2011

dt. Titel: *Shaolin*
Originaltitel: *San Siu Lam Zi*

Action-Drama (Geschichte) | Hongkong, China | 2009-2010 | K

Als 1912 in China ein großer Krieg um die Vormachtstellung im Land wütet und das Volk in Not bringt, findet die schwerverletzte Tochter eines Generals Zuflucht im Shaolin-Tempel. Als sie dort an ihren Verletzungen stirbt, schwört ihr Vater Rache, doch der Shaolin-Koch Wudao rät ihm davon ab – bis ihn die Konflikte heimsuchen.

mit Andy Lau, Nicholas Tse, Fan Bing-Bing, Jackie Chan, Jacky Wu Jing ...
BUCH: Charcoal Tan, Chan Ka-Cheong, Wong Chow-Yue, Cheung Chi-Gwong
REGIE: Benny Chan
PRODUKTION: Albert Lee Nga-Bok, Benny Chan
ACTION DIRECTOR: Corey Yuen Kwai, Yuen Tak, Nicky Li Chung-Chi

JACKIES BEITRAG: Nebenrolle

Sprache / Ton	Bild / Format	Spieldauer
Mandarin, Kantonesisch Dolby Digital	Farbe / 2.35:1 35 mm (Super 35, anamorph)	131:02 Min. (*uncut*) ¬

Erstveröffentlichungen
Hongkong: 19. Januar 2011
Deutschland: 7. Oktober 2011 (V-BD)
(Nominierungen: 4 | Auszeichnungen: 0)

In »Shaolin« (2011), der lose auf dem originalen Jet-Li-Film »Shaolin Temple« (1982) beruht und deshalb aus dem Chinesischen wörtlich mit »New Shaolin Temple« übersetzt werden kann, hat Jackie Chan eine Nebenrolle und trägt den gesamten Film über eine Kappe, damit er sich nicht wie seine Schauspielkollegen den ganzen Kopf rasieren musste. Um den echten Shaolin-Tempel nicht zu zerstören, bauten er und sein Team ihn in Zhejiang für knapp 1,47 Millionen US-Dollar nach. Das Gesamtbudget betrug ca. 29 Millionen US-Dollar. Den Titelsong steuerte diesmal Andy Lau selbst bei. Auch wenn die Dreharbeiten bereits im Oktober 2009 starteten – der Film wurde ursprünglich für einen Start Ende 2010 geplant –, äußerte sich Jackie Chan aus Vertragsgründen erst spät zu seiner Beteiligung an dem Projekt.

BD-Tipp: **Shaolin*** [BRD]

* Vertrieb: New KSM, VÖ: 7. November 2011

160

Kung Fu Panda 2

2011

dt. Titel: *Kung Fu Panda 2*
Arbeitstitel: *Kung Fu Panda: Pandamoneum / Kung Fu Panda: The Kaboom Of Doom*

Animation (Action, Komödie) | USA | 2008-2011 | K

Seitdem er zum Drachenkrieger auserkoren wurde, hält Po seine schützende Hand über seine Heimat, das Tal des Friedens. Doch als er herausfindet, dass der böse Lord Shen das Land mit einer neuen Superwaffe terrorisiert, muss der träge Panda sein Team der Furiosen Fünf zusammentrommeln. Gemeinsam ziehen sie in den Kampf.

mit Jack Black, Angelina Jolie, Dustin Hoffman, Gary Oldman ... (Originalversion)
Buch: Jonathan Aibel, Glenn Berger
Regie: Jennifer Yuh Nelson
Produktion: Melissa Cobb, Jonathan Aibel, Glenn Berger, Suzanne Buirgy ...
Musik: John Powell, Hans Zimmer

Jackies Beitrag: Synchronsprecher

Sprache / Ton	Bild / Format	Spieldauer
Englisch SDDS, DTS, Dolby Digital	Farbe / 2.35:1 Digital	90:23 Min. (*uncut*) ¬

Erstveröffentlichungen
USA: 22. Mai 2011 (Premiere)
Deutschland: 16. Juni 2011
(Nominierungen: 47 | Auszeichnungen: 5)

Auch in der erfolgreichen Fortsetzung spricht Jackie Chan den Master Monkey in der englischen, kantonesischen und der Mandarin-Fassung. Der Film kostete satte 150 Millionen US-Dollar, spielte allerdings weltweit über 665 Millionen US-Dollar ein und war gerade einmal drei Jahre in Arbeit. Selbst in Deutschland sorgte der Blockbuster für einen erstaunlichen Umsatz von ca. 15,8 Millionen Euro. Wie schon der erste Teil wurde auch »Kung Fu Panda 2« für den Oscar des Besten Animationsfilms 2009 nominiert. Auf den Internationalen Filmfestspielen in Cannes 2011 wurde der Film mit einigen der Stars am 12. Mai beworben, seine Premiere feierte er aber in Hollywood.

BD-Tipp: **Kung Fu Panda 2*** [BRD]

* Vertrieb: DreamWorks / Paramount, VÖ: 8. März 2012

161

1911 Revolution

2011

dt. Titel: *1911 Revolution*
alt. Titel: *1911 / Xinhai Revolution* | Originaltitel: *Xin Hai Ge Ming*

Historiendrama (Action, Krimi, Abenteuer) | China, Hongkong | 2010-2011 | K

In China leidet das Volk seit über 250 Jahren unter der strengen Regentschaft der Qing-Dynastie. Inmitten der weltweiten Industrialisierung ist das Land gespalten, und so kommt es zu revolutionären Aufständen, die gegen das immer stärker werdende Militär Chinas kämpfen und die Monarchie endgültig abschaffen will.

mit Jackie Chan, Winston Chao, Li Bing-Bing, Sun Chun, Joan Chen Chung ...
BUCH: Wang Xing-Dong, Chen Bao-Guang
REGIE: Jackie Chan, Zhang Li
PRODUKTION: Ren Zhong-Lun, Liu Li-Juan
ACTION DIRECTOR: Ng Kong, *Sing Ga Ban*

JACKIES BEITRAG: Hauptrolle, Regisseur, Stuntkoordinator

Sprache / Ton	Bild / Format	Spieldauer
Mandarin, Englisch, Französisch Dolby Digital	Farbe / 2.35:1 35 mm (Technicolor)	120:52 Min. (*uncut*) ¬

Erstveröffentlichungen
China: 23. September 2011
Deutschland: 17. Februar 2012 (V-BD)
(Nominierungen: 7 | Auszeichnungen: 4)

»1911 Revolution« (2011) wurde zum 100-jährigen Jubiläum zur Gründung der Volksrepublik Chinas produziert und veröffentlicht. In diesem Drama sieht man einen anderen Jackie Chan, als man gewohnt ist. Hierzulande gilt der Film – wenngleich einmalig in Szene gesetzt – inhaltlich etwas langatmig. Die 18 Millionen US-Dollar teure Produktion spielte weltweit knapp 80 Millionen US-Dollar wieder ein. Schon vor Produktionsbeginn wurde der Film als der 100. Film von Hauptdarsteller und Regisseur Jackie Chan beworben.

BD-Tipp: **1911 Revolution*** [BRD]

* Vertrieb: Splendid Film / Amasia, VÖ: 27. Februar 2015

162

Legendary Amazons

2011

dt. Titel: *14 Schwerter* | alt. Titel: *The 14 Amazons / The Lady Generals Of Yang Family*
Originaltitel: *Yang Men Nu Jiang Zhi Jun Ling Ru Shan*

Action-Abenteuer (Historendrama) | China | 2009-2011 | K

Im China des 11. Jahrhunderts, inmitten der Song-Dynastie, herrscht die Korruption. Überfälle und Plünderungen finden statt. Als einer der letzten großen Generäle des Yang-Clans ums Leben kommt, schwört seine Ehefrau Rache und führt andere Frauen von gefallenen Generälen in eine letzte blutige Schlacht.

mit Cecilia Cheung, Richie Ren, Cheng Pei-Pei, Ge Chun-Yan, Oshima Yukari ...
BUCH: Frankie Chan, Liu Heng
REGIE: Frankie Chan
PRODUKTION: Jackie Chan, Wang Tian-Yun, Fu Man-Ha
ACTION DIRECTOR: Fung Hak-On, Zhang Hai, Frankie Chan, Ng Ban, Mang Hoi

JACKIES BEITRAG: Produzent

Sprache / Ton	Bild / Format	Spieldauer
Mandarin, Kantonesisch Dolby Digital	Farbe / 2.35:1 Redcode RAW (4.5K)	108:08 Min. (*uncut*) ¬

Erstveröffentlichungen
Hongkong: 17. November 2011
Deutschland: 29. Juni 2012 (V+K-BD)
(Nominierungen: 0 | Auszeichnungen: 0)

»Legendary Amazons« (2011) hat neben oben genannten Alternativtiteln auch noch folgende Aliase: »The Legendary Amazons«, »Yang Women Generals« und »Yang Family Generals«. Der Film erzählt eine beliebte Kriegsgeschichte aus China und stellt ein Remake zum Film »The 14 Amazons« (dt. Titel: »Die Rache der gelben Tiger«) von 1972 dar. Dies ist nach elf Jahren endlich wieder eine Regiearbeit von Frankie Chan, einem langjährigen Freund von Jackie Chan, der seinem Kumpanen hier gerne als Produzent aushilft.

BD-Tipp: **14 Schwerter*** [BRD]

* Vertrieb: Splendid Film / Amasia, VÖ: 29. Juni 2012

Clair De Lune

Kurzfilm (Kunstfilm) | China | 2011

Jackie Chan als Symbol für den erlösenden Retter der Menschheit, Clotilde Courau als Symbol für das Leid auf Erden. Hier wird auf die Folgen des Klimawandels künstlerisch hingewiesen.

mit Clotilde Courau, Jackie Chan
BUCH: Yi Zhou
REGIE: Yi Zhou
PRODUKTION: Teddy Chen Tak-Sum (Supervisor)
ART DIRECTOR: Tan Dun

JACKIES BEITRAG: er selbst

Sprache / Ton	Bild / Format	Spieldauer
Englisch Dolby Digital	Farbe / 2.35:1	13:39 Min. (*uncut*)

Erstveröffentlichungen
Südafrika: 4. Dezember 2011 (UN-Klimakonferenz)
Italien: 5. Januar 2012
(Nominierungen: 0 | Auszeichnungen: 0)

Die chinesische Künstlerin Yi Zhou (*1987) stellt multimediale Kunstwerke in 2D und 3D her und ist weltweit eine angesehene Designerin, Art Directorin und Filmemacherin. 2010 gründete sie ihre Produktionsfirma Yi Zhou Studio in Shanghai. Ein größerer Auftrag von der Website Tudou.com, einem chinesischen YouTube-Pendant, von dem Yi Zhou auch die künstlerische Leiterin ist, hatte die UN-Klimakonferenz in Durban, Südafrika, als Kunden. Für die COP17-Konferenz produzierte sie so einen künstlerischen Film, in dem auch Jackie Chan zu sehen ist. Unterstützung erhielt sie durch Jackies langjährigen Freund Teddy Chen. Die französische Schauspielerin Clotilde Courau spielt die Hauptrolle in diesem ästhetischen Kurzfilm, der die chinesische Bevölkerung auf das sich verändernde Klima und seine Auswirkungen aufmerksam machen sollte. Die Titelmusik »Symphony of Life, Nature and Silence« komponierte die Künstlerin selbst. Den Film konnte man sich auf der Website von Clotilde Courau samt Inhaltsangabe und Werbeposter ansehen. Leider war dort der kurze Part mit Jackie Chan einem Stock-Foto gewichen; könnte es hier Rechtsstreitigkeiten gegeben haben? Die Website ist seit Mitte 2018 nicht mehr erreichbar.

Tipp: **leider nicht möglich**

Portraits: China – Profiling The Chinese Dream

Dokumentation (Reihe) | China | 2010-2011 | TV

In dieser fünfteiligen Doku-Reihe behandelt der Discovery Channel fünf außergewöhnliche chinesische Persönlichkeiten und begleitet sie jeweils in einer Folge eine Zeitlang auf Schritt und Tritt. Diese Persönlichkeiten stellen den chinesischen Traum dar, um das Volk an ihre Helden glauben zu lassen.

mit Yang Li-Ping, Dr. Shi Zheng-Rong, Jackie Chan, Zhong Nan-Shan, *Team China* ...
Buch: unbekannt
Regie: unbekannt
Produktion: *Discovery Channel*
Schnitt: unbekannt

Jackies Beitrag: er selbst

Sprache / Ton	Bild / Format	Spieldauer
Englisch, Mandarin Dolby Digital	Farbe / 1.78:1	unbekannt

Erstveröffentlichungen
China: 10. Dezember 2012 (Premiere)
(Nominierungen: 0 | Auszeichnungen: 0)

2010 rief der Discovery Channel im chinesischen Internet seine Zuschauer auf, über Kandidaten für eine geplante Doku-Reihe abzustimmen, die Nationalhelden näher beleuchten soll. Die Gewinner waren Yang Li-Ping, die mit ihrer Tanzleidenschaft Minderheiten im Land unterstützt, Dr. Shi Zheng-Rong, Gründer der weltweit führenden Solarpanel-Firma Suntech Power, Jackie Chan, Filmstar und Philanthrop, Zhi Nan-Shan, der die 2003er SARS-Aufklärungskampagne leitete, und Team China, das mit insgesamt fünf herausragenden Sportlern die Olympischen Sommerspiele 2008 in Peking zum Erfolg führte. Jackie Chan wird in der Folge 3 auf seinem Weg zu wohltätigen Zwecken begleitet. Er wohnt dem Team um Operation Smile Vietnam bei einer OP eines Kleinkindes bei, die ihn sprachlos zurücklässt, und erzählt, dass er schreckliche Angst vor Nadeln habe. In einer Szene erklärt Xavier Lee, Jackie Chans persönlicher Archivar, wie groß das Videorepertoire seines Arbeitgebers in den vergangenen 30 Jahren angewachsen sei. Produziert wurde die Doku-Reihe von Infocus Asia für Discovery Channel. Zusätzlich zu dem ausgestrahlten Programm wurden insgesamt 30 Einzelschicksale von Bürgern aus China in Kurzfilmen gezeigt.

Tipp: **leider nicht möglich**

165

The Adventures Of Jinbao

2012

US-Titel: *The Adventures Of Panda Warrior*
Originaltitel: *Da Bing Jin Bao Li Xian Ji*

Animation (Action, Komödie) | China | 2011-2012 | K

Als ein Soldat aus dem Alten China auf magische Weise in einen Panda verwandelt und in eine andere Welt katapultiert wird, findet er sich unter der Herrschaft einer neunköpfigen Schlange wieder. Schnell trifft er auf ein fliegendes Schwein, das ihm beim Training hilft, um gemeinsam das einst so herrliche Merryland von dem schrecklichen Königreich zu befreien.

mit Lam Tze-Chung, Ji Tao, Wang Hai-Yang, Hu Jun-Ming, Yang Zheng, He Xiang ...
BUCH: Andy Ng Yiu-Kuen, Peter Cheung Wing-Yiu
REGIE: Andy Ng Yiu-Kuen
PRODUKTION: Leo Lo Kwok-Shing
ACTION DIRECTOR: Lee Tat-Chiu

JACKIES BEITRAG: Synchronsprecher

Sprache / Ton	**Bild / Format**	**Spieldauer**
Mandarin Dolby Digital	Farbe / 1.78:1 Digital	76:34 Min. (*uncut*) ¬

Erstveröffentlichungen
China: 10. August 2012
USA: 2. August 2016 (K-DVD)
(Nominierungen: 0 | Auszeichnungen: 0)

Das US-amerikanische Filmstudio Lionsgate kaufte die internationalen Vertriebsrechte des wenig bekannten chinesischen Films ein und brachte ihn mit einer englischen Synchronisation auf den Heimkino-Markt. Dort sprechen u. a. Rob Schneider und Haylie Duff die Charaktere, während Jackie Chan dem Helden Jinbao, der ihm vor seiner filmischen Verwandlung zum Verwechseln ähnlich aussieht, in der kantonesischen Fassung seine Stimme leiht. Auf dem Weltmarkt findet sich derzeit nur eine US-amerikanische und eine japanische DVD; beide enthalten nicht die zwei chinesischen Audiospuren. Ob es eine deutsche Veröffentlichung geben wird, ist fraglich. An der Original-Produktion wirkten einige von Jackies New Seven Little Fortunes mit, darunter Ji Tao, Yang Zheng und Gewinner Jack Tu. Der Film stellt also eine Produktion dar, die aus Jackies Casting-Show »The Disciple« (2007-2008) hervorkam, und »Little Big Soldier« (2010) mit den Kung-Fu-Panda-Filmen kombiniert.

DVD-Tipp: **The Adventures of Panda Warrior*** [USA] [J]

* Vertrieb USA: Lionsgate, VÖ: 2. August 2016; Vertrieb Japan: ALBSD-1489, VÖ: 2. April 2015

166

Chinese Zodiac

2012

dt. Titel: *Armour Of God – Chinese Zodiac*
alt. Titel: *Armour Of God III: Chinese Zodiac / CZ12* | Originaltitel: *Sap Ji Sang Ciu*

Abenteuer-Komödie (Action) | Hongkong, China, Taiwan, Australien, Vanuatu ... | 2011-2012 | K

Der Schatzsucher Asian Hawk erhält den Auftrag, zwölf berühmte Bronzeköpfe der Chinesischen Tierkreiszeichen, die während der Opiumkriege gestohlen wurden, wieder zu finden und zurück nach Peking zu bringen. Für diesen Großauftrag muss er um den ganzen Globus reisen – doch er ist nicht alleine auf der Suche ...

mit Jackie Chan, Anna Yao Xing-Tong, Kwon Sang-Woo, Zhang Lan-Xin, Liao Fan ...
BUCH: Stanley Tong, Frankie Chan, Edward Tang, Jackie Chan
REGIE: Jackie Chan
PRODUKTION: Jackie Chan, Wang Zhong-Lei, Barbie Tung, Zhang Da-Jun ...
ACTION DIRECTOR: Jackie Chan, He Jun

JACKIES BEITRAG: Hauptrolle, Drehbuchautor, Regisseur, Produzent, Action Director, Stuntkoordinator ...

Sprache / Ton	**Bild / Format**	**Spieldauer**
Englisch, Mandarin, Französisch, Spanisch, Russisch Dolby Digital	Farbe / 2.35:1 35 mm (Super 35)	109:24 Min. (*uncut*, internationale Fassung) 123:21 Min. (*uncut*, HK-Fassung) ¬

Erstveröffentlichungen
Hongkong: 12. Dezember 2012 (HKIFF)
China: 20. Dezember 2012
Deutschland: 30. Januar 2014 (V-BD)
(Nominierungen: 8 | Auszeichnungen: 5)

Jackie Chans dritter Teil der berühmten Armour-Of-God-Reihe war viele Jahre lang in Planung, bis Jackie den ersten Drehtag am 5. Juni 2011 eröffnete und von da an einen neuen Weltrekord aufstellte. Satte 15 Jobs gehen alleine für diesen Film auf sein Konto; neben den oben aufgeführten war er auch für das Catering und die Requisite, als Art Director, Komponist, Sänger und sogar als Beleuchter tätig. In der Schlussszene sieht man nach genau 30 Jahren Leinwandabstinenz Jackie Chans Ehefrau und frühere taiwanesische Starschauspielerin Joan Lin Feng-Chiao als seine Filmfrau an Jackies Seite. Weltweit spielte der Film sagenhafte 171.339.013 US-Dollar ein und ist Jackies erfolgreichster chinesischer Film aller Zeiten.

BD-Tipp: **Armour of God: Chinese Zodiac*** [BRD]

* Vertrieb: Splendid Film / Amasia, VÖ: 31. Juli 2015

[167] Love Like A Mountain: Stories From The Ya'an Earthquake 2013

Originaltitel: *Da Ai Ru Shan – Ya An Di Zhen Zhong De Gu Shi*

Mikrofilm-Reihe (Dokumentation, Kurzfilm, Festivalfilm) | China | 2013 | TV

Am 20. April 2013 erschütterte ein heftiges Erdbeben die Region um Sichuan, China. Viele Tausende Menschen wurden getötet oder obdachlos, besonders die Stadt Ya'an mit ihren Teeplantagen hat es schwer erwischt. In 15 Kurzfilmen wird die Tragödie aber auch die Unterstützung von Behörden und Personen dokumentiert.

REGIE: Cha Shan, Du Hai, Fan Ling, Li Jian, Ma Jing, Yao Qing-Tao, Zhang Xin-Yuan, Wu Jing, Xu Jun, Wang Miao-Xia, Han Ke-Yi, Zhou Yi
FILM CONSULTANT: Jackie Chan
PRODUKTION: Wang Ping-Jiu, Jackie Chan, *CCTV*

JACKIES BEITRAG: Filmberater, Produzent

Sprache / Ton	Bild / Format	Spieldauer
Mandarin Stereo, Dolby Digital	Farbe / 2.35:1	unbekannt

Erstveröffentlichungen
China: 12. Mai 2013
China: Juni 2013 (SIFF)
(Nominierungen: 0 | Auszeichnungen: 0)

Als Jackie Chan von dem schweren Erdbeben in der Sichuan-Region erfuhr, ließ er sofort alles stehen und liegen, um zu helfen. Er sicherte den einheimischen Teebauern sofortige Hilfe zu, deren Existenzgrundlage durch das Erdbeben zunichte gemacht wurde. Um der ganzen Tragödie mehr Reichweite zu verleihen und somit auf mehr Unterstützung von außen zu hoffen, rief er kurzerhand mit einem Team von Film- und TV-Produzenten ein Mikrofilm-Festival aus. Wang Ping-Jiu stellte ein Team von Regisseuren zusammen, die die Erdbebenregion mit Kameras besuchten und jeweils einen dokumentarischen Kurzfilm daraus schnitten. Bei allen 15 daraus resultierenden Kurzfilmen war Jackie Chan als filmischer Berater mit an Bord. Als Initiator des Wohltätigkeitsfilmprojekts feierte die Reihe ihre Premiere in Jackies »Beijing Sparkle Roll Theater«- Theaterkette und wurde am 12. Mai 2013 erstmalig auf CCTV gezeigt. Die genauen Sendedaten pro Film liegen nicht vor, allerdings wurde die Reihe auch auf dem Shanghai International Film Festival vorgeführt. Eine Veröffentlichung auf DVD gibt es noch nicht. Ein Filmtitel von Regisseur Wu Jing lautet übrigens »Mein Schlachtfeld« (Originaltitel: »Wo De Zhan Chang«).

Tipp: **leider nicht möglich**

168 **The Unbelievable** 2013

Kurzfilm (Thriller, Sci-Fi) | Großbritannien, Hongkong, USA | 2012-2013

Als ein unbekanntes Flugobjekt in die Erdatmosphäre eintritt, verbreitet sich die Nachricht schnell unter Hobbyastronomen, Politikern und der führenden Weltelite. Der CEO von Z Corp, einer milliardenschweren Tech-Firma, will wissen, was das für eine Technik ist, und setzt alles daran, das Geheimnis zu lüften und für sich zu gewinnen.

mit Jackie Chan, Stasya Knight, John Macey, *Legacy 500*, ...
REGIE: Asa Bailey
PRODUKTION: Asa Bailey
ART DIRECTOR: Keith Weir

JACKIES BEITRAG: Hauptrolle

Sprache / Ton	**Bild / Format**	**Spieldauer**
Englisch Dolby Digital	Farbe / 2.35:1	6:21 Min. (*uncut*)

Erstveröffentlichungen
Großbritannien: 21. Mai 2013
(Nominierungen: 0 | Auszeichnungen: 0)

Für den brasilianischen Flugzeughersteller Embraer produzierte die britische Filmfirma Amazing Industries eine etwas andere Art von Promovideo für ihre neue Erfindung, den ultra-luxuriösen Jet Legacy 500. In diesem Kurzfilm spielt Jackie Chan eine fiktive Rolle namens Mr. Z, den Geschäftsführer der fiktiven Z Corp (nicht zu verwechseln mit der gleichnamigen 3D-Drucker-Firma). Der Kurzfilm ist kein Werbespot, der im Fernsehen läuft, er ist ein fiktionales Promovideo, getarnt als Kurzfilm im Genre Sci-Fi-Thriller. Jackie Chan nahm an dieser Produktion teil, weil er selbst den neuen Legacy 500 besitzt. Kein Witz, der Schauspieler gönnte sich diesen knapp 20 Millionen US-Dollar teuren Luxusjet, um schneller und unabhängiger von einem Ort zum anderen zu jetten. Dabei steht seine Arbeit als Filmemacher natürlich im Vordergrund, doch beinahe gleichbedeutend nutzt er sein Flugvehikel für seine zahllosen Charity-Projekte in ganz Asien und dem Rest der Welt. Leider gibt es den Film nicht mit Bonus-Material auf DVD, wovon es sicher eine Menge geben dürfte, aber man kann ihn sich auf bekannten Videoplattformen online anschauen. Jackies Part wurde übrigens in Hongkong mit Sicht auf das HKCEC gedreht. Der Kurzfilm hatte ein Budget von ca. 1,5 Millionen US-Dollar.

Tipp: **leider nicht möglich**

169 **White Gold** 2013

Mandarin-Titel: *Bloody Ivory*

Dokumentation | USA | 2010-2013

Der weltweite illegale Handel mit Elfenbein ist ein Milliardengeschäft. Gerade auf dem Kontinent Afrika geht das Massentöten von Elefanten auf ein Maximum zu. Diese Doku berichtet darüber, was die globale Nachfrage nach dem weißen Gold in der Natur anrichtet.

mit Hillary Clinton, Iain Douglas-Hamilton, Andrew Lesiapadei, Silas Murithi ...
BUCH: Simon Trevor
REGIE: Simon Trevor
PRODUKTION: Arne Glimcher, Ian Saunders, Tanya Saunders, Bonnie Hlinomaz
SCHNITT: Grace Kline, Amy Seplin

JACKIES BEITRAG: Erzähler

Sprache / Ton	Bild / Format	Spieldauer
Englisch Dolby Digital	Farbe / 1.78:1	37:30 Min. (*uncut*)

Erstveröffentlichungen
USA: 18. November 2013 (DOC NYC Film Festival)
(Nominierungen: 0 | Auszeichnungen: 0)

Simon Trevor, ein britischer Dokumentarfilmer mit einer Vorliebe zu Afrika, erlangte 1978 mit seiner aufwühlenden Dokumentation »Bloody Ivory« (dt. Titel: »Blutiges Elfenbein«) großes Ansehen in der Filmszene. Seine damalige Dokumentation wurde sogar für einen BAFTA TV Award 1980 nominiert. Auch 2013 ist Elfenbeinhandel noch topaktuell. Simon Trevor erhält dieses Mal filmische Unterstützung durch Hillary Clinton, die als Sprecherin der Originalfassung fungierte. Für die Mandarin-Fassung der Doku, dessen Titel verwirrenderweise »Bloody Ivory« lautet, übernahm Jackie Chan diese Rolle. Beide Fassungen lassen sich für wenig Geld auf der offiziellen Website erwerben – doch warum gibt es speziell eine Mandarin-Fassung? Weil China mit diversen Umschlagplätzen einer der größten Märkte für illegalen Elfenbeinhandel ist und Star Jackie Chan sich bereits seit Jahrzehnten gegen diesen einsetzt.

VoD-Tipp: **White Gold**[*] [USA]

* beide Sprachfassungen günstig als digitale Kopie erwerben unter www.whitegoldfilm.com

170

Personal Tailor

2013

alt. Titel: *Private Reservations*
Originaltitel: *Si Ren Ding Zhi*

Tragikomödie (Drama) | China | 2012-2013 | K

Was wäre, wenn man die Möglichkeit hätte, für einen Tag der zu sein, der man schon immer sein wollte? Das Team um die vier Personal Tailor macht es möglich. Ein Traumerfüller, eine Szenariodesignerin, eine Traumerneuerin und ein Psychologe tun sich zusammen und erfüllen ihren spendablen chinesischen Klienten jeden Wunsch, egal wie absonderlich er auch sein mag.

mit Ge You, Bai Baihe, Li Xiao-Lu, Ryan Zheng Kai, Fan Wei, Song Dan-Dan ...
BUCH: Wang Shuo
REGIE: Feng Xiao-Gang
PRODUKTION: Albert Lee Nga-Bok
ACTION DIRECTOR: Alfred Hsing

JACKIES BEITRAG: Gastauftritt, Produzent

Sprache / Ton	Bild / Format	Spieldauer
Mandarin Dolby Digital	Farbe / 2.35:1 ARRIRAW (2.8K)	117:03 Min. (*uncut*) ¬

Erstveröffentlichungen
China: 19. Dezember 2013
Hongkong: 23. Januar 2014
(Nominierungen: 0 | Auszeichnungen: 0)

»Personal Tailor« (2013) stellt die letzte Produktion von Jackie Chans Filmfirma JCE Movies Limited dar, die damals als Tochtergesellschaft von Emperor Motion Pictures gegründet wurde. Als kleines Schmankerl tritt Jackie in einer winzigen Szene selbst noch auf, was einen seiner kürzesten Gastauftritte seiner Karriere darstellt. Regie führte der talentierte Feng Xiao-Gang, der die zeitgenössische chinesische Kultur mal wieder adäquat inszeniert und mit dem Jackie später noch weitere Meilensteine produzieren sollte. Die Hongkong-DVD zum Film wird lange nicht mehr hergestellt und gilt als Rarität unter Sammlern. Da dies die einzige Veröffentlichung bis heute ist, sei sie dennoch als Empfehlung ausgeschrieben.

DVD-Tipp: **Personal Tailor*** [HK]

* Vertrieb: CN Entertainment Ltd., VÖ: 20. März 2014

171

Police Story 2013

2013

dt. Titel: *Police Story – Back for Law* | US-Titel: *Police Story: Lockdown*
Originaltitel: *Jing Cha Gu Shi 2013*

Action-Drama (Krimi, Thriller) | China, Hongkong, USA | 2012-2013 | K

Um seinen Freund, einen inhaftierten Kriminellen, der seit Jahren hinter Gittern sitzt, endlich freizupressen, nimmt der Strippenzieher einen Polizisten und seine Tochter als Geisel. Doch er täuscht sich in dem alternden Kommissar, und so versuchen sich Vater und Tochter den Weg freizukämpfen.

mit Jackie Chan, Liu Ye, Jing Tian, Yu Rong-Guang, Yin Tao, Na Wei, Liu Yi-Wei ...
Buch: Ding Sheng
Regie: Ding Sheng
Produktion: Felix Liu Qing-Qing, Cheng Yang, He Tao-Tao, Hu Wei, Wu Ya-Kang
Action Director: He Jun, Han Kwan-Hua

Jackies Beitrag: Hauptrolle, Produzent, Stuntkoordinator

Sprache / Ton	Bild / Format	Spieldauer
Mandarin Dolby Atmos	Farbe / 2.35:1 ARRIRAW (2.8K)	110:22 Min. (*uncut*) ¬

Erstveröffentlichungen
China: 24. Dezember 2013
Hongkong: 16. Januar 2014
Deutschland: 10. Juli 2014 (V-BD)
(Nominierungen: 0 | Auszeichnungen: 0)

Auch wenn der Titel an die beliebte Police-Story-Reihe erinnert, hat die eigentliche Geschichte doch nichts damit zu tun; sie stellt eher eine Reboot-Fortsetzung dar. Erstmals spielt Jackie Chan hier einen Polizisten vom Festland Chinas; dafür schnitt er sich extra seine Haare kurz. Viele Alternativtitel machen weltweit die Runde, darunter »Police Story: Legend« in Japan und »Police Story 2014« in Südkorea, wo er im Januar 2014 in den Kinos startete. Die rein chinesische Produktion filmte auch Szenen in New Jersey, USA. Die Produktion begann im November 2012 in Peking und endete im Februar 2013, bevor es in die Post-Produktion ging. Trotz der kurzen Zeitspanne wurde zum Beijing International Film Festival 2013 im April ein erstes Public Screening veranstaltet, zu dem das Team in schwarz mit einem grünen Band als Gedenken an die Opfer des Sichuan-Erdbebens erschien.

BD-Tipp: **Police Story – Back for Law*** [BRD]

* Vertrieb: Splendid Film / Amasia, VÖ: 25. Juli 2014

172

As The Light Goes Out

2014

alt. japanischer Titel: *Final Rescue*
Originaltitel: *Gau Fo Ying Hung*

Action-Drama (Katastrophenfilm, Krimi) | Hongkong | 2013 | K

Als an Heiligabend in einer verlassenen Industriegegend vor den Toren Hongkongs ein schweres Feuer ausbricht, droht die gesamte Stadt durch Stromausfälle ins Dunkel zu versinken. Eine Gruppe von alteingesessenen Feuerwehrmännern schreitet ein, doch jeder von ihnen ist von unterschiedlichen politischen, wirtschaftlichen und persönlichen Interessen befangen.

mit Nicholas Tse, Shawn Yu Man-Lok, Andy On Chi-Kit, Hu Jun, Simon Yam ...
Buch: Derek Kwok Chi-Kin, Jill Leung Lai-Yin, Philip Yung Chi-Kwong
Regie: Derek Kwok Chi-Kin
Produktion: Catherine Hun Ga-Jan, Julia Chu Ka-Yee
Action Director: Jack Wong Wai-Leung

Jackies Beitrag: Gastauftritt

Sprache / Ton	**Bild / Format**	**Spieldauer**
Kantonesisch, Mandarin Dolby Surround 7.1, Dolby Digital	Farbe / 2.35:1 Redcode RAW (5K)	115:33 Min. (*uncut*) ¬

Erstveröffentlichungen
Hongkong: 2. Januar 2014
Frankreich: 13. Mai 2015 (Festival du Cinéma Chinois en France)
(Nominierungen: 9 | Auszeichnungen: 3)

In dieser Ko-Produktion zwischen Emperor Motion Pictures und Media Asia Films, beides frühere Geschäftspartner von Jackie Chan, wird anstatt der Hongkonger Polizei mal der Hongkonger Feuerwehr filmisch die Ehre erwiesen. Jackie tritt am Anfang des Films als er selbst auf, wie er einen Werbespot für das HKFSD dreht; im Hintergrund ist sein Police-Story-Theme zu hören. In Wahrheit wurde das Musikstück für die Rekrutierung von neuen Polizeikadetten in Hongkong lange Jahre eingesetzt. Bereits zu jener Zeit plante Jackie einen eigenen Film über die Arbeit der Feuerwehr. Bis heute hat er das Projekt nicht umgesetzt, hier aber teilweise seinen Traum erfüllt. Eine deutsche Veröffentlichung gibt es leider (noch) nicht, obwohl diese vor wenigen Jahren schon im Gespräch mit heimischen Labels war – woran es letztlich scheiterte, darüber mag man spekulieren.

BD-Tipp: **As The Light Goes Out*** [HK]

* Vertrieb: Vicol Entertainment Ltd., VÖ: 22. Mai 2014

173

Impetuous Love In Action

2014

Originaltitel: *Yuan Lai Shi You Xi*

Komödie (Action) | China | 2012-2013 | K

Als sechs attraktive Stewardessen ihre Freizeit in einem Kampfsport-Studio verbringen, lernen sie die Kunst der Martial Arts. Während eines Zusammenstoßes mit drei rüpelhaften Männern müssen sie diese dann erstmals anwenden – und verlieren gleich ihren Job. Nun sind sie auf der Suche nach einer neuen Herausforderung, und die hält das Leben für sie schon parat.

mit Oscar Sun Jian, Jade Lin Rui-Xi, Kenneth Ma Kwok-Ming, Frankie Chan ...
BUCH: Franie Chan
REGIE: Frankie Chan
PRODUKTION: Jackie Chan
ACTION DIRECTOR: Ling Kwan

JACKIES BEITRAG: Produzent, Action Director

Sprache / Ton	**Bild / Format**	**Spieldauer**
Mandarin Dolby Digital	Farbe / 2.35:1	104:12 Min. (*uncut*)

Erstveröffentlichungen
China: 23. Mai 2014
(Nominierungen: 0 | Auszeichnungen: 0)

Nach »Legendary Amazons« (2011) ist dies ein weiterer Film mit Frankie Chan als Regisseur, den Jackie Chan produzierte. Jedenfalls heißt es so in diversen Quellen und Berichten aus den Jahren 2013 und 2014. Doch da der Film online nicht vollständig anzusehen und noch nicht einmal auf DVD oder Blu-ray erschienen ist, lässt sich das schwer nachvollziehen. Jackie ist allerdings im Abspann mehrmals zu sehen, wie er als Choreograph tätig war. Das bestätigt auch ein Video von der Pressekonferenz. Ging dieser Film mit Jackie Chan in Pre-Production und hat sich dann mit einem anderen Team neu formiert? Hat Jackie seinem jahrelangen Freund Frankie hier einen Freundschaftsdienst erwiesen und auf Bezahlung und Namensnennung verzichtet? Klarheit herrscht hier noch nicht ganz, aber Fans können dank der Outtakes sicher sein, dass ihr Idol hier die Finger mit im Spiel hatte. Einige Monate nach Kinostart in China beging übrigens Frankie Chans Tochter Colleen Chan tragischerweise Selbstmord; dies war ihr letzter Film.

Tipp: **leider (noch) nicht möglich**

174

Dragon Blade

2015

dt. Titel: *Dragon Blade*
Originaltitel: *Tian Jiang Xiong Shi*

Historienepos (Abenteuer, Action, Drama) | China, Hongkong | 2014 | K

Der römische General Lucius flieht gen Osten, als er erfährt, dass sein Bruder Tiberius einen seiner Soldaten töten lassen will. An der Grenze zu China treffen sie auf einheimische Streitkräfte der Seidenstraße. Ein Kampf beginnt, der in gegenseitigem Respekt endet. Als Tiberius die Herausgabe der Römer fordert und den Untergang Chinas prophezeit, schließt sich die kleine Truppe um General Lucius und seinen chinesischen Kumpel Huo An für eine Schlacht zusammen.

mit Jackie Chan, John Cusack, Adrien Brody, Choi Si-Won, Lin Peng, Mika Wang ...
Buch: Daniel Lee Yan-Gong, Tony Cheung Tung-Leung, Nicky Shi Wa-Fung
Regie: Daniel Lee Yan-Gong
Produktion: Jackie Chan, Susanna Tsang Pui-San, Yan Ai-E, Chang Bin, Wang Sen ...
Action Director: Jackie Chan, He Jun, *Sing Ga Ban*

Jackies Beitrag: Hauptrolle, Produzent, Action Director

Sprache / Ton	**Bild / Format**	**Spieldauer**
Mandarin, Englisch, Latein Dolby Digital	Farbe / 2.35:1 Redcode RAW (5K)	103:55 Min. (*uncut*, internationale Fassung) ¬ 127:53 Min. (*uncut*) ¬

Erstveröffentlichungen
Taiwan: 18. Februar 2015 (Premiere)
China: 19. Februar 2015
Deutschland: 29. Januar 2016 (V+K-BD)
(Nominierungen: 1 | Auszeichnungen: 2)

Mit »Dragon Blade« (2015) startete Jackie Chans neue Filmfirma Beijing Sparkle Roll Media, die sich zum Grundsatz machte, international relevante Filme für den Weltmarkt mit westlichen und asiatischen Darstellern zu produzieren. Die 65 Millionen US-Dollar teure Produktion spielte weltweit über das doppelte ein. Der Stil des Films polarisiert und wurde oft kritisiert, vor allem das schwache 3D-Design im IMAX-Format. Es gibt eine angepasste Exportfassung des Films, doch auch im Westen stellt sich immer mehr der Wunsch nach ungeschnittenem Material aus Fernost ein, sodass die deutsche Blu-ray beide Fassungen voll synchronisiert beinhaltet.

BD-Tipp: **Dragon Blade*** [BRD]

* Vertrieb: Splendid Film / Amasia, VÖ: 29. Januar 2016

175

Gambling On Extinction

2015

dt. Titel: *Der letzte Raubzug*

Dokumentation | Kanada, Deutschland, China, Südafrika, Vietnam | 2013-2015

In dieser kraftvollen Dokumentation beleuchtet Regisseur Jakob Kneser den weltweiten illegalen Handel mit Elfenbein. Dafür fliegt er nach Kenya in Südafrika, nach Vietnam und China und zeigt, wie dort Elefanten und Nashörner gejagt, getötet aber auch versucht, beschützt zu werden.

mit Julian Rademeyer, Do Doan Hoang, John Hume, Paula Kahumbu ...
BUCH: Jakob Kneser
REGIE: Jakob Kneser
PRODUKTION: Jackie Chan, Tristan Chrytroschek, Anne Pick
SCHNITT: Rob Ruzic

JACKIES BEITRAG: Produzent

Sprache / Ton	Bild / Format	Spieldauer
Englisch, Deutsch, Französisch Dolby Digital	Farbe / 1.78:1	51:35 Min. (*uncut*) ¬

Erstveröffentlichungen
Kanada: 26. Februar 2015 (TV-Premiere)
(Nominierungen: 0 | Auszeichnungen: 4)

Jackie Chan ist seit vielen Jahren engagierter Tierschützer, und so war es für ihn eine Ehre, diese internationale Produktion zu unterstützen. Er selbst kommt nicht im Film vor. Der Film beinhaltet emotional aufwühlende Aufnahmen und verschleiert die Wahrheit um das Töten für Elfenbein nicht. Vielleicht wurde »Gambling On Extinction« gerade deshalb so gut von Kritikern auf der ganzen Welt aufgenommen. Im Juli 2015 wurde der Film mit dem Deutschen Umwelt- und Nachhaltigkeitsfilmpreis auf dem NaturVision Filmfestival ausgezeichnet, im Oktober erhielt er dann den Deutschen Naturfilmpreis und am Abend des 10. Novembers 2015 wurde er sogar im Deutschen Parlament vor Politikern unter dem deutschen Titel vorgeführt. Eine deutsche Veröffentlichung auf DVD gibt es noch nicht, doch die US-Version kann man sich ab 34 US-Dollar gönnen. Als Lehrmaterial kann die Doku auch lizenziert für 400 US-Dollar erworben werden.

DVD-Tipp: **Gambling On Extinction*** [USA]

* Vertrieb: Green Planet Films, VÖ: 20. März 2018

176

You Are My Sunshine

2015

Originaltitel: *He Yi Sheng Xiao Mo*

Romantische Komödie (Drama) | China | 2014 | K

Die Zeit an der Uni ist verwirrend für Herz und Hirn. Als sich Mosheng unglücklich verliebt und in den Studien festzustecken droht, folgt sie dem Rat ihres Vaters und beginnt ein Auslandssemester in den Vereinigten Staaten. Nach sieben Jahren kehrt Mosheng als erfolgreiche Fotografin nach China zurück – und die alte Liebe flammt wieder auf.

mit Huang Xiao-Ming, Yang Mi, Tong Da-Wei, Angela Baby, Edison Huang Zi-Tao ...
BUCH: Gu Man, Mo Fei-Le, Li Yong-Qun
REGIE: Yang Wen-Jun, Ronald Wong Ban
PRODUKTION: Huang Xiao-Ming, Zhang Zhao
SCHNITT: Cheung Ka-Fai, Ding Yi-Jue

JACKIES BEITRAG: Verleiher

Sprache / Ton	**Bild / Format**	**Spieldauer**
Mandarin, Englisch Dolby Digital	Farbe / 2.35:1	117:37 Min. (*uncut*)

Erstveröffentlichungen
China: 30. April 2015
Hongkong: 1. Mai 2015
(Nominierungen: 0 | Auszeichnungen: 0)

»You Are My Sunshine« (2015) ist das neue chinesische Jugendkino. Im sich immer weiter öffnenden Land des Lächelns findet seit einigen Jahren eine emotionale und kulturelle Revolution zwischen Jung und Alt statt. Diese Beziehungen finden auch ihren Platz in Tragikomödien. Jackie Chan hat mit der Produktion des Films nichts zu tun. Dieser stellt den ersten Film dar, den Jackie ausschließlich als Verleiher mit seiner Filmfirma Jackie & JJ Productions mithilfe von Golden Harvest Entertainment für den Hongkong-Markt aufgekauft und vertrieben hat. Das behauptet jedenfalls die Filmdatenbank IMDb.com. In Wahrheit prangt im Abspann das Logo von Jackies neuer Filmfirma Beijing Sparkle Roll Media unter dem von Golden Harvest Entertainment. Eine DVD-Veröffentlichung steht weltweit noch aus; auf diversen chinesischen Videoplattformen lässt sich die romantische Komödie aber legal ansehen.

Tipp: **leider (noch) nicht möglich**

177

Who Am I 2015

2015

US-Titel: *Jackie Chan Presents: Amnesia*
Originaltitel: *Wo Shi Shei 2015*

Action-Drama (Abenteuer, Komödie) | China | 2014-2015 | K

Durch Zufall gerät der Fahrradkurier Li Zi-Wei an den Ort eines Mordes. Aus Angst flüchtet er und wird von den Tätern verfolgt und über eine Brücke geworfen. Dabei verletzt sich Li Zi-Wei hart am Kopf und weiß weder wo noch wer er ist. Sein einziges Anzeichen einer Identität ist das kleine Paket, das er ausliefern soll, ständig die Killer im Nacken sitzend.

mit Wang Hai-Xiang, Anna Yao Xing-Tong, Zhang Lan-Xin, Yu Rong-Guang ...
BUCH: Song Yin-Xi, Hu Xiao-Shuai
REGIE: Song Yin-Xi
PRODUKTION: Jackie Chan, Song Yin-Xi, Zhang Shi-Jia
ACTION DIRECTOR: Han Kwan-Hua

JACKIES BEITRAG: Produzent

Sprache / Ton	Bild / Format	Spieldauer
Mandarin, Kantonesisch Dolby Digital	Farbe / 2.35:1	97:29 Min. (*uncut*)

Erstveröffentlichungen
China: 12. Juni 2015
(Nominierungen: 0 | Auszeichnungen: 0)

Dieser Film stellt keine Fortsetzung der Ereignisse in Jackie Chans Blockbuster »Who Am I?« (1998) dar, vielmehr ist es eine Neuinterpretation der Kernidee. Anders als das Original aus Hongkong stammt diese Produktion zum größten Teil aus China. Jackie Chan agiert hier lediglich als Produzent eines kurzweiligen, fulminanten Action-Abenteuers. Bisher ist der Film leider nicht in deutscher Sprache erschienen, obwohl er – nicht wie manch andere Importe – sicher sein Publikum finden dürfte. Das dachte sich auch Lionsgate und veröffentlichte 2017 die englischsprachige Fassung des Films in den USA unter dem Titel »Jackie Chan Presents: Amnesia«. Es könnte nur noch eine Frage der Zeit sein, bis sich Labels hierzulande die Rechte für den Heimkinomarkt dieses Blockbusters sichern. Die Original-Fassung des Films lässt sich auf bekannten chinesischen Videoplattformen legal streamen. Am Ende der Credits steht das gesamte Filmteam während der Dreharbeiten in Herzform vor der Kamera und gratuliert liebevoll seinem Mentor Jackie Chan zum 60. Geburtstag.

DVD-Tipp: **Jackie Chan Presents: Amnesia*** [USA]

---

* Vertrieb: Lionsgate, VÖ: 3. Januar 2017

178

Monkey King: Hero Is Back

2015

dt. Titel: *Der Affenkönig – Ein Held Kehrt Zurück*
Originaltitel: *Xi You Ji Zhi Da Sheng Gui Lai*

Animation (Abenteuer, Komödie) | China | 2013-2015 | K

Der berühmte Held Monkey King herrschte einst zwischen Himmel und Erde, bis er die Götter so verärgerte, dass sie ihn im höchsten Berg in einem Eisgefängnis einsperrten. 500 Jahre später attackieren Monster das Dorf am Fuße des Berges, und ein kleiner Junge befreit aus Versehen den Monkey King aus seinem Kälteschlaf.

mit Zhang Lei, Lin Zi-Jie, Wu Wen-Lun, Tong Zi-Rong, Liu Jiu-Rong, Wu Di ...
BUCH: Tian Xiao-Peng, Jin Cheng, Liu Hu, Mi Li, Jin Ran
REGIE: Tian Xiao-Peng
PRODUKTION: Jin Da-Yong, Wang Hong, Xu Yong-An, Yi Feng, Victor Elizalde ...
MUSIK: Florian Linckus, Wong Ying-Wah

JACKIES BEITRAG: Synchronsprecher

Sprache / Ton	Bild / Format	Spieldauer
Mandarin Dolby Digital	Farbe / 1.78:1 Digital	87:13 Min. (*uncut*) ¬

Erstveröffentlichungen
China: 10. Juli 2015
Deutschland: 14. Juni 2017 (Netflix)
(Nominierungen: 2 | Auszeichnungen: 1)

Die Geschichte um den Monkey King, auch bekannt als die »Reise in den Westen«, ist eine der beliebtesten Geschichten aus China und wurde unzählige Male in Film, Fernsehen und Videospielen adaptiert. Die chinesische Produktion ist unterhaltsam und besticht durch verbesserte CGI-Künste. Jackie Chan spricht den Monkey King, allerdings nicht in der Originalfassung sondern aus Vermarktungsgründen in der englischen Version, die am 26. Mai 2016 ihre TV-Premiere feierte. Somit wollte man wohl die Aufmerksamkeit des jüngeren Publikums, das bereits durch zwei »Kung Fu Panda«-Filme an Jackie gewöhnt wurde, aufrechterhalten. Beinahe wäre dieser Film nie beendet worden. Investoren wollten das Skript ändern, was der Regisseur nicht mitmachte. Er investierte sein eigenes Geld, was die Fangemeinde so sehr beeindruckte, dass sie über Social Media den Film weltweit bekannt machte. Eine deutsche Fassung gibt es exklusiv bei Netflix, doch Vorsicht: Die dort vorhandene Englische Tonspur ist eine neue ohne Jackie Chan als Monkey King!

DVD-Tipp: **Monkey King: Hero Is Back*** [USA]

* Vertrieb: Cinedigm, VÖ: 30. August 2016

179

A Tale Of Three Cities

2015

Originaltitel: *San Cheng Ji*

Drama (Familie, Geschichte) | China | 2014-2015 | K

Während des Chinesischen Bürgerkriegs sieht sich Fang Dao-Long gezwungen, Opium zwischen den Städten Wuhu, Shanghai und Hongkong zu schmuggeln, damit er seine beiden Töchter ernähren kann. Als es zu einem Vorfall mit der ihm unbekannten Witwe und neuen Schmugglerin Chen Yue-Fong kommt, verliebt er sich in sie und hilft ihr, nicht in Haft zu landen. Doch dann wird Fang Dao-Long von Soldaten verwundet und er muss fliehen. Die Romanze entwickelt sich über lange Zeit weiter, bis aus ihr eine neue Liebe in Hongkong wächst.

mit Lau Ching-Wan, Tang Wei, Qin Hai-Lu, Boran Jing Bo-Ran, Huang Jue ...
BUCH: Mabel Cheung Yuen-Ting, Alex Law Kai-Yui
REGIE: Mabel Cheung Yuen-Ting
PRODUKTION: Alex Law Kai-Yui, Nansun Shi Nan-Sheng, James Tsim Tak-Faat ...
ACTION DIRECTOR: Stephen Tung Wai

JACKIES BEITRAG: Lizenzgeber

Sprache / Ton	Bild / Format	Spieldauer
Mandarin Dolby Digital, Auro 11.1	Farbe / 2.35:1 ARRIRAW (2.8K)	130:45 Min. (*uncut*) ¬

Erstveröffentlichungen
China: 27. August 2015
Hongkong: 3. September 2015
Kanada: 25. September 2015 (TIFF)
(Nominierungen: 5 | Auszeichnungen: 0)

Dies ist die wahre Geschichte von Jackie Chans Eltern, wie er und sein Vater es bereits in der Dokumentation »Traces Of A Dragon« (2003), ebenfalls inszeniert von Mabel Cheung Yuen-Ting, erklären. Der Film wurde für etwa 12 Millionen US-Dollar unabhängig von Jackie Chan produziert, jedoch gab er die Geschichte seiner Eltern für ein adäquates Filmdrehbuch frei. Dieser Hinweis steht im Abspann als »Lizenziert von Mr. Jackie Chan«. Und wer hätte es besser verfilmen können, als die feinfühlige Mabel Cheung Yuen-Ting, die bereits zu »Painted Faces« (1988), der Geschichte Jackie Chans an der Peking-Oper, das Drehbuch lieferte? Deutschland wartet noch auf einen Veröffentlichungstermin für DVD und Blu-ray.

DVD-Tipp: **A Tale Of Three Cities**[*] [HK]

[*] Vertrieb: Edko Films Ltd., VÖ: 18. März 2016

180 — **Journey** — 2015

Originaltitel: *Zhi Lu*

Kurzfilm (Drama, Thriller) | China, USA | 2014-2015

Die einsame Ding Qing lebt ein Luxusleben in China, doch ihre Ehe leidet darunter. Ihr Mann ist selten zuhause, und zu allem Überfluss weiß Ding Qing, dass er sie betrügt. Doch sie lässt sich nichts anmerken und besucht ihre Freundin Suzie in den Vereinigten Staaten über Weihnachten. Dort findet sie heraus, dass ihr Mann ein Doppelleben mit einer anderen Familie führt – und Ding Qin sieht rot.

mit Liang Jing, Gong Bei-Bi, Brian Yang Ming-Can, Ryan Meherry
BUCH: Liu An-Qi, Ren Bao-Ru, Daniel Zhao Han
REGIE: Liu An-Qi
PRODUKTION: Jackie Chan, Zhang Yi-Mou, Dong Rui-Feng, Chen Min
SCHNITT: Li Dian-Shi

JACKIES BEITRAG: Produzent

Sprache / Ton	**Bild / Format**	**Spieldauer**
Mandarin, Englisch Dolby Digital	Farbe / 2.35:1	30:00 Min. (*uncut*)

Erstveröffentlichungen
China: unbekannt
(Nominierungen: 0 | Auszeichnungen: 0)

Im Jahr 2014 rief der China Movie Channel zum zehnten Mal die Aktion »China Influence – Young Director Competition« aus, bei der sich junge Filmemacher mit einem Kurzfilmbeitrag beweisen und auf eine Entdeckung von Produzenten für die große Leinwand hoffen dürfen. Zudem wurde dem Sieger versprochen, Zhang Yi-Mou als gesetzten Regisseur für die Promoarbeit der Olympischen Winterspiele 2022 in Peking als Assistent zu unterstützen. Bei der Filmausschreibung waren Zhang Yi-Mou, Jackie Chan und Stanley Tong als Berater dabei und sichteten in mehreren Runden über 100 eingegangene Werke. Siegerin wurde letztlich Liu An-Qi, die ihr Drama um eine Selbstfindung einer unabhängigen Frau in China, Los Angeles und San Francisco drehte. Dieses Siegerprojekt wurde dann offiziell von den drei Beratern unterstützt. Jackie Chan agierte dabei als Produzent. Eine Veröffentlichung fürs Heimkino findet sich derzeit nirgendwo; vielleicht erscheint das äußerst cineastische Drama bald als Bonus auf einem Spielfilm von Liu An-Qi.

Tipp: **leider (noch) nicht möglich**

181

Kung Fu Panda 3

2016

dt. Titel: *Kung Fu Panda 3*

Animation (Action, Komödie) | USA, China | 2011-2016 | K

Nachdem der verlorengeglaubte Vater von Po zurückkehrt, machen sich beide auf in das geheimnisvolle Panda-Paradies, wo noch mehr ihrer Artgenossen leben. Doch schnell verlangt es wieder nach dem Drachenkrieger, als der Bösewicht Kai einen Kung-Fu-Meister nach dem anderen besiegt.

mit Jack Black, Bryan Cranston, Dustin Hoffman, Angelina Jolie ... (Originalversion)
BUCH: Jonathan Aibel, Glenn Berger
REGIE: Alessandro Carloni, Jennifer Yuh Nelson
PRODUKTION: Melissa Cobb, Jonathan Aibel, Glenn Berger, Jeff Hermann ...
MUSIK: Hans Zimmer

JACKIES BEITRAG: Synchronsprecher

Sprache / Ton	Bild / Format	Spieldauer
Englisch, Mandarin Auro 11.1, Dolby Digital, Dolby Atmos, Datasat, ...	Farbe / 2.35:1 Digital 3-D	94:54 Min. (*uncut*) ¬

Erstveröffentlichungen
USA: 16. Januar 2016 (Premiere)
Deutschland: 17. März 2016
(Nominierungen: 10 | Auszeichnungen: 1)

Noch vor Start des dritten Teils, mit einem Budget von 145 Millionen US-Dollar, sagte DreamWorks CEO Jeffrey Katzenberg aus, dass vielleicht drei weitere Filme folgen könnten. Bis hierhin übernimmt Jackie Chan wieder seine Rolle als Synchronsprecher für Master Monkey; in der kantonesischen und Mandarin-Fassung spricht er dieses Mal Pos Vater Li Shan. Satte 30 % des Films wurden in China produziert – ein Hollywood-Novum! Weltweit spielte der Animationsfilm 521,2 Millionen US-Dollar ein und stellt demnach den umsatzschwächsten der Trilogie dar.

BD-Tipp: **Kung Fu Panda 3**[*] [BRD]

[*] Vertrieb: DreamWorks / 20th Century Fox, VÖ: 31. Juli 2016

182

Skiptrace

2016

dt. Titel: *Skiptrace – Auf Der Jagd Nach Matador*
Originaltitel: *Jue Di Tao Wang*

Action-Komödie (Abenteuer) | China, Hongkong, USA, Mongolei, Russland | 2014-2015 | K

Detective Bennie Chan jagt seit Jahren vergeblich den Gangsterboss Victor Wong. Als seine Patentochter Samantha sich dann mit dem Gangster anlegt, geht es Bennie auf einmal viel zu schnell und er braucht Unterstützung vom amerikanischen Glücksspieler Connor. Zusammen reisen sie durch die halbe Welt, um Samantha zu retten und Victor Wong endlich zu schnappen.

mit Jackie Chan, Johnny Knoxville, Fan Bing-Bing, Eric Tsang, Eve Torres ...
Buch: Jay Longino, BenDavid Grabinski
Regie: Renny Harlin
Produktion: Jackie Chan, Esmond Ren Yi_Wan, Charles Coker, Damien Saccani ...
Action Director: Ng Kong, Jackie Chan

Jackies Beitrag: Hauptrolle, Produzent, Action Director

Sprache / Ton	**Bild / Format**	**Spieldauer**
Mandarin, Englisch, Mongolisch Auro 11.1	Farbe / 2.35:1 Redcode RAW (5K)	106:57 Min. (*uncut*) ¬

Erstveröffentlichungen
China: 17. Juli 2016 (Premiere)
USA: 2. September 2016
Deutschland: 18. November 2016 (V+K-BD)
(Nominierungen: 0 | Auszeichnungen: 0)

»Skiptrace« (2016) ist die zweite große Produktion von Beijing Sparkle Roll Media, Jackie Chans neuester chinesischer Filmfirma, die mit US-Firmen für den Weltmarkt kooperiert. Das Budget betrug stolze 32 Millionen US-Dollar, weltweit spielte der Film über 136 Millionen US-Dollar ein. Johnny Knoxville singt im Film das Lied »So Transparent Is My Heart« (»Ming Ming Bai Bai Wo De Xin«) von Jackie Chans 1992er Studioalbum »The First Time« zur Überraschung von Jackies Figur – in Wahrheit ist das Lied ein echter Klassiker, gesungen von Chan höchstpersönlich. Anstelle von Johnny Knoxville war erst Sean William Scott für die Rolle des Sidekicks vorgesehen. Der Dreh begann schon im Winter 2014.

BD-Tipp: **Skiptrace**[*] [BRD]

---

[*] Vertrieb: Universum Film, VÖ: 18. November 2016

I Am Not Madame Bovary

Originaltitel: *Wo Bu Shi Pan Jin Lian*

Drama (Tragikomödie) | China | 2014-2016 | K

Die arme Dorfbewohnerin Li Xue-Lian hat keine andere Wahl, als ihre Ehe mit ihrem Mann Qin Yu-He zu fälschen. Als sich beide emotional immer mehr voneinander entfernen und offiziell scheiden lassen, zieht er mit einer neuen Frau weiter und lässt Li alleine zurück. Fortan wird die unglückliche Frau als Pan Jin-Lian bezeichnet, ein alter chinesischer Ausdruck für eine Frau, die Mordpläne gegenüber ihrem Ehemann schmiedet. Um ihren Namen reinzuwaschen, verfolgt sie Qin und wendet sich an die Behörden. Ein langer Leidensweg beginnt für die junge Frau.

mit Fan Bing-Bing, Guo Tao, Da Peng, Zhang Jia-Yi, Yu He-Wei, Li Zong-Han ...
BUCH: Liu Zhen-Yun
REGIE: Feng Xiao-Gang
PRODUKTION: Zhang Da-Jun, Hu Xiao-Feng, Joe Tam, Yang Wang, Feng Xiao-Gang ...
SCHNITT: William Chang Suk-Ping

JACKIES BEITRAG: Produzent

Sprache / Ton	Bild / Format	Spieldauer
Mandarin Dolby Atmos	Farbe / 1:1, 1:85:1, 2.35:1 ARRIRAW (3.2K)	138:38 Min. (*uncut*) ¬

Erstveröffentlichungen
Kanada: 8. September 2016 (TIFF)
China: 18. November 2016
(Nominierungen: 10 | Auszeichnungen: 14)

»I Am Not Madame Bovary« (2016) ist ein künstlerisches Drama, basierend auf dem Buch von Liu Zhen-Yun, das an Zeiten von »Rouge« (1987) und »Centre Stage« (1991) anschließt. Jackies Beijing Sparkle Roll Media produzierte diesen vielfach prämierten Kunstfilm in ungewöhnlichem Format: anfänglich in einem kreisrunden Bild, eine Szene in 1.85:1 und das Ende im klassischen Kinobreitbild. In China wurde der Film um zwölf Minuten geschnitten, die DVD-Veröffentlichungen sind allerdings uncut, was auf das internationale Interesse durch viele Festival-Teilnahmen zurückzuführen ist. Nach »Personal Tailor« (2013) ist dies die zweite Zusammenarbeit von Jackie Chan und Regisseur Feng Xiao-Gang. Eine deutsche Veröffentlichung gibt es noch nicht; Schweiz und Österreich zeigten aber schon Interesse.

DVD-Tipp: **I Am Not Madame Bovary*** [TWN]

* Vertrieb: Long Shong Entertainment Multimedia Co., VÖ: 2. Juni 2017

184

The Master: A Lego Ninjago Short

2016

Kurztitel: *The Master*

Kurzfilm (Animation, Action, Komödie) | USA, Dänemark | 2014-2015 | TV/I

Master Wu versucht seinen Tempel zu reinigen, um für bestes Feng Shui zu sorgen, als er von einem penetranten Huhn gestört wird. Es will ihm die Show stehlen und provoziert einen Kampf um Ehre und den Meistertitel. Wer geht als Gewinner hervor?

mit Justin Theroux, Abbi Jacobson, Jackie Chan
Buch: Jon Saunders, Ross Evans, Carey Yost, Remington D. Donovan
Regie: Jon Saunders
Produktion: Ryan Halprin, Fiona Chilton, Maryann Garger, Roy Lee, Dan Lin ...
Schnitt: Todd Hansen, Steven Liu

Jackies Beitrag: Synchronsprecher

Sprache / Ton	**Bild / Format**	**Spieldauer**
Englisch DTS, Dolby Digital	Farbe / 2.35:1 Digital	5:18 Min. (*uncut*) ¬

Erstveröffentlichungen
USA: 23. September 2016
Deutschland: 23. März 2017 (K-DVD)
(Nominierungen: 0 | Auszeichnungen: 0)

Zur Promotion des damals anstehenden neuen LEGO-Films wurde dieser Kurzfilm produziert und über den Internet- und TV-Äther geschickt. Jackie Chan spricht hier-in den Master Wu in der englischen Fassung, der gegen ein Hühnchen kämpft. Natürlich in bester LEGO-Manier. In Deutschland erschien der Kurzfilm bereits als Bonusmaterial auf der DVD zum Film »Störche – Abenteuer im Anflug« (Originaltitel: »Storks« (2016)), bevor er 2018 dem dazugehörigen LEGO-Kinofilm auf DVD und Blu-ray folgte. Auch online lässt sich der Kurzfilm auf bekannten Plattformen in offiziellen Kanälen ansehen. Die originalen LEGO-Figuren stammen übrigens von den dänischen Spielzeug-Designern Ole Kirk Christiansen, Godtfred Kirk Christiansen und Jens Nygaard Knudsen.

BD-Tipp: **The LEGO Ninjago Movie*** [BRD]

* Vertrieb: Warner Home Video, VÖ: 8. März 2018

185 2016

Railroad Tigers

dt. Titel: *Railroad Tigers*
Arbeitstitel: *Railroad Guerillas* | Originaltitel: *Tie Dao Fei Hu*

Abenteuer (Action, Komödie) | China | 2015-2016 | K

Während der japanischen Besatzung Chinas 1941 weiten die Japaner ihre Militärzone aus. Gefundenes Fressen für die rebellischen Bahnarbeiter rund um Anführer Ma Yuan, die Güterzüge überfallen, um die chinesische Bevölkerung mit Nahrung zu versorgen. Eines Tages aber erhalten Sie den Auftrag, einen Munitionstransport zu sabotieren, und müssen eine taktisch wichtige Brücke sprengen.

mit Jackie Chan, Edison Huang Zi-Tao, Xu Fan, Wang Kai, Darren Wang Ta-Lu ...
BUCH: He Ke-Ke, Ding Sheng
REGIE: Ding Sheng
PRODUKTION: Jackie Chan, Zhao Lei, Zhou Mao-Fei, Qi Jian-Hong, Qin Hong ...
ACTION DIRECTOR: Alan Ng Wing-Lun, He Jun

JACKIES BEITRAG: Hauptrolle, Produzent

Sprache / Ton	Bild / Format	Spieldauer
Mandarin, Japanisch, Englisch Auro 11.1, Dolby Atmos	Farbe / 2.35:1	124:21 Min. (*uncut*) ¬

Erstveröffentlichungen
China: 23. Dezember 2016
Hongkong: 12. Januar 2017
Deutschland: 23. November 2017 (V+K-BD)
(Nominierungen: 2 | Auszeichnungen: 0)

Die dritte Zusammenarbeit von Ding Sheng und Jackie Chan ist weniger international angelegt und behandelt eine chinesisch-japanische Geschichte. Mit rund 50 Millionen US-Dollar Budget ein Riesenprojekt; das meiste davon floss in die 2400 CGI-Szenen. In einer Szene merkt ein Japaner an, wie sehr sich die Figuren um Jackie und Jaycee Chan, Vater und Sohn, doch ähneln. Eine andere Eigenpersiflage kommt von Jackie Chan, der vor einigen Jahren mit dem Ausdruck »Duang« in den Sozialen Medien viral ging. Die Zugszenen wurden im Nordosten Chinas bei bis zu -20 °C und regulärem Zugverkehr gedreht, sodass sie pro Aufnahme wenig Zeit hatten und bei eintreffenden Zügen jedes Mal 45 Minuten verloren. Der Arbeitstitel wurde umbenannt, weil man im Team fand, dass Tiger stärker als Guerilla-Kämpfer seien.

BD-Tipp: **Railroad Tigers*** [BRD]

* Vertrieb: Koch Media, VÖ: 23. November 2017

186

Kung Fu Yoga

2017

dt. Titel: *Kung Fu Yoga – Der Goldene Arm Der Götter*
alt. Titel: *The Myth 2* | Originaltitel: *Gong Fu Yu Jia*

Abenteuer-Komödie (Action) | China, Indien, Nepal, VAE, Island | 2016 | K

Eine uralte Legende führt den Archäologen Jack zurück nach Indien, wo er auf eine Kollegin treffen soll. Zusammen mit dem Schatzjäger Jones brechen sie nach Tibet auf, doch werden von einer Verbrecherbande verfolgt. Ihre Reise führt sie weiter über Dubai nach Island und weiter.

mit Jackie Chan, Zhang Guo-Li, Aarif Lee Chi-Ting, Zhang Yu-Qing, Muqi Miya ...
BUCH: Stanley Tong
REGIE: Stanley Tong
PRODUKTION: Sun Lei, Jackie Chan, Chen Ji-Li, Chen Ci-Ci, Qi Jian-Hong ...
ACTION DIRECTOR: Jackie Chan, Stanley Tong, Ng Kong, *Sing Ga Ban*, Yao Wei-Xing ...

JACKIES BEITRAG: Hauptrolle, Produzent, Action Director, Stuntkoordinator

Sprache / Ton	**Bild / Format**	**Spieldauer**
Mandarin, Englisch Auro 11.1	Farbe / 2.35:1 Redcode RAW	107:08 Min. (*uncut*) ¬

Erstveröffentlichungen
Taiwan: 26. Januar 2017
China: 28. Januar 2017
Deutschland: 28. September 2017 (V+K-BD)
(Nominierungen: 0 | Auszeichnungen: 0)

»Kung Fu Yoga« (2017) sollte die erste chinesisch-indische Ko-Produktion überhaupt werden. Weil der indische Partner Viacom 18 aber mit der Entwicklung unzufrieden war, zogen sie sich während der Produktion zurück, sodass es zum größten Teil eine chinesische Produktion unter Beijing Sparkle Roll Media blieb, die stolze 65 Millionen US-Dollar verschlang. Nur wegen seines Namens wurde es Jackie Chan erlaubt, in Dubai die großen Highways für den Dreh zu sperren. Bedingung: der Sultan wollte ein persönliches Treffen mit Jackie. Er stellte sogar die Luxuskarossen gratis zur Verfügung, Gesamtwert: 30 Millionen US-Dollar. Am Ende gibt es keine Outtakes sondern einen Bollywood-Tanz mit dem gesamten Team am Set. Nach Ende der Dreharbeiten schenkte der indische Schauspieler Sonu Sood Jackie einen maßgeschneiderten indischen Traditionsanzug mit seinem JC-Logo darauf.

BD-Tipp: **Kung Fu Yoga – Der goldene Arm der Götter**[*] [BRD]

[*] Vertrieb: Koch Media, VÖ: 28. September 2017

Reset

dt. Titel: *Reset*
Arbeitstitel: *Fatal Countdown: Reset* | Originaltitel: *Ni Shi Ying Jiu*

Sci-Fi-Thriller (Drama) | China, Südkorea | 2015-2016 | K

Im Jahr 2025 stehen zwei konkurrierende Unternehmen auf dem Gebiet der Zeitreise kurz vor dem Durchbruch, als die Entwickler der einen Technologie Gangster engagieren und den Sohn einer hochrangigen Wissenschaftlerin des Mitbewerbers entführen, um so an wichtige Informationen zu gelangen. Um ihren Sohn zu befreien, muss die taffe Wissenschaftlerin selbst durch die Zeit reisen.

mit Yang Mi, Wallace Huo Chien-Hua, Chin Shih-Chieh, Hummer Zhang Yi-Han ...
BUCH: Gina Kim, Cha Mu-Chun
REGIE: Yoon Hong-Seung
PRODUKTION: Jackie Chan, Huang Zhen-Feng, Joe Tam
SCHNITT: Kim Sang-Bum

JACKIES BEITRAG: Produzent

Sprache / Ton	Bild / Format	Spieldauer
Mandarin Auro 11.1	Farbe / 2.35:1	105:45 Min. (*uncut*) ¬

Erstveröffentlichungen
Philippinen: 28. Juni 2017 (Premiere)
China: 29. Juni 2017
Deutschland: 22. Februar 2018 (V+K-BD)
(Nominierungen: 1 | Auszeichnungen: 3)

Ende 2015 wurde bekannt, dass Jackie Chan diesen chinesisch-koreanischen Hightech-Thriller unter seiner Firma Beijing Sparkle Roll Media produzieren wird. In China beliefen sich die Einnahmen im Sommer 2017 auf runde 30 Millionen US-Dollar. Dies ist ein weiterer Versuch Chinas, mit Sci-Fi-Blockbustern aus dem Westen auf dem Weltmarkt mitzuhalten. Auch wenn die CGI-Effekte aus China mittlerweile eine beachtliche Entwicklung aufzeigen können, so hapert es in diesem Film noch etwas am Drehbuch und der Figurenanalyse. Immerhin zeigt sich China mondän mit einem weiblichen Helden, der dank der talentierten Yang Mi vollkommen und vielseitig zur Geltung kommt. Die Originalfassung des Films wurde in Deutschland sogar sieben Mal auf dem 31. Fantasy Filmfest in verschiedenen Städten gezeigt; den Anfang machte München am 11. September 2017 um genau 16:30 Uhr.

BD-Tipp: **Reset**[*] [BRD]

[*] Vertrieb: Koch Media, VÖ: 22. Februar 2018

188

The War Of Loong

2017

Originaltitel: *Long Zhi Zhan*

Historienabenteuer (Action, Krimi, Drama) | China | 2016-2017 | K

Basierend auf wahren Ereignissen, starten die Franzosen eine Invasion gegen China im Jahr 1885. Der 70-jährige General Feng will sein geliebtes Land verteidigen und dem Militärnachwuchs ein Beispiel sein. So zieht er mit seinen beiden Söhnen und seinem eigenen Sarg in den Krieg, rüstet die spärlichen Waffen und die wenigen Soldaten aus und zeigt damit motivierenden Kampfgeist, sodass die eigentlich besser ausgestatteten Franzosen sich auf eine schicksalhafte Schlacht einstellen müssen.

mit Liu Pei-Qi, Cao Yun-Jin, Luo Yu-Kun, Xiu Qing, Zhang Ji-Bo, Luo Yun-Qi ...
BUCH: Xing Yuan-Ping, Chen Wen-Gui
REGIE: Gao Feng
PRODUKTION: Yue Yang, Dong Xin-Yue, Wu Hao, Lin Li-Ning, Lu Xiao-Li...
ACTION DIRECTOR: Li Wei, Zhang Xin

JACKIES BEITRAG: Sänger (Titelsong)

Sprache / Ton	Bild / Format	Spieldauer
Mandarin, Französisch Dolby Digital, DTS	Farbe / 2.35:1	111:23 Min. (*uncut*)

Erstveröffentlichungen
China: 4. August 2017
(Nominierungen: 0 | Auszeichnungen: 0)

Diese rein chinesische Produktion ist im Westen noch so gut wie nicht bekannt, doch selbst in China wenig beworben worden. Nichtsdestotrotz engagierte man Jackie Chan als Chinas Aushängeschild und Vorzeigepatriot als Sänger des Titelliedes für diesen auf Film gebannten Nationalstolz einer wahren Geschichte des chinesischen Volkes. Aus diesem Grund wird Jackie Chan auch am Anfang des Abspanns, über den das Titellied gelegt wurde, extra gedankt. Der Film lebt durch tolle Kostüme und beeindruckende Settings. Auf dem Weltmarkt gibt es noch keinerlei DVD oder Blu-ray; ob und wann sich das ändern wird, scheint im Moment nur hinter verschlossenen Türen diskutiert zu werden.

Tipp: **leider (noch) nicht möglich**

189

Earth: One Amazing Day

2017

dt. Titel: *Unsere Erde 2*

Dokumentation (Tierwelt) | Großbritannien, China | 2015-2017 | K

In atemberaubenden, nie dagewesenen Aufnahmen berichtet diese Dokumentation über einen Tag im Leben verschiedenster Tiere in den verstreutesten Winkeln unserer Erde und kommt zu dem Schluss – dieser Planet ist faszinierend!

mit Robert Redford (Originalversion), Jackie Chan (Mandarin-Version)
Buch: Frank Cottrell Boyce, Richard Dale, Yan Ge-Ling
Regie: Richard Dale, Fan Li-Xin, Peter Webber
Produktion: Stephen McDonogh, Nei Nightingale, Chen Si-Jie, Martyn Freeman ...
Schnitt: Andi Campbell-Waite

Jackies Beitrag: Erzähler

Sprache / Ton	Bild / Format	Spieldauer
Englisch Dolby Atmos, Dolby Vision	Farbe / 1.85:1 F55 RAW (4K), Redcode RAW (5K) (6K)	93:41 Min. (*uncut*) ¬

Erstveröffentlichungen
China: 11. August 2017
Deutschland: 15. März 2018
(Nominierungen: 2 | Auszeichnungen: 1)

Nachdem »Earth« (2007) neue Standards in der Tierdokumentation setzte, tat man sich anfangs schwer mit einer Idee für ein Sequel, das noch eine Schippe draufsetzt. Doch dank hochauflösender Aufnahmen, kleiner gewordener Kameratechnik und Drohnen war es den Filmemachern möglich, nie dagewesene Aufnahmen von Tieren anzufertigen und sie in ihrem vertrauten Lebensraum nicht nur zu beobachten, sondern aktiv Teil an ihrer spannenden Lebensgeschichte zu sein. Jackie Chan agiert als Erzähler in der Mandarin-Fassung und leistet einen hervorragenden Job. Seine Arbeit kann man auf der US-DVD bewundern, die deutsche Blu-ray beinhaltet die chinesische Tonspur leider nicht. An dieser Ko-Produktion zwischen Großbritannien und China arbeitete Yan Ge-Ling übrigens am Drehbuch mit, die im selben Jahr für Jackies Firma Beijing Sparkle Roll Media auch das Skript für »Youth« (2017) verfasste.

BD-Tipp: **Unsere Erde 2**[*] [BRD]

[*] Vertrieb: Universum Film, VÖ: 7. September 2018

190

The Nut Job 2: Nutty By Nature

2017

Arbeitstitel: *The Nut Job 2*

Animation (Komödie, Krimi) | Südkorea, Kanada | 2013-2017 | K

Nachdem sie ihren Nussladen aufgeben mussten, sind Surly und seine Freunde wieder im Liberty Park auf Futtersuche für den Winter. Doch die Natur ist nicht das, was Surly will, doch als er herausfindet, dass der Bürgermeister den Park für einen Freizeitpark plattmachen will, entdeckt er seine Sympathien gegenüber seiner Heimat und seinen wahren Freunden und schmiedet einen grandiosen Plan.

mit Will Arnett, Maya Rudolph, Bobby Cannavale, Jeff Dunham ... (Originalversion)
BUCH: Bob Barlen, Cal Brunker, Scott Bindley
REGIE: Cal Brunker
PRODUKTION: Bob Barlen, Jong Han Kim, Jong-Soo Kim, Sung-Hwan Kim ...
MUSIK: Heitor Pereira

JACKIES BEITRAG: Synchronsprecher

Sprache / Ton	Bild / Format	Spieldauer
Englisch Dolby Atmos	Farbe / 1.85:1	90:43 Min. (*uncut*) ¬

Erstveröffentlichungen
Kanada: 11. August 2017
Südkorea: 3. Oktober 2017
(Nominierungen: 2 | Auszeichnungen: 0)

Der Nachfolgefilm von »The Nut Job« (2014) (dt. Titel: »Operation: Nussknacker – Auf die Nüsse, fertig, los!«) blickt auf eine Reihe von Terminverschiebungen zurück. So wurde er Anfang 2014 bereits mit einem Kinostart im Januar 2016 angekündigt. Während der Produktion wuchs der Cast der Synchronsprecher immer an, bis im Juli 2016 feststand, dass Jackie Chan eine kleinere Sprechrolle als Mr. Feng übernehmen sollte. Seine Punchline »Don't call me cute!« wurde zur offiziellen Tagline des Films schlechthin. Mit über 65 Millionen US-Dollar Einnahmen gegenüber von 40 Millionen US-Dollar Produktionskosten ist der Film finanziell nicht gerade ein Hit, was wohl daran liegen mag, dass er außerhalb von den USA und Kanada nur wenig mediale Beachtung fand. So erhielt der umstrittene Animationsfilm bis heute keine deutsche Veröffentlichung – doch diese wird sicher kommen.

BD-Tipp: **The Nut Job 2: Nutty By Nature**[*] [USA]

* Vertrieb: Universal Pictures, VÖ: 14. November 2017

191

Youth

2017

Arbeitstitel: *Bloom Of Youth*
Originaltitel: *Fang Hua*

Drama (Geschichte, Krieg, Romantik) | China | 2016-2017 | K

Während der Kulturellen Revolution in China verändert sich neben der Politik auch der Geist des Einzelnen. So erlebt eine Gruppe von Freunden in der Armee Liebe, Verlangen, Betrug und Leid, alles noch unter dem Deckmantel von Mao. Nachdem die beiden Freunde Liu Feng und He Xiao-Ping auch im chinesisch-vietnamesischen Krieg dienten und ehrenhaft entlassen werden, haben beide es schwer, in der neuen Welt zurechtzukommen.

mit Huang Xuan, Vivi Miao Miao, Elaine Zhong Chuxi, Yang Cai-Yu, Li Xiao-Feng ...
Buch: Yan Ge-Ling
Regie: Feng Xiao-Gang
Produktion: Feng Xiao-Gang, Du Yang
Schnitt: Zhang Qi

Jackies Beitrag: Produzent

Sprache / Ton	Bild / Format	Spieldauer
Mandarin Dolby Digital, Dolby Atmos, DTS, D-Cinema 48kHz 5.1	Farbe / 2.35:1 ARRIRAW (2.8K) (3.4K)	134:09 Min. (*uncut*) 146:00 Min. (*uncut*, Langfassung vom TIFF)

Erstveröffentlichungen
Kanada: 8. September 2017 (TIFF)
China: 15. Dezember 2017
(Nominierungen: 11 | Auszeichnungen: 5)

Nachdem erste Kritiker und Behördenvertreter den Film in Peking gesehen hatten, entschlossen sie, den Landesstart vom 1. Oktober (Chinas Nationaltag) – es gibt auch Belege für geplante Veröffentlichungen am 29. oder 30. September – auf den 15. Dezember 2017 zu verlegen. Dies wurde als Zensur gewertet, weil sich der Film stark mit Maos Ideologie befasst, und wirkte sich negativ auf die vorab geleistete, teure Promotion aus. Dennoch belegte er den sechsten Platz der erfolgreichsten chinesischen Filme 2017. Produziert wurde er für ca. 18 Millionen US-Dollar von Beijing Sparkle Roll Media; Jackie Chan agierte als geschäftsführender Produzent. Bisher gibt es noch keine Veröffentlichung auf dem Weltmarkt. Es dürfte aber nur eine Frage der Zeit sein, bis sich die Produzenten von Festivalteilnahmen zurückziehen und den Streifen ungeschnitten auf DVD und Blu-ray herausbringen.

Tipp: **leider (noch) nicht möglich**

192

The Lego Ninjago Movie

2017

dt. Titel: *The Lego Ninjago Movie*

Animation (Komödie, Action) | USA, Dänemark | 2013-2017 | K

In Ninjago-City ist der Kampf um die Herrschaft entbrannt, als der Bösewicht Warlord Garmadon mit seiner Armee einreitet. Doch der junge Lloyd alias Green Ninja schließt sich mit seinen Ninja-Freunden zusammen, um mithilfe von Meister Wu in den Kampf zu ziehen. Dabei findet er verloren geglaubte Familienmitglieder.

mit Jackie Chan, Dave Franco, Fred Armisen, Kumal Nanjiani ... (Originalversion)
BUCH: Bob Logan, Paul Fisher, William Wheeler, Tom Wheeler, Jared Stern ...
REGIE: Charlie Bean, Paul Fisher, Bob Logan
PRODUKTION: Maryann Garger, Roy Lee, Phil Lord, Chris McKay, Christopher Miller ...
MUSIK: Mark Mothersbaugh

JACKIES BEITRAG: Synchronsprecher, Nebenrolle, Action Director, Stuntkoordinator

Sprache / Ton	Bild / Format	Spieldauer
Englisch DTS, Dolby Atmos, Dolby Digital, Dolby Surround 7.1, SDDS	Farbe / 2.35:1 Digital	101:27 Min. (*uncut*) ¬

Erstveröffentlichungen
USA: 16. September 2017 (Premiere)
Deutschland: 21. September 2017
(Nominierungen: 4 | Auszeichnungen: 0)

Mit einem Budget von 70 Millionen US-Dollar und Einnahmen von über 123 Millionen US-Dollar führt der Film das erfolgreiche LEGO-Franchise fort. Jackie Chan spricht hier nicht nur den Meister Wu in der englischen Fassung, er ist auch am Anfang und am Ende als Realdarsteller zu bewundern. Als wäre das nicht alles, verließen sich die Macher bei den Actionszenen ganz auf das Können von Jackie Chan höchstpersönlich und seinem Stuntteam, das alle Kampf- und Actionszenen erst real choreografierte und aufzeichnete, sodass die Computerkünstler die Bewegungen auf die steifen LEGO-Figuren übertragen konnten. Er beriet sogar die LEGO-Leute beim Anfertigen seiner Miniaturausgabe im Film; leider verschwanden die Holzfiguren spurlos nach dem Dreh. Die Innenaufnahmen mit ihm fanden in Sydney statt.

BD-Tipp: **The LEGO Ninjago Movie*** [BRD]

* Vertrieb: Warner Home Video, VÖ: 8. März 2018

193 | 2017

The Foreigner

dt. Titel: *The Foreigner*
Arbeitstitel: *The Chinaman*

Action-Thriller (Drama) | Großbritannien, China, USA | 2016-2017 | K

Als bei einem Attentat in London die Tochter des ehemaligen Geheimagenten Quan von irischen Killern getötet wird, nutzt dieser seine Ausbildung, um sich zu rächen. Schnell gerät er in Terrorkreise und sucht Hilfe bei einem ranghohen britischen Regierungsbeamten, die ihm verweigert wird. Auf eigene Faust überschreitet Quan Grenzen aus Liebe zu seiner Tochter und findet heraus, wer wirklich hinter dem Attentat steckt.

mit Jackie Chan, Pierce Brosnan, Katie Leung, Rufus Jones, Mark Tandy ...
Buch: David Marconi
Regie: Martin Campbell
Produktion: Jackie Chan, Claire Kupchak, Jamie Marshall, Qi Jian-Hong ...
Action Director: Greg Powell, Han Guan-Hua ...

Jackies Beitrag: Hauptdarsteller, Produzent

Sprache / Ton	Bild / Format	Spieldauer
Englisch, Mandarin Dolby Atmos, Dolby Digital	Farbe / 2.35:1 ARRIRAW (2.8K)	113:25 Min. (*uncut*) ¬

Erstveröffentlichungen
China: 24. September 2017 (Premiere)
USA: 13. Oktober 2017
Deutschland: 23. Februar 2018 (V+K-BD)
(Nominierungen: 0 | Auszeichnungen: 0)

»The Foreigner« (2017) basiert auf dem Kriminalroman »The Chinaman« (1992) von Stephen Leather. Während des Drehs einer Explosion eines Londoner Busses auf der Lambeth Brücke, gab es verängstigte Bürger, und der Verdacht nach einem echten Attentat kam auf. Mit einem Budget von 35 Millionen US-Dollar schufen die Macher ein Meisterwerk des Action-Dramas mit Einnahmen von über 145 Millionen US-Dollar. Jackie produzierte nicht nur für Beijing Sparkle Roll Media und übernahm die Hauptrolle, auch als Meister des Fachs und Leiter der Sing Ga Ban choreografierte er inoffiziell seine Kämpfe und Stunts. Sogar das Titellied »A Common Man« singt er selbst. Im Abspann liest man einen Dank an die JC Film Gallery, Jackies Filmmuseum in Shanghai, womöglich wegen der Ausstattung von Requisiten.

BD-Tipp: **The Foreigner*** [BRD]

* Vertrieb: Universum Film, VÖ: 23. Februar 2018

194

Bleeding Steel

2017

dt. Titel: *Bleeding Steel*
Originaltitel: *Ji Qi Zhi Xue*

Sci-Fi-Thriller (Drama, Komödie, Krimi) | China, Hongkong, Australien | 2016-2017 | K

Die Forschungsergebnisse des Genetikforschers Dr. James könnten die gesamte Welt verändern. Das wissen auch diverse Terrororganisationen, sodass bei einem Anschlag von maskierten Soldaten Dr. James ums Leben kommt und die Forschungsergebnisse verschwinden. Als Jahre später ein Roman basierend auf den Unterlagen erscheint, sind sowohl jene Terroristen als auch die Spezialeinheit um Polizist Lin auf der Suche nach der wahren Quelle des Wissens.

mit Jackie Chan, Show Lo Chi-Cheung, Nana Ou-Yang Na-Na, Erica Xia-Hou Qi-Yu ...
Buch: Leo Zhang Li-Jia
Regie: Leo Zhang Li-Jia
Produktion: Jackie Chan, Paul Currie, Liu Kai-Luo, Javier Zhang
Action Director: Max Huang You-Liang, Keir Beck, Bruce Law ...

Jackies Beitrag: Hauptrolle, Produzent

Sprache / Ton	**Bild / Format**	**Spieldauer**
Englisch, Mandarin DTS, D-Cinema 48kHz 5.1, Dolby Atmos	Farbe / 2.35:1 ARRIRAW (3.2K)	109:36 Min. (*uncut*) ¬

Erstveröffentlichungen
China: 22. Dezember 2017
Deutschland: 27. April 2018 (V+K-BD)
(Nominierungen: 0 | Auszeichnungen: 0)

Für »Bleeding Steel« (2017) hat Jackie Chan einen seiner beliebtesten Theme-Songs neu aufgelegt, nämlich den von »Police Story« (1985). Mit einem Wahnsinnsbudget von 65 Millionen US-Dollar, Dreharbeiten in China, Australien und Taiwan und recht schlechten Kritiken im Westen stellt dieser Genre-Mix zwischen düsterem Sci-Fi-Thriller und klamaukhafter Hongkong-Comedy einen skurrilen Meilenstein in der Filmografie Jackie Chans dar. Und dennoch kündigte er bei Ende der Dreharbeiten noch für 2018 den zweiten Teil an – es darf zurecht gezweifelt werden, ob die wirre Geschichte Potenzial hat und genügend Abnehmer findet. Auf der deutschen DVD und Blu-ray findet sich zudem das Musikvideo als Bonus.

BD-Tipp: **Bleeding Steel**[*] [BRD]

[*] Vertrieb: Splendid Film, VÖ: 27. April 2018

195

Namiya

2017

Originaltitel: *Jie You Za Huo Dian*

Drama (Fantasy) | China, Hongkong | 2017 | K

Als drei Waisen sich in einem Laden verstecken, wird ihnen von unbekannter Hand ein Zettel unter der Tür durch geschoben. Überrascht antworten sie mit wenigen Zeilen auf dem Papier. Wie ein Wunder entsteht ein Dialog mit jemandem, der vor 30 Jahren gelebt hatte.

mit Jackie Chan, Chen Du-Ling, Dilraba Dilmurat, Dong Zi-Jian, Lee Hong-Chi ...
BUCH: Han Jie, Zhu Si-YI, Sun Si-Yu, Tiger Xiao
REGIE: Han Jie
PRODUKTION: Cary Cheng, Jiang De-Fu, Takeo Kodera, Albert Lee, Shiu Kim-Chau ...
MUSIK: Nathan Wang

JACKIES BEITRAG: Hauptrolle

Sprache / Ton	Bild / Format	Spieldauer
Mandarin D-Cinema 48kHz 5.1	Farbe / 2.35:1	110 Min. (*uncut*) ¬

Erstveröffentlichungen
China: 29. Dezember 2017
(Nominierungen: 0 | Auszeichnungen: 0)

Der japanische Roman von Keigo Higashino, erstmals erschienen 2012 und leider noch nicht ins Deutsche übersetzt, hat 2017 gleich zu zwei Verfilmungen geführt. Die japanische lautet wie der Buchtitel »The Miracles Of The Namiya General Store« und erschien am 23. September 2017 in Japan. Die chinesische Adaption folgte nur wenige Monate später von Emperor Motion Pictures, die für das japanische Original gleich die Nutzungs-/Vertriebsrechte für Hongkong kauften. Jackie Chan wird zwar als Hauptcharakter beschrieben, ist im Film aber nicht so oft zu sehen. In den USA erschien der Film sogar für kurze Zeit in ausgewählten Kinos. Über ein Deutschland-Release wird derzeit spekuliert.

BD-Tipp: **Namiya*** [HK]

* Vertrieb: Panorama, VÖ: 4. Mai 2018

196

A Better Tomorrow 2018

2018

Arbeitstitel: *A Better Tomorrow 4*
Originaltitel: *Ying Xiong Ben Se 2018*

Action-Drama (Krimi) | China | 2017 | K

Kai und Chao sind ungleiche Brüder. Während Kai einen Schmugglerring führt, ist sein jüngerer Bruder Chao ein Polizeianwärter. Seine rechte Hand Mark ist es leid, sich um alles zu kümmern, während sein Boss Kai nach außen hin nichts mit dem Schmugglerring zu tun haben will. So kommt es zu Streitigkeiten, bei denen Chao seinen eigenen Bruder ins Gefängnis stecken muss und dabei aus Rache zum Krüppel gemacht wird. Nach drei Jahren ist Kai auf freiem Fuß, doch Chao verzeiht ihm nicht.

mit Wang Kai, Ma Tian-Yu, Darren Wang Ta-Lu, Yu Ai-Lei, Lam Suet, Wu Yue ...
Buch: Ding Sheng, Xu Yang
Regie: Ding Sheng
Produktion: Zhang Miao, Lu Qian, Joe Tam, Chen Wei ...
Cinematographer: Ding Yu

Jackies Beitrag: Produzent

Sprache / Ton	Bild / Format	Spieldauer
Mandarin DTS, Dolby Digital	Farbe / 2.35:1 ARRIRAW (2.8K), Master Scope (anamorph)	113:47 Min. (*uncut*) ¬

Erstveröffentlichungen
China: 18. Januar 2018
(Nominierungen: 0 | Auszeichnungen: 0)

Die Geschichte um den Film stammt aus dem Jahr 1967 und wurde als »The Story Of A Discharged Prisoner« erstmals in Hongkong verfilmt. 1986 gelang John Woo dann seine eigene Interpretation des Stoffes in »A Better Tomorrow«, einer Gangster-Trilogie aus Hongkong. Es folgten einige inspirierte Fremdproduktionen, bis der Chinese Ding Sheng seinem Regiekollegen hiermit Tribut zollen wollte. Jackie Chan agierte als geschäftsführender Produzent unter seiner Firma Beijing Sparkle Roll Media. Der Text zum Titellied wurde von Ding Sheng selbst geschrieben, die Musik und der Gesang stammen von Wang Lee-Hom. Seit März 2018 tourt der Film auf diversen europäischen Festivals, sodass eine Veröffentlichung für den Heimkinomarkt frühestens Anfang 2019 ansteht.

BD-Tipp: **A Better Tomorrow 2018**[*] [HK]

* Vertrieb: Panorama, VÖ: 29. März 2018

197

Amazing China

2018

Originaltitel: *Li Hai Le, Wo De Guo*

Dokumentation (Wirtschaft, Politik, Natur) | China | 2016-2018 | K

China überzeugt durch ein enorm starkes Wachstum innerhalb von wenigen Jahrzehnten. Das Land ist mittlerweile Vorreiter in diversen technologischen Errungenschaften und öffnet sich immer mehr dem Westen, der großes Interesse an einer Zusammenarbeit zeigt. In dieser Dokumentation blickt der Zuschauer auf den Verlauf der vergangenen und der zukünftigen Jahrzehnte von Chinas Weltmachtstellung.

mit Xi Jin-Ping ...
BUCH: Chen Chang-Ye
REGIE: Wei Tie
PRODUKTION: Ling Hong, Chen Hong-Bing, Yan Wei-Yi, *China Central Television* ...
MUSIK: Liu Si-Jun

JACKIES BEITRAG: Sänger (Titelsong)

Sprache / Ton	Bild / Format	Spieldauer
Mandarin Dolby Digital	Farbe / 2.35:1	87:02 Min. (*uncut*)

Erstveröffentlichungen
China: 2. März 2018
(Nominierungen: 0 | Auszeichnungen: 0)

2017 strahlte der chinesische Fernsehsender CCTV eine 6-teilige Dokureihe à 50 Minuten aus, in dem das Land China und seine Errungenschaften der breiten Masse stolz präsentiert wird. Wohingegen die TV-Reihe mit dem Titel »Amazing China« positive Kritiken einheimste, werfen manche Stimmen dem Dokumentarfilm von 2018, dessen vollständig übersetzter Titel »My Amazing Country China« lautet, vor, er sei ein politisches Propaganda-Video für Präsident Xi Jin-Pings Wiederwahl. Jackie Chan singt das gleichnamige Titelliedzum Dokumentarfilm und wohnte der Pressekonferenz am 6. März 2018 für Promozwecke bei, hat aber ansonsten nichts mit der Produktion zu tun. In den ersten Tagen schauten sich 3 Millionen Zuschauer die bisher zweitgrößte chinesische Dokumentation aller Zeiten an. Mittlerweile sucht man westliche Investoren und Verleiher, die die Dokumentation und dessen Botschaft in den Westen treibt – ein schwieriges Unterfangen in der aktuellen politischen Lage.

Tipp: **leider (noch) nicht möglich**

198

Jackie Chan's Green Heroes

2018

dt. Titel: *Jackie Chans Helden Für Die Umwelt*
Originaltitel: *Guo Jia Di Li: Cheng Long Huan Bao Ying Xiong*

Dokumentation (Umwelt, Natur, Technik) | China, Taiwan, Neuseeland | 2017 | TV

Mit der Hilfe des weltweiten Superstars und Umweltschützers Jackie Chan und einem vielseitig talentierten Erfinder Arthur Huang stellt diese Dokumentation eine Inspiration für die künftige Generation von Umweltschützern und Technik-Geeks dar. Die Mission, die Welt vom Müll der Menschen zu befreien, wird anhand der sogenannten Trashpresso-Maschine erklärt.

mit Jackie Chan, Arthur Huang, Lise Nicolas, Enzo Muttini. Whit Poor ...
Regie: David Hay
Produktion: Jackie Chan, David Hay, Kyle Murdoch, Yang Bei, Yulan Chang
Schnitt: Doug Clifford-Marsh

Jackies Beitrag: er selbst, Produzent

Sprache / Ton	**Bild / Format**	**Spieldauer**
Englisch, Mandarin Dolby Digital	Farbe / 2.35:1	44:04 Min. (*uncut*)

Erstveröffentlichungen
Südostasien: 18. April 2018
China: 22. April 2018
Deutschland: 1. September 2018
(Nominierungen: 0 | Auszeichnungen: 0)

National Geographic Asia und Produzent David Hay begannen die ersten Aufnahmen bereits im Sommer 2017 und legten die Szenen mit Jackie Chan im Oktober und November 2017 unter anderem in der Qinghai-Provinz nach. Das Konzept sieht drei Kurzdokumentationen vor, die jährlich im Frühjahr Premiere feiern werden. Wir dürfen also auf die nächsten beiden Folgen gespannt sein – bis dahin bleibt wohl eine DVD und Blu-ray abzuwarten. Seine chinesische Premiere feierte der Film übrigens um Punkt 10 Uhr abends zum Earth Day Special, ein paar Tage zuvor durfte der Südosten Asiens schon die imposanten Aufnahmen bewundern. Die Deutschlandpremiere fand Anfang September 2018 mit drei Ausstrahlungen im Pay-TV-Sender National Geographic statt. Die Idee zur Trashpresso-Maschine kam Jackie Chan übrigens am Set von »Dragon Blade« (2015), als tausende von Statisten und Crewmitgliedern in der Wüste haufenweise Müll produzierten. Kurze Zeit darauf begann er, diese Erfindung mit zu entwickeln und zu finanzieren.

Tipp: **leider (noch) nicht möglich**

199

Golden Job

2018

Originaltitel: *Huang Jin Xiong Di*

Action-Drama (Krimi) | Hongkong, China | 2016-2017 | K

Die fünf Brüder Lion King, Volcano, Bill, Ting Ding und Mouse haben eine ehrenvolle, wenngleich moralisch bedenkliche Aufgabe: sie sollen spezielle Medizin von der Regierung stehlen, um bedürftigen Kindern in einem Camp zu helfen. Doch dabei werden sie beschossen und müssen ihrem Schicksal ins Gesicht blicken.

mit Ekin Cheng, Jordan Chan, Michael Tse, Chin Kar-Lok, Jerry Lamb, Eric Tsang ...
Buch: Susan Chan, Chin Kar-Lok, Cheung Chi-Ying
Regie: Chin Kar-Lok
Produktion: Eric Tsang, Guo Ting-Ting
Action Director: Chin Kar-Lok

Jackies Beitrag: Produzent

Sprache / Ton	**Bild / Format**	**Spieldauer**
Kantonesisch, Mandarin Dolby Digital, DTS	Farbe / 2.35:1	99:44 Min. (*uncut*)

Erstveröffentlichungen
Hongkong: 16. September 2018 (Premiere)
Hongkong: 20. September 2018
China: 21. September 2018
(Nominierungen: 0 | Auszeichnungen: 0)

Chin Kar-Lok ist einer der berühmtesten und waghalsigsten Stuntmen aus Hongkong. In den 80er Jahren gehörte er dem Team rund um Sammo Hung an, der Hung Ga Ban, und drehte auch oft mit Jackie Chan und seiner Sing Ga Ban zusammen. »Golden Job« (2018) ist sein dritter Film als Regisseur. Erst sollte der Film zum Chinesischen Neujahr am 15. Februar in Hongkong starten, wurde dann aber auf den April verschoben. Mittlerweile wurde der Termin erneut verlegt, nämlich auf den 20. September 2018 bzw. den 21. September 2018 (Festland China). Jackie Chan war hier als geschäftsführender Produzent mit seiner Filmfirma Beijing Sparkle Roll Media tätig.

Tipp: **leider (noch) nicht möglich**

Statistiken

Bei satten 199 Filmen in Jackie Chans Filmografie verliert man schnell den Überblick. »Traue keiner Statistik, die du nicht selbst gefälscht hast«, heißt ein Sprichwort. Statistiken können auf vielerlei Art erstellt und gelesen werden. Daher sei an dieser Stelle erwähnt, dass sich die Daten ausschließlich auf die obige Filmografie von Jackie Chan bezieht – und nicht auf das, was danach noch kommt.

Jahrzehnt	Anzahl Filme
1962-1966	4
1970-1979	42
1980-1989	31
1990-1999	37
2000-2009	39
2010-2019	**46**

Anzahl Filme	Jahr
12	**1973**
10	2017
7	1999, 2004, 2015
6	1976, 1978, 1992, 2005, 2008, 2011

Rolle	Filme
im Film (fikt.)	123
im Film (dok.)	15
Drehbuch	17
Regie	18
Produktion	67
Synchronspr.	12

In den 2010er Jahren war Jackie Chan laut dieser Statistik quantitativ am produktivsten ...

... und setzte mit einem Dutzend Filmen, an denen er mitwirkte, 1973 seinen persönlichen Höhepunkt, ...

... doch Achtung: Diese Angaben beziehen sich auf den Datensatz »Jackies Beitrag«!

Derzeit in Produktion ...

... sind die folgenden Projekte, die sich in Titel und Erstaufführungsdatum bis zu ihrer jeweiligen Veröffentlichung noch ändern können (Stand: Oktober 2018).

Beijing: Wan Jiu Zhao Wu
(China, Hongkong; VÖ: Dezember 2018)
Kommentar: In Jaycee Chans geheimem Regiedebüt ehrt er seine Mutter. Papa Jackie unterstützt natürlich seinen Sohn, Eric Tsang ist auch mit an Bord. Andere Quellen wollen wegen Verzögerungen bereits ein VÖ-Datum für 2019 kennen, benennen es aber nicht näher. Dies könnte Jackie Chans 200. Film in der obigen Filmografie werden.

Journey To China: The Iron Mask Mystery
(Russland, China, USA; VÖ: 27.01.2019)
Kommentar: Nach viermaligem Verschieben kommt der zweite Teil von »Viy« (2014) mit Jackie und Arnold Schwarzenegger hoffentlich Anfang 2019 in die Kinos.

The Knight Of Shadows: Between Yin And Yang
(China, VÖ: 05.02.2019)
Kommentar: Jackies Kostümabenteuer soll zum Chinesischen Neujahr erscheinen.

Wish Dragon
(USA, China; VÖ: 26.07.2019)
Kommentar: Im neuen Animationsfilm leiht Jackie der Figur Piper God nicht nur seine Stimme, sondern er produziert auch dieses Familienabenteuer.

Project X-traction
(China, USA; VÖ (geschätzt): August 2019)
Kommentar: Über Wochen eine große Produktion in der Wüste der Mongolei, wird der Film mit John Cena anstatt Sylvester Stallone (ehemals bekannt unter dem Titel »Ex-Baghdad« und danach als »Project X«) wohl Mitte/Ende 2019 erscheinen.

The Diary
(China, Hongkong; VÖ (geschätzt): September 2019)
Kommentar: Seit 2017 wird Jackies Autorenfilm, bei dem er nur als Produzent und Regisseur auftritt, im Geheimen produziert. Gedreht wurde u. a. in Prag. Dieser Film könnte auch schon früher 2019 auf diversen Filmfestivals laufen und Anwärter für einige Preise sein.

Once Upon A Zodiac
(USA, China; VÖ (geschätzt): Januar 2020)
Kommentar: Mit den Machern von »The Nut Job 2: Nutty By Nature« (2017) wird Jackie Chan diesen Film ko-produzieren und die Figur Zell sprechen.

Filme mit teilweise vorhandenem Bezug

Tatsächlich gibt es Filmproduktionen, die zwischen einer offiziellen Filmografie und der Liste mit fragwürdigen Titeln (siehe nächstes Kapitel) einzuordnen sind. Dabei handelt es sich um Filme, an denen Jackie Chan tatsächlich belegbar, aber nicht im klassischen Sinne beteiligt war bzw. es einen direkten Bezug zu Jackie Chan gibt.

Lut Tau Lung Foo Dau

(Originaltitel: *Guang Dong Xiao Lao Hu*, Hongkong, VÖ: 1973)

mit Jackie Chan, Chen Hung-Lieh, Shu Pei-Pei, Tien Feng, Hon Kwok-Choi ...

REGIE: Ngai Hoi-Fung, Gam Yam

SYNOPSIS: s. # 22 »The Cub Tiger From Kwang Tung« (1973)

KOMMENTAR: Bereits in meinem Buch »Der deutsche Jackie Chan Filmführer« von 2008 berichtete ich auf einer ganzen Seite über diesen Film, der damals aufgrund irreführender Informationen und Quellenangaben das Veröffentlichungsjahr 1975 trug und unauffindbar war. Mittlerweile haben die führenden Online-Datenbanken diesen Fehler korrigiert, was mich dazu bewegte, auch meine mitgeteilten Information zu aktualisieren: Bei diesem Film handelt es sich um einen alternativen Titel von »The Cub Tiger From Kwang Tung« (1973). Der Titel trat erstmals in russischen Foren auf und stellte einen eigenständigen Eintrag neben dem eigentlichen Film dar. Nach jahrelanger Recherche kann nun sichergestellt werden: Hierbei handelte es sich um Fehlinformationen.

Unbekannter »Joan Lin Feng-Chiao«-Film

(Originaldaten, Cast und Synopsis sind unbekannt)

KOMMENTAR: In seiner ersten Autobiografie erzählt Jackie Chan ausführlich von der Zeit, als er seine spätere Frau Joan Lin Feng-Chiao kennenlernte. Damals war sie selbst, und das schon in den 1970ern vor Jackie Chan, ein Star. Die Taiwanesin drehte bis zu ihrer Hochzeit mit Jackie Chan 1982 noch Filme, bevor sie sich aus dem Geschäft zurückzog und den gemeinsamen Sohn Jaycee großzog. Im Buch steht auch, dass Jackie Chan Anfang der 1980er Jahre extra zu seiner Liebe flog, um sie zu besuchen. Sie drehte gerade einen Film, und für ein paar Tage habe er und seine Sing Ga Ban die Produktion am Set übernommen, zur Überraschung des Regisseurs. Offizielle Credits und Zeitungsberichte gibt es hierüber nicht, es ist und bleibt eine »urban legend«, bis sich Jackie Chan selbst dazu äußert. Der betreffende Film könnte nach ausgiebiger Recherche und Ausschlussverfahren – denn Joan Lin Feng-Chiao muss ein wenig kämpfen, was sie bei Jackie Chan privat trainierte – entweder »Devil Returns« (1982) oder »Ti Fang Xiao Niu« (1982) sein.

Painted Faces

(Originaltitel: *Qi Xiao Fu*, Hongkong, VÖ: 16.09.1988)

mit Sammo Hung, Lam Ching-Ying, Cheng Pei-Pei, Chung Gam-Yam, Cheung Man-Lung ...

REGIE: Alex Law Kai-Yui

SYNOPSIS: Die Geschichte der Drei Brüder Sammo Hung, Jackie Chan und Yuen Biao erzählt den harten Alltag an der China Drama Academy.

KOMMENTAR: Jackie Chan betont immer, wie wenig Realität dieser Film doch zeigt. Er verharmlose die tatsächliche Härte, die Meister Yu Jim-Yuen damals bei der Ausbildung seiner Schüler an den Tag legte. Jackie Chan hat mit dieser Produktion nichts zu tun. Jungschauspieler stellen hierin lediglich eine Perspektive der Geschichte rund um die Drei Brüder dar. Im Jahr der Veröffentlichung des Films feierte Meister Yu Jim-Yuen seinen Geburtstag mit seinen Schülern, was auf Video festgehalten wurde. Diese Aufnahmen finden sich auf der neuen Blu-ray von IVL, haben aber mit der offiziellen Filmproduktion nichts zu tun. Im Übrigen gibt es sogar eine deutsche Synchronisation dieses Klassikers (dt. Titel: »Leben Hinter Masken«), die aber bis heute leider auf keinem Medium erschienen ist.

Extreme Crisis

(Originaltitel: *B Gai Waak*, Hongkong, VÖ: 29.08.1998)

mit Julian Cheung Chi-Lam, Theresa Lee Yee-Hung, Shu Qi, Sawada Kenya, Nakata Kei ...

REGIE: Bruce Law

SYNOPSIS: Eine Terroristengruppe droht damit, Hongkong mit Nervengift auszulöschen, wenn die Polizei ihren Anführer nicht freilässt.

KOMMENTAR: Bruce Law ist *der* Name für Vehicle-Stunts in Hongkong und das seit den 1980er Jahren. Klar, dass irgendwann sein Regiedebüt stattfinden musste. Das ging mit diesem Film, der im Originalen den Titel »Project B« trägt, als Anlehnung an Jackie Chans »Project A« (1983), sogar unter Jackies Filmfirma Golden Way Films in Pre-Production. Mike Leeder berichtet darüber ausführlich in seinen Recherchen für das Insider-Magazin Screen Power innerhalb des Interviews mit Ken Sawada. Doch im fertigen Film ist nichts mehr von einer Zusammenarbeit mit Golden Way Films oder Jackie Chan zu erkennen. Stattdessen sprang die extra für diesen Film gegründete Firma Hawk International Co. ein. Bis weit in die 2000er Jahre war es in Hongkong üblich, dass Drehbücher bei einer Firma in die Vorproduktion gingen, um von einer zweiten Firma gedreht und von einer dritten Firma finanziell fertiggestellt zu werden. Dieser uns im Westen eher unbekannte Vorgang war im schnelllebigen Hongkong lange normal. Der Film wurde übrigens Leonard Ho, dem Mitgründer von Golden Harvest, gewidmet, der im selben Jahr verstarb.

The Wind

(Originaltitel: *Zhui Feng*, Taiwan, VÖ: keine, da unvollendet)

mit unbekannt

REGIE: Edward Yang De-Chang

SYNOPSIS: unbekannt

KOMMENTAR: »The Wind« machte erstmals 2007 Schlagzeilen, als sein Regisseur Edward Yang mit 59 Jahren an Darmkrebs verstarb. Der erste taiwanesische Animationsfilm sollte eine Zusammenarbeit mit Jackie Chan werden und war bereits Jahre in Planung. Seine künstlerischen, traditionell chinesischen Zeichnungen in Kombination mit einem cineastischen Chan-Stil hätte aus der Idee ein interessantes Projekt gemacht. Jahre nach Edward Yangs Tod wurden Clips aus »The Wind« öffentlich gezeigt, die seine letzte Arbeit würdigen sollten. Im Internet lassen sich diese Videos leicht finden, bis heute bleibt das Projekt aber unvollendet.

The Taking Of Tiger Mountain

(Originaltitel: *Zhi Qu Wei Hu Shan*, China, VÖ: 24.12.2012)

mit Tony Leung Ka-Fai, Zhang Han-Yu, Kenny Lin Geng-Xin, Yu Nan, Tong Li-Ya ...

Regie: Tsui Hark

Synopsis: Nach dem Zweiten Weltkrieg herrscht Chaos in China und Plünderungen sind an der Tagesordnung. Die Einheit 203 will die letzte Bastion stürmen.

Kommentar: Bereits 1992 sagte Tsui Hark in einem Interview auf die Frage, welche Geschichte er gerne einmal verfilmen würde, dass es genau diese sein soll. Damals musste Jackie Chan laut Golden Harvest mit externen Regisseuren zusammenarbeiten, weil er selbst viel zu viel Geld für seine eigene Regiearbeit ausgab, und so meldete er sich freiwillig für die Hauptrolle. Erst Jahre später wurde das Projekt filmreif. Prioritär arbeitete Tsui Hark an einem Animationsfilm, doch die Idee wurde schnell zugunsten einer 3D-Realverfilmung verdrängt. Laut Medienberichten habe Jackie Chan ab 2010 ungefähr 30 Millionen US-Dollar in dieses Projekt finanziert und sollte zudem auch die Hauptrolle übernehmen. Warum die Zusammenarbeit dann doch nicht stattfand, bleibt ein ungelöstes Rätsel, das vermutlich auf Meinungsverschiedenheiten beruht.

My Lucky Star

(Originaltitel: *Fei Chang Xing Yun*, China, VÖ: 17.09.2013)

mit Zhang Ziyi, Wang Lee-Hom, Ruby Lin Xin-Ru, Yao Chen, Ada Choi Siu-Fan ...

Regie: Dennie Gordon

Synopsis: Als eine Frau bei einem internationalen Diamantenraub hochgenommen wird, trifft sie einen Spion, der versucht, die Welt zu retten.

Kommentar: Wang Lee-Hom und Jackie Chan sind seit vielen Jahren gute Freunde und standen bei »Little Big Soldier« (2010) bereits zusammen vor der Kamera. Als er mit den Dreharbeiten von »Chinese Zodiac« (2012) fertig war, besuchte Jackie seinen Freund am Set seines neuesten Films. Dort angekommen, war der Regisseur den Tränen vor Verzweiflung nahe, weil eine Actionszene anstand und das angestellte Team nicht sorgfältig genug arbeitete. Man hatte Angst, den Schauspielern könnte ernsthaft etwas passieren. Kurzerhand sicherte Jackie Chan seine Hilfe zu. Er stellte nicht nur seine Erfahrung sondern auch sein Stuntteam und wichtiges Equipment kostenlos zur Verfügung, um diese Actionszene sicher auf Film zu bannen. Dieser Einsatz wurde mit einem »Special Thank You« im Abspann belohnt.

Filme mit fragwürdigem Bezug

Neben der umfangreichen Filmografie Jackie Chans, die nur Filmproduktionen beinhaltet, an denen er tatsächlich und belegbar mitgewirkt hat, gab es im Laufe von Jahrzehnten immer mal wieder Gerüchte, sogenannte »urban legends«, und hartnäckige Quellenangaben, die sich auf weitere Filme beziehen. Doch bei näherem Hinsehen lässt sich hier kein eindeutiger Bezug zu Jackie Chan feststellen. Im Folgenden werden die Hintergründe dieser Filme dargelegt.

The Princess And The 7 Little Heroes
(Originaltitel: *Gong Zhu Yu Qi Xiao Xia*, Hongkong, VÖ: 25.01.1962)
mit Lam Fung, Wu Fung, Lam Kau, Ma Lung, Pang Pang, Chu Dan, Lok Gung, Ling Mung
REGIE: Chan Pei
SYNOPSIS: Dieser Film gilt als verschollen.
KOMMENTAR: Yu Jim-Yuen war Jackie Chans echter Meister an der China Drama Academy und ebenso sein Ziehvater. Dass Yu Jim-Yuen auch Filmerfahrung hatte, bleibt oft unbemerkt, doch wirkte er an »The Princess And The 7 Little Heroes« (1962) als Action Director und an »Lui Po« (1961), »The Golden Sword« (1967) und »The Old Master« (1979) als Schauspieler mit. Dieser Film kam bereits am 25. Januar 1962 in die Kinos. Der Titel lässt auf die berühmten Seven Little Fortunes, eine Theatergruppe, in der auch Jackie Chan Mitglied war, schließen.

Little Dragon Girl Teases White Snake Spirit
(Originaltitel: *Xiao Long Nu San Xi Bai She Jing*, Hongkong, VÖ: 29.01.1963)
mit Walter Tso Tat-Wah, Yu So-Chau, Pat Ting Hung, Petrina Fung Bo-Bo, Seven Little Fortunes
REGIE: Wong Hok-Sing
SYNOPSIS: Dieser Film gilt als verschollen.
KOMMENTAR: In dieser frühen Produktion der Yulin Film Co. werden die Seven Little Fortunes sogar in den Credits genannt. Die Theatergruppe, geformt von Meister Yu Jim-Yuen, umfasste stets sieben Mitglieder, deren Besetzung allerdings flexibel gestaltet war. Wer von seinen Schülern Leistung brachte und der beste in seinem Stil war, durfte öffentliche Auftritte innerhalb der damals sehr populären Gruppe absolvieren. Zu diesem Zeitpunkt war Jackie Chan bereits auf der China Drama Academy und hat mit »The 7 Tyrants Of Jiangnan« (1962) auch schon Filmerfahrung gesammelt – denkbar wäre ein kurzer Einsatz des jungen Chans.

The Monkey Soldiers Come To The Rescue
(Originaltitel: *Hou Zi Bing Hua Shan Jiu Jia*, Hongkong, VÖ: 06.03.1963)
mit Tang Pik-Wan, Yu Kai, Cheng Pik-Ying, Kwan Hoi-San, Lau Hak-Suen, Lai Man ...
REGIE: Wong Yiu
SYNOPSIS: Als ein Dorf angegriffen wird, muss der Affenkönig mit seinem Gefolge zur Unterstützung anrücken, doch seine Feinde schieben ihm die Missetaten zu.
KOMMENTAR: In einer der letzten Filme der Bao Bao Film Company sieht man einen jungen Sammo Hung neben einem seiner Brüder von der China Drama Academy,

Meng Yuen-Man, der hier den kleinen, frechen, weißen Affen spielt. Da in mehreren Szenen unzählige Jungs in Affenkostümen durchs Bild jagen, wäre eine Teilnahme Jackie Chans zeitlich und den Umständen bedingt durchaus denkbar. Die Bildqualität einer mittlerweile vergriffenen VCD lässt dies aber nicht zu 100 % bestätigen.

The Golden Hairpin (Part 1)

(Originaltitel: *Bi Xue Jin Chai (Shang Ji)*, Hongkong, VÖ: 28.08.1963)

mit Yu So-Chau, Cheung Ying-Tsoi, Chan Ho-Kau, Suet Nei, Sek Kin, Ling Mung, Lam Kau ...

Regie: Chan Lit-Ban

Synopsis: Während eines Kampfes kommt eine Frau mit einer mysteriösen goldenen Haarnadel zu Hilfe und rettet der Verwundeten das Leben.

Kommentar: Die Filmfirma Sin Hok Gong Luen war in den 1960er Jahren bekannt für ihre mehrteiligen Kostümepen. Neben Simon Yuen Siu-Tin und Sek Kin kam auch öfter Sai Gwa-Pau zum Einsatz, damals ein stolzer Cast. Bereits in der achten Minute des Films treten mehrere Kinderdarsteller in einer Szene auf. Einer von ihnen befindet sich inmitten des Kamerafokus und sieht aus wie ein junger Jackie Chan. Sowohl Alter, Aussehen aus mehreren Blickwinkeln, Mimik und das Verhalten dieses Jungdarstellers schließen zu fast eindeutiger Sicherheit auf einen jungen Jackie.

The Golden Hairpin (Part 2)

(Originaltitel: *Bi Xue Jin Chai (Xia Ji)*, Hongkong, VÖ: 04.09.1963)

mit Cheung Ying-Tsoi, Chan Ho-Kau, Connie Chan Po-Chu, Sek Kin, Sze-Ma Wah-Lung ...

Regie: Chan Lit-Ban

Synopsis: Nachdem die mysteriöse Frau erfährt, dass nach ihrer Rettungsaktion Menschen starben, setzt sie ihre goldene Haarnadel gegen sich selbst ein.

Kommentar: Auch im zweiten Teil des Historiendramas findet man einen Jungdarsteller mit verblüffender Ähnlichkeit zu Jackie Chan. Im Gegensatz zum ersten Teil gibt es hier gleich mehrere Szenen, in denen man fast sicher einen jungen Jackie entdecken kann. Offizielle Pressebücher oder Credits gelten wohl als verschollen, sodass sich dies nie zu 100 % bestätigen lassen kann. Der optische Beweis oder vielmehr der Hinweis zu einem Bezug zu Jackie Chan ist allerdings nicht wegzudiskutieren.

The Invincible Kid Fong Sai-Yuk

(Originaltitel: *Wu Di Shen Tong Fang Shi Yu*, Hongkong, VÖ: 30.06.1965)

mit Yu So-Chau, Petrina Fung Bo-Bo, Kwan Hoi-San, Sek Kin, Tang Di, Sai Gwa-Pau ...

Regie: Fung Fung

Synopsis: Das wilde Leben des jungen Nationalhelden Chinas Fong Sai-Yuk.

Kommentar: Leider gilt auch dieser Film als verschollen. Die Seven Little Fortunes werden wieder in den Credits genannt, daher liegt es nahe, dass damals Jackie Chan mit von der Partie war. Wem das noch zu wenige Hinweise sind, mag im Internet nach alten Fotos des Films suchen. Dort existiert eins von einem Filmset, auf dem Sai Gwa-Pau mit Kinderdarstellern und den Seven Little Fortunes posiert, darunter eindeutig zu erkennen Sammo Hung, Yuen Wah und Jackie Chan! Deren Kostüme ähneln keinen der bekannten Filmkostüme, die sie in den 1960er Jahren trugen. Ein weiteres Indiz dafür, dass Jackie Chan auch an diesem Film mitgewirkt haben könnte.

The Magnificent Monk

(Originaltitel: *Ji Gong Huo Fo*, Hongkong, VÖ: 01.03.1969)

mit Chiang Kuang-Chao, Wu Chia-Chi, Seung-Goon Leung, Li Su, Tien Yeh, Cheung Keung …

REGIE: Ng Man-Chiu

SYNOPSIS: Als ein wandernder Mönch seine magischen Fähigkeiten in einem Dorf für Schabernack einsetzt, bekommt er die Gelegenheit, damit etwas Gutes anzustellen.

KOMMENTAR: Diese verschollene Fantasy-Komödie wurde vor einigen Jahren in russischen Tauschforen mitsamt Plakat und einigen Informationen zum Film hochgeladen. Während die Datei nicht mehr verfügbar ist, ist es allerdings das Filmplakat noch. Als dann einige Bilder vom Vorspann auftauchten, verband man die Schriftzeichen »Sing Lung« (in Mandarin »Cheng Long«) mit Jackie Chan – Jackie Chans heutigem Namen. Doch 1969 war Jackie noch Schüler auf der China Drama Academy und weit davon entfernt, im Filmgeschäft Fuß zu fassen. Seinen Namen Sing Lung bzw. Cheng Long nahm er erst nach Jahren des Misserfolgs Ende der 1970er Jahre unter Lo Weis Fittiche an, dessen englische Übersetzung noch mit Jacky Chan dargestellt wurde. Es darf also zurecht bezweifelt werden, dass Jackie Chan als Autor an diesem Film mitwirkte, zumal er in jungen Jahren des Schreibens auch kaum mächtig war. Eventuell könnte der Drehbuchautor Cheng Chang-Long gemeint sein, in dessen Filmografie es nur einen weiteren Film gibt: »White Lotus« (1971).

A Touch Of Zen

(Originaltitel: *Xia Nu*, Taiwan, VÖ: 18.11.1971)

mit Hsu Feng, Shih Chun, Pai Ying, Tien Peng, Tsao Chien, Miao Tian, Chang Ping-Yi …

REGIE: King Hu

SYNOPSIS: Ein glücklicher Künstler verweigert den Wunsch seiner Mutter, Staatsdiener zu werden, und wird in riskante lokale Umstände verwickelt.

KOMMENTAR: Dieser Film hält sich hartnäckig in Jackie Chans Filmografie. Doch auch zurecht? Zweifelsohne ist King Hus »A Touch Of Zen« (1971) ein Meisterwerk des Wuxia-Genres und wurde vor allem in Hollywood gerne als Inspiration für Hommagen genutzt. Im Film hat ein junger Sammo Hung einen seiner ersten Auftritte als Schauspieler, doch Jackie Chan ist nirgends aufzufinden. In seiner ersten Autobiografie schreibt er, dass er 16 Jahre alt war und nur einen kurzen Auftritt hatte. In der Tat dauerten die Dreharbeiten zum Film über zwei Jahre – der Film lief in zwei Teilen im Kino –, und es gibt, wenngleich nur wenige, ein paar Szenen mit Stuntmen, die aufgrund der Lichtverhältnisse schwer zu erkennen sind. Auch die neue restaurierte 4K-Fassung, die vom deutschen Label AL!VE vertrieben wird, macht es nicht besser; es sind halt Nachtaufnahmen. Dort könnte Jackie Chan wirklich kurz als Stuntman einen schnellen Tod sterben, doch immer mehr Quellen, darunter die Hong Kong Movie Database, zweifeln seine Mitwirkung an diesem Film an. Kurioser wird es, wenn man in den Credits liest, dass ein Jacky Chen Shao-Lung einen der Mönche an der Seite Sammo Hungs spielt und kein Jackie Chan, wie oft behauptet wird.

Stranger In Hong Kong

(Originaltitel: *Xiang Gang Guo Ke*, Hongkong, VÖ: 27.10.1972)

mit Chin Feng, Betty Ting Pei, Cheng Wen-Ching, Tien Feng, Cheng Miu, Chan Shen …

REGIE: Liu Fang-Gang, Kuei Chih-Hung

SYNOPSIS: Als ein erfolgreicher Geschäftsmann geschäftlich mit seiner Familie nach Hongkong reist, gerät er in die Fänge der Triaden, für die er aktiv werden soll.

KOMMENTAR: Über diesem Film schweben zwei Gerüchte: Jackie Chan habe ein Cameo in der Flughafenszene und ist zudem als einer der Bankräuber tätig. Das erste Gerücht kann sich leicht widerlegen lassen; der Film ist mittlerweile dank diverser Bootlegs online abrufbar. Dort ist er also definitiv nicht zu sehen. Anders wird es in der Szene mit den sechs Bankräubern. Laut der Hong Kong Movie Database sind die Namen von vier von sechs gezeigten Bankräubern bekannt. Zwei weitere lassen sich nicht zuordnen. Es grenzt an Götzenverehrung, wenn man behauptet, einer der beiden verbleibenden Bankräuber sei Jackie, denn unter der enganliegenden Maske, die jegliche natürlichen Gesichtszüge zunichte macht, lässt sich nichts ableiten. Interessanterweise lautet ein alternativer Titel von »Master With Cracked Fingers« (1978), dem Rip-Off von »The Cub Tiger From Kwang Tung« (1973), genauso, nämlich »Stranger In Hong Kong«. Eine Verwechslung mit dem Film »Stranger From Canton« (1973) ist auch ausgeschlossen, da Jackie Chan auch hier nicht beteiligt war.

Bruce Lee: The Man And The Legend

(Originaltitel: *Li Xiao Long De Sheng Yu Si*, Hongkong, VÖ: 14.10.1973)

mit Wang Mei (Erzähler), Familie Lee, Carter Wong, Yuen Wah, Sammo Hung, Wu Fung ...

REGIE: Wu Shih

SYNOPSIS: In der ersten Dokumentation über Bruce Lee nach seinem tragischen Tod, produziert von seinem Arbeitgeber Golden Harvest, sieht man seltene Aufnahmen seiner Beerdigung in Hongkong und Seattle.

KOMMENTAR: Über Bruce Lees Leben und Tod wird bis heute ausgiebig diskutiert. In dieser Dokumentation, produziert von Leonard Ho und Raymond Chow, zwei Mentoren von Bruce Lee und die Gründer von Golden Harvest, dem Filmstudio, das Bruce Lee weltweit berühmt machen sollte, sehen Fans rare Aufnahmen der Beerdigung. Auf den Straßen von Hongkong tummelten sich damals Tausende von Fans, um Abschied von ihrem Idol zu nehmen. Es wäre denkbar, dass auch ein junger Jackie Chan, respektiert von Bruce Lee, in der Meute auf seinen Abschied wartet. Belege hierfür gibt es nicht, auch hat sich Jackie Chan bis heute nicht auf die Frage geäußert, ob er an Bruce Lees Beerdigung zugegen war – es darf sogar bezweifelt werden, ob ihm diese Frage jemals gestellt wurde. Doch damals war ganz Hongkong vor Ort, vielleicht also auch Jackie?

Tornado Of Pearl River

(Originaltitel: *Zhu Jiang Da Feng Bao*, Hongkong, VÖ: 20.06.1974)

mit Dorian Tan, Hu Chin, Han Ying-Chieh, Mang Chiu-Fan, Wan Lau-Mei, Chang I-Fei ...

REGIE: Wong Sing-Loy

SYNOPSIS: Im Hafen werden Waffen und andere illegale Dinge ins Land geschmuggelt, was dem Helden überhaupt nicht passt – er räumt gründlich auf.

KOMMENTAR: In einem Interview mit dem Insider-Magazin Screen Power verriet Dorian Tan, dass er Jackie Chan und Sammo Hung bereits Jahre vor ihrer Zusammenarbeit an »Hand Of Death« (1976) kennenlernte. Dies soll geschehen sein, als er 1970 oder 1971 einen Film produzierte, an dem beide als Stuntman bzw. Stuntchoreograf mitgewirkt hätten. Als Produzent trat Dorian Tan aber nur bei diesem Film in Erscheinung – beide Personen, Sammo und Jackie, konnten im Film bisher nicht ausfindig gemacht werden. Auch die Credits nennen beide nicht, was zu diesem Zeitpunkt absolut denkbar gewesen wäre. Kurz vor ihrem Aufeinandertreffen in »Hand Of Death« (1976) waren alle drei aber am Film »The Himalayan« (1976) beteiligt. Oder könnte Dorian Tan sogar »Chinese Hercules« (1973) gemeint haben, von dem behauptet wird, dass er das Originaldrehbuch geschrieben habe?

The Dragon Tamers

(Originaltitel: *Nu Zi Tai Quan Qun Ying Hui*, Hongkong, Südkorea; VÖ: 15.03.1975)
mit James Tien, Carter Wong, Yeung Wai, Kim Ki-Ju, Kim Chang-Suk, Hsu Hsia ...
Regie: John Woo, Kim Myeong-Yong
Synopsis: Ein junger Chinese fliegt nach Südkorea, wo er sich mit Gleichgesinnten anfreundet, die Liebe seines Lebens findet und in ernste Schwierigkeiten gerät.
Kommentar: Dieser Film wurde auf Wunsch von Golden Harvest, die zuvor den Jungregisseur John Woo eingestellt hatten, auf Grundlage der japanischen TV-Serie »Judo Saga« (jap. Titel: »Sugata Sanshiro«), die wiederum auf einem Film von Akira Kurosawa beruht, gedreht. Nach »The Young Dragons« (1975) war dies der zweite Dreh in Südkorea für John Woo und sein Team. Auch wenn Jackie Chan in seiner ersten Autobiografie diesen Film erwähnt und sich Credit als Stuntkoordinator gibt, so wird er im Film selbst nicht erwähnt. Wo er bei »The Young Dragons« (1975) noch als Assistent von Chan Chuen agierte und daher auch namentlich erwähnt wird, ist dies hier nicht der Fall. Im Buch »John Woo: Interviews« berichtet der Regisseur selbst ausführlich über jene Epoche, ohne ein Wort über Jackie Chan in Bezug zu diesem Film zu verlieren. Die Hong Kong Movie Database listet Jackie Chan schon gar nicht mehr als Stuntkoordinator oder Action Director auf. Andere Quellen berufen sich immer noch auf die – oft fehlerhafte – erste Autobiografie von Jackie Chan. Doch hierin findet auch der Film »Fist To Fist« (1973) keine Beachtung; bei diesem war John Woo als Assistent des Regisseurs tätig und Jackie als Komparse und Stuntman.

The Private Eyes

(Originaltitel: *Ban Jin Ba Liang*, Hongkong, VÖ: 16.12.1976)
mit Michael Hui, Samuel Hui, Ricky Hui, Angie Chiu Nga-Chi, Richard Ng, Lo Wai-Chi ...
Regie: Michael Hui
Synopsis: Als ein trotteliger Privatdetektiv zufällig mit zwei Kumpels zusammenarbeiten muss, bringen ihn die Nachforschungen in die Bredouille.
Kommentar: Die Hui-Brüder waren *das* Komikertrio schlechthin in den 1970ern von Hongkong. Das Gerücht, Jackie Chan habe einen Auftritt als Stuntman in diesem Comedy-Klassiker, hält sich seit vielen Jahren wacker und hat seine Quelle im Internet; dort wurde in der Vergangenheit die DVD öfter mit Jackie Chan als Schlagwort versehen. Auch wenn man nicht alle Stuntmen im Film erkennt, was nun mal sinnvoll bei Stuntdoubles ist, und auch wenn ein Mann in einer Szene die Wand hoch läuft und im Bruchteil einer Sekunde Jackie Chan zu ähneln scheint, ist dies keine Basis für einen ernstzunehmenden Bezug. Das Gerücht fußt auf keiner spezifischen Quellenangabe. Und dennoch wäre es denkbar, schließlich war Jackie Chan 1976

noch kein Star und musste Handlangerjobs übernehmen, und sowohl John Woo als auch Sammo Hung arbeiteten an diesem Film mit.

The Game Of Death

(Originaltitel: *Si Wang You Xi*, Hongkong, VÖ: 23.03.1978)

mit Bruce Lee, Gig Young, Dean Jagger, Colleen Camp, Hugh O'Brian, Mel Novak ...

REGIE: Bruce Lee, Robert Clouse, Sammo Hung

SYNOPSIS: Der Mordversuch an einem großen Filmstar scheitert nur knapp. Während jeder denkt, der Star sei tot, plant dieser inkognito seine blutige Rache.

KOMMENTAR: Bruce Lees letzter unvollendeter Film wurde bereits 1972 gedreht, als er für den Blockbuster »Enter The Dragon« (1973) die Arbeit kurzfristig unterbrach. Er sollte nie wieder daran arbeiten können. Schockiert vom Tod des Stars, suchte man bei Golden Harvest schnell Ersatz. Erst Jahre später fasste man den Entschluss, aus dem Rohmaterial zu »The Game Of Death« einen abendfüllenden Film mit Doubles und Kameratricks zu produzieren. Das Ergebnis wirkt geradezu lächerlich. Zum Originaldrehbuch, das Bruce Lee selbst schrieb, gibt es einige Legenden. Beispielsweise dass Jackie Chan im Film einen Fan spielen sollte, der sich ein Autogramm seines Idols, Bruce Lee, ergatterte. Neben ihm stehen weitere Namen auf dieser vermeintlichen Liste nie abgedrehter Szenen, doch es gibt keine schriftlichen Belege oder mündliche Überlieferungen. Eine nette, gar romantische Vorstellung birgt dieses Bild der beiden Weltstars im Nachhinein ja schon.

Fists And Guts

(Originaltitel: *Yi Dan Er Li San Gong Fu*, Hongkong, VÖ: 21.12.1979)

mit Gordon Liu, Lau Kar-Wing, Lo Lieh, Lee Hoi-Sang, Yau Chui-Ling, Lo Hoi-Pang ...

REGIE: Lau Kar-Wing

SYNOPSIS: Ein Shaolin-Mönch soll undercover einen Flüchtling beschatten, als er Zeuge wird, wie Pläne zum Raub des wertvollen Jade-Buddhas geschmiedet werden.

KOMMENTAR: Ein seltsamer Kung-Fu-Klopper aus dem Hause Lau Brother Co. (L & B), der erstmalig den ansteckenden Stil des Lepra-Kung-Fus auf Film präsentiert. Den König der Lepra-Kranken soll angeblich Jackie Chan gespielt haben. In der Tat finden sich online einige Datenbanken, die anhand eines Bildes den Beweis dafür sehen wollen. Und tatsächlich scheint hier etwas nicht zu stimmen. Als Lepra-König wird Lam Hak-Ming offiziell genannt, was unbestreitbar der Fall ist. Doch in zwei, drei kurzen Einstellungen macht es deutlich den Eindruck, dass ein zweiter Schauspieler den Lepra-König darstellt; Mimik, Gestik und Make-Up unterscheiden sich deutlich. Alles daran deutet auf Jackie Chan hin. Doch selbst die stärksten Gesichtsanalysen lassen hier keinen eindeutigen Beleg zu, dafür trägt der Darsteller zu viel Schminke und ist zudem noch in ein Gewand gehüllt. Auf Nachfrage haben selbst etablierte Hongkong-Filmexperten keine Meinung zu diesem Thema (Namen werden an dieser Stelle nicht genannt). Jackie Chan wurde bis heute nicht danach gefragt.

Ninja Wars

(Originaltitel: *Iga Ninpôchô*, Japan, VÖ: 18.12.1982)

mit Hiroyuki Sanada, Noriko Watanabe, Jun Miho, Yuki Kazamatsuri, Strong Kongô ...

REGIE: Kôsei Saitô
SYNOPSIS: Als ein Magier demjenigen die Weltherrschaft prophezeit, der eine berühmte Prinzessin heiratet, lässt ein Gebieter sie gewaltsam aufsuchen.
KOMMENTAR: Laut Jackie Chans erster Autobiografie habe er damals die Chance genutzt, mit dem berühmten Sonny Chiba zu arbeiten, weshalb er für einen kleinen Gastauftritt im Film zugesagt habe. Das Problem? Jackie ist nirgends zu sehen. Auch Sonny Chiba brilliert mit wenig Leinwandpräsenz, hier geht es eher um Hiroyuki Sanada, auch bekannt als Henry Sanada, der in »Rush Hour 3« (2007) tatsächlich Jackies Filmbruder verkörpert. Der Originalfilm ist ein Klassiker des japanischen Horror-Samurai-Films. Selbst wenn Jackie irgendwo mit Kapuze durchs Bild läuft, wäre die Tatsache im Laufe der Jahrzehnte doch sicherlich aufgefallen, zumal er 1982 nicht nur in Hongkong sondern vor allem in Japan ein Megastar war.

The Master

(Originaltitel: *Huang Fei Hong '92 Zhi Long Xing Tian Xia*, Hongkong, VÖ: 28.05.1992)
mit Jet Li, Yuen Wah, Crystal Kwok Gam-Yan, Jerry Trimble, To Wai-Wo, Billy Blanks ...
REGIE: Tsui Hark
SYNOPSIS: Als ein Ex-Schüler seinen Meister in den USA besiegt und seinen Laden demoliert, kommt ihm sein Neffe, ein Kampfkunst-Ass, aus China zu Hilfe.
KOMMENTAR: Dieser Film wurde bereits 1989 gedreht. Doch weil Golden Harvest nicht an seinen Erfolg glaubte, wurde er erst 1992 nach dem zweiten Teil der erfolgreichen »Once Upon A Time In China«-Reihe mit Jet Li veröffentlicht, in der er den chinesischen Nationalhelden Wong Fei-Hung spielt. Aus diesem Grund gab man dem Film im Original den Zusatztitel »Wong Fei-Hung '92«. Im Abspann liest man, dass Jackie Chan das Titellied »Keep Your Comany Through Every Moment« sang. Dieses stammt tatsächlich von ihm und wurde erst im Januar desselben Jahres auf dem Album »The First Time« veröffentlicht. Doch zu hören ist der Song im Film nicht. Hatte man vor, ihn dafür einzusetzen und bereits den Abspann vor dem Rohschnitt fertig, sodass man vergaß, den Song zu streichen? Oder gibt es eine Fassung in Asien, die den Song doch beinhaltet? Bislang konnte solch eine Filmfassung nicht gefunden werden, dieser Bezug bleibt merkwürdig – des Merkens würdig!

The Break-Up Artist

(Originaltitel: *Bun Te Tat Su Jin*, China, VÖ: 06.06.2014)
mit Lin Peng, Steve Yoo Seung-Jun, Van Fan Yi-Chen, Jiu Kong, Jade Lin Rui-Xi, Lin Lin ...
REGIE: Steve Woo Hok-Lam
SYNOPSIS: Eine Geschäftsfrau leitet eine Agentur, die die Drecksarbeit für Paare übernimmt, die sich trennen wollen, aber nicht den Mut dazu haben.
KOMMENTAR: Bitte nicht verwechseln, Steve Woo und Steve Yoo sind zwei verschiedene Personen. Wo Steve Woo als chinesischer Filmemacher Fuß fassen wollte, unterschrieb der koreanische Sänger und Schauspieler Steve Yoo bei Jackie Chans Talentagentur bereits im Jahr 2008 einen 15-Jahresvertrag. So war er unter anderem schon in »Little Big Soldier« (2010), »Chinese Zodiac« (2012) und »Dragon Blade« (2015) neben Jackie Chan zu sehen. Diese seichte chinesische Komödie mit einigen Action-Einlagen wurde bereits spät 2010 gedreht und 2011 mit einem angepeilten Veröf-

fentlichungstermin zum Valentinstag in jenem Jahr fertiggestellt. Doch wegen diverser, nicht weiter dokumentierter Zwiste verbrachte der Streifen Jahre im Archiv und kam erst am 6. Juni 2014 in die chinesischen Kinos. Jackie Chan war von Anfang an als ausführender Produzent im Gespräch, davon zeugen sogar Teaser-Plakate, die während der Produktion veröffentlicht wurden. Im fertigen Film sieht man keine Namensnennung von Jackie Chan oder die Mitarbeit einer seiner Produktionsfirmen. Könnte es hier Rechtsstreitigkeiten gegeben haben, sodass Lizenzen zurückgekauft wurden? Der Film ist bisher noch auf keinem Medium käuflich zu erwerben.

Filme ohne Bezug zu Jackie Chan

Es mag die unterschiedlichsten und manchmal sogar kuriosesten Gründe dafür geben, warum man Jackie Chan mit einem bestimmten Film in Verbindung bringt oder in der Vergangenheit gebracht hat. Im Folgenden werden Filme behandelt, die keinen Bezug zu Jackie Chan aufweisen, von Zeit zu Zeit aber immer wieder Gerüchte und Diskussionen losbrechen. Als kleiner Zusatz werden hier und da einige Erwähnungen und Hommagen an Jackie Chan eingestreut.

The World Of Suzie Wong

(dt. Titel: *Die Welt Der Suzie Wong*, Großbritannien, USA; VÖ: 10.11.1960)

mit William Holden, Nancy Kwan, Sylvia Syms, Michael Wilding, Jacqueline Chan ...

REGIE: Richard Quine

SYNOPSIS: Ein Geschäftsmann reist nach Hongkong, wo er sein Glück als Künstler versuchen will, als er sich in eine Prostituierte verliebt, die Model für ihn steht.

KOMMENTAR: Das Buch »Dying for Action: The Life and Films of Jackie Chan« rechnet Jackie Chan einen Gastauftritt in diesem Film zu und zeichnet ihn zudem mit der falschen Jahreszahl 1964 aus. Jackie Chan war kein Teil des Filmcast.

The Birth Of Yue Fei

(Originaltitel: *Yue Fei Chu Shi*, Hongkong, VÖ: 27.09.1962)

mit Tang Pik-Wan, Yu Kai, Cheng Pik-Ying, Sek Yin-Tsi, Sammo Hung, Liang Tsi-Pak ...

REGIE: Wu Pang

SYNOPSIS: Über das junge Leben des chinesischen Volkshelden und Heerführers Yue Fei.

KOMMENTAR: Diverse fehlerhafte Bezüge finden sich im Internet zu diesem Film, darunter in Beschreibungen von YouTube-Videos, in denen Jackie Chan als Schauspieler aufgelistet wird. Die vier Jungdarsteller heißen Zhu Yuan-Long (Sammo Hung), Wu Yuan-Ting (Wu Min-Cai), Song Yuan-Lin und Meng Yuen-Wen. Ein Foto aus den 1960ern mit den Seven Little Fortunes, auf dem auch Jackie Chan zu erkennen ist, wird oft mit diesem Film in Verbindung gebracht; dieses Foto wird in diesem Buch aber unter dem Film »The Invincible Kid Fong Sai-Yuk« behandelt.

The Love Eterne

(Originaltitel: *Liang Shan Bo Yu Zhu Ying Tai*, Hongkong, VÖ: 03.04.1963)

mit Betty Loh Tih, Ivy Ling Po, Yam Kit, Lee Kwan, Chen Yan-Yan, Cheng Miu ...

REGIE: Li Han-Hsiang

SYNOPSIS: Die dramatische Geschichte um ein junges Mädchen, das sich als Mann ausgeben muss, um an der Schule studieren zu dürfen.

KOMMENTAR: Dieser sogenannten Yellow Plum Opera, einer chinesischen Version des Musicals, schreibt Jackie Chan sich sogar selbst in seiner ersten Autobiografie zu. Er spiele hier wieder ein Kind neben Li Li-Hua. Weder ist Li Li-Hua Teil des Cast, noch ist im ganzen Film ein Kind zu sehen.

The Golden Hairpin (Part 3)
(Originaltitel: *Bi Xue Jin Chai (San ji Da Jie Ju)*, Hongkong, VÖ: 15.01.1964)
mit Cheung Ying-Tsoi, Suet Nei, Yu So-Chau, Chan Ho-Kau, Connie Chan Po-Chu ...
REGIE: Chan Lit-Ban
SYNOPSIS: Teil drei der »Golden Hairpin«-Saga um eine mysteriöse Frau mit Haarnadel.
KOMMENTAR: Da ich in den ersten beiden Teilen der Filmreihe einen ernsten Bezug zu Jackie Chan erkenne, habe ich auch die beiden letzten Teile geprüft. Doch in Teil drei wurden keine signifikanten Kinderrollen vergeben.

Between Tears And Laughter
(Originaltitel: *Xin Ti Xiao Yin Yuan*, Hongkong, VÖ: 18.01.1964)
mit Li Li-Hua, Ivy Ling Po, Guan Shan, Wong Ho, Ou-Yang Sha-Fei, Chiang Kuang-Chao ...
REGIE: alle »Shaw Brothers«-Regisseure, Griffin Yueh Feng, Doe Ching, Ho Meng-Hua ...
SYNOPSIS: In einem verzwickten Liebesnetz suchen vier Herzen ihren Seelenpartner.
KOMMENTAR: Leider gilt die DVD dieser »Shaw Brothers«-Produktion aus der Blütezeit des Filmstudios als ausverkauft, denn der Film ist kinematografisch ein absolutes Highlight in schwarzweiß. In Jackie Chans Autobiografie von 1998 heißt es in einem kurzen Satz, dass er im Film »The Love Eterne« (1963) eine Kinderrolle »wieder« mit Li Li-Hua hatte. Diese Kinderrolle hatte er definitiv an der Seite von Li Li-Hua im Film »The Story Of Qin Xiang-Lian« (1963), doch in »The Love Eterne« (1963) spielt weder Li Li-Hua mit, noch treten Kinder im Film auf. Meinte Jackie damals vielleicht diesen Film hier? Nein, denn weder ist er hier aufzufinden, noch gibt es einen Filmsohn an Li Li-Huas Seite.

The Golden Hairpin (Final Episode)
(Originaltitel: *Bi Xue Jin Chai Da Jie Ju*, Hongkong, VÖ: 22.01.1964)
mit Cheung Ying-Tsoi, Chan Ho-Kau, Connie Chan Po-Chu, Suet Nei, Sek Kin ...
REGIE: Chan Lit-Ban
SYNOPSIS: Letzter Teil der »Golden Hairpin«-Saga um eine mysteriöse Frau mit Haarnadel.
KOMMENTAR: Auch in Teil vier wurden keine signifikanten Kinderrollen vergeben.

Come Drink With Me
(dt. Titel: *Das Schwert Der Gelben Tigerin*, Hongkong, VÖ: 07.04.1966)
mit Cheng Pei-Pei, Yueh Hua, Chen Hung-Lieh, Lee Wan-Chung, Yeung Chi-Chung ...
REGIE: King Hu
SYNOPSIS: Als eine Gruppe Banditen den Sohn des Gouverneurs entführt, muss eine Heldin mit Schwert um seine Freilassung kämpfen.
KOMMENTAR: Auch diesen Film listet Jackie Chan in seiner offiziellen Autobiografie von 1998 auf; er habe wieder eine Kinderrolle übernommen und durfte so mit Cheng Pei-Pei unter King Hu arbeiten. Hongkong-Experte Bey Logan fragte Cheng Pei-Pei während der Aufnahme eines DVD-Audiokommentars, ob dies stimmte. Sie verneinte es und erklärte ausführlich, warum Jackie nicht am Set war. Man verwechselte wohl diesen Film mit »Lady Of Steel« (1970), in dem Cheng Pei-Pei und Jackie Chan zusammen arbeiteten, wenn auch nur marginal.

One Armed Boxer
(dt. Titel: *Eine Faust Wie Ein Hammer*, Taiwan, Hongkong; VÖ: 02.08.1972)
mit Jimmy Wang Yu, Lung Fei, Ma Chi, Cindy Tang Hsin, Hsieh Han, Tien Yeh, Shan Mao ...
Regie: Jimmy Wang Yu
Synopsis: Nachdem sein Freund und Meister getötet wurden und er im Kampf einen Arm verlor, muss Tien Lung aus seinem schwachen Arm eine Waffe machen.
Kommentar: Bis vor einigen Jahren las man im Internet immer mal wieder, dass Jackie Chan einen Auftritt als Stuntman habe. Dies kann bis heute nicht bestätigt werden und gilt als fehlerhafter Bezug.

The Young Tiger
(dt. Titel: *Ting Lu – Der Grausame Tiger*, Hongkong, VÖ: 06.09.1973)
mit Mang Fei, Maggie Li Lin-Lin, Stanley Fung, Chen Yan-Yan, Dean Shek Tin, Mars ...
Regie: Wu Ma
Synopsis: Als ein Schüler der Martial Arts als Killer dargestellt wird, muss er vor der Polizei fliehen und seine Feinde bekämpfen.
Kommentar: Jackie Chan hat mit diesem Film nichts zu tun. Warum sich diese Fehlinformation weltweit bis heute hält, liegt daran, dass nur wenige Monate zuvor ein Film namens »Police Woman« (1973) mit Jackie Chan in die Kinos kam, der als Alternativtitel auch »The Young Tiger« genannt wurde. Für die Verleiher waren beide Kung-Fu-Klopper wohl dasselbe, und so findet man bis heute Veröffentlichungen dieses Wu-Ma-Films mit einem (falschen) Bezug zu Jackie Chan. Es gibt sogar eine VHS-Veröffentlichung des Films, bei der Aufnahmen vom Set von »The 36 Crazy Fists« (1977) davor geschnitten wurden, nur um einen Bezug zu rechtfertigen.

Slaughter In San Francisco
(dt. Titel: *Der Boß Von San Francisco*, Hongkong, USA; VÖ: 16.08.1974)
mit Don Wong Tao, Sylvia Chang Ai-Chia, Chuck Norris, Wong Sam, Lam Ching-Ying ...
Regie: Lo Wei
Synopsis: Ein amerikanischer Polizist chinesischer Abstammung legt sich mit einer Gang in San Francisco an, die seinen Partner ermordet hat.
Kommentar: Das Originaldrehbuch legte man zu seinen Lebzeiten noch Bruce Lee vor. Der jedoch lehnte die Hauptrolle ab, sodass die Produzenten von Golden Harvest ihre Beziehungen nach Übersee spielen ließen und schließlich Chuck Norris überzeugen konnten. Der feierte mit dem Film, auch bekannt als »Yellow Faced Tiger«, sein Debüt als Hauptakteur. Im Laufe der Jahre listeten einige Onlineshops gerne mal Jackie Chan als Stuntman auf, wahrscheinlich um die Verkäufe dieses doch sehr abnehmerschwachen Streifens zu steigern.

Close Kung Fu Encounter
(Originaltitel: *Daetalchul*, Südkorea, VÖ: 18.06.1975)
mit Ko Keung, Whang In-Shik, Martin Chui Man-Kwai, Kim Ki-Ju, Lee Ye-Min ...
Regie: Kim Si-Hyeon
Synopsis: Ein Fremder sorgt für Unruhe in der Stadt und lernt so auch die dunkelsten Ecken kennen. Doch der heimische Gangsterboss ist schon hinter ihm her.

Kommentar: Ein ganz klarer Fall von Rip-Off-Versuch, der seine Basis in Großbritannien findet. Denn dort liest man im Vorspann den Namen Jackie Chang – ein Schauspieler, den es nicht gibt. Der Film »The Big Risk« (1974) hat als Alternativtitel »Kung Fu Conspiracy«, vielleicht liegt hier einfach eine klassische Verwechslung von Filmtiteln und Schauspielern vor; doch auch in diesem Film ist kein Jackie zu sehen.

The Face Behind The Mask
(Originaltitel: *Long She Xia Ying*, Taiwan, VÖ: 13.05.1977)
mit Hsu Feng, Yueh Hua, Lo Lieh, Ma Jung-Lung, Woo Kei, Kao Ming, Chui Git, Miao Tian ...
Regie: Chen Chi-Hwa
Synopsis: Als ein mächtiger Kämpfer an die Machtspitze gewählt wird, ist nicht jeder damit einverstanden, und er muss sich anonymen Gegnern stellen.
Kommentar: Auch wenn die Besetzung großartig ist, der Film ist es leider nicht. Das Label Rarescope schrieb bei ihrer DVD-Veröffentlichung des Films auf den Schuber »Vom Regisseur von Jackie Chan«. Gemeint war Chen Chi-Hwa, der mit Jackie zu Lo-Wei-Zeiten einige Projekte realisierte. Schnell ging das Gerücht um, dass auch Jackie Chan selbst im Film sei, vielleicht sogar als der Mann hinter der Maske. Dies ist definitiv nicht der Fall.

Bruce And The Shaolin Kung Fu
(dt. Titel: *Der Gelbe Gorilla*, Hongkong, VÖ: 02.12.1977)
mit Bruce Le, Chan Sing, James Nam Gung-Fan, Kim Jeong-Nan, Bae Su-Cheon ...
Regie: James Nam Gung-Fan, Cho Seong
Synopsis: Japanische Streitkräfte machen in Shanghai immer mehr Kampfkunstschulen dicht. Chang Ling muss nach Südkorea fliehen und sich verteidigen.
Kommentar: Dieser Film heißt im originalen, englisch übersetzten Titel eigentlich »Fist Of Fury Part 2«, in Deutschland kam er als »Der Gelbe Gorilla« sogar ins Kino. Mit dem neuen Videotitel wurde dann auch gleich der Vorspann angepasst, wo seitdem ein dubioser Zacky Chan als Drehbuchautor Erwähnung findet.

Bruce And Shaolin Kung Fu 2
(Originaltitel: *Huo Shao Shao Lin Men*, Südkorea, VÖ: 1977)
mit Bruce Le, Bae Su-Cheon, Chiang Tao, Lee Hang, Kim Jeong-Nan ...
Regie: James Nam Gung-Fan
Synopsis: Chang Ling erholt sich in Südkorea nach den schweren Angriffen auf sich, wo er die Kunst des Taekwondo erlernt, um Rache zu üben.
Kommentar: Auch bekannt als »Fist Of Fury 3« ist er tatsächlich die Fortsetzung des kurz zuvor veröffentlichten zweiten Teils – beide haben mit dem originalen Bruce-Lee-Film nichts zu tun, sondern bedienen sich einfach seiner Popularität. Auch hier ist wieder ein Zacky Chan, auch bekannt als Zackey Chan Ngai-Wai, mit im Team.

Peculiar Boxing Tricks And The Master
(dt. Titel: *Zwei Wie Feuer Und Zunder*, Taiwan, Hongkong; VÖ: 1978)
mit Simon Yuen Siu-Tin, Chiang Tao, Cliff Ching Ching, Ting Wa-Chung, Hsu Pu-Liao ...
Regie: Cheung Chi-Chiu

Synopsis: Zwei Brüder, deren Hobbys der Hahnenkampf ist, lernen bei einem alten Kung-Fu-Meister lehrreiche Tricks, um für die Gerechtigkeit zu kämpfen.
Kommentar: Simon Yuen Siu-Tin schlüpft hier in die Rolle eines Großvaters, der Ähnlichkeit mit dem versoffenen Bettler aus »Drunken Master« (1978) hat. Das war den westlichen Verleihern wohl Grund genug, um den Namen Jackie Chan ins Spiel zu bringen und so hieß der neue englische Titel »Drunken Master Strikes Back«. Ein anderer Titel integriert sogar Bruce Lee: »Bruce vs. The Red-Eyed Monster«. Selbst in deutschen Kinos lief der Kung-Fu-Klopper, hierzulande ab 7. März 1980 unter dem Titel »Zwei Wie Feuer Und Zunder«.

Two In A Black Belt
(Originaltitel: *Hei Dai Hen*, Hongkong, Indonesien; VÖ: 1978)
mit George Rudy, Pomson Shi, So Dik-Na, Enny Christina, Wong Oi-Lin, Liu Hok-Ming ...
Regie: Cheung Sum
Synopsis: Als Polizist Robby von einem Karate-Wettkampf nach Hause kommt, findet er seine Mutter tot auf. Zusammen mit einem alten Freund ermittelt er.
Kommentar: Jackie Chan schreibt in seiner Autobiografie zu diesem Film: »Hier hatte ich einen kleinen Gastauftritt«. Die Jahreszahl gibt er mit 1984 an. Doch weder gibt es einen gleichnamigen Film aus dem Jahr 1984, noch ist Jackie Chan in diesem Film von 1978 zu sehen. Ein Alias des Films »Village Of Tigers« (1974) lautet »Fury Of The Black Belt«, daher könnte eine klassische Verwechslung vorliegen.

Of Cooks And Kung Fu
(dt. Titel: *Der Todeshauch Des Gelben Drachen*, Taiwan, Hongkong; VÖ: Januar 1979)
mit Jacky Chen Shao-Lung, Ga Hoi, Chen Shan, Lee Kwan, Gam Ban, Li Kuan-Chang ...
Regie: Ting Chung
Synopsis: Ein Großvater versucht seinen Enkel die Kunst des Koch-Kung-Fus zu lehren.
Kommentar: Mit Aufkommen immer mehr europäischer Onlineshops, die asiatische Filmimporte führten, wurden auch Chan-fremde Filme mit seinem Namen beworben. In Deutschland lief der Film sogar im Kino, musste aber später aus politischen Gründen in den goldenen Drachen umgetauft werden.

Iron Fisted Eagle's Claw
(dt. Titel: *Der Kleine Und Der Drunken Master*, Taiwan, Hongkong; VÖ: 10.02.1979)
mit Chi Kuan-Chun, Bruce Leung Siu-Ling, Chan Sing, Phillip Ko Fei, Gwak Mu-Seong ...
Regie: To Man-Bo, Ahn Hyun-Chul
Synopsis: Als seine Kumpels den Gangster San aus dem Gefängnis befreien, will sich dieser bei der Polizei rächen, doch macht es damit nur noch schlimmer.
Kommentar: Ein weiterer Film in der Reihe Chanploitation. Gedreht wurde in Südkorea, doch von einem Drunken Master fehlt hier, auch wenn es die Rolle des betrunkenen Bettlers gibt, jede Spur. Dafür gibt es amüsantes Affen-Kung-Fu. In Deutschland erschien der Film im März 1980 aus rein strategischen Gründen als »Der Kleine Und Der Drunken Master«.

Snake In The Monkey's Shadow

(dt. Titel: *2 Tödliche Fäuste Im Schatten Der Schlange*, Hongkong, VÖ: 15.02.1979)
mit John Cheung Ng-Long, Hau Chiu-Sing, Tong Tin-Hei, Charlie Chan Yiu-Lam ...
REGIE: Cheung Sum
SYNOPSIS: Ein Kämpfer der Schlangentechnik durchstreift das Land und besiegt jeden Gegner, bis er auf einen taffen Kämpfer des Affenstils trifft.
KOMMENTAR: Nachdem Jackie Chan mit »Snake In The Eagle's Shadow« und »Drunken Master«, beide mit der Firma Seasonal Films 1978 realisiert, enorme Erfolge feierte, sprangen andere Filmproduzenten auf den Zug auf und kopierten die beiden Stile in unzähligen Rip-Offs des Originals. Bis auf das originale Musikstück des Drunken Masters ist in diesem Streifen nur ein filmisches Kauderwelsch vorhanden.

Monkey Kung Fu

(dt. Titel: *Hurra, Die Knochenbrecher Sind Da*, Hongkong, VÖ: 05.05.1979)
mit Tony Ching Siu-Tung, Hau Chiu-Sing, Lam Fai-Wong, Fong Ping, Shum Lo, Wan Fat ...
REGIE: John Law Ma
SYNOPSIS: Ein Kleinganove sucht die zweite Hälfte eines Andenkens und findet die seltene Technik des Affen-Kung-Fu.
KOMMENTAR: Dieser Film ist ein Beispiel für die Gegenbewegung der Chanploitation-Filme. Wo viele Kleinstfirmen einfach den erfolgreichen Stil Jackie Chans kopierten, machte sich Shaw Brothers Gedanken und entwickelte dieses Konzept zur Einführung und Etablierung des optisch ansehnlichen Affenstils. Tolle Aufnahmen gibt es im Film, nur die Deutschen rechnen ihn mit seinem einfallslosen Titel der Sparte der Billig-Eastern hinzu.

Snake Shadow, Lama Fist

(Originaltitel: *Long Ying Hu Bu Qian Li Zhui*, Taiwan, Hongkong; VÖ: 18.05.1979)
mit Chi Kuan-Chun, Chiang Tao, Bruce Tong Yim-Chaan, Hu Chin, Yuen Bun, Lee Kwan ...
REGIE: Chu Mu
SYNOPSIS: Als die Familie des Helden von drei Vollstreckern getötet wird, sinnt der überlebende Sohn nach Rache und trickst die drei aus.
KOMMENTAR: Dieser Film sei nur wegen seines Titels erwähnt, der eine Verwandtschaft zu »Snake In The Eagle's Shadow« (1978) suggeriert. Am Anfang des Films hört man geklaute »Star Wars«-Titelmusik, der Vorspann ist gezeichnet. Ein bunter Mix aus gestohlenen Elementen aus Hongkong jener Zeit – mehr nicht.

Dance Of The Drunk Mantis

(dt. Titel: *Knochenbrecher Schlägt Wieder Zu*, Hongkong, VÖ: 27.06.1979)
mit Simon Yuen Siu-Tin, Yuen Shun-Yi, Hwang Jang-Lee, Corey Yuen Kwai, Linda Lin Ying ...
REGIE: Yuen Wo-Ping
SYNOPSIS: Der junge Foggy wird im Stil der Drunken Fist ausgebildet und muss für seinen Vater gegen den legendären Rubber Legs antreten.
KOMMENTAR: Ein Jahr nach Jackie Chans Erfolgsfilm »Drunken Master« (1978) folgte mit diesem Film bereits die offizielle Fortsetzung. Offensichtlich, weil Jackie nur einen Vertrag über zwei Filme bei Seasonal Films hatte, ohne Jackie Chan. Der Film

wurde tatsächlich auch als »Drunken Master Part 2« beworben. Dies ist auch gar nicht verwerflich, schließlich waren es die Macher des ersten Teils selbst, der legendäre Yuen-Clan, der dieses Sequel realisierte. In Deutschland lief der Film 1980 als »Knochenbrecher Schlägt Wieder Zu« in den Kinos.

The Story Of Drunken Master

(dt. Titel: *Ein Halleluja Für Zwei Schlitzohren*, Hongkong, VÖ: 06.07.1979)
mit Simon Yuen Siu-Tin, Sharon Yeung Pan-Pan, Fung Ging-Man, Casanova Wong ...
REGIE: Ngai Hoi-Fung, Wu Pang
SYNOPSIS: Der Bettler versucht einem ungleich talentierten Geschwisterpaar Kung Fu beizubringen. Als ein alter Rivale auftaucht, macht er sich an die Schwester ran.
KOMMENTAR: Und wieder einmal schlüpft Simon Yuen Siu-Tin in die Rolle des Bettlers. Mehr hat der Film mit dem Chan-Pendant nicht gemeinsam. Auf einigen modernen DVD-Veröffentlichungen wurden tatsächlich Szenen aus »Drunken Master« (1978) hineingeschnitten und als »Drunken Fist Boxing« verkauft. Diese Neuschnitte sind klassische Rip-Offs. Auch dieser Film lief hierzulande im Kino, auch wenn sein deutscher Titel eher einen Bezug zu »The Fearless Hyena« (1979) vermuten lässt.

Blind Fist Of Bruce

(dt. Titel: *Wir Sind Die Größten Knochenbrecher*, Hongkong, VÖ: 13.07.1979)
mit Simon Yuen Siu-Tin, Ho Tsung-Tao, Chiang Tao, Meg Lam Kin-Ming, Pak Sha-Lik ...
REGIE: Luk Bong
SYNOPSIS: Als ein Dorfbewohner beschließt, Kung Fu zu lernen, um sich und seine Familie zu schützen, wird er vom Meister über den Tisch gezogen.
KOMMENTAR: Bereits Leo Moser listet diesen Film in seinem Buch »Made in Hongkong« als Paradebeispiel für die sogenannten Bruceploitation- und Chanploitationfilme auf. Das sind Filme, die bewusst entweder Bruce Lee oder Jackie Chan kopierten. In diesem Film fusionieren beide Arten sogar zu einer Megaploitation, in der beide Stile kopiert und vermischt werden. Simon Yuen Siu-Tin spielt hier einen blinden Bettler, jedoch ohne Drunken-Master-Einsätze. Und selbst dieser Film schaffte es 1980 in die deutschen Kinos.

The Old Master

(Originaltitel: *Shi Fu Chu Ma*, Hongkong, VÖ: 11.10.1979)
mit Yu Jim-Yuen, Bill Louie, Wang Yung-Sheng, David Pedernera, Starr Hester, Yuen Hung ...
REGIE: Joseph Kuo Nan-Hong
SYNOPSIS: Als ein Kung-Fu-Meister aus Hongkong einen ehemaligen Schüler in Los Angeles besucht, muss er gleich gegen lokale Rivalen antreten.
KOMMENTAR: Auf einem alten, sehr seltenen aber inoffiziellen Filmposter wurden Jackie Chan mit seinem Meister Yu Jim-Yuen zusammen porträtiert, um den Anschein zu erwecken, Jackie sei im Film zu sehen. Dies ist er nicht. Dafür sieht man aber Jackies Lehrmeister und Ziehvater Yu Jim-Yuen in Amerika, bei einem McDonald's und auf der Tanzfläche.

Master With Cracked Fingers

(dt. Titel: *'The Master' Mit Den Gebrochenen Händen*, Hongkong, VÖ: 1979)

mit Jackie Chan, Chen Hung-Lieh, Simon Yuen Siu-Tien, Dean Sehk Tin, Chiang Kam ...

REGIE: Ngai Hoi-Fung, Gam Yam

SYNOPSIS: Dem Waisenjungen Jackie wird verboten, jemals Kung Fu zu lernen, doch aus dem Kleinen wird ein stattlicher Kämpfer.

KOMMENTAR: Dieser Film ist ein Rip-Off des Originals von 1971 namens »The Cub Tiger From Kwang Tung«, welcher erst 1973 im Kino lief. Andere Titel sind u. a. »Snake Fist Fighter«, »Ten Fingers Of Death«, »Marvelous Fists« oder »Kung Fu Students« und wurden nach Jackies Erfolg 1978 mit neu gedrehten Szenen und geklauten Einstellungen aus »Drunken Master« (1978) re-released. Ein weiterer Alias ist übrigens »Stranger In Hong Kong«! In Deutschland lief dieses Machwerk 1981 im Kino.

The Bone Crushing Kid

(Originaltitel: *La Shou Xiao Xi*, Hongkong, Taiwan; VÖ: 1979)

mit James Tien, Chin Lung, Violet Pan Ying-Zi, Chen Hung-Lieh, Miao Tian, Wong Chi-Sang ...

REGIE: Chen Hung-Lieh, Steve Chan Ho, Hiseh Hsing

SYNOPSIS: Als Sung seinen Traum eines Theaterakrobats verfolgen will, ist sein Meister wenig beeindruckt, was in Sung einen aggressiven Motivationsschub auslöst.

KOMMENTAR: Der Film wurde nach Jackie Chans Erfolgen 1978 in den 1980ern unter dem Titel »Monkey In The Master's Eyes« im Kino und auf Videokassette veröffentlicht, was den Anschein erwecken sollte, er selbst habe mitgewirkt. Jahre danach verwechselten viele seinen chinesischen Namen Sing Lung mit dem Namen eines Schauspielers des Films, Chin Lung.

Snaky Knight Fight Against Mantis

(dt. Titel: *Die Rückkehr Im Schatten Des Adlers*, Taiwan, Hongkong; VÖ: 1979)

mit Don Wong Tao, Ha Ling-Ling, Carter Wong, Chan Sing, Lee Kwan, Lung Fei, Min Min ...

REGIE: Cheung San-Yee

SYNOPSIS: Der berühmte Ah Fu wird trotz seiner Fähigkeiten im Schlangenfaust-Kung-Fu von einem bösen Meister verfolgt.

KOMMENTAR: Einer der dreistesten Versuche, Fans hinters Licht zu führen: Am Anfang des Films wurden einfach einige der besten Szenen aus Jackies »Snake In The Eagle's Shadow« (1978) hineingeschnitten, der Film erschien dann 1996 auf VHS und später auch auf DVD unter dem ziemlich irreführenden Titel »Snake In The Eagle's Shadow II«, was fälschlicherweise auf die Fortsetzung des ersten Jackie-Chan-Hits schließen lassen sollte. Zu allem Übel lautet der deutsche Titel auch noch »Die Rückkehr Im Schatten Des Adlers«; der Film lief deutschlandweit Ende November 1981 an.

World Of The Drunken Master

(dt. Titel: *Die Welt Des Drunken Master*, Hongkong, VÖ: 1979)

mit Jack Lung Sai-Ga, Lung Fei, Mark Lung Koon-Mo, Chen Hui-Lou, Lung Tien-Hsiang ...

REGIE: Joseph Kuo Nan-Hong

SYNOPSIS: Als ein Weinhändler und Kung-Fu-Meister zwei Jungs beim Stehlen in seinem Laden erwischt, bringt er ihnen Disziplin à la Drunken Boxing bei.

Kommentar: Der Film gehört in die Sparte Chanploitation und enthält sogar Elemente aus »The Fearless Hyena« (1979). Auch bekannt als »Drunken Dragon«, erschien dieses Machwerk 1984 in Deutschland direkt auf Video.

Iron Bridge Kung-Fu
(Originaltitel: *Mang Han Dou Lao Qian*, Hongkong, VÖ: 1979)
mit Simon Yuen Siu-Tin, Wang Kuan-Hsiung, Shih Chung-Tien, Gam Fung-Ling ...
Regie: Wong Fung
Synopsis: Der alte Bettler nimmt zwei neue Schüler an, die ihm helfen sollen, den lokalen Ganoven Donnerfuß in die Schranken zu weisen.
Kommentar: Wieder einmal spielt Simon Yuen Siu-Tin, übrigens ein begnadeter Charakterdarsteller aus den 1950er und 1960er Jahren und Vater des legendären Yuen-Clans, darunter Yuen Wo-Ping, einen Bettler. Diesmal hat er aber keinen Wein bei sich, sodass der Alternativtitel »Mean Drunken Master« rein aus Vermarktungszwecken eingesetzt wurde, um Jackie Chans Popularität zu nutzen.

Mad Mad Kung Fu
(dt. Titel: *Schnapsnase Und Schlappohr*, Taiwan, VÖ: 1979)
mit Cliff Lok, Peter Chan Lung, Lee Hoi-Sang, Simon Yuen Siu-Tin, Chiang Tao ...
Regie: Ho Meng-Hua, Yu Cheng-Chun
Synopsis: Als ein Vater der Braut sich im Wald töten will, hält ihn ein Bettler auf, der ihm seine Ehre wiederherstellen möchte. Doch es kommt anders.
Kommentar: Dieser Film wirkt wie ein erzwungener Film der Triaden. Selbst Dean Shek Tin ist in einer Szene zu sehen, die keinerlei Zusammenhang aufweist. Am Anfang des Films sieht man einen Simon Yuen Siu-Tin kämpfend unter der Titelmusik von »Drunken Master« (1978). Alternativtitel sind u. a. »Drunken Master Slippery Snake« und »Old Dirty Kung Fu«. Deutsche Verleiher sind den taiwanesischen Produzenten auf den Leim gegangen und haben diesen Streifen 1980 als »Schnapsnase Und Schlappohr« ins Kino verfrachtet.

Little Master
(Originaltitel: *Xiao Zi Chu Ma*, Thailand, VÖ: 1979)
mit Jacky Chen Shao-Lung, Bolo Yeung Sze, Fong Yau, John Cehung Ng-Long, San Kuai ...
Regie: Hoh Cheuk-Wing
Synopsis: Ein junger Schüler erlernt die Kampfkunst der Gans von einem betrunkenen Alten, um Dorfschläger in die Flucht zu schlagen.
Kommentar: Dieser in Thailand gedrehte Film greift Elemente aus Jackie Chans ersten drei großen Blockbustern auf: »Snake In The Eagles's Shadow« (1978), »Drunken Master« (1978) und »The Fearless Hyena« (1979). In der UK-Version prangen die Namen Jackie Chen und Bruce Thai im Vorspann. Alternativtitel für diesen Streifen sind sogar »Fearless Master« und »Fearless Hyena 3«. Ein Fall von Chanploitation.

Drunken Arts And Crippled Fist
(dt. Ttel: *Saufbold Und Raufbold*, Hongkong, VÖ: 1979)
mit Simon Yuen Siu-Ting, Li Yi-Min, Lo Lieh, Wei Ping-Ao, Chang Hsiao-Fan ...

Regie: Tang Ti

Synopsis: Ein kleiner Junge wird von seinem Vater in die Kung-Fu-Lehre geschickt. Als er nach Jahren seine Kunst beweisen soll, ist er nicht gut genug und muss zurück.

Kommentar: Wie viele andere Filme ihrer Zeit springt auch dieser auf den »Drunken Master«-Zug auf. Diesmal schlüpft Simon Yuen Siu-Ting tatsächlich in die Rolle des betrunkenen Bettlers, doch zusätzlich hat man ihm einen großen Buckel umgeschnallt. Auch wenn einige Örtlichkeiten und Szenen an den originalen »Drunken Master« (1978) erinnern, inhaltlich hat der Film nichts damit zu tun. Chanploitation, die X-te. In Deutschland lief der Film ab August 1980 im Kino.

Zwei Dreschflegel Schlagen Alles Kurz Und Klein

(Taiwan, Hongkong; VÖ: 03.04.1980)

mit Simon Yuen Siu-Tin, Fong Ching, Tiu Man-Ming, Gwan Jing-Leung, Fan Dan-Fung ...

Regie: Gwan Jing-Leung

Synopsis: Als einem trotteligen Schäfer zwei Tiere gestohlen werden und er von den Tätern verprügelt wird, greift ein alter Herumtreiber rettend ein.

Kommentar: Dieser Film ist gerade für deutschsprachige Eastern-Fans ein echtes Highlight, stellt es doch das einzige Rip-Off eines Jackie-Chan-Films dar, welches seinen Ursprung tatsächlich in Deutschland hat. Der deutsche Verleiher Alois Brummer, der in den 1970er Jahren vor allem mit Softpornofilmchen Erfolge feierte, kaufte die Vertriebsrechte von »The Fearless Hyena« (1979) auf und ließ den Film komplett synchronisieren. Das Prüfungsamt mahnte einige Szenen ab, und so entschied sich Alois Brummer neben diesen kurzen Einstellungen einfach noch ein paar inhaltsvolle Szenen herauszuschneiden. Die deutsche Fassung namens »Zwei Schlitzohren In Der Knochenmühle« lief dann um ca. 20 Minuten gekürzt im Kino. Da der pfiffige Verleiher aber auch noch andere Eastern aufkaufte und dem Film »Against Rascals With Kung Fu« (1979) wenig Erfolgschancen auf dem Markt ausrechnete, beschloss er kurzerhand, einen ganz neuen Film zu schneiden. So verwendete er Szenen aus dem geschnittenen Material von »The Fearless Hyena«, welches ja schon auf deutsch synchronisiert vorlag, und schnitt die Hälfte von »Against Rascals With Kung Fu« dazu. Et voilà, fertig war das erste in Deutschland hergestellte Rip-Off zweier Eastern.

Real Kung Fu Of Shaolin

(Originaltitel: *Ren Wu Ke Ren*, Hongkong, China; VÖ: 1980)

mit Siu Yuk-Lung, Yi Long, Jiang Li-Li, Weng Yu-Lin, Leung Siu-Wah, San Sin, Lee Fat-Yuen ...

Regie: Go Yeung

Synopsis: Verfolgt von den Erinnerungen an den grausamen Tod des Vaters, zieht ein junger Mann ins Shaolin-Kloster, wo er seine Rache vorbereitet.

Kommentar: Dieser seltsam zusammengeschusterte Streifen scheint einer dieser erzwungenen Triadenfilme zu sein; viele der erwähnten Mitarbeiter des Films haben nur diesen einen Film als Credit in ihrer Filmografie. Im Vorspann wird ein Sing Lung erwähnt, bei dem es sich nicht um Jackie Chan handeln kann, weil er nur in chinesischen Schriftzeichen als Sing Lung (oder Cheng Long) genannt wurde. Angeblich wurde der Film erst vier Jahre später veröffentlicht, was die Theorie einer geschmierten Produktion nur bestärkt.

Tower Of Death
(dt. Titel: *Bruce Lee – Der Letzte Kampf Der Todeskralle*, Hongkong, VÖ: 21.03.1981)
mit Bruce Lee Siu-Lung, Tong Lung, Hwang Jang-Lee, Roy Chiao, Roy Horan ...
REGIE: Ng See-Yuen
SYNOPSIS: Durch einen Komplott kommen Freunde ums Leben. Nur ein einziger verbliebener kann den Fall noch lösen.
KOMMENTAR: Auch bekannt als »Game Of Death 2«. Einige alte Szenen von Bruce Lee wurden um eine neue Story herum gestrickt. Mehr muss man dazu nicht sagen.

Ambitious Kung Fu Girl
(Originaltitel: *Hong Fen Dong Jiang Hu*, Hongkong, VÖ: 10.12.1981)
mit Michelle Yim, Yuen Tak, Chen Kuan-Tai, Lam Sau-Kwan, Choh Seung Wan ...
REGIE: Tony Liu Chun-Ku
SYNOPSIS: Als der Vater eines verwöhnten Mädels ihre Hochzeit arrangieren will, flüchtet der Jungbrunnen, um ihren wahren Helden zu finden.
KOMMENTAR: Das Gerücht, Jackie Chan trete im Finalkampf gegen den Bösewicht des Films an, stammt von Anfang der 2000er Jahre und hat seinen Ursprung in diversen Onlineshops, die versuchten, die damals neu aufgelegte DVD an den Mann zu bringen.

Revenge Of Drunken Master
(Originaltitel: *Ba Dai Zui Quan*, Südkorea, Hongkong; VÖ: 1981)
mit Wang Dae-Wi, Bruce Cehung Mong, Kwon Sung-Young, Eagle Han Ying, Lee Mi-Ji ...
REGIE: Gang Beom-Gu, Godfrey Ho
SYNOPSIS: Als ein junger Kämpfer zufällig Zeuge der Schandtaten der Blood Ninjas wird, setzt er sein Drunken Boxing gegen die fiesen Kriminellen ein.
KOMMENTAR: Ein »Meilenstein« des berüchtigten »cut and paste«-Regisseurs Godfrey Ho, der hier versuchte, aus dem Koreaner Wang Dae-Wi, auch bekannt als Johnny Chan, den nächsten Jackie Chan zu machen. Viel Drunken Master, bis auf das berühmte Titellied, gibt es hier nicht. Stattdessen sehen wir Geister und einen japanischen Schwertkämpfer in Unterwäsche kämpfen. Bereits ein Jahr zuvor drehte der Filmemacher »Golden Dragon, Silver Snake« (1980), in dem Johnny Chan einen Bruce Lee darstellte. Nach diesen beiden Filmen sah man nichts mehr von ihm.

Golden Queen's Commando
(Originaltitel: *Hong Fen Bing Tuan*, Taiwan, VÖ: 19.05.1982)
mit Brigitte Lin Ching-Hsia, Sally Yeh, Sylvia Peng Hsueh-Fen, Hilda Liu Hao-Yi ...
REGIE: Kevin Chu Yen-Ping
SYNOPSIS: Während des Zweiten Weltkriegs sitzen die unterschiedlichsten Frauen mit ihren ganz eigenen Fähigkeiten im Knast und versuchen auszubrechen.
KOMMENTAR: Jackie Chan hatte mit diesem Film nichts zu tun. Nachdem Mitte der 1990er Jahre in den US-Kinos erstmals Jackies Filme große Erfolge feierten, gruben Verleiher von Heimkinomedien alte Streifen aus und legten sie neu auf. So geschehen hier mit dem Videotitel »Jackie Chan's Crime Force«, der sogar Jackie auf dem Cover zeigt. Hier wurde billig an den Erfolg von »Crime Story« (1993) angeknüpft – Rip-Off.

Megaforce

(USA, Hongkong; VÖ: 25.06.1982)

mit Barry Bostwick, Michael Beck, Persis Khambatta, Edward Mulhare, George Furth ...

Regie: Hal Needham

Synopsis: Wann immer der Frieden in der Welt in Gefahr ist, die geheime Megaforce ist zur Stelle. Doch dann folgen weitreichende Intrigen ...

Kommentar: »Megaforce« ist einer der sogenannten M-Filme von Golden Harvest, die Anfang der 1980er für eine Pechsträhne an den Kinokassen sorgten. Aus diesem Grund nannte man »Wheels On Meals« (1984) genauso und nicht, wie es eigentlich sinnvoller wäre, anders herum, nämlich »Essen auf Rädern«; der Fluch war durchbrochen. Anfang der 1980er Jahre hatte Golden Harvest einen lukrativen Deal mit US-amerikanischen Produzenten, doch Jackie sollte hier nie teilnehmen.

Kung Fu Cook

(Originaltitel: *Huo Tou Xiao Zi*, Hongkong, VÖ: 1982)

mit Bruce Tong Yim-Chaan, Bolo Yeung Sze, Chiang Tao, Nick Cheung Lik, Chin Ti ...

Regie: Wong Chun

Synopsis: Das Leben in der Gastronomie ist nicht einfach. Manchmal müssen sogar Kellner in die Kung-Fu-Lehre zum Koch in die Küche.

Kommentar: Der Film ist ein klassischer Eastern, nichts besonderes. Bis auf die Tatsache, dass Jackie Chans Vater eine Nebenrolle als Meister hat. Diese Rolle sollte seine einzige bleiben; Jackie hatte mit der Produktion nichts zu tun. Interessanterweise sieht man Charles Chan Chi-Ping aber in anderen Jackie-Chan-Filmen, wenn man genauer hinsieht, darunter »Police Story Part II« (1988) und »Rush Hour« (1998).

Jackie And Bruce To The Rescue

(Originaltitel: *Shuang Bei*, Südkorea, Taiwan; VÖ: 1982)

mit Tong Lung, Lee Siu-Ming, Bruce Cheung Mong, Wang Pao-Yu, Eagle Han Ying ...

Regie: Wu Chia-Chun, Choe Dong-Joon

Synopsis: Mit vereinten Kräften gegen einen Gegner.

Kommentar: Die Inhaltsangabe erklärt den gesamten Film. Hier versuchte die Firma Lucky Star Film, welche nur noch zwei weitere Filme produzierte (nämlich 1972 und 1994), die beiden Filmgrößen Jackie Chan und Bruce Lee in einem Klopper mit Doubles zu vereinen. Ein Alternativtitel lautet »Fist Of Death«.

Fire Dragon

(Originaltitel: *Huo Long Ren Wu 'A' Ji Ji Hua*, Taiwan, VÖ: 1983)

mit Kwan Chung, Lu I-Chan, Li Chien-Ping, Chen Hung-Lieh, Chin Ti, Yuan Shen ...

Regie: Chester Wong Chung-Gwong, Kevin Chu Yen-Ping

Synopsis: Verwirrende Handlung aus Stücken von »Fantasy Mission Force« (1983), die zu keiner wirklichen Synopsis fähig ist.

Kommentar: Wieder ein Rip-Off eines existierenden Jackie-Chan-Films. Im selben Jahr übernahm der Schauspieler nämlich als Gefallen für seinen Freund Jimmy Wang Yu eine Nebenrolle in »Fantasy Mission Force« (1983), inszeniert von Kevin Chu Yen-Ping. Regisseur Chester Wong Chung-Gwong bediente sich dann einfach an diesen

Szenen, drehte neues Material mit anderen Schauspielern dazu und nannte seinen »cut and paste«-Streifen eben »Fire Dragon«.

Ninja Thunderbolt

(dt. Titel: *Der Ninja*, Hongkong, VÖ: 1984)

mit Richard Harrison, Don Wong Tao, Kurata Yasuaki, John Ladalski, Chiang Tao ...

REGIE: Godfrey Ho

SYNOPSIS: Die Ninjas werden von einem bösen Meister geleitet. Das lässt einen Schüler aussteigen, der die Polizei von Hongkong dazu bringen will, ihn festzunehmen.

KOMMENTAR: Dieses Machwerk gilt als einer der ersten »cut and paste«-Filme Hongkongs und als der erste Thunderbolt-Film überhaupt. Godfrey Ho lud den US-amerikanischen Schauspieler Richard Harrison für einen Karrierestart in Hongkong ein und drehte mit ihm viele zusammenhanglose Szenen in feinster Ninja-Manier. Sein erstes Machwerk schnitt er mit gestohlenem Material aus dem taiwanesischen Film »To Catch A Thief« (1984) mit Don Wong Tao und einigen frisch abgedrehten Szenen mit seinem US-Schützling zusammen und verpasste ihm den Titel »Ninja Thunderbolt«. Daraufhin folgten weitere »cut and paste«-Filme aus dem Ninja-Genre, die alle Godfrey Ho als Regisseur und Richard Harrison als Hauptdarsteller hatten. Der arme Kerl war unterdessen bereits wieder nach Kalifornien zurück gereist und erfuhr erst Jahre später, dass er in ungefähr 15 weiteren Filmen aus Hongkong zu sehen war. Doch was hat Jackie Chan jetzt damit zu tun? Auf dem deutschen VHS-Verleihcover von »Der Ninja« prangt sein Name an dritter Stelle und sogar im Vorspann wird Jackie erwähnt. An Dreistigkeit ist diese Marketingmasche kaum noch zu überbieten.

Ninja The Protector

(dt. Titel: *Ninja: The Story*, Hongkong, VÖ: 1985)

mit Richard Harrison, David Bowles, Andy Chworowsky, Clifford Allan, Phillip Ko Fei ...

REGIE: Godfrey Ho

SYNOPSIS: Die Brüder Warren und David legen sich mit ihrem Erzfeind an.

KOMMENTAR: Überboten hat sich Godfrey Ho mit seiner dreisten Arbeitsweise, indem er sein eigenes Filmkonzept selbst kopiert und bei diesem neuen »cut and paste«-Streifen angewendet hat. Das Originalmaterial stammt aus einem taiwanesischen Film und wurde mit den vorliegenden Thunderbolt-Szenen mit Richard Harrison zu einer Art Story verwoben. Auch hier wird Jackie Chan als Nebendarsteller sowohl im Vorspann als auch auf dem DVD-Cover erwähnt. Auf letzterem hat man sogar ein Promofoto von ihm in das bestehende Filmplakat aus den 1980ern gephotoshopt.

Winners & Sinners 2

(Arbeitstitel: *Qi Mou Miao Ji: Wu Fu Xing 'Sequel'*, Hongkong, geplant: 1985)

mit Sammo Hung, Richard Ng, John Shum Kin-Fun, Charlie Chin, Eric Tsang, Sibelle Hu ...

REGIE: Sammo Hung

SYNOPSIS: Die Five Lucky Stars auf neuen Abenteuern mit ihrem Reinigungsservcie.

KOMMENTAR: Ja, diesen Film sollte es tatsächlich geben! Nach dem Erfolg von »Winners & Sinners« (1983) beschloss man bei Golden Harvest, eine Fortsetzung zu drehen. Drehstart war tatsächlich im Winter 1984. Bei der neuen Story legte man den Fokus jetzt mehr auf John Shum, da die Figur von Stanley Fung im ersten Teil bereits ihr wahres Ich offenbarte. Zudem holte man Eric Tsang mit an Bord. Dies alles stellt ein offizielles Pressebuch und Plakat von Golden Harvest dar, welches vorab als Promotion-Material gedruckt wurde. Doch es kam anders. Aus bisher ungeklärten Gründen entschied sich Sammo Hung dafür, Stanley Fung wieder mit in die Crew zu nehmen und Jackie Chan und Yuen Biao ebenfalls eine kleine Rolle anzubieten. So entwickelte sich das Projekt in Rekordzeit zum Blockbuster am Chinesischen Neujahr 1985 namens »My Lucky Stars«. Als 2015 Filmproduzent und Hongkong-Kino-Experte Mike Leeder das Promotion-Material dem Schauspieler Richard Ng zeigte, glaubte dieser, dass die Aufnahmen Footage-Material von »Twinkle, Twinkle, Lucky Stars« (1985) seien. So könnten also auch Aufnahmen der ursprünglichen Fortsetzung »Winners & Sinners 2« in »Twinkle, Twinkle, Lucky Stars« (1985) verwendet worden sein. Jedenfalls gibt es keine Belege dafür, dass Jackie Chan im Original-Sequel eine Rolle gespielt hätte – das mag wohl der Grund gewesen sein, dass sich das Projekt so radikal änderte. Übrigens existiert eine optisch ähnliche Szene in »Pom Pom« (1984) mit Sammo Hung, Charlie Chin und Stanley Fung in weiß-blauen Overalls am Fenster. Aus zeitlichen Gründen, und weil sich die Darsteller extrem zum Promo-Material von »Winners & Sinners 2« unterscheiden, wurde diese kleine Szene sicher separat für den Film gedreht.

Lucky Stars Go Places

(Originaltitel: *Zui Jia Fu Xing*, Hongkong, VÖ: 20.06.1986)

mit Sammo Hung, Karl Maka, Alan Tam, Andy Lau, Kent Cheng, Anthony Chan Yau ...

Regie: Eric Tsang

Synopsis: Ein Lucky Star muss der Polizei helfen, einen internationalen Komplott aufzudecken. Es geht um die Yakuza, gestohlene Diamanten und Terroristen.

Kommentar: Dieser Film sollte die beiden erfolgreichsten Comedy-Filmreihen der 1980er Jahre aus Hongkong vereinen, die »Lucky Star«- und die »Aces Go Places«-Filme. In einer Szene sieht man Alan Tam während einer Kinovorstellung. Auf der Leinwand wird »Heart Of Dragon« (1985) mit Sammo Hung und Jackie Chan gespielt. Alan Tams Figur lacht immer an den dramatischen Stellen, um auf sich aufmerksam zu machen. Eine schöne und lustige Hommage an Sammos dramatische Regiearbeit aus dem Jahr davor.

Project A-Ko

(Originaltitel: *Purojekuto A-Ko*, Japan, VÖ: 26.06.1986)

mit Miki Itô, Stacey Gregg, Emi Shinohara, Denica Fairman, Michie Tomizawa ...

Regie: Katsuhiko Nishijima

Synopsis: Drei Schulmädchen und das ganz normale Leben zwischen Liebe, Leiden, Aliens, gigantischen Robotern und Androgynen.

Kommentar: Diese japanische Anime-Filmreihe hat mit Jackie Chan nichts zu tun. Alleine der Titel ist eine Hommage an Jackies »Project A« (1983) – mehr aber auch nicht. Ein Rollenspiel wurde extra für diese Filmreihe entwickelt, aber auch hier gibt es keine Figur oder sonstigen Bezug zu Jackie Chan.

Project A-Ko 2: Plot Of The Daitokuji Financial Group
(Originaltitel: *Purojekuto A-Ko 2: Daitokuji Zaibatsu No Inbô*, Japan, VÖ: 21.05.1987)
mit Miki Itô, Michie Tomizawa, Emi Shinohara, Tesshô Genda, Shûichi Ikeda ...
REGIE: Yûji Moriyama
SYNOPSIS: Die drei Schulmädchen haben Ferien und gehen ihren Hobbys nach, als einer der Väter ihre Technik stiehlt und ein abgestürztes Alien-Raumschiff angreift.
KOMMENTAR: Auch in Teil zwei gibt es, bis auf den Titel als Hommage, keinen Bezug.

Dragon Ball
(Originaltitel: *Dragon Ball: Doragon Bôru*, Japan, VÖ: 21.10.1987)
mit Tôru Furuya, Daisuke Gôri, Ben Jeffery, Mami Koyama, Kôhei Miyauchi, Masako Nozawa ...
BUCH: Akira Toriyama (Manga)
SYNOPSIS: Der Beginn des Weltturniers der Kampfkünste.
KOMMENTAR: In der 84. Folge namens »Rivals And Arrivals« (dt. Titel: »Zwei Alte Rivalen«) der originalen »Dragon Ball«-Serie basierend auf dem gleichnamigen Manga schleust sich Master Roshi mit einem Pseudonym ins Turnier ein. Dieses Pseudonym ist Jackie Chun, der den Stil des Drunken Fist Boxing beherrscht. Laut dem Erfinder Akira Toriyama war Jackie Chan unverkennbar sein Vorbild für diese Figur.

The Brothers
(Originaltitel: unbekannt, Hongkong, VÖ: angeblich 1987)
mit unbekannt
REGIE: Jackie Chan
SYNOPSIS: unbekannt
KOMMENTAR: Seit unzähligen Jahren listet die Filmdatenbank IMDb.com diesen Film in Jackie Chans Filmografie auf, dabei gibt es in der gesamten Literatur keinen Hinweis auf solch ein Projekt, das er inszeniert haben soll. 1988 erschien »Dragons Forever«, der auch als »3 Brothers« bekannt ist, doch den inszenierte Sammo Hung im Alleingang mit Jackie Chan als Unterstützung in der Planung. Ein Fehleintrag.

Project A-Ko 3: Cinderella Rhapsody
(Originaltitel: *Purojekuto A-Ko 3: Shindorera Rapusodei*, Japan, VÖ: 21.06.1988)
mit Miki Itô, Emi Shinohara, Michie Tomizawa, Tesshô Genda, Shûichi Ikeda ...
REGIE: Yûji Moriyama
SYNOPSIS: A-Ko versucht, etwas Gewicht zu verlieren, um sich auf die Party im abgestürzten Alien-Raumschiff vorzubereiten.
KOMMENTAR: Auch in Teil drei gibt es, bis auf den Titel als Hommage, keinen Bezug.

Rain Man
(USA, VÖ: 12.12.1988)
mit Dustin Hoffman, Tom Cruise, Valeria Golino, Gerald R. Molen, Jack Murdock ...
REGIE: Barry Levinson
SYNOPSIS: Als der Yuppie Charlie nach dem Tod seines Vaters von einem autistischen Bruder erfährt, der als Alleinerbe eingesetzt wurde, entführt Charlie ihn und reist mit ihm durchs Land, um irgendwie an das Geld zu kommen.

Kommentar: Zu diesem Hollywood-Film gibt es keinen Bezug. Auch keine offiziellen Statements zu folgender Theorie: Der Film wurde von »Heart Of Dragon« (1985) inspiriert, der nicht nur Sammo Hung als geistig zurückgebliebenen Bruder des egoistischen Marineanwärters Jackie Chan in einem hoch-dramatischen Action-Film bietet, sondern auch drei Jahre vor Erscheinen der US-Adaption ins Kino kam. Das Filmplakat von »Rain Man« zeigt zudem beide Darsteller nebeneinander auf einer Straße. Dieses Bild ist das Schlussbild der HK-Version mit Sammo und Jackie, die auf einer Straße in die andere Richtung flanieren, als Jackies Figur aus dem Gefängnis kommt.

Project A-Ko 4: Final

(Originaltitel: *Purojekuto A-Ko 4: Kanketsuron*, Japan, VÖ: 07.10.1989)

mit Miki Itô, Emi Shinohara, Michie Tomizawa, Lynda Boyd, Ian James Corlett ...

Regie: Yûji Moriyama

Synopsis: Während sich zwei der Mädels streiten, schenkt die dritte einem Pentagramm Aufmerksamkeit, das auch auf einem anrückenden Alien-Mutterschiff zu sehen ist.

Kommentar: Auch in Teil vier, dem finalen Teil der Anime-Filmreihe, gibt es, bis auf den Titel als Hommage, keinen Bezug.

Tango & Cash

(dt. Titel: *Tango Und Cash*, USA, VÖ: 22.12.1989)

mit Sylvester Stallone, Kurt Russell, Teri Hatcher, Jack Palance, Brion James, James Hong ...

Regie: Andrey Konchalovskiy, Albert Magnoli

Synopsis: Ein ungleiches Polizistenteam muss seine Streitigkeiten beilegen, um gemeinsam gegen eine kriminelle Riege vorzugehen,

Kommentar: Jackie Chan hatte bereits Mitte der 1980er Jahre großen Einfluss auf US-amerikanische Filme. So auch hier, wie die Busszene mit Sly beweist, die er aus »Police Story« (1985) entlehnt hat.

Project A-Ko: Versus

(Originaltitel: *Purojekuto A-Ko vs. Grey Side/Blue Side*, Japan, VÖ: 21.07.1990)

mit Miki Itô, Emi Shinohara, Michie Tomizawa, Lynda Boyd, Ted Cole, Paul Dobson ...

Regie: Katsuhiko Nishijima

Synopsis: Die drei Mädels finden sich in anderen Rollen in einem Paralleluniversum wieder.

Kommentar: Dieses Spin-Off wurde als Miniserie in zwei Teilen veröffentlicht: »Grey Side« und »Blue Side«. Auch hierbei gibt es, bis auf den Titel als Hommage, keinen Bezug.

New Kids In Town

(Originaltitel: *Chu Dao Gui Jing*, Hongkong, VÖ: 05.10.1990)

mit Liu Chia-Liang, Chin Siu-Ho, Dickson Lee Ga-Sing, Moon Lee Choi-Fung ...

Regie: Lau Ga-Yung

Synopsis: Als zwei Schüler vom Festland nach Hongkong ziehen, um für ihren Onkel zu arbeiten, treffen sie auf eine Frau, die von einem Schmugglerring genötigt wird.

Kommentar: Verwirrung entsteht bei diesem Film nur, weil er nach den ersten internationalen Erfolgen von Jackie Chan Mitte der 1990er Jahre mit Szenen aus der Hongkong-Fassung von »The Protector« (1985), in denen damals auch Moon Lee mitspielte, aufgefüllt und unter dem Titel »Master Of Disaster« als neuer Jackie-Chan-Film verkauft wurde. Ein Rip-Off. Das Original hat keinen Bezug zu Jackie Chan.

Raid On Royal Casino Marine

(Originaltitel: *Huang Jia Du Chuan*, Hongkong, VÖ: 20.10.1990)
mit Sibelle Hu, Sandra Ng Kwun-Yu, Amy Yip Ji-Mei, Kara Hui Ying-Hung, Stanley Fung ...
Regie: Wellson Chin Sing-Wai
Synopsis: Nachdem Inspector Kan und Madame Wu geheiratet haben, bilden sie nun eine neue Geheimtruppe aus, mit der sie undercover auf einem Schiff ermitteln.
Kommentar: Auch bekannt als »Inspector Wears Skirts 3«, wurde diese Fortsetzung ganz ohne Beteiligung Jackie Chans produziert und gefilmt. Für Verfechter der längst überholten Theorie, Jackie Chan habe unter dem Pseudonym Wellson Chin mehrere seiner eigens produzierten Filme auch als Regisseur inszeniert, dürften langsam die Argumente ausgehen, zumal der Regisseur selbst im Film zu sehen ist.

Fatal Mission

(dt. Titel: *Finalgate*, Hongkong, VÖ: 12.12.1991)
mit Derek Yee Tung-Sing, Sibelle Hu, Joseph Cheng King-Kei, Saskia Van Rijswijk ...
Regie: Stephan Yip Tin-Hang
Synopsis: Wegen eines fatalen Fehlers wird die gesamte Familie von Derrek ausgelöscht. Eigentlich hätte es seinen Nachbarn, den Drogenbaron, treffen müssen.
Kommentar: »Fatal Mission« (1991) ist ein brutaler Actionfilm, mit dem Jackie Chan nichts zu tun hat. Nach dem internationalen Erfolg von »First Strike« (1996) wurde dieser Film mit einem zusammengesetzten Cover als »Jackie Chan's Second Strike« auf Video beworben. Die deutsche Fassung wurde im März 2017 vom Index gestrichen.

Inspector Wears Skirts IV

(Originaltitel: *92 Ba Wang Hua Yu Ba Wang Hua*, Hongkong, VÖ: 17.12.1992)
mit Cynthia Khan, Moon Lee Choi-Fung, Sandra Ng Kwun-Yu, Cheng Pak-Lam, Yip San ...
Regie: Wellson Chin Sing-Wai
Synopsis: Die junge Generation der Banshee Squad hat Probleme im Fortbestand und so müssen die alten Hasen einspringen, um zu helfen.
Kommentar: Auch der vierte und letzte Teil der Filmreihe hat mit Jackie Chan nichts zu tun. Inszeniert wurde er wieder von Wellson Chin. Im Gegensatz zu den anderen Filmen wird hier in einer kurzen Rückblende tatsächlich Material aus dem ersten Teil gezeigt, den Jackie Chan produzierte. In dieser Szene sieht man die Damentruppe, keinen Jackie.

Drunken Master III

(Originaltitel: *Jui Kuen III*, Hongkong, VÖ: 02.07.1994)
mit Willie Chi Tin-Sang, Adam Cheng Siu-Chow, Michelle Reis, William Ho Ka-Kui ...
Regie: Liu Chia-Liang
Synopsis: Um die Jahrhundertwende kommt es in China zu Aufständen, als ein Machtwechsel bevorsteht und die Revolutionsbewegung Fahrt aufnimmt.
Kommentar: Während der Dreharbeiten zu »Drunken Master II« (1994), an dem Liu

Chia-Liang als Regisseur arbeitete, kam es zu kreativen Differenzen, die darin endeten, dass Golden Harvest seinen erfahrenen Regisseur des Dienstes enthob und seiner statt Jackie Chan die Rolle des Regisseurs übernahm. Aus Respekt vor Liu Chia-Liang ließ Jackie seinen Namen im Vorspann stehen, doch Liu Chia-Liang fühlte sich in seiner Ehre verletzt und zog los und drehte seine Art eines Drunken-Master-Films. Dem gab er den verwirrenden Titel »Drunken Master III«, obwohl es keine Fortsetzung zum zeitgleich erschienenen zweiten Teil darstellt.

High Risk

(dt. Titel: *Total Risk*, Hongkong, VÖ: 01.07.1995)

mit Jet Li, Jacky Cheung, Chingmy Yau Suk-Ching, Valerie Chow, Kelvin Wong Siu ...

REGIE: Wong Jing

SYNOPSIS: Als der Polizist Kit Li bei einem Bombenanschlag Frau und Kind verliert, jobbt er als Bodyguard für einen Möchtegern-Kung-Fu-Filmstar. Doch als er zufällig in eine Geiselnahme mit Raub verwickelt wird, muss er sich wieder beweisen.

KOMMENTAR: Nachdem Regisseur Wong Jing mit Jackie Chan »City Hunter« (1993) gedreht hatte, gab Jackie öffentlich in Interviews zu verstehen, dass er den Film nicht gut fand. Er wurde teilweise sogar persönlich gegenüber dem Regisseur. Das ließ sich Comedy-Ass Wong Jing nicht nehmen und drehte kurzerhand eine Persiflage auf Jackie Chan selbst mit niemand geringerem als Jet Li. Im Film verteilt Wong Jing einige Handkanten in Richtung Jackie, lässt ihn als Frauenheld dastehen, der seine Stunts nicht selbst macht.

Cupid Love

(Originaltitel: *Qi Yue Qiao Jia Ren*, Singapur, VÖ: 04.11.1995)

mit Athena Chu Yun, Chen Han-Wei, Alice Lim Cheng-Peng, Ho Chi-Kin ...

REGIE: Douglas Kung Cheung-Tak

SYNOPSIS: Qingqing ist eine Sängerin und lernt die Liebe ihres Lebens in einem Fremden auf dem Hungry Ghost Festival kennen.

KOMMENTAR: Der Titelsong zu diesem Fernsehfilm aus Singapur, »The Way I Care«, wird von Chen Han-Wei und Lillian Chua gesungen. Eine andere Version gibt es von Jackie Chan und Sarah Chen. Diese ist aber nicht auf dem offiziellen Soundtrack enthalten, sondern wurde eigenständig, wie 2017 das Aladdin-Titellied mit Nana Ou-Yang, als Single ausgekoppelt.

Bontoc Eulogy

(Originaltitel: *Bontoc Eulogy*, USA, Philippinen; VÖ: 1995)

mit Marlon Fuentes, Jordan Porter, Nicole Antonio, Michael Porter, Eliseo Bacolod ...

REGIE: Marlon Fuentes

SYNOPSIS: Was geschah auf den Philippinen um die Jahrhundertwende wirklich? Warum verschwanden die toten Körper Verstorbener spurlos? »Bontoc Eulogy« beschreibt die perfide Situation um 1900 in der philippinischen Bergprovinz Bontoc.

KOMMENTAR: In dieser Mockumentary, einer fiktiven Dokumentation, soll Jackie Chan als Additional Editor, also als zweiter Schnittmeister, mitgewirkt haben. Jedenfalls behauptete das ein Listeneintrag auf IMDb.com über viele Jahre hinweg. Bereits für mein Buch »Der deutsche Jackie Chan Filmführer« von 2008 nahm ich Kontakt zu den Machern auf, die mir versicherten, dass es sich nicht um *den* Jackie Chan handele. Mittlerweile ist der Eintrag in der Filmdatenbank teils korrigiert, dort findet man jetzt einen Cheng Long als Associate Producer und Additional Editor, der sonst keinen weiteren Filmcredit aufweisen kann. Doch auch *der* Jackie Chan wird weiterhin als Additional Editor geführt. Eine Fehlinformation, die sich hartnäckig hält.

Suddenly Susan

(dt. Titel: *Susan*, USA, VÖ: unbekannte Folge)

mit Brooke Shields, Nestor Carbonell, Kathy Griffin, Barabra Barrie, Judd Nelson ...

CREATOR: Clyde Phillips, Steven Peterman, Gary Dontzig

SYNOPSIS: unbekannt

KOMMENTAR: In einer Folge dieser US-Sitcom soll Jackie Chan an einem gebrauchten, mit persönlichen Erinnerungen gespickten Auto interessiert sein, das er für seinen nächsten Film kaufen und kaputtmachen möchte. Dieses Dilemma, eine kleine Nebenhandlung zur eigentlichen Folge, wird in zwei Szenen ausdiskutiert. Jackie Chan hat hier keinen Auftritt, er wird lediglich erwähnt. Leider ist die erfolgreiche US-Sitcom weltweit noch auf keinem Medium erschienen, auch Online-Streamingdienste bieten die Serie noch nicht an. Daher kann hier keine genaue Angabe über die entsprechende Folge und deren Erstausstrahlung stattfinden. Die Serie lief von 1996 bis 2000 in vier Staffeln mit insgesamt 93 Episoden.

Once Upon A Time In China And America

(Originaltitel: *Wong Fei Hung VI: Sai Wik Hung See*, Hongkong, VÖ: 22.02.1997)

mit Jet Li, Rosamund Kwan, Xiong Xin-Xin, Chan Kwok-Bong, Jeff Wolfe, Patrick Lung Kong ...

REGIE: Sammo Hung, Lau Kar-Wing

SYNOPSIS: Während der Industrialisierung werden unzählige Chinesen versklavt und nach Amerika verschifft, um das Bahnnetz zu bauen. Das gefällt So nicht, der gerade erst eine Kampfkunstschule eröffnet hat.

KOMMENTAR: Jackie Chan hat mit dieser Produktion nichts zu tun. Mitte der 1990er Jahre, wahrscheinlich während des Drehs zu »Thunderbolt« (1995), verriet er Sammo Hung, dass er gerne einen Film machen würde, der den Osten und den Westen vereint. Während der gemeinsamen Arbeit an »Mr. Nice Guy« (1997) fiel kein einziges Wort über Sammos Parallelarbeit mit Jet Li, und als dieser Film dann nur einen Monat nach »Mr. Nice Guy« im Kino lief, warf Jackie seinem Großen Bruder Ideenklau vor. Dies sorgte einige Jahre für eine Funkstille zwischen den beiden.

Jail In Burning Island

(Originaltitel: *Huo Shao Dao 2: Heng Xing Ba Dao*, Taiwan, VÖ: 25.04.1997)

mit Nicky Wu Chi-Lung, Kaneshiro Takeshi, Kok Siu-Man, Yvonne Yung Hung ...

REGIE: Kevin Chu Yen-Ping

SYNOPSIS: Als ein Polizist während eines Einsatzes einen Mann aus Notwehr tötet, muss er ins Gefängnis, wo er erfährt, dass das Leben nicht schwarz oder weiß ist.

KOMMENTAR: Auch bekannt als »The Jailbreakers«, stellt dieser Film tatsächlich die offizielle Fortsetzung zu »Island Of Fire« (1990), den Jackie Chan wiederum als Gefallen für Jimmy Wang Yu drehte, dar. Bis auf den Namen hat der zweite Teil mit dem ersten allerdings nichts gemein, weder Inhalt noch Darsteller.

Pokémon

(Originaltitel: *Poketto Monsutâ*, Japan, VÖ: 14.10.1997)

mit Junko Asami, Megumi Hayashibara, Inuko Inuyama, Unshô Ishizuka, Mayumi Izuka ...

REGIE: Masamitsu Hidaka

SYNOPSIS: Auf seiner Reise entdeckt Ash das Pokémon Nockchan und will es fangen, während er das Mädchen Rebecca kennenlernt, das ihn um Hilfe bittet.

KOMMENTAR: Das Pokémon Nockchan, im Englischen Hitmonchan genannt, hat seinen Namensursprung bei Jackie Chan (das Pokémon Kicklee/Hitmonlee hingegen bei Bruce Lee). Seinen ersten Auftritt in der beliebten TV-Animeserie hatte Nockchan in der Episode 29 der ersten Staffel namens »Hand-To-Hand Fighting Pokémon! Big Battle!« (dt. Titel: »Hart Aber Fair«). Die deutsche Erstausstrahlung dieser Folge war am 8. Oktober 1999.

Celebrity Deathmatch

(USA, VÖ: 22.10.1998)

mit Maurice Schlafer, Len Maxwell, Dan Blank, Tony Daniels, Patrick Frederic ...

REGIE: Eric Fogel

SYNOPSIS: Jackie Chan und Jean-Claude van Damme treten im Ring gegeneinander an, während Chuck Norris den Schiedsrichter macht.

KOMMENTAR: In dieser beliebten MTV-Serie geht es um Prominente, die sich im Stil von Stop-Motion-Knetfiguren die Köpfe einschlagen. In der 13. Folge der ersten Staffel namens »Masters Of The Martial Arts« treten die beiden Actionfilmstars gegeneinander an. Jackie Chan hat sich wie der Rest des Cast nicht selbst gesprochen.

Road Kill

(USA, VÖ: 14.03.1999)

mit Jennifer Rubin, Erik Palladino, Billy Jayne, Tony Denison, Richard Portnow ...

REGIE: Matthew Leutwyler

SYNOPSIS: Ein Filmstudent bekommt von seinem Dozenten die Anweisung, aufzuhören, Jackie-Chan-Filme zu drehen und stattdessen Kunst zu machen.

KOMMENTAR: Wie die Inhaltsangabe schon verrät, ist die Ausgangslage eine Hommage an Jackie Chan. Inhaltlich soll ein Filmstudent einfach aufhören, seinem Idol nachzueifern und seinen eigenen Stil finden. Dies ist mit einem Road Trip verbunden, der weit weg von der eigentlichen Prämisse führt. Ein kleiner Marketinggag am Rande dieses experimentellen Low-Budget-Films.

Star Wars: Episode I – The Phantom Menace

(dt. Titel: *Star Wars: Episode I – Die Dunkle Bedrohung*, USA, VÖ: 16.05.1999)

mit Liam Neeson, Ewan McGregor, Natalie Portman, Jake Lloyd, Ian McDiarmid ...

REGIE: George Lucas

SYNOPSIS: Als zwei Jediritter auf der Flucht einen Jungen finden, der die Macht in sich trägt, wird er als Hoffnung im Kampf gegen die dunkle Seite der Macht angesehen.

KOMMENTAR: Jackie Chan war schon immer ein großer Bewunderer von George Lucas und seinem Freund und Kollegen Steven Spielberg. In einem Interview gab Jackie mal zu verstehen, dass er sofort zusagen würde, wenn George Lucas wieder einmal einen »Star Wars« drehe und er ihn um seine Hilfe bitten würde. Tja, Chance verpasst, George, denn Jackie wurde niemals eine Rolle im Star-Wars-Universum angeboten.

2000 A.D.

(dt. Titel: *Game Over – Gefährliche Spiele*, USA, VÖ: 27.01.2000)

mit Aaron Kwok, Daniel Wu, Phyllis Quek, Lai Hing-Cheung, Gigi Choi Lok-Chi, Andrew Lin Hoi ...

REGIE: Gordon Chan Ka-Seung

SYNOPSIS: Computerhacker übernehmen die Kontrolle über Militärgerätschaften und organisieren Anschläge. Die Spur führt nach Hongkong und endet blutig.

KOMMENTAR: Der Millenniumsfilm ist auch bekannt als »Y-2K« und wurde von Willie Chan, Jackie Chans Manager, produziert, ebenso von Solon So Chi-Hung, der mit den beiden ebenfalls viele Hits realisierte. Leo Moser behauptet in seinem Buch »Made in Hongkong«, dass Jackie Chan auch Produzent unter der gemeinsamen Firma war, doch diese wird nicht erwähnt.

Family Guy

(USA, VÖ: 27.06.2000 & 17.07.2005)

mit Seth MacFarlane, Alex Borstein, Seth Green, Mila Kunis, Michael Chiklis / Lori Alan ...

REGIE: Monte Young, Peter Shin, Roy Allen Smith / Kurt Dumas, Peter Shin

SYNOPSIS: Lois soll ermordet werden, doch Peter freundet sich mit dem Neffen des Mafioso an. / Lois muss hinter Gittern, doch als die Familie sie befreit, muss sie nach Chinatown flüchten.

KOMMENTAR: Jackie Chan hatte nie an der Serie mitgewirkt. Die Macher zollten ihm aber bisher in zwei Episoden Tribut. Den ersten Auftritt hat die Figur Jackie Chans in der Folge 16 der zweiten Staffel namens »There's Something About Paulie« (dt. Titel: »Mord Ohne Auftrag«) und den zweiten in der Folge neun der vierten Staffel mit Namen »Breaking Out Is Hard To Do« (dt. Titel: »Diebesglück«).

Shin Chan

(Originaltitel: *Kureyon Shin-Chan*, Japan, VÖ: 29.09.2000)

mit diverse ...

REGIE: Keiichi Hara

SYNOPSIS: Ein Special, das die Familie Nohara ins vergangene Jahrhundert bringt.

KOMMENTAR: »Shin Chan« ist eine der erfolgreichsten japanischen Animeserien und läuft bereits seit 1992. Im Serienspecial Nummer 27 »Treasure Hunter Misae«, welches zwischen den Episoden 373 und 374 lief, wurden die Drei Brüder Sammo Hung, Jackie Chan und Yuen Biao in ihren Rollen aus »Project A« (1983) nachgezeichnet. Es gibt Kampfszenen, und selbst der Uhrturm-Stunt von Jackie wurde beinahe 1:1 nachgezeichnet, sogar mit einem für ihn typischen Doppelschnitt.

Shaolin Soccer
(dt. Titel: *Shaolin Kickers*, Hongkong, China; VÖ: 05.07.2001)
mit Stephen Chow, Vicki Zhao Wei, Ng Man-Tat, Patrick Tse Yin, Karen Mok ...
REGIE: Stephen Chow
SYNOPSIS: Ein junger Fan des Shaolin-Kung-Fus trommelt seine alten Freunde zusammen, um eine Fußballmannschaft zu gründen, die sich ihren Erfolg hart »erkämpft«.
KOMMENTAR: Der Film schlug in Asien ein wie eine Bombe und zog sogar im Westen eine Welle des Erfolgs mit sich. Bis dato kannte man hierzulande Stephen Chow noch gar nicht, daher lag nahe, dass Onlineshops seinen Namen mit dem bekannteren Jackie Chan in Verbindung brachten. So wurde das Gerücht geboren, Jackie Chan habe einen Gastauftritt. Hätte man auch anders lösen können, zumal zwei Jahre zuvor beide schon an »Gorgeous« (1999) und »King Of Comedy« (1999) mit jeweiligen Cameos zusammenarbeiteten.

Princess D
(Originaltitel: *Seung Fei*, Taiwan, Hongkong; VÖ: 28.03.2002)
mit Daniel Wu, Edison Chen, Angelica Lee Sin-Je, Anthony Wong, Wong Yik-Nam ...
REGIE: Sylvia Chang Ai-Chia, Alan Yuen Kam-Lun
SYNOPSIS: Als Joker in der Disco die hübsche Ling kennenlernt, inspiriert sie ihn zu einer unschuldigen Internetgeschichte. Doch unschuldig ist Ling überhaupt nicht.
KOMMENTAR: Hier liegt eine klassische Namensverwechslung vor. Ältere Quellen, vor allem aus den späten 1990ern und Anfang der 2000er, erklären Jackie Chan hier zum Produzenten/Präsentator des Films – in Wahrheit ist dies aber Willie Chan, sein Manager, der in seiner eigenen Karriere eigenständig Filme produzierte.

Modern Warriors
(dt. Titel: *Kampf Der Giganten 2 – Modern Warriors*, USA, VÖ: 20.08.2002)
mit Peter Aerts, Ron Balicki, David Carradine, Babatu Vita Casel, Joe Charles ...
REGIE: Peter Spirer
SYNOPSIS: In dieser Dokumentation kommen die Actionhelden unserer Zeit zu Wort.
KOMMENTAR: Kurz und knapp: Jackie Chan ist weder in Footage-Material noch als Interviewgast zu sehen – entgegen aller Behauptungen der Verleiher, die mit seinem Namen zum Verkauf der DVD werben. Zudem verwechselt IMDb.com diesen deutschen Titel mit der Dokumentation »Top Fighter« (1995).

Golden Chicken
(Originaltitel: *Gam Gai*, Hongkong, VÖ: 26.12.2002)
mit Sandra Ng Kwun-Yu, Eric Tsang, Andy Lau, Tony Leung Ka-Fai, Hu Jun, Eason Chan ...
REGIE: Samson Chiu Leung-Chun
SYNOPSIS: Als ein geplanter Raubzug doch nicht wie geplant funktioniert, teilt der Dieb sich einer Gefangenen mit und die Prostituierte erzählt ihm ihre Geschichte.
KOMMENTAR: Diese vielfach prämierte Komödie mit der talentierten Sandra Ng zeigt in einer Szene im Casino im Hintergrund auf mehreren Monitoren eine Szene aus »Drunken Master« (1978). Diese Szene inspiriert Sandra Ng im Film, dazu im Drunken-Master-Stil zu tanzen. Eine nette Hommage an Jackie Chan.

The King Of Queens
(dt. Titel: *King Of Queens*, USA, VÖ: 20.01.2003)
mit Kevin James, Leah Remini, Victor Williams, Patton Oswalt, Gary Valentine ...
REGIE: Rob Schiller
SYNOPSIS: Carrie ist nervös wegen einer Bewertung ihres Jobs, doch Doug hat nur Augen für seine Superbowl-Party.
KOMMENTAR: Eine kleine Hommage findet sich in einer Szene, als Carrie in der Videothek »Shanghai Noon« von Jackie Chan ausleiht, um Doug eine Freude zu machen. Die Überraschung glückt, denn der Film spielt laut Doug ja im Wilden Westen und sogar mit Jackie Chan.

Cradle 2 The Grave
(dt. Titel: *Born 2 Die*, USA, VÖ: 24.02.2003)
mit Jet Li, DMX, Anthony Anderson, Kelly Hu, Tom Arnold, Mark Dacascos, Drag-On ...
REGIE: Andrzej Bartkowiak
SYNOPSIS: Die Tochter eines Diebes wird gekidnappt, als dieser eine Sammlung von schwarzen Diamanten stiehlt, die jedoch nicht das sind, wofür er sie hält.
KOMMENTAR: In einer Szene dieses Millenniumsfilms betritt ein Mann ein Büro und sagt »Checkt das aus! Ist das Jackie Chans Büro?«. Eine nette kleine Hommage an Jackie, der mit seinem damaligen Hongkong-Büro für Wirbel sorgte, weil es einige Geheimkammern hatte, in die er sich zurückziehen konnte.

Red Trousers: The Life Of The Hong Kong Stuntmen
(Kantonesischer Titel: *Hung Fu Zi*, Hongkong, USA; VÖ: 05.04.2003)
mit Robin Shou, Beatrice Chia, Keith Cooke, Hakim Alston, Craig Reid, Buffulo, Duck ...
REGIE: Robin Shou
SYNOPSIS: In dieser Dokumentation geht es um die Stuntmen in Hongkong.
KOMMENTAR: In Robin Shous Regiedebüt würdigt er gleich die wagemutigsten aller Stuntmen, nämlich die aus Hongkong. Fans sehen tolle Aufnahmen und informative Interviews. Doch seltsamerweise gibt es kein Material von Jackie Chan zu sehen, auch kein kurzes Statement in die Kamera.

Bad Boys II
(USA, VÖ: 09.07.2003)
mit Martin Lawrence, Will Smith, Jordi Mollà, Gabrielle Union, Peter Stormare ...
REGIE: Michael Bay
SYNOPSIS: Die zwei Cops Marcus und Mike ermitteln in einem Drogenschmugglerring, der seine Quelle in Kuba zu haben scheint.
KOMMENTAR: In einer Szene rasen die beiden Cops in einem Hummer H2 einen Berghang hinab, in dem ein kleines Dorf aufgebaut ist. Kommt bekannt vor, oder? Genau, diese Szene wurde aus Jackie Chans »Police Story« (1985) entlehnt und teilweise 1:1 mit Schnitten und Kameraperspektiven nachgestellt.

Almost Love

(Originaltitel: *Cheongchun-manhwa*, Südkorea, VÖ: 23.03.2006)

mit Choi Jong-Ryol, Jang Mi-Ne, Jeong Gyu-Su, Kang Gi-Hwa, Kim Ha-Neul, Kim Ye-Won ...

REGIE: Han Lee

SYNOPSIS: Ein Taekwondo-Schüler verdient sich nebenher etwas als Stuntman dazu und träumt davon, der koreanische Jackie Chan zu werden.

KOMMENTAR: Es gibt einige Filme, in denen Jackie Chan auf irgendeine Weise Tribut gezollt wird. Inhaltlich bietet diese koreanische Tragikomödie eine ähnliche Prämisse wie »Road Kill« (1999) aus den USA. In einer kuriosen Szene gleich am Anfang des Films wird der Zuschauer Zeuge der Geburt eines Jackie Chans. Natürlich nachgestellt, namentlich erwähnt und als reine Fiktion der Hauptfigur, die auf einem Balkon sitzt und diese Szene in ihr Notizheft kritzelt. Absolut sehenswert!

Hot Fuzz

(dt. Titel: *Hot Fuzz – Zwei Abgewichste Profis*, Großbritannien, Frankreich; VÖ: 14.02.2007)

mit Simon Pegg, Martin Freeman, Nick Frost, Bill Nighy, Robert Popper, Joe Cornish ...

REGIE: Edgar Wright

SYNOPSIS: Als ein Superbulle aus London aufs Land versetzt wird, geschehen seltsame Dinge und er muss einen Mord nach dem anderen aufklären.

KOMMENTAR: Im zweiten Teil der sogenannten Cornetto-Trilogie gibt es einen schönen Hinweis auf Jackie Chan, als Nick Frosts Charakter im Supermarkt eine DVD von »Police Story III – Super Cop« (1992) in Händen hält und zu sich selbst sagt »Supercop, für diesen Cop gibt's keinen Stopp«.

Naruto Shippuden

(Originaltitel: *Naruto: Shippûden*, Japan, VÖ: ab 15.02.2007)

mit Junko Takeuchi, Maile Flanagan, Chie Nakamura, Kazuhiko Inoue, Kate Higgins ...

CREATOR: Masashi Kishimoto

SYNOPSIS: Naruto Uzumaki ist ein hyperaktiver Ninja, der ständig auf der Suche nach neuen Herausforderungen ist, um der beste Ninja des Landes zu werden.

KOMMENTAR: In der Geschichte des Animationsfilms gibt es viele Bezüge, die Jackie Chan als Ausgangsbasis haben. Bei »Naruto Shippuden« sei erwähnt, dass eine Szene aus einem alten Kung-Fu-Film der 1980er Jahre mit der sogenannten Technik der Rotoskopie nachgestellt wurde. Bei diesem alten Trickfilmverfahren werden Realfilmaufnahmen von hinten auf eine Glasplatte Bild für Bild projiziert, damit der Zeichner sie abpausen kann. Was bereits ab 1914 per Hand gemacht wurde, findet seit den 1990er Jahren digital am PC statt. Rotoskopie ist ein altbewährtes Abpaus-/Kopierverfahren, das bis heute in veränderter und modernisierter Form angewendet wird. Allerdings handelt es sich hierbei nicht um einen Jackie-Chan-Film, wie einige Quellen online falsch angeben. Der abgepauste Kämpfer ist Conan Lee.

The Office

(dt. Titel: *Das Büro*, USA, VÖ: 05.04.2007)

mit Steve Carell, Rainn Wilson, John Krasinski, Jenna Fischer, B.J. Novak, David Denman ...

REGIE: Jeffrey Blitz

SYNOPSIS: Während Streit zwischen Kollegen ausbricht, bittet ein anderer um eine Gehaltserhöhung. Der Chef ist schockiert wegen des Niedriglohns und geht zur Zentrale.
KOMMENTAR: Die US-amerikanische Version der originalen Erfolgsserie aus Großbritannien ist in Deutschland unter dem Titel »Das Büro« bekannt (nicht zu verwechseln mit der gleichnamigen TV-Serie mit Ingolf Lück). Eine eigene deutsche Version dieses Serienkonzepts liegt sogar mit »Stromberg« (2004-2012) vor. In Folge 18 der dritten Staffel der US-Version mit dem Titel »The Negotiation« (dt. Titel: »Die Kunst Der Verhandlung«) gibt es einen ganz kurzen Verweis auf »Rush Hour« (1998), wenn Steve Carell im Auto sitzt und sinngemäß Chris Tuckers Originalsatz zitiert: »Don't ever touch a black man's radio!«.

Chocolate
(dt. Titel: *Chocolate – Süß Und Tödlich*, Thailand, VÖ: 06.02.2008)
mit JeeJa Yanin, Hiroshi Abe, Pongpat Wachirabunjong, Taphon Phopwandee ...
REGIE: Prachya Pinkaew
SYNOPSIS: Ein autistisches Mädchen mit erstaunlichen Martial-Arts-Fähigkeiten stellt die Gangster zur Rede, die ihrer Familie Geld schulden.
KOMMENTAR: JeeJa Yanin ist die weibliche Antwort auf Tony Jaa. In ihrem allerersten Film gibt es gleich eine Hommage an ihr Idol Jackie Chan. In einer Szene in einem Lagerhaus wird der ortsgleiche Kampf aus »Rumble In The Bronx« (1995) nachgestellt.

Connected
(Originaltitel: *Bo Chi Tung Wah*, China, Hongkong; VÖ: 25.09.2008)
mit Louis Koo, Nick Cheung Ka-Fai, Barbie Hsu Hsi-Yuan, Liu Ye, Eddie Cheung Siu-Fai ...
REGIE: Benny Chan
SYNOPSIS: Ein Mann erhält einen Anruf von einer Frau, die gekidnappt wurde.
KOMMENTAR: Im Remake von »Cellular« (2004) (dt. Titel: »Final Call – Wenn Er Auflegt, Muss Sie Sterben«) brilliert ein Louis Koo unter der Regie von Benny Chan, beides Talente, mit denen Jackie Chan bereits gearbeitet hatte, in einem mehrfach ausgezeichneten Action-Thriller. Wie ich bereits in meinem Buch »Der deutsche Jackie Chan Filmführer« von 2008 schrieb, gab es eine offizielle Quelle, die Jackies Namen in Verbindung mit dieser Produktion brachte. Heute steht fest, dass er mit dem Film nichts zu tun hat.

Beverly Hills Ninja 2
(USA, geplant: Mai 2009)
mit David Hasselhoff ...
REGIE: Mitchell Klebanoff
SYNOPSIS: unbekannt
KOMMENTAR: Diesen Film gibt es tatsächlich! Zumindest teilweise. Ende 2008 berichtete Variety, dass das Casting begonnen habe und ab Oktober 2008 gedreht würde. Das stimmt auch. Insgesamt standen 7 Millionen US-Dollar zur Verfügung, was erklären könnte, warum bereits eine Veröffentlichung im Mai 2009 geplant war. Ob es sich dabei um einen Kino- oder Heimkino-Release handelte, ist nicht klar. Fakt ist aber, dass koreanische Investoren, die zuvor die Rechte an dem Franchise von Sony auf-

kauften, irgendwann aufhörten, die Rechnungen zu zahlen. Nach Verhandlungen wurde in Vancouver weiter gedreht, bis es wieder Ärger um eine nackte Schauspielerin und fehlende Finanzen gab. Jahrelang ging man vor Gericht in mehreren Fällen vor. Bis heute bleibt der Film zu 70 % unfertig. Und laut Gerüchten sollte Jackie Chan sogar die Rolle des Meisters übernehmen. Da war wohl der Wunsch der Vater des Gedanken der Koreaner.

Raging Phoenix

(dt. Titel: *Fighting Beat 2*, Thailand, VÖ: 12.08.2009)

mit JeeJa Yanin, Kazu Patrick Tang, Nui Saendaeng, Sompong Leartvimolkasame ...

REGIE: Rashane Limtrakul

SYNOPSIS: Eine gewalttätige Gruppe entführt und tötet thailändische Frauen. Sanim und seine Freunde tun sich gegen das Verbrechen zusammen.

KOMMENTAR: Auch in ihrem zweiten Film zollt JeeJa Yanin ihrem Idol Jackie Chan Tribut. Diesmal gibt sie ihr Drunken Boxing zum Besten.

Lessons In Seppuku

(USA, VÖ: 05.09.2009)

mit Jae Chae

REGIE: Joshua Baerwald

SYNOPSIS: Meister Hari Kari verpasst einen Telefonanruf und begeht Selbstmord.

KOMMENTAR: In dieser Internet-Serie von unabhängigen Filmemachern habe Jackie Chan in der Folge drei »The Missed Call« angeblich seine Stimme geliehen. Dieses behauptete eine Zeitlang die Internet Movie Database mit einer Verlinkung des Schauspielers, der als Anrufer aufs Band gesprochen haben sollte. Die Folge ist online einsehbar, der Anrufer klingt gar nicht nach Jackie. Und wenn er es sein sollte, ist die Aufnahme aus einem Film entlehnt worden. Mittlerweile wurde der Eintrag gelöscht.

Teresa Teng Biopic

(Hongkong, Taiwan; geplant: 2009)

mit Tang Wei ...

REGIE: Ang Lee

SYNOPSIS: Über das Leben der taiwanesischen Sängerin Teresa Teng Lai-Gwan.

KOMMENTAR: Im Oktober 2009 häuften sich die Gerüchte, dass an einem Porträtfilm über die Sängerin Teresa Teng Lai-Gwan aus Taiwan gearbeitet würde. Die adrette Frau starb im Alter von 42 Jahren an Asthma, was ihre Familie sehr mitnahm. Und dennoch gab sie das OK für den Film über ihre Tochter und war sogar mit der Wahl der Hauptdarstellerin einverstanden. Jackie Chan war zu diesem Zeitpunkt nicht im Gespräch, den Film zu unterstützen. Er und Teresa Teng hatten in jungen Jahren eine Beziehung geführt, was der Schauspieler in seiner ersten Autobiografie ausführlich darlegt. In seiner zweiten Autobiografie, die 2015 auf Chinesisch erschien, erzählt er wieder Privates über seine Zeit mit Teresa Teng, was bei ihrer Familie gar nicht gut ankam. »Lasst sie doch in Frieden ruhen«, hieß es nur. Vielleicht wurde es der Familie im Laufe der Jahre doch zu persönlich, als dass dieser Film realisiert wurde.

Wrong Side Of Town

(USA, VÖ: 23.02.2010)

mit Rob Van Dam, Dave Bautista, Lara Grice, Edrick Browne, Ava Knighten Santana ...

REGIE: David DeFalco

SYNOPSIS: Um seine entführte Tochter zu befreien, muss sich ein Ex-Marine-Soldat mit einer Killertruppe zusammentun.

KOMMENTAR: In dieser Direct-to-Video-Produktion gibt es eine ähnliche Szene wie in »Demolition Man« (1993). Als sich zwei Kerle unterhalten, gibt der eine preis, dass er seine Tricks aus Jackie-Chan-Filmen gelernt habe.

Death At A Funeral

(dt. Titel: *Sterben Will Gelernt Sein*, USA, VÖ: 12.04.2010)

mit Keith David, Loretta Devine, Peter Dinklage, Ron Glass, Danny Glover, Regina Hall ...

REGIE: Neil LaBute

SYNOPSIS: Die Stimmung auf einer Beerdigung kippt und derbe Familiengeheimnisse kommen ans Tageslicht.

KOMMENTAR: In dieser Tragikomödie gibt es eine Szene, in der jemand aus einem Sarg heraus spricht. Seine Worte sind »Ihr habt Jackie Chan hier drinnen!«. Dies soll eine Anspielung auf einen x-beliebigen Asiaten sein – den Namen Jackie Chan kennt man halt.

Shao Lin Hai Bao

(China, VÖ: ab 24.04.2010)

mit diverse ...

CREATOR: Zhu Xia-Yan, Shi Dong, Liu Jun, Wang Chen, You Long

SYNOPSIS: Das chinesische Maskottchen der Weltausstellung Expo 2010 namens Hai Bao wird lebendig und erlebt mit Da He und seinen Freunden wilde Abenteuer.

KOMMENTAR: Das chinesische Maskottchen Hai Bao wurde vom taiwanesischen Designer Wu Yong-Jian entworfen und aus 26.655 Einsendungen ausgewählt. Neben diversem Merchandising wurde auch diese TV-Animeserie mit 52 Episoden à 14 Minuten entwickelt und lief auf dem chinesischen Fernsehsender CCTV. Eine internationale Bearbeitung liegt, Ausnahme stellen hier ein paar Untertitel dar, keine vor. Deswegen kursieren im Internet auch folgende, inoffizielle Titel für die Serie »Coming Hai Bao« und »Haibao Comes«. Die Website SuperChanBlog berichtet, dass sowohl Jackie Chan als auch Yao Ming und Lang Lang als eigene Figuren in der Serie auftauchen und sie diese sogar selbst synchronisieren sollten. Dies kann nach Sichtung verneint werden, keine der Persönlichkeiten hat hier einen Auftritt. Alle drei waren wiederum offizielle Botschafter für die gesamte Expo 2010, die ja in Shanghai stattfand. Ob die drei wirklich für eine Sprechrolle in der Serie zur Diskussion standen, muss erst noch belegt werden, doch anzuzweifeln ist es aufgrund ihres vollen Terminkalenders. Interessant ist noch die Folge 20, in der aufgrund einer Zeitreise der alte Meister zu Da He sagt: »In dieser Epoche gibt es keinen Bruce Lee oder Jet Li.« Kein Wort von Jackie Chan in der gesamten Serie.

Thor

(USA, VÖ: 17.04.2011)

mit Chris Hemsworth, Natalie Portman, Tom Hiddleston, Anthony Hopkins, Kat Dennings ...

Regie: Kenneth Branagh
Synopsis: Der junge und arrogante Gott Thor wird von seinem Vater Odin auf die Erde verbannt und seiner Macht enthoben. Doch bald muss er diese wieder einsetzen.
Kommentar: In diesem Marvel-Blockbuster gibt es eine kleine Szene, in der ein Shield-Agent Thors Freunde erkennt. Er beschreibt sie als eine Xena, einen Jackie Chan und einen Robin Hood. Auch hier gilt ... einen Jackie Chan kennt man halt.

Beginning Of The Great Revival
(Originaltitel: *Jian Dang Wei Ye*, China, VÖ: 15.06.2011)
mit Liu Ye, Chen kun, Chang Chen, John Woo, Daniel Wu, Li Qin, Zhao Ben-Shan ...
Regie: Huang Jian-Xin, Han San-Ping
Synopsis: Über die Ereignisse, die zur Gründung der Kommunistischen Partei führten.
Kommentar: Dieser Film stellt den zweiten Teil der »The Founding Of A New China«-Trilogie dar, die mit »The Founding Of An Army« 2017 beendet wurde. Ein Alias lautet auch »The Founding Of A Party«. Jackie Chan hat im Gegensatz zum ersten Teil in den beiden letzten Teilen keinen Auftritt.

Transformers: Dark Of The Moon
(dt. Titel: *Transformers 3 – Die Dunkle Seite Des Mondes*, USA, VÖ: 23.06.2011)
mit Shia LaBeouf, Rosie Huntington-Whiteley, Josh Duhamel, John Turturro ...
Regie: Michael Bay
Synopsis: Der Wettlauf zwischen den Autobots und den Decepticons beginnt erneut, als ein altes Raumschiff von Cybertron auf dem Mond entdeckt wird.
Kommentar: Michael Bay ist ein alter Jackie-Chan-Fan, der gerne einmal Hommagen in seinen eigenen Filmen einbaut. Manchmal offensichtlich, manchmal etwas diskreter. Im dritten Teil seiner »Transformers«-Reihe erinnert er tatsächlich an die Rutschpartie aus Holland, wo Jackie Chan in »Who Am I?« (1998) auf dem Willemswerf-Gebäude in Rotterdam hinunterschliddert. Unten angekommen, muss er seinen Schmuck zweckentfremden, um mit Muskelkraft ins Gebäudeinnere zu gelangen. Bei Michael Bay sieht das anders aus: Hier attackieren Alienroboter einen Wolkenkratzer, der in Schieflage gerät und die Hauptakteure zum Rutschen auf seiner Fassade zwingt, bis dieser in der Waagerechte verharrt. Doch zuvor schießen sich die Menschen noch ins Gebäudeinnere, auf der Flucht vor einem fiesen Decepticon.

The Great Magician
(Originaltitel: *Daai Mo Seut Si*, Hongkong, China; VÖ: 22.12.2011)
mit Tony Leung Chiu-Wai, Lai Ching-Wan, Zhou Xun, Paul Chun Pui, Wang Ya-Chao ...
Regie: Derek Yee Tung-Sing
Synopsis: Nachdem die Qing-Dynastie ihr Ende gefunden hat und die Republik ausgerufen wurde, versucht ein Leutnant, Verurteilte mit Magie zu beeinflussen.
Kommentar: Um die Zeit der Veröffentlichung 2011/2012 listete die Hong Kong Movie Database diesen Film in Jackie Chans Filmografie auf. Er soll hierbei als Schauspieler und Action Director tätig gewesen sein. Diese Info wurde später korrigiert. Eventuell wurde sie mit dem Film »Magic Master« verwechselt, der 2010 von Ge You inszeniert und von Jackie produziert werden sollte.

Final Cut: Ladies & Gentlemen

(Originaltitel: *Final Cut: Hölgyeim És Uraim*, Ungarn, VÖ: 04.02.2012)

mit hunderten von Schauspielern ...

Regie: György Pálfi

Synopsis: Die klassische Geschichte eines Kennenlernens zweier Menschen, die zusammenfinden und den Widrigkeiten des Lebens trotzen.

Kommentar: In seinem Experimentalfilm benutzt der ungarische Regisseur György Pálfi beinahe unzählige Szenen aus mehreren hundert Filmen und schneidet sie mithilfe von neuem Sound- und Musikmix zu einem neuen zusammenhängenden Film zusammen. Auch eine Szene aus »Drunken Master 2« (1994) mit Jackie Chan ist dabei – man würde nicht vermuten, dass gerade dieser emotionale Auftritt des Schauspielers für den Experimentalfilm ausgewählt wurde.

Badges Of Fury

(Originaltitel: *Bu Er Shen Tan*, China, VÖ: 21.06.2013)

mit Jet Li, Wen Zhang, Michelle Chen Yan-Si, Cecilia Liu Shi-Shi, Ada Liu Yan, Ngai Sing ...

Regie: Wang Zi-Mong

Synopsis: Innerhalb von wenigen Tagen finden in Hongkong schockierende Morde statt, die Detective Wang und sein Kumpel Huang lösen sollen.

Kommentar: Eines der schönsten Eastereggs und Hommagen an Jackie Chan verbirgt sich in diesem Jet-Li-Film. In einer Szene bewirbt die Hongkonger Polizei ihr Rekrutierungsprogramm, indem sie Plakate und Pappfiguren für den fiktiven Film »New New Police Story« in IMAX 3D aufhängt. In einem Dialog zweier Frauen behauptet dann die Polizistin, dass nicht Jackie Chan der Hongkonger Polizei geholfen, sondern sie ihn berühmt gemacht habe, weil er sooft die Rolle eines Polizisten spielte. Laut der Polizistin wurden die »Police Story«-Filme auch nur gedreht, um die Gangster in Hongkong abzuschrecken.

The World's End

(Großbritannien, USA, Japan; VÖ: 10.07.2013)

mit Simon Pegg, Nick Frost, Martin Freeman, Paddy Considine, Eddie Marsan ...

Regie: Edgar Wright

Synopsis: Als sich fünf Freunde nach Jahren treffen, um die berühmte goldene Meile zu absolvieren, stellen sie sich als die letzte Rettung der Menschheit heraus.

Kommentar: In dieser wunderbar skurrilen Action-Komödie, auch bekannt als der dritte Teil der Cornetto-Filmreihe, war Jackie Chans ehemaliger Stuntman James Allan Bradley als Choreograf tätig. In einer Szene gibt es eine Hommage an »Drunken Master« (1978), wenn der Satz fällt »Je betrunkener, desto stärker«.

Special ID

(Originaltitel: *Te Shu Shen Fen*, China, VÖ: 18.10.2013)

mit Donnie Yen, Andy On Chi-Kit, Jing Tian, Zhang Han-Yu, Terence Yin Chi-Wai, Ngai Sing ...

Regie: Clarence Ford

Synopsis: Als ein Polizist undercover ermittelt, begibt er sich selbst in Gefahr, weil er von seinem besten Freund und ehemaligem Schützling verraten wird.

Kommentar: Dieser Film sollte 2011 unter dem Titel »Ultimate Codebreak« in Produktion gehen und neben Donnie Yen als Hauptdarsteller eine Nebenrolle für Jackie Chan beinhalten. Jackie sollte den Film ebenfalls produzieren. Nach einigen kleineren Meinungsverschiedenheiten verließen ein paar Crewmitglieder die Produktion und das Drehbuch wurde umgeschrieben. 2013 kam der Film dann unter neuem Titel und ohne Beteiligung Jackie Chans in die Kinos.

Rush Hour 4: Face/Off 2
(USA, VÖ: 26.04.2015)
mit Sean Combs, Dominic D'Astice, Sean Dacanay, Patrick Kim, T.J. Kim, John Klymshyn ...
Regie: Pat Bishop
Synopsis: Was wäre, wenn man zwei der größten Actionfilme aus den 90ern in einer gemeinsamen Fortsetzung zusammenführen würde? Der Trailer liefert die Antwort.
Kommentar: Dieser Kurzfilm ist eigentlich ein parodistischer Trailer zu einem Fake-Film und wurde von Funny Or Die produziert, einer Filmproduktionsfirma, die u. a. von Will Ferrell gegründet wurde. Der beworbene Film sollte nie gedreht werden, den Machern ging es nur darum, die beiden Actionfilme aus den 1990ern zusammenzulegen und eine verwirrende Katz-und-Maus-Geschichte in drei Minuten zu erzählen. »Sean Combs ist Detective Carter, der eigentlich Detective Lee ist, welcher gespielt wird von Byung-Hun Lee, der in Wirklichkeit Detective Carter ist«, sagt alles. Jackie Chan hatte mit der Produktion nichts zu tun, der Trailer ist aber auf jeden Fall erwähnenswert, weil er die Thematik der beiden lang ersehnten Fortsetzungen wieder ins Rampenlicht rückt und als Initiator weiterer Fake-Trailer gilt.

Saving Mr. Wu
(Originaltitel: *Jie Jiu Wu Xian Sheng*, China, VÖ: 30.09.2015)
mit Andy Lau, Wang Qian-Yuan, Cai Lu, Liu Ye, Wu Ruo-Fu, Lam Suet, Zhao Xiao-Rui ...
Regie: Ding Sheng
Synopsis: Der Filmstar Wu wird von vier Kriminellen entführt, die vorgeben, Polizisten zu sein. Wird er jemals wieder lebend befreit werden?
Kommentar: Laut dem SuperChan Blog, einem privaten Fan-Newsblog, gibt es in dem Film altes Material eines Jackie-Chan-Films zu sehen. Dies stimmt nicht. Allerdings ist Jackie Chan im Film abgebildet. Und zwar auf einem Kalender, der in dem Raum hängt, in dem die Hauptfigur gefangen gehalten wird. Der Monat ist Januar. Darüber hängt ein Poster des entführten Schauspielers aus dem fiktiven Film »Kung Hei Fat Choy« von 1985. Als das Opfer zu seinem Entführer sagt, er solle sich einen richtigen Job suchen, kontert der Kriminelle, dass er ja keinen VIP hinter sich stehen habe so wie er, woraufhin Andy Laus Figur schmunzeln muss. Eine Anspielung auf Jackie Chan, der als Großer Bruder in der Hongkonger Filmszene seine Freunde und Kollegen immer gefördert hat. Der Film basiert sogar auf realen Ereignissen rund um den Schauspieler Wu Ruo-Fu, der selbst mitspielt. Bei seiner echten Entführung damals war es den Kidnappern nicht bewusst, wen sie da an der Angel hatten. Aus diesem Grund sagt einer der Filmbösewichter auch »Ich dachte, es sei Chow Yun-Fat«.

Rush Hour

(USA, VÖ: ab 31.03.2016)

mit Justin Hires, Jon Foo, Aimee Garcia, Page Kenendy, Wendie Malick, Kirk Fox ...

CREATOR: Bill Lawrence, Blake McCormick

SYNOPSIS: Das ungleiche Polizistenteam Carter und Lee löst Fälle in LA.

KOMMENTAR: Nach dem Vorbild von »Rush Hour« (1998) schrieb man diese TV-Serie, die der Regisseur der Original-Trilogie, Brett Ratner, mit produzierte. Doch bereits nach 13 Episoden war Schluss; zu geringe Quoten. Jackie war nie eingeplant.

Xuan Yuan: The Great Emperor

(Originaltitel: *Xuan Yuan Da Di*, China, VÖ: 01.04.2016)

mit Yu Bo, Wang De-Shun, Sudeng Zhamusu, Cica Zhou Wei-Tong, Ban Jia-Jia, Li Wei ...

REGIE: Lee Hiu-Kwan

SYNOPSIS: Die Geschichte über einen mächtigen Herrscher am Gelben Fluss, der vor 5000 Jahren regierte.

KOMMENTAR: Bereits im November 2009 erschien die Meldung, dass man für dieses Filmprojekt Stars wie Jackie Chan für die Hauptrolle sowie Donnie Yen und Anthony Wong für weitere Rollen gewinnen wolle. Doch zwischen Wünschen, die Investoren dazu verleiten sollen, ein Projekt zu finanzieren, und aktivem Casting von Schauspielern liegen Welten. Ob Jackie und die anderen ihre Rolle wirklich mit der Produktionsgesellschaft diskutierten und letztendlich ablehnten, ist nicht bekannt. Fakt ist, dass der Film erst Jahre später ohne sie realisiert wurde.

Kevin Can Wait

(USA, VÖ: 31.10.2016)

mit Kevin James, Erinn Hayes, Taylor Spreitler, Ryan Cartwright, Gary Valentine ...

REGIE: Andy Fickman

SYNOPSIS: Kevin und Donna versuchen, zuhause Halloween zu umgehen.

KOMMENTAR: In der siebten Folge der ersten Staffel mit dem Titel »Hallow-We-Ain't-Home« (dt. Titel: »Hallo-Wir-Sind-Nicht-Zuhause«) gibt es eine Szene, in der Kevin James im Hof ein wenig kickt, woraufhin seine Serienfrau zu ihm sagt »Hey, Jackie Chan!«.

Rumble At YVR

(Kanada, VÖ: 26.06.2017)

mit Craig Richmond, Alana Lawrence, Anne Murray, Arianna Dametto, Jenny Bola ...

REGIE: Chris Devauld, Chris Richards

SYNOPSIS: Jackie Chan kündigt seinen Besuch am Flughafen YVR in Vancouver an. Der CEO bereitet sich auf ein ernstes Aufeinandertreffen vor.

KOMMENTAR: Dieses Promovideo wurde von YVR in Auftrag gegeben, um die angekündigte Zusammenarbeit mit Hong Kong Airlines zu bewerben. Jackie Chan war beim Jungfernflug an Bord und machte vor Ort in Vancouver reichlich Werbung für die Aktion. Im Video selbst ist der Chef vom YVR, Craig Richmond, zu sehen. Jackie Chan ist nur auf einem ausgedruckten Foto zu erkennen und hat mit der Produktion nichts weiter zu tun. Eine schöne Geste der Kanadier.

The Founding Of An Army

(Originaltitel: *Jian Jun Da Ye*, China, VÖ: 27.07.2017)

mit Liu Ye, Zhu Ya-Wen, Huang Zhi-Zhong, Wang Jing-Chun, Oho Ou Hao, Liu Hao-Ran ...

REGIE: Andrew Lau Wai-Keung

SYNOPSIS: Über die Gründung der CCP-Armee 1927 in Nanchang.

KOMMENTAR: Dieser Film stellt den letzten Teil der »The Founding Of A New China«-Trilogie dar. Jackie Chan hat im Gegensatz zum ersten Teil in den beiden letzten Teilen keinen Auftritt.

Operation Red Sea

(Originaltitel: *Hong Hai Xing Dong*, China, Marokko; VÖ: 21.12.2017)

mit Zhang Yi, Christina Hai Qing, Johnny Huang Jing-Yu, Du Jiang, Jiang Lu-Xia ...

REGIE: Dante Lam

SYNOPSIS: Die Spezialeinheit Sea Dragon der chinesischen Marine erhält während eines blutigen Putschversuchs in Afrika die Information, dass Terroristen radioaktives Material schmuggeln.

KOMMENTAR: Schon während der Produktionsphase wies die Hong Kong Movie Database Jackie Chan als einen der Schauspieler an diesem Projekt aus. Auch Monate nach seiner Kinopremiere wurde diese Information noch nicht korrigiert. Nach Anfrage bei Emperor Motion Pictures wurde die Mitarbeit Jackie Chans verneint.

Keep Calm And Be A Superstar

(Originaltitel: *Wo Di Ju Xing*, China, Hongkong; VÖ: 12.01.2018)

mit Eason Chan, Li Rong-Hao, Cui Zhi-Jia, Li Yi-Tong, Zheng Ji-Feng, Danny Chan ...

REGIE: Vincent Kok Tak-Chiu

SYNOPSIS: Ein Fan des Hongkong-Kinos wollte immer Cop werden wie seine Filmhelden, doch leider schafft er die Aufnahmeprüfung nicht.

KOMMENTAR: Vincent Kok ist für seine humorvollen Filme bekannt und hat mit Jackie Chan bereits »Gorgeous« (1999) gedreht. Die beiden kennen sich also gut, genauso wie der Regisseur und Stephen Chow, der ebenfalls für seinen ganz speziellen kantonesischen Humor berühmt wurde. Genau dieser spezielle Humor kommt bei diesem Film durch, auch wenn Stephen Chow nicht dafür verantwortlich war. Hier wird Jackie Chan aufs Korn genommen, er mache seine Stunts nicht selbst, sei ein Frauenheld – all das, was man bereits von Wong Jings »High Risk« (1995) mit Jet Li kennt. Doch wo Wong Jing teilweise beleidigend wurde und sich Jet Li für seine Darstellung Jahre später bei Jackie Chan eigeninitiativ entschuldigte, gelingt es Vincent Kok zwar viele Parallelen bewusst zu Jackie Chan zu ziehen, doch diese fallen sympathisch aus und passen zum komödiantischen Tonus des Films.

Disjointed

(USA, VÖ: 12.01.2018)

mit Kathy Bates, Aaron Moten, Elizabeth Alderfer, Tone Bell, Elizabeth Ho, Chris Redd ...

REGIE: Richie Keen

SYNOPSIS: Der Grower Pete wird in einer erfundenen Wiedergeburtstagsparty neu geboren, um seinen Fluch der schlechten Cannabis-Ernte zu brechen.

Kommentar: In dieser Netflix-Comedy-Serie wird das umstrittene Thema Cannabis kreativ und zuweilen skurril angesprochen. Der hervorragende Cast um Kathy Bates wird unter anderem vom talentierten Michael Trucco ergänzt. Seine Figur des Taekwon Douglas ist strikt gegen Gras und gerät immer wieder in konfliktreiche Situationen. So auch hier, als er auf dem Parkplatz vor seinem Dojo das Glücksrad des Gras vorfindet und vor Entsetzen ausruft »Jackie grundgütiger Chan!«.

The Return Of The Prodigal Son

Kommentar: Eine Besonderheit weist dieser Film auf, der gar keiner ist und deshalb zeitlich auch nicht eingeordnet werden kann. Die Website SingLungSings beschäftigt sich ausführlich mit dem musikalischen Schaffen von Jackie Chan. Auf einer Seite wird erwähnt, dass er für den oben genannten Film das Titellied »A Vigorous Aspiration In My Mind« aus seinem Album »The First Time« von 1992 beigesteuert habe – doch solch einen Film gibt es überhaupt nicht. Hier handelt es sich um eine Fehlinformation, denn das Lied ist das Theme der TV-Serie »Goodbye Vagabond Life« (1991-1992).

Filme, die aufgeschoben wurden

Vor allem im Filmgeschäft möchten sich Produzenten und Stars mehrere Optionen für ihre Kariere offen halten. In der nachfolgenden Liste werden Filme behandelt, die entweder schon in der Stufe der Pre-Production steckten oder über die mehr als ernsthaft und öffentlich diskutiert wurde und aus diversen Gründen zeitlich im Terminplan nach hinten verschoben wurden – bis heute. Da auch diese Filme es nie über die Pre-Production-Phase hinausgeschafft haben, sind die angegebenen Titel die jeweiligen Arbeitstitel. Weitere Angaben sind nicht für alle Filme bekannt.

Singapore Sling
(USA, Hongkong; erstmals erwähnt: 1990)
mit Jackie Chan, Tom Hanks, Chevy Chase, Jim Belushi, Randy Quaid
REGIE: Richard Donner
SYNOPSIS: unbekannt
KOMMENTAR: Nach Aussagen älterer Quellen habe Golden Harvest Anfang der 1990er Jahre versucht, eine Action-Komödie mit Jackie Chan und einem bzw. mehreren der oben aufgelisteten US-Schauspielern zu produzieren. Sogar ein Regisseur stand fest. 1992 wurden die Gespräche für das Projekt wieder aufgenommen, doch seitdem liegt es kommentarlos auf Eis. Seltsam ist, dass »Miracles« (1989) in manchen asiatischen Ländern denselben Alternativtitel trägt.

Fireman's Story
(Hongkong, erstmals erwähnt: 1991)
mit Jackie Chan
SYNOPSIS: unbekannt
KOMMENTAR: Dieser Titel wurde in Büchern wie »Inside Story« oder »Inside Kung Fu« erwähnt und sollte als Abwechslung zu den ständigen Polizeigeschichten in Jackie Chans Filmen mal die Hongkonger Feuerwehr in Szene setzen. Dies war ein Traumprojekt von Jackie, doch als er den US-Film »Backdraft« (1991) sah, wollte er seine Idee abwandeln, um nicht als Nachahmer dazustehen. Als der Hongkonger TV-Sender TVB mit der Serie »Burning Flames« (1998) dann das Thema rund um Feuerwehrhelden thematisierte, schob Jackie seine Drehbuchidee weiter auf – bis heute. Im Feuerwehr-Film »As The Light Goes Out« (2014) hat Jackie Chan einen kleinen Auftritt und somit einen Bruchteil seiner Ausgangsidee realisiert.

Dorian Gray
(USA, erstmals erwähnt: 1992)
mit Jackie Chan
SYNOPSIS: unbekannt
KOMMENTAR: Laut dem Buch »Dying for Action: The Life and Films of Jackie Chan«, das als Quelle »Asian Trash Cinema« nennt, habe Jackie Chan 1992 eine Liste von über 25 Filmen gehabt, die nur darauf warteten, in Produktion zu gehen. Einer davon soll dieser Titel gewesen sein, zu dem nichts näher bekannt ist.

Oh very nice!
(Hongkong, USA; erstmals erwähnt: 1995)
mit Jackie Chan, Chow Yun-Fat
SYNOPSIS: unbekannt
KOMMENTAR: Apple Daily berichtete in der Ausgabe 10/1995 davon, dass die beiden Stars Jackie Chan und Chow Yun-Fat zusammen in einem Film auftauchen werden. Dabei wird dieser kuriose Titel, wahrscheinlich ein redaktioneller Einfall, genannt. Die Firmen Golden Harvest und Win's Movie Production sollten produzieren. Bis heute gab es keinen weiteren Kommentar zu diesem Projekt.

Jackie Chan: My Workout
(Hongkong, erstmals erwähnt: 2000)
mit Jackie Chan
SYNOPSIS: Eine Doku über Jackie Chans ganz eigenes Trainingsprogramm.
KOMMENTAR: Laut dem Buch »Made in Hongkong« von Leo Moser war dies der geplante dritte Teil der ersten offiziellen Jackie-Chan-Dokumentationen nach »Jackie Chan: My Story« (1998) und »Jackie Chan: My Stunts« (1999). Bis heute gibt es keinerlei Infos zu diesem Projekt. Sicher dürfte aber sein, dass im Zuge der Arbeit an den beiden anderen Teilen Material für dieses Konzept teilweise mitgedreht wurde. In den Archiven von Jackies Aufnahmen dürfte sich genügend Footage für solch eine Dokumentation finden lassen.

The Bellboy
(USA, erstmals erwähnt: 2000)
mit Jackie Chan, Jerry Lewis
SYNOPSIS: unbekannt
KOMMENTAR: Dieses Remake der klassischen Jerry-Lewis-Komödie von 1960 sollte um die Jahrtausendwende herum mit beiden Stars in unbekannten Rollen realisiert werden. Zudem hätte Jerry Lewis als ausführender Produzent agieren können. Das Projekt wurde Jahre lang aufgeschoben. Mit dem Tod von Jerry Lewis im August 2017 mag die Idee wahrscheinlich letztendlich gecancelt worden sein, auch wenn das Skript weiterhin durch Hollywood kursiert. Ein offizielles Statement dazu gibt es noch nicht.

Stretch Armstrong
(USA, erstmals erwähnt: 2000)
mit Jackie Chan
SYNOPSIS: unbekannt
KOMMENTAR: Bereits seit 1994 versucht Walt Disney einen Spielfilm zur Action-Spielfigur von 1976 zu drehen. Nach dem Durchbruch Jackie Chans in Hollywood wurde die Idee wieder ausgekramt. Ein offizielles Statement seitens Jackie gab es nicht, bis heute wird das Projekt aufgeschoben und gilt als schwer verfilmbar.

The Giant
(Hongkong, erstmals erwähnt: 2000)
mit Jackie Chan, Gigi Leung
REGIE: Frankie Chan
SYNOPSIS: unbekannt
KOMMENTAR: Dieser Film war tatsächlich in der Entwicklungsphase und um 1999/2000 erstmals im Gespräch. Die Vorbereitungen sollten nach dem Dreh an »Shanghai Noon« (2000) stattfinden, mit einem geplanten Starttermin zum Chinesischen Neujahr 2000. Der Film trug auch den Arbeitstitel »Triumph«, wurde auch im deutschen Buch »Made in Hongkong« von Leo Moser erwähnt, doch bis heute wurde nichts mehr über dieses Projekt berichtet.

The Dragon Head
(Hongkong, erstmals erwähnt: 2000)
mit Jackie Chan
REGIE: Teddy Chen Tak-Sum
SYNOPSIS: unbekannt
KOMMENTAR: Im Interview mit dem Insider-Magazin Screen Power, dem einzigen offiziellen Jackie-Chan-Magazin, verriet Regisseur Teddy Chen im Juli 2000, dass er nach den Dreharbeiten an »The Accidental Spy« (2001) ein Skript mit Jackie Chan umsetzen möchte, das inhaltlich die Filme »The Godfather« (1972) und »Apocalpyse Now« (1979) vereinen sollte.

Nair San
(Indien, Japan, Mongolei; erstmals erwähnt: 2009)
mit Jackie Chan, Mohanlal, A. R. Rahman
REGIE: Albert Antoni
SYNOPSIS: unbekannt
KOMMENTAR: 2009 machte erstmals die Meldung die Runde, dass Jackie Chan in seinem ersten indischen Film eine Rolle neben dem beliebten Mohanlal bekommen würde. Das Projekt »Nair San« von Regisseur Albert Antoni (sein westliches Pseudonym) ging bereits in Pre-Production mit einigen Werbepostern und Fotos, doch der eigentliche Dreh fand nie statt. 2017 flammten kurz die Diskussionen wieder auf, doch schnell war wieder Ruhe im Karton.

Speedpost 206
(Hongkong, erstmals erwähnt: 2009)
mit Jack Tu
PRODUKTION: Jackie Chan
SYNOPSIS: unbekannt
KOMMENTAR: Einer der Filme, in denen Jack Tu, der Gewinner des Talentwettbewerbs »The Disciple« (2007-2008), die Hauptrolle übernehmen sollte. Nachdem Jackie Chans Talentshow ein voller Erfolg war, kündigte er diverse Filmprojekte unter seiner Filmfirma JCE Movies Limited an, in denen er, hauptsächlich als Produzent agierend, neuen jungen Talenten eine Plattform für ihre Fähigkeiten bieten wollte. Das

Projekt wurde nie realisiert, was wahrscheinlich auch an den Umstrukturierungsmaßnahmen der JC Group zu jener Zeit lag, ebenso an der Arbeit für die neu gegründete Filmfirma Jackie & JJ Productions.

Won't Tell You
(Hongkong, erstmals erwähnt: 2009)
mit Jack Tu
PRODUKTION: Jackie Chan
SYNOPSIS: unbekannt
KOMMENTAR: Dieser Film gehört ebenfalls zu denen, die Jackie Chan produzieren wollte.

Tropical Tornado
(Hongkong, erstmals erwähnt: 2009)
mit Jack Tu
PRODUKTION: Jackie Chan
SYNOPSIS: unbekannt
KOMMENTAR: Dieser Film gehört ebenfalls zu denen, die Jackie Chan produzieren wollte.

J & J Project 2
(Hongkong, erstmals erwähnt: 2009)
mit Jackie Chan, Jet Li
SYNOPSIS: Zwei Outlaws tun sich zusammen und fliehen vor dem Gesetz.
KOMMENTAR: Diese Idee ist laut Aussage der beiden Stars schon einige Jahre älter. Schon lange vor der öffentlichen Diskussion des Themas nach der Zusammenarbeit an »The Forbidden Kingdom« (2008) suchten Jet Li und Jackie Chan ein Drehbuch, das sie gemeinsam umsetzen konnten. Bis heute wurde das Projekt nicht weiter verfolgt.

Project A Part III
(Hongkong, erstmals erwähnt: 2009)
mit Jackie Chan
SYNOPSIS: unbekannt
KOMMENTAR: Angeblich habe Jackie Chan ja den zweiten Teil von »Project A« (1983) nur gedreht, weil der damalige japanische Kaiser ein Riesenfan von ihm war und unbedingt eine Fortsetzung sehen wollte. Diesem Klassiker fehlt eigentlich nichts, bis auf Sammo Hung und Yuen Biao, die zu der Zeit gemeinsam an »Eastern Condors« (1987) arbeiteten. Aufgrund des Erfolgs von »Project A II« (1987) wurden schnell die Stimmen nach einem dritten Teil laut, die Jackie aber verstummen ließ. Dennoch, als die ersten Gerüchte um 2009 rundgingen, Jackie Chan arbeite an einem weiteren Teil seiner »Armour Of God«-Reihe, fragte man sich in der Presse, welche Klassiker noch fortgesetzt werden könnten. Schnell wurde das Projekt um »Project A Part III« wieder laut, doch bis heute gibt es kein endgültiges Statement dazu.

Flying Duck
(Korea, China; erstmals erwähnt: 2010)
mit Jackie Chan
REGIE: Jia Zhang-Ke
SYNOPSIS: unbekannt
KOMMENTAR: Angeblich habe bei Bekanntmachung dieses Projekts der Drehstart schon begonnen, sodass ein Fertigstellungstermin für den Juli 2010 angesetzt wurde. Der koreanische Film sollte Unterstützung vom chinesischen Regisseur Jia Zhang-Ke erhalten und u. a. Jackie Chan in der Besetzung aufweisen – bis heute gibt es keine Meldungen mehr dazu.

Magic Master
(China, erstmals erwähnt: 2010)
mit Ge You
PRODUKTION: Jackie Chan
SYNOPSIS: unbekannt
KOMMENTAR: Zu diesem Film ist kaum etwas bekannt. Er sollte von Jackie Chan produziert werden und sei seit 2010 in Planung/Vorproduktion. Dies darf bezweifelt werden.

Drunken Master 1945
(Hongkong, China; erstmals erwähnt: 2011)
mit Jackie Chan
SYNOPSIS: unbekannt
KOMMENTAR: Auf den Internationalen Filmfestspielen von Cannes 2010 erklärte Jackie Chan, dass er gerne diesen Film realisieren würde. Seine Begründung war, dass er im ersten Teil den Alkohol verherrlichte, im zweiten Teil nur widerwillig dazu griff und die Folgen aufzeigte. Nun sei es an der Zeit für eine neue Generation des Drunken-Master-Themas. Online gab es darauf ein paar heftige Reaktionen, und dennoch behaupten diverse Quellen, dass der Film weiterhin in Planung sei. Russische Websites berichten von einem Release 2018 oder 2019, während es auf Mtime.com sogar einen Eintrag mit dem Titel »New Drunken Master« gibt, der Jackie Chan als Hauptakteur auflistet. Dieser Hinweis stammt wohl von Jackie Chan selbst, als er in einem japanischen Interview erklärte, dass ihm, Frankie Chan und Yuen Wo-Ping keine Ideen einfielen und dass er offen für Vorschläge sei; ein Remake mit ihm als Meister wäre für ihn denkbar. Das Thema um einen dritten Teil der »Drunken Master«-Reihe könnte aber sogar noch älter sein. Mike Leeder erwähnte ihn das erste Mal beiläufig im April 1997 im Magazin »Inside Kung Fu«. Einen »Drunken Master III« (1994) gibt es tatsächlich schon; mehr dazu weiter hinten im Buch.

The Pacifier 2
(USA, erstmals erwähnt: 2011)
mit Jackie Chan
SYNOPSIS: unbekannt
KOMMENTAR: Im Jahr 2005 kam »The Pacifier« mit Vin Diesel ins Kino. Dort spielt er einen Navy-Soldaten, der als Babysitter fungieren muss. Kommt bekannt vor? Die

Idee wurde mit »The Spy Next Door« (2010) und Jackie Chan in der Hauptrolle leicht abgewandelt, aber sichtlich erkennbar nachgedreht. Zuvor wurde Jackie Chan ein Angebot für den zweiten Teil der Diesel-Familienkomödie gemacht, in der er sogar schon als erste Wahl hätte die Hauptrolle übernehmen sollen. Jackie Chan lehnte auch die kuriose Fortsetzung ab, Vin Diesel war wieder drin, und dieser bestätigte 2015 sogar, dass das Projekt in der Entwicklung sei.

Letter With No Return
(China, erstmals erwähnt: 2011)
mit unbekannt
REGIE: Steve Woo Hak-Lam
PRODUKTION: Jackie Chan
SYNOPSIS: unbekannt
KOMMENTAR: Auch diesen Film sollte Jackie Chan ursprünglich mit Regisseur Steve Woo Hak-Lam als Regisseur produzieren. Zu jener Zeit gab es einige Differenzen in der chinesischen Filmbranche, sodass das Gerücht, der Film wäre schon fast ganz abgedreht worden, ruhigen Gewissens für falsch erklärt werden kann.

Cambodia Landmine
(China, Kambodscha; erstmals erwähnt: 2012)
mit Jackie Chan
REGIE: Ding Sheng
SYNOPSIS: unbekannt
KOMMENTAR: Dieses Projekt sollte auf die immer noch anhaltende Minengefahr in Kambodscha hinweisen und vom Kult-Regisseur Ding Sheng realisiert werden. Geplanter Drehstart war der Februar 2012. Warum das Projekt verschoben und bis heute nicht umgesetzt wurde, ist nicht bekannt.

Jackie Chan Presents: The Adventures Of La & Zy
(USA, China; erstmals erwähnt: 2015)
mit Jackie Chan
PRODUKTION: Charlie Coker, Esmond Ren, Jackie Chan, Bruce Stein, Steve Waterman ...
SYNOPSIS: Während der harten Ausbildung an der Pekingoper findet der junge Jackie Trost bei seinen Plüschpandas La und Zy. Eines Tages werden La und Zy jedoch real.
KOMMENTAR: Im Juni 2015 ging die Meldung rund, dass Jackie Chan an einer neuen animierten Kinderserie fürs US-amerikanische Fernsehen arbeite. Seine beiden Plüschpandaschützlinge La und Zy, die er für seine Charity-Arbeit immer und überall hin mitnimmt, waren die Inspiration der amerikanischen Fernsehmacher. Als Drehbuchautor stand schon der erfolgreiche Randy Rogel zur Verfügung, produziert hätte das ganze Dasym Media. Die US-Produzenten hatten alles gut vorausgeplant und wollten mit einem chinesischen Team zusammenarbeiten. Selbst der ehemalige Chef der Spielzeughersteller Mattel und Hasbro hatte seine Mitarbeit an Merchandise-Artikel zugesichert. Geplant waren bereits 104 Folgen à elf Minuten, die Kinder im Alter von sechs bis zwölf Jahren ansprechen sollten.

Filme, die gecancelt wurden

Bevor ein Film in die Pre-Production, also die Vorproduktionsphase, geht, werden viele Ideen nochmal diskutiert. So manches Drehbuch ist dadurch in der Vergangenheit schon auf der Strecke geblieben. Natürlich gibt es unzählige Ideen, die im Laufe von Jackie Chans Karriere mal angerissen (»gepitcht«) oder ihm vorgelegt wurden – diese Liste hier stellt die Filme dar, deren Idee es an die Öffentlichkeit geschafft hat und dennoch nie umgesetzt wurde. Da die Filme nie in Pre-Production gingen, sind die angegebenen Titel die jeweiligen Arbeitstitel; Originaltitel entfallen demnach. Eine Cast-Übersicht Inhaltsangabe existieren nicht bei allen Produktionen.

Why Me?

(Hongkong, USA; geplanter Produktionsstart: Anfang der 1980er)

SYNOPSIS: unbekannt

KOMMENTAR: Anfang der 1980er Jahre plante Golden Harvest seinen Deal mit der US-amerikanischen Firma Warner Brothers, aus der einige Kollaborationen hervorgingen. Man wollte an den gemeinsamen Erfolg von »Enter The Dragon« (1973) mit dem neuen Actionstar Jackie Chan anknüpfen. Auch abseits von Chan wurden einige Filme gemeinsam produziert. Die Idee zu »Why Me?« hatte Regisseur Robert Clouse Anfang der 1980er Jahre, doch Golden Harvest lehnte dankend ab.

Blood Island

(Hongkong, USA; geplanter Produktionsstart: Anfang der 1980er)

SYNOPSIS: unbekannt

KOMMENTAR: Auch diese Idee stammt von Robert Clouse, der zu jener Zeit, glaubt man diversen Insider-Gerüchten, bereits einen ersten Entwurf des Drehbuchs für »The Protector« (1985) schrieb. Jenes Drehbuch ging dann durch zahlreiche Hände, wurde umgeschrieben und schließlich mit Regisseur und Drehbuchautor James Glickenhaus verfilmt. Das Drehbuch zu »Blood Island« von Robert Clouse wollte man bei Golden Harvest auch nicht haben. Das originale Manuskript soll eine Geschichte über Piraten erzählt haben. Daher sehen viele die Verbindung zu Jackie Chans »Project A« (1983), der sich vielleicht durch Clouses Arbeit inspiriert gefühlt hatte. Das Buch »Dying for Action: The Life and Films of Jackie Chan« von Renée Witterstaetter listet fälschlicherweise Hal Needham als Drehbuchautoren für »Blood Island« auf.

Smokey 2

(USA, geplanter Produktionsstart: Ende der 1980er)

SYNOPSIS: unbekannt

KOMMENTAR: Laut Renée Witterstaetter, die im Buch »Dying for Action: The Life and Films of Jackie Chan« schreibt, dass Jackie selbst diesen Film Ende der 1980er Jahre erwähnt habe, indem Golden Harvest mit der Idee spielte, er und Burt Reynolds sollten zusammen mit der hübschen Phoebe Cates an die Erfolge der »Cannonball«- und »Smokey And The Bandit«-Filme anknüpfen. Mehr ist über dieses Projekt nicht bekannt.

Jackie's Love Story

(Hongkong, erstmals erwähnt: 1991)
mit Jackie Chan
REGIE: Jackie Chan
SYNOPSIS: unbekannt
KOMMENTAR: Im Jahr 1991 hat Jackie Chan über Fanbriefe und Zeitungsinterviews beiläufig erwähnt, dass er gerne mal eine richtige Liebesgeschichte verfilmen würde und seit einiger Zeit an ein paar Ideen tüftele. Die Kritik seitens seiner Fans – vor allem der weiblichen, die nicht sehen wollten, wie eine andere Frau ihren Schwarm küsst – war so enorm, dass er sich kurz darauf öffentlich von der Idee distanzierte. Und dennoch wurden Teile dieses Ansatzes in »Gorgeous« (1999) umgesetzt. Nach vielen Jahren scheint sich Jackie Chan seinen Traum doch noch zu erfüllen: Ab Ende 2017 produzierte er im Geheimen seinen Autorenfilm »The Diary«, der unter anderem in Prag gedreht wurde.

Demolition Man 2

(USA, erstmals erwähnt: 1993)
mit Sylvester Stallone, Jackie Chan
SYNOPSIS: unbekannt
KOMMENTAR: Nach dem Erfolg von »Demolition Man« (1993) mit Sylvester Stallone und Wesley Snipes gingen Gerüchte für einen Nachfolgefilm rund, in dem die Charaktere von Sylvester Stallone und Sandra Bullock heirateten und gemeinsam gegen den neuen Feind, gespielt von Jackie Chan, vorgehen mussten. Ebenso war ein Prequel in Planung, das zeitlich vor den Geschehnissen des ersten Teils spielen sollte; hier war Jackie Chan aber nicht im Gespräch. Abgesehen davon, dass Jackie wohl nie für die Rolle des Bösewichts zugesagt hätte, das Studio verwarf beide Ideen schnell wieder, und so wurde das Projekt einer Fortsetzung letztendlich auf Eis gelegt.

Battle Creek Brawl 2

(USA, geplanter Produktionsstart: Mitte der 1990er)
mit Jackie Chan
SYNOPSIS: Ein Veteran des Zweiten Weltkriegs lernt in Hongkong Kung Fu.
KOMMENTAR: Der Produzent und Cineast Mike Leeder berichtete in einem Facebook-Post vom 13.09.2018, dass er vor vielen Jahren mal ein Treatment, eine Vorform des Drehbuchs, für eine Fortsetzung von »The Big Brawl« (1980) schrieb; er nennt den Film bei seinem Alias. Zeitlich macht er keine Angaben, aber schätzungsweise kann man von Anfang bis Mitte der 1990er Jahre ausgehen, als sich Jackie immer mehr dem westlichen Publikum anpasste und ein erneuter Anlauf auf Hollywood abzusehen war. Zu jener Zeit spielte Golden Harvest mit vielen Filmideen herum und wollte alte Bekannte wie Fred Weintraub und Robert Clouse für die Produktion einsetzen. Warum aus dem Film nichts wurde, kann selbst Mike Leeder nicht erklären, er schätzt aber wegen Rechten und weil der erste Film nicht sonderlich erfolgreich war. Hätte man das Drehbuch Jackie Chan vorgelegt, kann man fast sicher behaupten, dass er zu dieser Zeit abgesagt hätte.

Confucius Brown
(USA, erstmals erwähnt: April 1996)
mit Wesley Snipes, Jackie Chan
SYNOPSIS: unbekannt
KOMMENTAR: Nach den Erfolgen von »Police Story III – Super Cop« (1992), »Rumble In The Bronx« (1995) und »First Strike« (1996), die alle in kurzer Zeit in den US-Kinos nachgereicht wurden, suchten US-Produzenten ein Drehbuch, welches sie als Jackie Chans neuesten Hollywood-Versuch verkaufen wollten. Zu der Zeit legte man dem Büro von Jackie viele Manuskripte vor, die ihm alle aber nicht zusagten. Eines davon war »Confucius Brown«, in dem er den Bruder von Wesley Snipes spielen sollte. Die Idee hatte zwar Potenzial, wurde aus Termingründen beiderseits aber nicht weiter verfolgt. Laut dem Magazin Variety, Ausgabe Juli 1997, habe man dieses Drehbuch danach sogar Martin Lawrence und Michelle Yeoh angeboten – ohne bleibenden Eindruck. Laut Wesley Snipes habe man Elemente des Original-Drehbuchs dann in »Rush Hour« (1998) hineingeschrieben. Somit erübrigte sich also alles Weitere.

Jackie Chan's Spartan X
(USA, erstmals erwähnt: Juli 1998)
mit Jackie Chan
SYNOPSIS: unbekannt
KOMMENTAR: Kein Film, sondern die erste Cartoon-Serie über Jackie Chan überhaupt plante die Comicbuch-Koloristin und Produzentin Renée Witterstaetter zusammen mit ihrem Team Ric Meyers und Michael Golden, als sie bereits 1992 gemeinsam ihre Arbeit für eine Comic-Miniserie angingen. Dies ist in der allerletzten erschienenen Ausgabe vom Juli 1998 der Reihe »Jackie Chan's Spartan X: Hell-Bent-Hero-For-Hire« mit dem Titel »Rumble In The Ruins« (alternativ auch als »Part 4: The Armor Of Heaven« bekannt) in der Rubrik für Leserbriefe nachzulesen. Die Comic-Hefte schafften es zwar mit Strapazen in den Handel, doch wegen diverser Schwierigkeiten und der letztendlich von Image Comics abgesetzten Reihe wurde die Idee einer animierten TV-Serie für Kinder verworfen. Übrigens produzierte Jackie Chan die Vorlage, den US-Comic, mit seinem Partner Willie Chan mit.

Nosebleed
(USA, erstmals erwähnt: 2001)
mit Jackie Chan
REGIE: Renny Harlin
SYNOPSIS: Ein chinesischer Fensterputzer am World Trade Center wird Zeuge eines Attentats und muss helfen, die Terroristen zu überführen.
KOMMENTAR: Dieses Projekt ist wohl das kurioseste in der gesamten Filmografie von Jackie Chan. Nach dem Erfolg von »Rush Hour« (1998) und »Shanghai Noon« (2000) flatterten Angebote nur so herein. Eines, das es bis in die Vorproduktionsphase schaffte, war »Nosebleed« mit einer angestrebten Veröffentlichung für 2002. Die ersten Szenen sollten am World Trade Center gedreht werden, alles war vorbereitet. Doch als Jackie bemerkte, dass er noch Zeit am Set für seinen Film »The Tuxedo« (2002) benötigte, legte er seinen Flug um, sodass sich der Drehplan von

»Nosebleed« um einen Tag verschob. Dieser eine Tag rettete nicht nur Jackies Leben sondern das Leben aller am Film Beteiligten für diese geplanten Szenen am ersten Drehtag des 11. Septembers 2001. Dass die Handlung auch noch terroristische Attacken, verbunden mit dem WTC, beinhaltet, ist ein erschreckender Zufall. Das Projekt wurde kurz darauf gestoppt und nie mehr weiterverfolgt. Renny Harlin konnte 15 Jahre später dann doch noch mit Jackie Chan zusammenarbeiten, nämlich als Regisseur von »Skiptrace« (2016).

Soulcalibur
(Hongkong, erstmals erwähnt: 2001)
mit Jackie Chan
REGIE: Sammo Hung
SYNOPSIS: Basierend auf dem erfolgreichen Sega-Dreamcast-Spiel »Soul Calibur«.
KOMMENTAR: Nach dem Streit zwischen Sammo Hung und Jackie Chan, der seinem Großen Bruder vorwarf, seine Ideen geklaut zu haben, und nach ein paar ersten Annäherungsversuchen mit »Thunderbolt« (1995) und »Mr. Nice Guy« (1997) sollte dieser Film wieder ein Blockbuster der beiden Hongkong-Stars werden. Warum das Drehbuch nie verfilmt wurde, ist ungewiss. Fakt ist aber, dass zwei Jahre später beide an »The Medallion« (2003) arbeiteten und diese Idee nicht weiter verfolgten.

Sun Tzu: The Art Of War
(Hongkong, erstmals erwähnt: 2001)
mit Jackie Chan
SYNOPSIS: Basierend auf dem Buch des chinesischen Generals und Philosophen Sun Tzu.
KOMMENTAR: Dieser Film wurde anfänglich als der größte Hongkong-Film, der echte – keine computergenerierten – Statisten zeigte, promotet. Das Projekt verlief schnell im Sand, wahrscheinlich aus Zeit- und Kostengründen. Ein gleichnamiger Film wurde bereits 2000 mit Wesley Snipes verfilmt, allerdings weist dieser eine ganz andere Handlung auf.

Street Rider
(Hongkong, USA; erstmals erwähnt: 2001)
mit Jackie Chan
SYNOPSIS: unbekannt
KOMMENTAR: Dieser Filmtitel kursierte Anfang der 2000er durch Fachmagazine und das Internet. Die Idee wurde nie verfilmt.

The Bomb
(Hongkong, USA; erstmals erwähnt: 2001)
mit Jackie Chan
SYNOPSIS: unbekannt
KOMMENTAR: Dieser Filmtitel kursierte Anfang der 2000er durch Fachmagazine und das Internet. Die Idee wurde nie verfilmt.

Unwanted
(Hongkong, USA; erstmals erwähnt: 2001)
mit Jackie Chan
SYNOPSIS: unbekannt
KOMMENTAR: Dieser Filmtitel kursierte Anfang der 2000er durch Fachmagazine und das Internet. Die Idee wurde nie verfilmt.

Untitled »Jackie Chan / Chris Tucker«-Project
(USA, erstmals erwähnt: 2001)
mit Jackie Chan, Chris Tucker
SYNOPSIS: unbekannt
KOMMENTAR: Zur Handlung ist nichts weiter bekannt, als dass der Film ein anderer Buddy-Movie mit den beiden perfekt harmonierenden Schauspielern werden sollte als »Rush Hour« (1998). Nach dem Erfolg von »Rush Hour 2« (2001) verwarf man aber diese Idee, weil das Publikum beide in einer anderen Handlung wohl nicht angenommen hätte.

Weapons Of The Gods
(Hongkong, China; erstmals erwähnt: 2009)
mit Jackie Chan, Nicholas Tse / Andy Lau, Charlene Choi
REGIE: Tsui Hark
SYNOPSIS: Basierend auf dem gleichnamigen Comic und 3D-Online-Spiel von Wong Yuk Long.
KOMMENTAR: Dieser Film sollte der erste in 3D-gedrehte Wuxia-Film seiner Art und mit Jackie Chan und Nicholas Tse in den Hauptrollen besetzt werden. Lange hörte man nichts, bis ein Jahr später auf dem Hong Kong Animation Festival plötzlich keine Rede mehr von Jackie Chan war – dafür waren jetzt Andy Lau und Charlene Choi sowie Tsui Hark als Regisseur im Gespräch. Doch auch diese Informationen trugen keine Früchte. Es wurden zwar Promofotos im Spiel-Design mit Nicholas Tse angefertigt, um Investoren zu überzeugen, doch das geplante Budget von mindestens 200 Millionen HK-Dollar war dann wohl doch zu viel des Guten.

Dunhuang Password
(China, Hongkong, USA; erstmals erwähnt: 2012)
mit Jackie Chan, Yang Mi, Chen Kun, Liu Hua, Ha Ji-Won
SYNOPSIS: unbekannt
KOMMENTAR: Im Herbst 2012 machte die Meldung die Runde, dass ein internationales Produzententeam aus den USA, China und Hongkong an einer neuen Action-Abenteuer-Reihe arbeite, der »Password«-Filmreihe. Die Trilogie war geplant als actionreiche, abenteuerlustige und kulturell wichtige Filmreihe mit folgenden Titeln: »Dunhuang Password«, »Shangri-La Password« und »Native American Password«. Jackie Chan war bis dato nur mit dem ersten verknüpft. Was aus diesem Projekt wurde, weiß niemand – sicherlich beerdigt wie so viele zuvor.

Filmrollen, die Jackie Chan ablehnte

Seit den 1980er Jahren, als Jackie Chan mehrmals versuchte, auf dem US-Filmmarkt Fuß zu fassen, wurden Ideen an ihn herangetragen, ihm Manuskripte vorgelegt und diverse Filmrollen mündlich angeboten, die man alle gar nicht mehr aufzählen kann. In der nachfolgenden Liste stehen die Filme, von denen man sicher weiß, dass Jackie Chan einst eingeplant war, er jedoch dankend ablehnte.

Big Trouble In Little China
(USA, VÖ: 02.07.1986)
mit Kurt Russell, Kim Cattrall, Dennis Dun, James Hong, Victor Wong, Kate Burton ...
REGIE: John Carpenter
SYNOPSIS: Ein Trucker hilft, die Verlobte seines Freundes aus den Fängen eines übernatürlichen alten Zauberers aus Chinatown zu befreien.
KOMMENTAR: Regisseur John Carpenter erkannte das internationale Potenzial in Jackie Chan, war ein Fan und wollte ihn unbedingt für seinen Film engagieren, in dem er die Rolle des Wang Chi spielen sollte. Doch der Produzent Lawrence Gordon hatte Bedenken wegen Jackies undeutlicher Aussprache im Englischen, nachdem er erste Filme mit dem asiatischen Star gesichtete hatte. Die Rolle wurde ihm trotzdem angeboten und Jackie Chan lehnte ab, um sich nach der Misere von »The Protector« (1985) weiter auf seine Hongkong-Karriere zu konzentrieren.

Black Rain
(USA, Großbritannien; VÖ: 22.09.1989)
mit Michael Douglas, Andy Garcia, Ken Takakura, Kate Capshaw, Yûsaku Matsuda ...
REGIE: Ridley Scott
SYNOPSIS: Zwei New Yorker Polizisten nehmen einen Yakuza fest und müssen ihn auf seiner Abschiebung nach Japan begleiten.
KOMMENTAR: Jackie Chan wurde hier die Rolle des Bösewichts Sato angeboten, die er ablehnte, weil er der Meinung war, dass seine Fans ihn nicht in einer solchen Rolle akzeptieren würden. Danach bot man ihm sogar den Posten des Action Regisseurs an, weil man unbedingt mit ihm zusammenarbeiten wollte. Laut eigener Aussage habe Jackie gesagt, dass er annimmt, wenn sie ihm sechs Millionen US-Dollar zahlten. Das fanden die Produzenten dann doch zu teuer. Wahrscheinlich hatte Jackie damals bewusst hoch gepokert, um sein Gesicht zu wahren. Und dennoch: Er selbst sagt in einem seltenen Interview, das auf der neuen deutschen Blu-ray von »The Twin Dragons« (1992) zu finden ist, dass er das Geld wert gewesen wäre.

China O'Brien
(dt. Titel: *China O'Brian*, USA, Hongkong; VÖ: 1990)
mit Cynthia Rothrock, Richard Norton, Keith Cooke, Doug Wright, Nijel, Arturo Rivera ...
REGIE: Robert Clouse
SYNOPSIS: Als die junge Polizistin gezwungen wird, ihre Marke abzugeben, besucht sie ihren Vater zuhause. Dort nehmen die Probleme ihren Lauf.

Kommentar: Ursprünglich wurde das Drehbuch für diesen Film entwickelt, um Fred Weintraub, Robert Clouse und Jackie Chan für einen weiteren Versuch, gemeinsam am US-Markt zu triumphieren, zu vereinen. Jackie lehnte aber allzu schnell ab, sodass noch in der Scripting-Phase die Story angepasst wurde und somit die Hauptrolle an Cynthia Rothrock ging. Man kann sich nur ausdenken, wie der Film mit einem Jackie Chan ausgesehen hätte. Übrigens wurde der deutsche Titel wirklich nur in einem Buchstaben abgeändert ...

China O'Brien 2

(USA, Hongkong; VÖ: 1990)

mit Cynthia Rothrock, Richard Norton, Keith Cooke, Frank Magner, Harlow Marks ...

Regie: Robert Clouse

Synopsis: Kaum sind die ersten Probleme in der Heimat gelöst, folgen schon weitere, als ein Drogenschmuggler ein Kopfgeld auf die geschäftsschädigende Polizistin erhebt.

Kommentar: Beide Teile wurden zeitgleich abgedreht und kamen nur kurze Zeit hintereinander direkt auf VHS in die Videotheken. Hier gilt dasselbe wie für Teil eins, wobei es keine Hinweise dazu gibt, ob das Skript von Beginn an auch für Jackie Chan als Zweiteiler geplant war. Das Gesamtkonzept lehnte Jackie allerdings ab.

Farewell My Concubine

(dt. Titel: *Lebewohl, Meine Konkubine*, China, Hongkong; VÖ: 01.01.1993)

mit Leslie Cheung, Gong Li, Zhang Feng-Yi, Jiang Wen-Li, Ge You, Lu Qi, Ying Da ...

Regie: Chen Kaige

Synopsis: Eine Geschichte über eine besondere Männerfreundschaft, die ihre Anfänge in der Pekingoper hat und über 50 Jahre andauern sollte.

Kommentar: Gerade weil dieser Film ein Meisterwerk seines Fachs ist und internationale Anerkennung feiert, hätte er einen deutlichen Sprung in Jackie Chans Filmografie bedeutet. Auf Anraten seines Studios Golden Harvest lehnte er die Rolle des Duan Xiaolou dankend ab, denn man befürchtete zu diesem Zeitpunkt, das Image Jackie Chans könnte wegen der ernsten Themen wie Homosexualität darunter leiden. Wegen seinen eigenen Erfahrungen mit der Pekingoper war Jackie Chan die erste Wahl der Filmemacher. Er selbst behauptet von dem Film, dass er viel mehr Ähnlichkeit mit den realen Bedingungen an der China Drama Academy, Jackies Ausbildungsort, habe als »Painted Faces« (1988).

Demolition Man

(USA, VÖ: 07.10.1993)

mit Sylvester Stallone, Wesley Snipes, Sandra Bullock, Nigel Hawthorne, Bob Gunton ...

Regie: Marco Brambilla

Synopsis: In der Zukunft herrscht kontrollierter Friede, der gestört wird, als ein Ex-Häftling aus der Vergangenheit aufgetaut wird. Ein taffer Cop aus derselben Zeit, der ihn schon einmal eingebuchtet hatte, muss ihn erneut zur Strecke bringen.

Kommentar: Für diesen Sci-Fi-Action-Thriller wollte Sylvester Stallone unbedingt Jackie Chan als seinen Gegenspieler haben. Doch der lehnte freundlich mit der Begründung ab, dass seine Fans ihn nicht als Bösewicht akzeptieren und das seinem

Image schaden würde. Weil Sly aber ein Riesenfan seines Freundes Jackie ist, ließ er hier und da ein paar Eastereggs einbauen. So antwortet Sandra Bullock auf die Frage, wo sie denn diese Kampftechniken erlernt habe, mit dem Satz »Aus Jackie-Chan-Filmen«.

Beverly Hills Ninja

(dt. Titel: *Beverly Hills Ninja – Die Kampfwurst*, USA, VÖ: 17.01.1997)

mit Chris Farley, Nicollette Sheridan, Robin Shou, Nathaniel Parker, Oh Soon-Tek ...

REGIE: Dennis Dugan

SYNOPSIS: Der auserwählte Weiße Ninja muss zurück in seine Heimat USA, um mithilfe seines Halbbruders eine Frau in Nöten zu retten.

KOMMENTAR: Um diese klassische Komödie mit dem talentierten und leider zu früh verstorbenen Chris Farley rankt sich ein Mythos. Jackie Chan wurde eine Rolle im Film angeboten, die er jedoch ablehnte, sodass letztendlich Robin Shou besetzt wurde. Jetzt wird's kurios, denn US-Fans des Films behaupten bis heute, dass sie im Kino-Teaser zum Film damals nicht Robin Shous sondern Jackie Chans Namen gelesen haben wollen. Dies berichtet sogar das Magazin Variety. Dieser ominöse Trailer wurde aber bis heute nicht gefunden – das Gerücht lebt also weiter.

The Bee

(USA, geplante Produktion: 1994)

mit Jackie Chan / Rowan Atkinson / Steve Martin

REGIE: John Hughes

SYNOPSIS: unbekannt

KOMMENTAR: Der US-amerikanische Filmemacher und Drehbuchautor schrieb und inszenierte u.a. die Klassiker »The Breakfast Club« (1985) und »Ferris Bueller's Day Off« (1986). Aus seiner Feder stammen auch die »Kevin«-Filme, angefangen mit »Home Alone« (1990). Bevor das erfolgreiche kreative Genie 1994 Hollywood den Rücken kehrte und für einige Zeit nach Ohio zog, war man mit John Hughes von Seiten Walt Disney hinter vorgehaltener Hand noch im Gespräch für einen neuen Familienfilm. Darin sollte es um das Bienenleben gehen, erzählt aus der Sicht einer Biene, den der Autor schreiben und eventuell auch inszenieren sollte. Erst 1997 wurde die Geschichte publik, auch, dass kein geringerer als Jackie Chan für eine Rolle vorgesehen war und sogar sein drittes US-Comeback einleiten sollte. Jackie Chan lehnte die Rolle ab, welche dann Rowan Atkinson und Steve Martin vorgelegt wurde. Bis heute liegt das Projekt auf Eis. Es dürfte allerdings bezweifelt werden, ob solch ein Disney-Projekt noch zustande kommen wird, da DreamWorks Animation im Jahr 2007 dank Initiator und Drehbuchautor Jerry Seinfeld mit »Bee Movie« einen eigenen Bienenfilm herausbrachte (ohne Anfrage an Jackie Chan).

Lethal Weapon 4

(dt. Titel: *Lethal Weapon 4 – Zwei Profis Räumen Auf*, USA, VÖ: 07.07.1998)

mit Mel Gibson, Danny Glover, Joe Pesci, Rene Russo, Chris Rock, Jet Li, Steve Kahan ...

REGIE: Richard Donner

SYNOPSIS: Auch wenn die beiden Polizisten Riggs und Murtaugh langsam alt werden, das Verbrechen wird es nicht, und so müssen sie die chinesischen Triaden hochneh-

men, die einen ihrer Anführer aus dem Knast befreien wollen.
KOMMENTAR: Jackie Chan wurde das Angebot gemacht, die Rolle des Wah Sing Kus zu übernehmen. Doch der »happy go lucky«-Schauspieler wollte keinen Bösewicht spielen und so ging die Rolle an Jet Li, der hiermit in Hollywood Fuß fassen konnte.

Martial Law

(dt. Titel: *Martial Law – Der Karate-Cop*, USA, VÖ: ab 26.09.1998)
mit Sammo Hung, Kelly Hu, Arsenio Hall, Tom Wright, Louis Mandylor, Gretchen Egolf ...
CREATOR: Carlton Cuse
SYNOPSIS: Als ein Polizeiausbilder aus Shanghai in die USA versetzt wird, klärt er in Los Angeles Kriminalfälle mit Kung Fu und Akrobatik auf.
KOMMENTAR: Da Mitte der 1990er Jahre moderne asiatische Martial-Arts-Filme schwer angesagt waren, entwickelte man für den US-amerikanischen Fernsehsender CBS diese Serie. Die Hauptrolle bot man direkt Jackie Chan an, Stanley Tong versuchte zu vermitteln und zu überzeugen. Doch Jackie wollte kein Fernsehen machen. So ging die Rolle dann an Sammo Hung. Eine etwas andere Geschichte erzählt das Fachmagazin Screen Power, welches behauptet, die Serie sei Sammo Hung auf den Leib geschrieben worden. Die Idee entstand in der Tat schon früh mit Jackie Chan zusammen, als er mit Stanley Tong »Police Story III – Super Cop« (1992) drehte. Während des Drehs der fünften Folge der ersten Staffel stattete Jackie Chan seinem Großen Bruder Sammo Hung und Stanley Tong vor Ort in Los Angeles einen Besuch ab, da er zu der Zeit gerade an »Rush Hour« (1998) dort drehte. Am Set besprachen er und Stanley Tong einen möglichen Gastauftritt, als Jackie plötzlich losstürmte und während des Drehs im Hintergrund durch eine Szene lief. Diese Szene wurde nicht verwendet, sie existiert nur im Archiv. Einen weiteren Gastauftritt Jackies gab es nicht, doch in derselben Folge fährt Sammo Hung in Los Angeles am berühmten Mann's Chinese Theater vorbei, wo man Plakate von »Rush Hour« (1998) hängen sieht.

Hero

(Originaltitel: *Ying Xiong*, China, Hongkong; VÖ: 24.10.2002)
mit Jet Li, Tony Leung Chiu-Wai, Maggie Cheung, Chen Dao-Ming, Zhang Ziyi ...
REGIE: Zhang Yi-Mou
SYNOPSIS: Ein namenloser Held erscheint beim König von Qin und warnt diesen vor einem bevorstehenden Attentat dreier gefürchteter Killer.
KOMMENTAR: Zhang Yi-Mou wollte, dass Jackie Chan den König von Qin in seinem Martial-Arts-Epos verkörperte. Doch dieser lehnte dankend ab, auch wenn man die offiziellen Gründe nie erfuhr. Es mag am Termindruck gelegen haben oder an einer nicht ganz klassischen Chan-Figur. Nichtsdestotrotz hätte dieser Film die erste Zusammenarbeit zwischen den damals weltweit beliebtesten asiatischen Actionfilmhelden Jet Li und Jackie Chan dargestellt.

Looney Tunes: Back In Action

(Deutschland, USA; VÖ: 09.11.2003)
mit Brendan Fraser, Jenna Elfman, Steve Martin, Timothy Dalton, Heather Locklear ...
REGIE: Joe Dante

SYNOPSIS: Die berühmten Looney Tunes suchen neben dem vermissten Vater von einem ihrer Freunde auch den mystischen Blue-Monkey-Diamanten.
KOMMENTAR: Der Film »Space Jam« (1996) mit den Looney Tunes, Michael Jordan und Bill Murray war damals ein Kassenhit. Schnell war auch ein zweiter Teil in Planung. Der Titel sollte »Spy Jam« lauten und tatsächlich Jackie Chan in der Hauptrolle besetzen. Das Skript wurde dann etwas umgeschrieben und Brendan Fraser übernahm.

The Pacifier
(dt. Titel: *Der Babynator*, Kanada, USA; VÖ: 01.03.2005)
mit Vin Diesel, Lauren Graham, Faith Ford, Brittany Snow, Max Thieriot, Chris Potter ...
REGIE: Adam Shankman
SYNOPSIS: Ein Navy-Soldat bekommt den Auftrag, die Kinder eines Militärwissenschaftlers zu beschützen, während der an geheimen Experimenten forscht.
KOMMENTAR: Die erste Wahl für die Hauptrolle in dieser Familienkomödie war tatsächlich Jackie Chan. Dieser mochte zwar die Idee, lehnte aus diversen Gründen aber trotzdem ab. Das Drehbuch wurde leicht umgeschrieben und Vin Diesel sprang ein. Obwohl Jackie nicht an der Produktion beteiligt war, bekamen Stuntleute wie Bradley James Allan, die von Jackie Chan ausgebildet wurden, einen Job als Kampfchoreograf. Teile des Originalskripts wollte man mit »The Pacifier 2« (s. Kapitel »Filme, die aufgeschoben wurden«) Jackie Chan wieder schmackhaft machen.

The Interpreter
(dt. Titel: *Die Dolmetscherin*, Großbritannien, Frankreich, Deutschland, USA; VÖ: 04.04.2005)
mit Nicole Kidman, Sean Penn, Catherine Keener, Jesper Christensen, Yvan Attal ...
REGIE: Sydney Pollack
SYNOPSIS: Ein Mitarbeiter des Secret Service wird darauf angesetzt, eine Dolmetscherin zu beschatten, die Zeugin eines Komplotts innerhalb der UN wird.
KOMMENTAR: Auch einige Jahre nach Jackie Chans US-Durchbruch mit »Rush Hour« (1998) und »Shanghai Noon« (2000) wurden ihm weitere Drehbücher angeboten. Dieses Angebot unterschied sich von allen anderen, weil es eine ernste Rolle in einem Drama sein sollte. Jackie lehnte dankend ab mit der Begründung, sein Englisch sei noch nicht gut genug für eine solch dramatische Rolle mit viel Dialogszenen. Das wiederum habe er auch gegenüber Nicole Kidman erwähnt, als beide sich bei den Huading Awards in China trafen. Dass Jackie Chan damals schon bereit war für ernstere Rollen zeigt sein Film »New Police Story« (2004).

The Pink Panther
(dt. Titel: *Der Rosarote Panther*, USA, Tschechien; VÖ: 19.01.2006)
mit Steve Martin, Kevin Kline, Jean Reno, Emily Mortimer, Henry Czerny, Beyoncé ...
REGIE: Shawn Levy
SYNOPSIS: Der trottelige Inspector Clouseau muss den Mord an einem Fußballtrainer aufklären und herausfinden, wer den Pink-Panther-Diamanten gestohlen hat.
KOMMENTAR: Für dieses Remake des Original-Pink-Panthers aus den 1960ern war Jackie Chan im Gespräch für die Rolle des Sidekicks von Inspector Clouseau, Cato Fong. Nach genauerer Analyse kamen die Produzenten aber zu der Erkenntnis, dass

sie kein falsches Bild einer politisch unkorrekten Darstellung verbreiten wollten und entschieden sich kurzerhand, die Rolle des Sidekicks auf einen Franzosen umzuschreiben; diese Rolle übernahm dann Jean Reno. Was genau hinter den Kulissen vorgefallen war und wie Jackie Chan auf das Angebot der Rolle reagierte, wurde nicht publik gemacht.

The Green Hornet

(USA, VÖ: 12.01.2011)

mit Seth Rogen, Jay Chou, Cameron Diaz, Tom Wilkinson, Christoph Waltz ...

REGIE: Michel Gondry

SYNOPSIS: Nach dem Tod seines Vaters tut sich der Millionärserbe Britt Reid mit dem Gehilfen Kato zusammen, um das Böse in der Stadt zu bekämpfen.

KOMMENTAR: Mitte der 1990er (1995/1996) wollte Golden Harvest seinen Schützling Jackie Chan und Hollywoods Top-Star George Clooney in diesem Projekt vereint sehen. Jackie erwähnte dies in der Ausgabe 02/1996 des Magazins Video Eyeball. Belegbar ist, dass George Clooney die Rolle nicht übernehmen konnte, weil er zu der Zeit »The Peacemaker« (1997) drehte. Ein öffentliches Statement seitens Jackie Chan gibt es nicht, es ist jedoch davon auszugehen, dass er ablehnte, weil er nicht mit Bruce Lee verglichen werden wollte, der im Original die Rolle des Kato übernahm.

Ra.One

(dt. Titel: *Ra.One – Superheld Mit Herz*, Indien, USA; VÖ: 24.10.2011)

mit Shah Rukh Khan, Arjun Rampal Kareena Kapoor, Shahana Goswami, Atul Sharma ...

REGIE: Anubhav Sinha

SYNOPSIS: Die Figur eines Computerspiels wird real und will sich an einem Spieler rächen, der sie beinahe besiegt hätte, doch vorher das Spiel abbrach.

KOMMENTAR: Nachdem Jahre zuvor schon von dem Projekt »Nair San« gesprochen wurde, welches der erste indische Film sein sollte, in dem Jackie Chan mitspielte, wollte man die beiden Weltstars Shah Rukh Khan und Jackie Chan in diesem hier vereinen. Jackie Chan wurde eine kleine Rolle namens Akaashi angeboten, die er aber ablehnte. Tom Wu sprang für ihn ein. Jackie Chan wird in einem kleinen Wortwitz am Anfang des Films kurz erwähnt.

The Expendables 2

(USA, VÖ: 08.08.2012)

mit Sylvester Stallone, Jason Statham, Jet Li, Dolph Lundgren, Chuck Norris, Terry Crews ...

REGIE: Simon West

SYNOPSIS: Als bei einem weiteren Auftrag einer der Expendables ums Leben kommt, sehnen sich die anderen nach Rache und planen eine Großaktion der Verwüstung.

KOMMENTAR: Sly und Jackie sind alte Freunde, die beide Teilhaber von Planet Hollywood waren. Bereits mehrere Filme wollten sie zusammen angehen. Ein kleines Stück näher sind sie ihrem Ziel 1997 mit »An Alan Smithee Film: Burn Hollywood Burn« gekommen, in dem beide Gastauftritte haben. Sly wollte seinen Kumpel unbedingt in Teil zwei seines Actionfilm-Franchises sehen, doch Jackie war zu der Zeit schwer mit seinem rekordbrechenden »Chinese Zodiac« (2012) beschäftigt.

The Expendables 3
(USA, Frankreich, Bulgarien; VÖ: 04.08.2014)
mit Sylvester Stallone, Jason Statham, Harrison Ford, Arnold Schwarzenegger, Mel Gibson ...
REGIE: Patrick Hughes
SYNOPSIS: Als der Mitgründer der Expendables jeden einzelnen von ihnen zur Strecke bringen will, versammelt Barney seine Jungs für einen Gegenschlag.
KOMMENTAR: Da Jackie Chan beim zweiten Teil aus Zeitgründen leider absagen musste, bot Sylvester Stallone ihm für den dritten Teil eine kleinere Rolle an. Doch Jackie lehnte ab, weil er wieder einmal einen vollen Terminkalender hatte, aber vor allem, weil er keinen Gastauftritt neben seinem Kumpel Sly haben wollte. Nach seiner Aussage wollte er mit Sylvester Stallone auf Augenhöhe einen gemeinsamen Film drehen. Dies wäre mit »Ex-Baghdad« tatsächlich möglich gewesen, wenn sich die beiden nicht kurz vor Drehstart 2018 getrennt hätten – das Projekt heißt jetzt »Project X-traction« und wird mit John Cena anstatt Sly verfilmt (Stand: September 2018).

The Bodyguard
(Originaltitel: *Wo De Te Gong Ye Ye*, China, Hongkong; VÖ: 01.04.2016)
mit Sammo Hung, Jacqueline Chan Pui-Yin, Andy Lau, Zhu Yu-Chen, Li Qin-Qin ...
REGIE: Sammo Hung
SYNOPSIS: Ein ehemaliger Bodyguard, der unter Demenz leidet, setzt sich auf dem Dorf zur Ruhe und findet einen neuen Lebenssinn, als er ein kleines Mädchen trifft.
KOMMENTAR: In Sammo Hungs erster Regiearbeit seit »Mr. Nice Guy« (1997) haben auch seine Brüder Yuen Wah und Yuen Biao einen kurzen Auftritt. Dieser Film hätte die Drei Brüder nach fast 30 Jahren wieder auf der Leinwand vereinen können, wenn Jackie die ihm angebotene Rolle des Li Zheng-Jius angenommen hätte. Aufgrund seines vollen Terminplans und der damaligen Drogenaffäre seines Sohns Jaycee, der wegen Cannabiskonsums sechs Monate im Pekinger Gefängnis verbrachte – und das, wo sein Vater doch seit vielen Jahren Anti-Drogen-Beauftragter ist –, lehnte er jedoch ab, sodass Andy Lau seinen Platz einnahm. Im Film wird Sammo Hung übrigens von den Gangstern als Kung-Fu-Panda bezeichnet, eine Figur aus der Filmreihe, in der Jackie Chan dem Charakter des Master Monkey mehrmals seine Stimme lieh. Der Film ist auch unter dem Alias »My Beloved Bodyguard« bekannt.

Sonstige Produktionen mit Jackie Chan

Was könnte es sonst noch an Filmproduktionen geben, die sich bisher nicht einordnen ließen? In der folgenden Liste geht es um Promovideos, kurze Biopic-Dokus, künstlerische Videoclips, Eventaufnahmen – all das, was sonst noch so anfällt.

Midsummer Romance 30's: Gala Evening

(Hongkong, Datum: 22.06.1988)

Jackie Chan war schon immer sehr spendabel. Nach seinem Megaerfolg in Asien rief er 1984 ein jährliches Autorennen mit Celebrities ins Leben, das von seiner Wohltätigkeitsorganisation geleitet wurde. 1988 lud die Jackie Chan Charitable Foundation dann Stars, Sternchen und Vertreter der Wirtschaft Hongkongs zu einem Gala-Event im Regent Hotel ein. Am Mittwoch, dem 22. Juni 1988, fanden sich neben Jackie Chan, seinem Vater Charles Chan, seinem Manager Willie Chan und seinem Arbeitgeber Raymond Chow viele Bekannte, Freunde und spendable Ehrenmänner ein, um nach einer Willkommensrede von Jackie ein gemeinsames Dinner mit Plaudereien und anschließendem Tanz und Spiel zu verbringen. Zudem wurden noch Preise verliehen. Die raren Aufnahmen wurden für Presseberichte erstellt, doch ein zusammenhängender abendfüllender Film von über 99 Minuten wurde von der Firma S.P.C. Production Ltd. angefertigt. Das Material erschien auf keinem käuflichen Medium, sondern wird nur in Insiderkreisen um den ganzen Globus privat geteilt.

Jackie Chan US Fan Club Video

(Hongkong, VÖ: 1996)

Mitte der 1990er, noch vor seinem endgültigen Durchbruch in Hollywood mit »Rush Hour« (1998), erlebten einige von Jackie Chans Filmen aus den Jahren davor ihre erste Kinoveröffentlichung in den USA, darunter »Police Story III – Super Cop« (1992) und »Rumble In The Bronx« (1995). Diese Kinoveröffentlichungen machten die US-Medien auf den Star aus Hongkong aufmerksam und sorgten für mehr Zulauf bei den bisherigen Fan-Clubs. Aufgrund der enormen Erfolge an den US-amerikanischen Kinokassen bedankte sich Jackie Chan in dieser Videobotschaft bei seinen US-Fans. Dabei wird er in seinem Büro in Hongkong gefilmt, er führt seine Fans durch die Räumlichkeiten und erklärt, dass er auch in Zukunft noch bessere Filme für seine Fans drehen wolle. Das Video wurde dem US-Fan-Club exklusiv zugespielt und ist heutzutage dank YouTube weltweit einsehbar.

Beijing 2008 – Candidate City

(China, VÖ: 2000)

Im Jahr 2000 drehte der Erfolgsregisseur Zhang Yi-Mou das offizielle Bewerbungsvideo für die Olympischen Sommerspiele 2008, die in Peking ausgetragen werden sollten. Die aufwändige Produktion ergab ein knapp 4,5-minütiges Video mit Eindrücken aus China. Jackie Chan flog extra für eine Aufnahme von Tai-Chi-Bewegungen zu Zhang Yi-Mou, die er vor einem Green Screen absolvierte. Das gesamte Video wurde der Olympischen Kommission vorgestellt.

Detective Trio

(Japan, VÖ: 22.11.2001)

Im Film »An Alan Smithee Film: Burn Hollywood Burn« (1997) wird dokumentiert, wie ein Film mit den Hauptdarstellern Sylvester Stallone, Whoopi Goldberg und Jackie Chan produziert werden soll. Dieser Film trägt den Titel »Detective Trio« (oft fälschlich nur als »Trio« diskutiert) und soll laut Film ab 28. Mai in die Kinos kommen – welches Jahr ist ungewiss. Das alles ist natürlich rein fiktiv, doch die japanische DVD des Films »An Alan Smithee Film: Burn Hollywood Burn« zeigt das Logo vom Film im Film auf dem Cover und sorgte so bei englischen Fans für Verwirrung.

Jackie's Global Friendship Tour 06

(Hongkong, VÖ: 2006)

Jackie Chan ist ein Star zum Anfassen. Das hat er seit seinem ersten Erfolg beibehalten. Nach der Jahrtausendwende lud er demnach regelmäßig seine Fans auf der ganzen Welt dazu ein, mit ihm ein paar Tage in Hongkong zu verbringen. Einfach so! Am 3. und 4. Mai 2006 fanden sich so über 300 Gäste aus über 20 Ländern im Intercontinental Hotel zusammen, wo sie eine Party zusammen mit ihrem Idol feierten. Tags darauf durften sie das damalige Büro von Jackie Chan in der Waterloo Road besichtigen sowie sein Atelier in den New Territories. Der lokale Fernsehsender TVB hat von der Veranstaltung an beiden Tagen berichtet, doch für Fans bleibt dieses Event eine ewige Erinnerung. Dank der JC Group, die das Videomaterial zu einer zusammenhängenden DVD produzierten, konnten sich Fans, die damals nicht zugegen waren, aber diese Erinnerungen auch nach Hause holen: Ein paar Monate nach der Aktion gab es eine limitierte Auflage in Jackie Chans Webshop zu kaufen. Diese DVD ist heute heiß begehrt, wenngleich beinahe unauffindbar. Die »Jackie's Global Friendship Tour« fand ein paar Mal statt, 2006 war wohl die größte dieser Veranstaltungen. Es gibt Gerüchte, dass aus den Jahren zuvor ebenfalls Videomaterial auf limitierten DVD-Auflagen erhältlich war. Wer Hinweise zu diesen Aufnahmen hat oder selbst eine der DVDs besitzt, kann sich zwecks weiterer Recherche gerne mit dem Autor in Verbindung setzen.

The Future Of Philanthropy

(Großbritannien, Hongkong; VÖ: 22.01.2013)

Für den Luxusautohersteller Bentley drehte Jackie Chan 2012 einen Werbespot mit dem Titel »Up In Smoke«, in dem er einen Chauffeur darstellt. Beworben wurde die glamouröse Mulsanne-Reihe des Autoherstellers. Im Rahmen der Promotion wurde ebenfalls ein 5-minütiges Video produziert, das Jackie Chan in einem Bentley hinten sitzend zeigt, wie er über seine Wohltätigkeitsarbeit spricht, sowie bei einer Luxusauktion für gute Zwecke. In Hongkong leben die meisten Milliardäre der Welt und genau hier macht Bentley seinen größten Umsatz. Das Promovideo ist Teil der Kampagne und konnte und kann immer noch online eingesehen werden.

My Movie Dream

(China, VÖ: 05.04.2014)

Ding Sheng, Freund und Arbeitskollege von Jackie Chan, widmete dieses Promovideo zu Ehren seines Mentors 60. Geburtstags. Der Clip wurde aufwändig und emotional produziert und diente dem chinesischen Fernsehsender CCTV zudem als Promovideo zur Motivation von Nachwuchskräften im Bereich Film & TV. Das Veröffentlichungsdatum bezieht sich auf einen Post von Initiator Ding Sheng, der damals auf Weibo Jackie Chan überraschte. Am selben Tag ging das Video auch im westlichen YouTube online. Der Clip dauert nur 1 Minute und 41 Sekunden, doch er beinhaltet neben kurzen Footage-Aufnahmen aus Jackie Chans bekanntesten Filmen einen Monolog des Stars, wie er über das Filmemachen an sich spricht.

60 Dragons – Jackie Chan Chopsticks Portrait

(Hongkong, China; VÖ: 08.04.2014)

Im Jahr 2014 feierte Jackie Chan seinen 60. Geburtstag. Dies machte er am Vorabend mit der Presse und mit einem »Peace & Love & Friendship«-Konzert in Peking, bei dem er selbst und befreundete Musiker auftraten. Das Benefizkonzert war ein Highlight, doch am nächsten Tag, seinem eigentlichen Geburtstag, feierte er sogar mit seinen Fans im Hotel weiter. Für den runden Geburtstag seines Arbeitgebers, engagierte Jackies Art Director die malaysische Künstlerin Hong Yi, auch bekannt als Red Hong Yi oder einfach nur Red. Diese erstellte ein Portrait des Stars mit 64.000 Essstäbchen aus Bambus, die auf der linken Seite um 60 Essstäbchenhalter ergänzt wurden, die wiederum 60 Varianten des Wortes »Drachen« darstellen (Jackies Name Sing Lung bedeutet übersetzt so viel wie »Schon ein Drache«). Das Kunstwerk wurde am Vorabend von Jackie Chans 60. Geburtstag enthüllt. Zudem wurde ein kurzes Promovideo gedreht, in dem er und Künstlerin Hong Yi einen Kampf mit Essstäbchen haben. Dieser Kampf und das Gesamtkunstwerk wurde von einer Szene im Film »The Fearless Hyena« (1979) inspiriert. Das Video wurde im YouTube-Kanal der Künstlerin geteilt.

Sonstige Dokus mit Bezug zu Jackie Chan

In Jackie Chans Filmografie gibt es neben Dokumentationen, die über ihn selbst berichten, auch solche, die andere Themen behandeln. Bei beiden Arten hat er entweder als Produzent oder als Darsteller aktiv mitgewirkt (in manchen Fällen auch als beides), weshalb sie dort aufgelistet sind. Doch im Laufe der Jahrzehnte kamen auch immer mal wieder unabhängige Dokumentationen über Jackie Chan auf den Markt, die sich entweder auf vorhandenes Filmmaterial beriefen oder ihn als Interviewpartner einluden. Die nachfolgende Liste beinhaltet Informationen zu solchen Dokus, bei denen entweder auf vorhandenes Material zurückgegriffen oder Jackie separat interviewt wurde, wobei es sich inhaltlich und seitens der Produktion weniger um Jackie Chan dreht.

Bruce Lee: The Legend
(dt. Titel: *Bruce Lee: Die Legende*, Hongkong, VÖ: 1984)
Eine offizielle Doku über Bruce Lee von Golden Harvest mit tollem Material und dem legendären Raymond Chow im Interview. [FOOTAGE]

Jackie Chan: The Invincible Fighter
(alt. Titel: *The Jackie Chan Story*, Hongkong, VÖ: 1985)
Auch bekannt als »The Young Tiger« bastelte Regisseur Wu Ma aus Filmmaterial die Doku für Lo Wei zusammen, der sich als Entdecker von Jackie Chan profilierte. [FOOTAGE]

Dream Merchants Of Asia
(Großbritannien, VÖ: 1987)
Die Firma Nomad Films International drehte in mehreren Folgen Dokumentationen über bestimmte Orte auf der Welt für BBC. In dieser Folge besichtigten sie u. a. Hongkong zur Zeit, als Jackie Chan seinen Blockbuster »Project A II« (1987) drehte. Das Filmteam stattete dem Star einen Besuch ab und sorgte so für nie woanders gezeigte Aufnahmen vom Set. Auch das Set von »The Inspector Wears Skirts« (1988) wurde besucht; damals nannten sie den Film »Hot Squad«. Der ca. 8-minütige Bericht ist sehenswert, die DVD beinahe unauffindbar. Im Abspann wird Golden Harvest, Shaw Brothers und der JC Group gedankt. [BTS, INTERVIEW]

Dragons Of The Orient
(Originaltitel: *Dong Fang Ju Long*, Hongkong, VÖ: 1988)
In diesem Film, der halb Spielfilm und halb Dokumentation ist und beide Elemente gut miteinander verbindet, bedient ein junger Jet Li die Ebene der Doku, indem er seine Kampfkunstfähigkeiten zum Besten gibt. Jackie Chan wird einmal kurz erwähnt. Das Footage-Material zeigt Filmplakate. [FOOTAGE]

Son Of The Incredibly Strange Film Show

(Zweite Staffel von *The Incredibly Strange Film Show*, Großbritannien, VÖ: 22.09.1989)

Jonathan Ross, Englands Filmexperte, trifft hier in der ersten Folge der zweiten Staffel seiner beliebten Doku-TV-Reihe exklusiv Jackie Chan für Channel 4. Sie unterhalten sich im Schneideraum, am Filmset und es gibt tolle »Behind the Scenes«-Aufnahmen von »Miracles« (1989). [BTS, INTERVIEW, FOOTAGE]

The Best Of The Martial Arts Films

(dt. Titel: *The Best*, Hongkong, USA; VÖ: 1990)

Auch als »The Deadliest Art« bekannt, ist dies eine Standard-Doku über das Hongkong-Actionfilm-Genre. [INTERVIEW, FOOTAGE]

Bruce Lee And Kung Fu Mania

(USA, Kanada; VÖ: 1992)

Eine der vielen Bruce-Lee-Dokus mit Jackie Chan in Filmaufnahmen. [FOOTAGE]

Film Ohne Fesseln – Das Neue Hongkong-Kino

(Deutschland, VÖ: 03.08.1993)

Die besten Aufnahmen aus Deutschland. Ein Filmteam des Deutschen Fernsehens flog extra nach Hongkong und interviewte Jackie Chan. Exklusive Aufnahmen von »The Twin Dragons« (1992) sind zu sehen. [BTS, INTERVIEW, FOOTAGE]

Bruce Lee: Curse Of The Dragon

(alt. Titel: *The Curse Of The Dragon*, USA, VÖ: September 1993)

20 Jahre nach dem Tod von Bruce Lee und direkt nach dem Tod seines Sohnes Brandon Lee zu beider Ehren produziert. [FOOTAGE]

Face To Face – Jackie Chan & Bruce Lee

(alt. Titel: *Face To Face – Jackie Chan vs. Bruce Lee*, USA, VÖ: 1993)

Eine Dokumentation ausschließlich mit bekannten Filmaufnahmen. [FOOTAGE]

The Life Of Bruce Lee

(dt. Titel: *Bruce Lee - König Des Kung Fu*, USA, VÖ: 08.07.1994)

Auch bekannt als »Martial Arts Master«. Wurde dem Verleiher Polygram als »Memories Of Bruce Lee« angeboten, die aber die weltweiten Rechte wollten. Da die Lizenzen von Golden Harvest für Südostasien für diesen Titel schon vergeben waren, blieb der Film erst einmal liegen. [FOOTAGE]

Cinema Of Vengeance

(Großbritannien, Hongkong; VÖ: 1994)

Eine abendfüllende Dokumentation mit informativen Interviews. [FOOTAGE]

Bruce Lee's Jeet Kune Do
(Neuseeland, VÖ: 01.01.1995)
Teil 1 von 3 der Kurzdokumentationen über Bruce Lees Schaffen von Walt Missingham. Die Reihe wurde offiziell von Bruce Lee Estate unterstützt. [FOOTAGE]

Eastern Heroes: The Video Magazine
(Großbritannien, VÖ: 15.05.1995)
Die erste Videoausgabe des Labels Eastern Heroes aus London. Wirkt billig, war aber sehr aufwendig mit einer Reise nach Hongkong verbunden. Aufnahmen von Jackie Chans Handabdrücken und Footage-Material. [FOOTAGE]

Top Fighter
(dt. Titel: *Top Fighter 1 – Die Größten Kämpfer Aller Zeiten*, Großbritannien, Hongkong; VÖ: 1995)
Eine gute Doku über Hongkong-Actionfilme. Jackie Chan gibt's als Footage und im Interview aus »Son Of The Incredibly Strange Film Show« aufgewärmt. [FOOTAGE]

Eastern Heroes: The Video Magazine Vol. 2
(Großbritannien, VÖ: 22.07.1996)
Die zweite Ausgabe des Labels Eastern Heroes aus London. [FOOTAGE]

Fists of Chan
(USA, VÖ: 03.09.1996)
Eine Aneinanderreihung von frühen Chan-Filmen. [FOOTAGE]

Jackie Chan: From Stuntman To Superstar
(Originaltitel: *Biography: Jackie Chan: From Stuntman To Superstar*, USA, VÖ: 08.10.1996)
Eine gute Doku mit Interviews und Behind-the-Scenes von »First Strike« (1996). [BTS, INTERVIEW, FOOTAGE]

Top Fighter 2
(dt. Titel: *Top Fighter 2 – Die Größten Kämpferinnen Aller Zeiten*, Großbritannien, Hongkong; VÖ: 1996)
Wurde von Eastern Heroes fürs britische Fernsehen produziert und thematisiert die weiblichen Actionhelden aus Hongkong. [FOOTAGE]

Jackie Chan: Best Fights And Greatest Stunts
(USA, VÖ: 1997)
Ein lausiger Zusammenschnitt von Filmmaterial im Doppel-VHS-Pack. [FOOTAGE]

Bruce Lee: In His Own Words
(USA, VÖ: 30.06.1998)
Ein kurzer Zusammenschnitt von Footage- und Interview-Aufnahmen sowie einigen Fotos von Bruce Lee, der über Philosophie, Schauspiel und anderes redet. [FOOTAGE]

The Art of Influence

(USA, Irland, Frankreich, Japan; VÖ: 01.10.1998)

In dieser Kooperation geht es um einflussreiche Persönlichkeiten. Die TV-Doku wurde in fünf kleinen Teilen veröffentlicht. Jackie redet über Bruce Lees Filme. [INTERVIEW, FOOTAGE]

The Path Of The Dragon

(Australien, VÖ: 1998)

Eine weitere Doku über Bruce Lee, diesmal mit seiner Tochter Shannon Lee als Sprecherin. Der Film ist Teil 2 von 3 der von Walt Missingham produzierten und vom Land Australien unterstützten Kurzdoku-Reihe. Bey Logan war als Production Manager tätig. [FOOTAGE]

David Carradine's Martial Arts Journey

(Großbritannien, VÖ: 1998)

Eine Doku mit tollen Aufnahmen vom Set von »Jackie Chan: My Stunts« (1999) und David Carradine, die leider wegen ungeklärter Rechte noch keinen Heimkino-Release finden kann. [BTS, INTERVIEW]

Fist To Fist

(USA, VÖ: 01.01.1999)

Eine weitere Schnittmontage als Doku verpackt. Jackie Chan ist hier lediglich in bereits bekanntem Filmmaterial zu sehen. [FOOTAGE]

Bruce Lee: The Legend Lives On

(alt. Titel: *Memories Of Bruce Lee*, Großbritannien, VÖ: Januar 1999)

Eine gute Fernsehdokumentation, in der sogar Bruce Lees Lehrer aus Hongkong zu Wort kommt. Es gibt ein Interview und Filmszenen von Jackie Chan, beides Footage von früheren Aufnahmen. [INTERVIEW, FOOTAGE]

Bruce Lee - The Intercepting Fist

(Australien, Großbritannien; VÖ: 23.07.1999)

Der dritte und letzte Teil von Walt Missinghams Kurzdokus über Bruce Lee. Bey Logan war wieder als Production Manager tätig. [FOOTAGE]

Jackie Chan: The Kung Fu Years

(USA, VÖ: 10.07.2000)

Erneut eine reine Aneinanderreihung von bekannten Filmszenen, die konzeptionell als »Doku« nicht wirklich viel daher machen. [FOOTAGE]

Bruce Lee: A Warrior's Journey

(dt. Titel: *Bruce Lee: Der Weg Eines Kämpfers*, USA, Großbritannien, Hongkong; VÖ: 22.10.2000)

Eine sehenswerte Bruce-Lee-Dokumentation mit bekannten Aufnahmen. [FOOTAGE]

Bruce Lee, The Legend Continues
(USA, VÖ: 27.02.2001)
In knapp über einer Stunde gibt es Zusammenschnitte von Bruce Lee und Interviewpartnern, die sich zu seinem Erbe äußern. [INTERVIEW, FOOTAGE]

The Unbeatable Bruce Lee
(USA, VÖ: 21.05.2001)
Ursprünglich sollte der Film »Bruce Lee – The Immortal Dragon« heißen, doch diesen Titel gab es schon. Erschien direkt auf Video. [FOOTAGE]

Hong Kong Superstars
(Großbritannien, geplant: 2001)
Sollte ursprünglich »Cinema Of Vengeance 2« werden, doch wegen Urheberrechtsproblemen wurde die Doku nie veröffentlicht. Im Internet kursieren von offizieller Seite nur der Vor- und Abspann. Gedankt wird u. a. Dru Hill, Rick Baker, Mike Leeder und Bey Logan. Die Regie übernahm Chris Ducker (kein Schreibfehler!), doch ob Jackie Chan hierin zu sehen gewesen wäre, bleibt Spekulation – von Footage-Aufnahmen ist auszugehen. [FOOTAGE]

Ng See Yuen: Inside The Dragon's Den With Roy Horan
(Großbritannien, VÖ: 25.03.2002)
In dieser Dokumentation berichtet Ng See-Yuen über seine eigene Karriere. Roy Horan, Jackie Chans Gegner in »Snake In The Eagle's Shadow« (1978) und Distributor bei Seasonal Films wird interviewt. Es geht um die Mafia und Conan Lee. [FOOTAGE]

Ultimate Fights From The Movies
(USA, VÖ: 16.04.2002)
Ein Zusammenschnitt von Filmkämpfen. [FOOTAGE]

E! True Hollywood Story: Jean-Claude Van Damme
(USA, VÖ: 19.05.2002)
In einer Folge der TV-Reihe »E! True Hollywood Story« geht es um die belgische Actionfilmlegende Jean-Claude van Damme. Jackie Chan kommt in fünf Sekunden mit Bezug zu »Rumble In The Bronx« (1995) und in weiteren fünf Sekunden beim Making-Of »Rush Hour« (1998) vor. [FOOTAGE]

The Art Of Action: Martial Arts In The Movies
(USA, VÖ: Juni 2002)
Diese TV-Doku wird von Samual L. Jackson präsentiert und beinhaltet bekannte Aufnahmen von Jackie Chan aus Filmen und Interviews. [INTERVIEW, FOOTAGE]

An Introduction To Hong Kong Legends
(Großbritannien, VÖ: 09.09.2002)
Dieser kurze Film wurde vom britischen Label Hong Kong Legends produziert, um auf ihre Pionierarbeit der Restauration und englischsprachigen Aufbereitung von

Hongkong-Klassikern hinzuweisen. Jackie Chan ist zwar hier nur auf bekannten Filmaufnahmen zu sehen, doch zusammen mit der zweiten Doku »Hero Makers« aus demselben Jahr eine tolle Special Collector's Edition DVD, wenn man noch ein Exemplar findet. [FOOTAGE]

Jackie Chan: Fast, Funny And Furious
(USA, VÖ: 10.12.2002)
Überwiegend besteht der Film aus Footage-Material aus Filmen und Interviews. Regisseur Philipp Dye realisierte auch »The Unbeatable Bruce Lee« (2001). Doch von der Premiere von »Rush Hour 2« (2001) gibt es Behind-the-Scenes. [BTS, INTERVIEW, FOOTAGE]

Dragon Power: Jackie Chan
(Großbritannien, VÖ: 2002)
Eine gute Doku für Channel 4 als Zusammenarbeit zwischen Filmfour, Horsepower und Bravo. Viel Footage-Material, besonders aus »Jackie Chan: My Stunts« (1999). [BTS, INTERVIEW, FOOTAGE]

Hero Makers - Hong Kong Stuntmen In Their Own Words
(Großbritannien, VÖ: 2002)
Die zweite und abendfüllende Dokumentation vom britischen Label Hong Kong Legends. In ca. 72 Minuten wird das Tor zur Kinowelt Hongkongs aufgestoßen. Jackie Chan gibt ein knappes Interview und wird als Schirmherr der Hong Kong Stuntmen Association (HKSA) erwähnt. Footage wird aus diversen Jackie-Chan-Filmen zusammengetragen, zudem gibt es Fotos mit ihm und der HKSA. Der Film erschien einzeln auf DVD und als Special Collector's Edition mit »An Introduction To Hong Kong Legends« (2002). [BTS, INTERVIEW, FOOTAGE]

Cinema Hong Kong
(Hongkong, USA; VÖ: 2003)
Diese dreiteilige Fernsehdoku-Reihe wurde für Celestial-TV produziert. Jackie Chan ist nur im Teil »Chop Socky« zu sehen, welche es als einzige außerhalb Asiens auf DVD zu kaufen gibt. Die beiden anderen Teile heißen »Wu Xia« und »The Beauties Of Shaw«. Jackies Interview hört man auf Chinesisch; dasselbe Setting wurde für eine andere Produktion auch in einem englischen Interview genutzt. [INTERVIEW, FOOTAGE]

Hong Kong Fury
(USA, VÖ: 09.02.2004)
Diese Sammlung von Filmtrailern wirkt seltsam konzeptionslos. [FOOTAGE]

Tigres Et Dragons, Les Arts Martiaux Au Cinéma
(Frankreich, VÖ: Dezember 2004)
Diese französische Fernsehdoku basiert auf den Büchern »Tigres Et Dragons« von Guy Trédaniel. Jackie Chan ist hier in einem alten Interview vor einem Plakat von »Shanghai Noon« (2000) zu bewundern. [INTERVIEW, FOOTAGE]

Blood And Steel: Making 'Enter the Dragon'
(USA, VÖ: 2004)
Das Making-Of von »Enter The Dragon« (1973) wurde erst spät zusammengestellt und auf der Doppel-DVD des Films von Warner Brothers veröffentlicht. [FOOTAGE]

How Bruce Lee Changed The World
(dt. Titel: *How Bruce Lee Changed the World – Das Leben Und Wirken Einer Ikone*, USA, VÖ: 17.05.2009)
Eine gute Dokumentation über Bruce Lee, bei der Jackie Chan ein Interview gibt. [INTERVIEW]

American Masters: Hollywood Chinese
(USA, VÖ: 26.05.2009)
Die prämierte Dokureihe des Senders PBS mit bekanntem Filmmaterial. [FOOTAGE]

Jackie Chan Edition: Seine Spektakulärsten Kämpfe
(Deutschland, VÖ: 30.07.2009)
Ein mieser Zusammenschnitt alter Jackie-Chan-Kämpfe und Aufnahmen aus »Jackie Chan's Hong Kong« (2006) mit einem angeödeten Erzähler, der den Hauptdarsteller tatsächlich Jackie Kahn nennt. [FOOTAGE]

I Am Bruce Lee
(dt. Titel: *Ich Bin Bruce Lee*, Kanada, VÖ: 09.02.2012)
Eine kanadische Fernsehdokumentation über Bruce Lee mit neuen Interviews und alten Aufnahmen. Jackie Chan ist nur in Footage zu sehen. [FOOTAGE]

The Posterist: The Art Of Yuen Tai-Yung
(Originaltitel: *Hai Bao Shi: Ruan Da Yong De Cha Hua Yi Shu*, Hongkong, VÖ: 19.11.2016)
Eine wunderbare Dokumentation über den bislang unbekannten Künstler hinter den populärsten Filmplakaten der 1970er, 1980er und 1990er Jahre aus dem Hongkong-Kino. Federführend war hier Michael Huis Sohn, Hui See-Wai. Berühmtheiten wie Karl Maka, Dean Shek Tin und andere sind zu sehen. Jackie Chan kommt hier leider nicht zu Wort, stattdessen werden einige seiner Filmplakate kurz gezeigt. Der Film wurde erstmals vor Publikum, dem auch Raymond Chow und seine Tochter Roberta Chow beiwohnten, beim First Screening am 21.07.2016 vorgeführt. Roberta Chow arbeitete auch die englischen Untertitel für den Film aus. [FOOTAGE]

Jackie Chan in TV-Serien

Neben seiner Arbeit als Filmemacher fürs Kino bietet Jackie Chans Filmografie mittlerweile auch eine beachtliche Liste an Fernseharbeiten an. Hierbei geht es um fiktive Charaktere, die er spielt, oder TV-Serien, die er hinter der Kamera unterstützte. Seine ganzen TV-Auftritte als Person des öffentlichen Interesses werden an anderer Stelle ausgewiesen.

I Spy

(dt. Titel: *Tennisschläger Und Kanonen*, USA, VÖ: 10.11.1965)

Unglaublich, aber wahr: In dieser US-Fernsehserie mit Bill Cosby und Robert Culp gibt es Aufnahmen eines echten Auftritts der Seven Little Fortunes in Hongkong. Zu sehen sind Jackie Chan, Sammo Hung, Yuen Biao und andere in der Folge neun der ersten Staffel »No Exchange On Damaged Merchandise« (dt. Titel: »Ein Schiff Kam Nach Hongkong«).

Goodbye Vagabond Life

(Originaltitel: *Jiang Hu Zai Jian*, Hongkong, VÖ: ab 23.09.1991)

Für diese Telenovela-artige Fernsehserie aus Hongkong wurde Jackie Chans Lied »A Vigorous Aspiration In My Mind« aus dem Album »The First Time« (1992) bereits vor dessen Veröffentlichung als offizieller Titelsong der Serie ausgewählt. Jeder der 40 Episoden hat eine Lauflänge von ca. 44 Minuten.

The Heaven Sword And Dragon Saber

(Originaltitel: *Yi Tien Tu Lung Chi*, Taiwan, VÖ: ab 10.03.1994)

Und eine weitere Fernsehserie, diesmal aus Taiwan für TTV, die einen von Jackie Chans extra hierfür produzierten Songs über ihren Abspann legt. Das Lied heißt »Your Give Me A New World« (Originaltitel: »Ni Gei Wo Yi Pian Tian«). Die Hauptdarsteller der Serie sind Steve Ma Ging-To, Cecilia Yip Tung und Kathy Chow Hoi-Mei. Mit 64 Folgen à 50 Minuten war sie eine der erfolgreichsten taiwanesischen TV-Serien. Die Geschichte wurde bereits mehrfach in Film und Fernsehen adaptiert, weshalb es immer wieder zu Verwechslungen mit Serien aus den 1980ern gibt.

Martin

(USA, VÖ: 19.12.1996)

Die Sitcom mit Martin Lawrence und Tisha Campbell-Martin wurde leider nie im deutschen Fernsehen ausgestrahlt. Jackie Chan hat einen Gastauftritt in der zehnten Episode der fünften Staffel namens »Scrooge«. Hier klopft er an Martin Lawrences Wohnungstür und fragt nach einer Frau, die aber nebenan wohnt.

The Last Tango In Shanghai

(Originaltitel: *Seung Hoi Tam Go*, Hongkong, VÖ: ab 02.09.1996)

Auch für diese TV-Serie von HKTVB sang Jackie das Titellied »Midnight Dances« (Originaltitel: »Wu Ye Yu Ying«). Sein Freund Frankie Chan hatte hier neben der

Hauptrolle auch noch den Posten des Drehbuchautoren, Produzenten und Regisseur inne. In 40 Folgen à 47 Minuten erlebt man das alte Shanghai mit all seinem Charme.

Interpol

(Originaltitel: *Kwok Jai Ying Ging*, Hongkong, VÖ: ab 1997)

Auch für diese Action-Serie nahm Jackie Chan einen Song auf. Der Titel »A Good Conscience« (Originaltitel: »Wen Xin Wu Kui«) ist nicht nur Teil des Soundtracks von »Rumble In The Bronx« (1995) und läuft in der Hongkong-Fassung über dem Abspann, sondern leistete auch der TV-Serie des Senders ATV 40 Folgen lang zu je 45 Minuten treue Dienste.

Saturday Night Live

(USA, VÖ: 20.05.2000)

Die beliebte Comedy- und Sketch-Sendung auf NBC läuft seit 1975 regelmäßig im US-amerikanischen Fernsehen und war bereits Sprungbrett für viele Stars. Nach dem ersten Erfolg von Jackie Chan in den USA lud man ihn zu einer Folge ein, die er nicht nur moderieren, sondern auch als Schauspieler in Sketchen aufwerten sollte. Zusammen mit Kid Rock machte er so in Folge 20 der 25. Staffel tolle Promotion für »Shanghai Noon« (2000) und gab sogar eine Performance als Elvis Presley zum Besten.

Jackie Chan Adventures

(USA, Hongkong; VÖ: ab 09.09.2000)

In seiner ersten eigenen Animationsserie ist Jackie Chan nicht nur als Zeichentrickfigur zu sehen, die neue und aus seinen Filmen bekannte Abenteuer durchlebt, sondern nach jeder Folge auch in einem kurzen Statement an die jungen Zuschauer in real, indem er Fragen von Fans beantwortet. Die Serie wurde von Columbia TriStar Television in Zusammenarbeit mit der JC Group in fünf Staffeln mit insgesamt 95 Folgen à 25 Minuten produziert. Jackie Chan spielt hier also sich selbst, gilt als Mitentwickler der Serie und sogar als Produzent.

MADtv

(USA, VÖ: 28.09.2002)

Die US-Fernsehserie, auch bekannt als »Mad TV«, lief von 1995 bis 2009 und noch einmal als kurzes Reboot 2016 und beinhaltete derbe Sketche. In der dritten Folge der achten Staffel ist Jackie Chan zu Gast und nimmt an zwei Sketchen Teil, die als Promotion für »Rush Hour 2« (2001) dienten.

The Disciple

(Originaltitel: *Long De Chuan Ren*, China, VÖ: ab März 2007)

Diese Castingshow aus Peking war ein genialer Einfall von Jackie Chan. Hier sucht er nicht nur Nachwuchstalente für die chinesische Filmbranche, sondern gibt den Gewinnern gleich Verträge für seine eigene Filmfirma und promotet nebenher noch seine eigenen Filme. Die Vorrunde der Show fand zwischen März und Oktober 2007 statt. Das Finale mit den 16 besten Teilnehmern wurde ab dem 5. April 2008 abgehalten. Das Ende fand am 26. Juni 2008 statt, Gewinner war Jack Tu Sheng-Cheng.

Als Gastjuroren waren auch Sammo Hung und Yuen Biao anwesend genauso wie Stanley Tong, Cheng Pei-Pei und andere Stars. Die damals mit Jack Wu in der Hauptrolle angekündigten Filme waren »Speedpost 206«, »Won't Tell You« und »Tropical Tornado«, über die in diesem Buch berichtet wird. Jackie Chan produzierte die TV-Show, auch bekannt als »Disciple Of The Dragon«, mit seiner Firma JCE Movies Limited.

Jackie Chan's Fantasia

(Originaltitel: *Qi Huan Long Bao*, China, VÖ: ab April 2009)

Produziert von Nanjing Hongying Animation Entertainment für CCTV und entwickelt von Jackie Chan, stellt diese Animationsserie die zweite eigene des Stars selbst dar. In 52 Episoden zu je 12 Minuten erleben Jackie und seine Freunde spannende Abenteuer. Das besondere an dieser sehr amüsanten Kinderserie ist, dass Jackie nicht nur am Ende jeder Folge kurz ein persönliches Statement in Form von Tipps, Erfahrungswerten und Hinweisen zur Sendung gibt, sondern er auch innerhalb der Folgen als Realperson in kurzen Einstellungen mitspielte. Ausgestrahlt wurde die Serie bis April 2010. Eine englische Sprachfassung wurde in Hongkong von Red Angel Media für All Rights Entertainment hergestellt, doch der internationale Vertrieb ist noch nicht ganz geklärt. Im Mai 2011 lief die Serie im Disney Channel Asia, danach angeblich im indischen SonicNickelodeon. Obwohl die TV-Serie einen Dragon Award gewann, nutzt die Firma Synkronized Films ihre Rechte für den nordamerikanischen Markt immer noch nicht aus. In China gibt es aber zwei DVD-Sets, einmal eine Komplettbox und dann drei Einzelboxen, die alle Episoden enthalten.

The Myth

(Originaltitel: *Shen Hua*, China, VÖ: ab 03.01.2010)

Als Grundlage für diese TV-Serie diente der Film »The Myth« (2005) mit Jackie Chan und Regisseur Stanley Tong. Die beiden Freunde und Kollegen arbeiteten auch hierfür wieder zusammen. Jackie Chan war als Produzent zusammen mit der Emperor Entertainment Group, teilweise als Regisseur und Assistant Director tätig, wohingegen Stanley Tong die Rolle des Creative Director übernahm. Das Budget betrug 40 Millionen Yuan und wurde für 50 Episoden à 45 Minuten für den chinesischen Fernsehsender CCTV produziert. Chinesische DVD-Boxsets sind derzeit ausverkauft.

Panda Week

(Originaltitel: *Panda Week With Nigel Marven*, Großbritannien, VÖ: ab 30.08.2010)

Der britische Dokumentarfilmer Nigel Marven reiste nach Chengdu in ein Pandareservat, um Aufnahmen für seine »Panda Week« zu machen, die auf Channel 5 vom 30.08. bis zum 3.9. ausgestrahlt wurde. Ob zufällig oder geplant vor Ort, jedenfalls bekam Nigel Marven Jackie Chan vor die Linse, der als bis dato einziger Pandabotschafter der Welt das Reservat ebenfalls besuchte.

Jean-Claude Van Damme: Behind Closed Doors

(dt. Titel: *Van Damme Gegen Den Rest Der Welt*, Großbritannien, VÖ: ab 22.03.2011)

Fünf Monate lang begleitete eine britische Kameracrew den Actionstar rund um die Welt, privat und beruflich. In Folge zwei gibt es einen Ausschnitt eines alten Interviews mit Jackie Chan, das er damals im Rahmen der Promotion von »The Karate

Kid« (2010) gab; dort redet er kurz über Jean-Claude van Damme. Lustiges Easteregg: In derselben Folge sieht man später einen Pappaufsteller von Po aus »Kung Fu Panda« (2008), bei dem Jackie Chan den Master Monkey gesprochen hatte. In der siebten Folge sieht man dann JCVD für seine Rolle des Croc in »Kung Fu Panda 2« proben.

Untamed China
(Großbritannien, VÖ: ab 2011)
Wieder einmal ist Dokumentarfilmer Nigel Marven unterwegs, diesmal in China. In sechs Folgen à 45 Minuten präsentiert er atemberaubende Aufnahmen aus dem Reich der Mitte. In Folge 4, »Heavenly Mountains«, nutzt er Material aus dem Jahr davor, der »Panda Week«, und zeigt erneut Jackie Chan.

Little Big Soldier
(Originaltitel: *Da Bing Xiao Jiang*, China, VÖ: ab 29.06.2013)
Die Idee, den Film »Little Big Soldier« (2010) in eine Fernsehserie umzuwandeln, existierte offiziell seit Mai 2010, als eine Shanghaier Filmfirma diese in Planung gab. Jackie Chan mochte damals die Idee, offiziell ist er daran aber nicht beteiligt, indirekt allerdings als Lizenzgeber seiner Originalidee von 2010. Über die genauen Angaben gibt es Zweifel, denn manche Quellen behaupten, die Serie sei schon 2012 gestartet, als sie aber definitiv erst gedreht wurde. Zwei existierende DVD-Boxsets kamen bereits am 15.08.2013 in China auf den Markt.

All New Jackie Chan Adventures
(Originaltitel: *Xin Cheng Long Li Xian Ji*, China, VÖ: ab 14.08.2017)
Nach sieben Jahren Entwicklungszeit ging Jackie Chan am 13. April 2017 mit der Meldung publik, dass bald seine neue Animationsserie im chinesischen Fernsehen starten würde. Ein alternativer Zusatztitel lautet »J-Team«. Die von Jackie Chan produzierten 52 Folgen à 13 Minuten gibt es sogar schon auf chinesischen DVD-Boxsets. Das Gesamtbudget betrug rund 6 Millionen US-Dollar. Ein internationaler Start steht noch aus.

Neben den offiziellen Listungen Jackie Chans in diversen Fernsehserien gibt es auch noch eine Produktion, bei der nicht ganz geklärt ist, inwiefern der Schauspieler und Filmemacher involviert ist. Die Rede ist von der TV-Serie »**The Patriot Yue Fei**«, im Originaltitel »Jing Zhong Yue Fei«, die in Hongkong und China produziert wurde und ab dem 04.07.2013 ausgestrahlt wurde. Bei einer Pressekonferenz am 19. Januar 2010 gaben Jackie Chan und Stanley Tong an, dass die Idee der gemeinsamen TV-Serie ihren Ursprung vor zehn Jahren hatte. Vor Ort sang Jackie ein bekanntes Volksgedicht über den General Yue Fei. Auch bekannt als »Loyal And Patriotic General Yue«, wurden ganze 69 Folgen à 45 Minuten produziert, pro Folge verschlang das Budget etwa 500.000 HK-Dollar. Drehstart war Ende 2011, mit dabei die New Seven Little Fortunes, Emil Chow als Titellied-Sänger und Stanley Tong als Entwickler, der zeitgleich einen Film zur TV-Serie angehen wollte, diesen aber (noch) nicht realisierte. Neben Jackies Rolle als Produzent munkelt man auch über einen Gastauftritt in der TV-Serie.

Zudem arbeitete Jackie Chan um die Jahrtausendwende tatsächlich mit der Raumfahrtbehörde NASA zusammen! Und zwar wurden für das Bildungsprogramm der National Aeronautics and Space Administration (NASA) einige Kurzdokumentationen und wissenschaftliche Clips produziert, die Teenagern Physik, Mathematik, Astronomie und weitere Fachgebiete anschaulich erklären und so potenzielle Nachwuchskräfte für die NASA-Behörde motivieren sollten. Das Material wurde im Fernsehen übertragen, aber auch an Schulen verteilt, deren Lehrer die 6.- und 7.-Klässler unterrichten sollten. Die Angaben zu Jackie Chans Beteiligungen an der Produktion sind aufgrund von teils widersprüchlichen und oftmals kaum noch vorhandene Informationen nicht ganz eindeutig. Das originale Filmmaterial ist nicht mehr online verfügbar, ebenso wie die damaligen Webstes von NASA, die einen weiteren Teil des Bildungsprogramms für Schüler darstellten. Nach Recherche einige Archivseiten und nach Rücksprache mit der Presseabteilung der NASA ist es fast unmöglich, an dieses Material zu gelangen – jedoch konnte ich drei Anhaltspunkte festmachen, in denen Jackie Chan mitgewirkt haben soll. Erstens wäre das in der Folge »Glow With The Flow« der NASA-Serie »**NASA Connect**« (2000) und innerhalb der NASA-Serie »**NASA Why? Files**« (2000). Zu guter Letzt soll es in der Folge »The Case Of The Challenging Flight« der NASA-Serie »**NASA SCIence Files Series**« (2003) eine exklusive Einleitung von Jackie Chan gegeben haben. Alle Aufnahmen mit dem Filmstar sollen im Langley Research Center (LaRC) in Hampton, Virginia, USA, gedreht worden sein. Bis das Material wieder auftaucht, gelten diese Angaben ohne Gewähr und können zeitlich nur ungenau eingeordnet werden.

Zu guter Letzt seien noch zwei Serien erwähnt, die ab April 2009 mal im Gespräch waren, in Produktion mit Jackie Chan zu gehen. »**New Shaolin Temple**« hätte sich dabei dem Thema des originalen Jet-Li-Films und der Adaption von 2011 angeschlossen, wohingegen »**Police Story Series**« den Handlungen und Figuren der berühmten Filmreihe von und mit Jackie Chan gefolgt wäre. Beide Serien waren für das chinesische Fernsehen in der Diskussion; ihr Verbleib ist derzeit unbekannt.

Jackie Chans TV-Auftritte (Auswahl)

Als Person des öffentlichen Lebens wurde Jackie Chan seit Anfang der 1980er Jahre weltweit zu Talk- und Late-Night-Shows, TV-Specials, Live-Events, Preisverleihungen und sonstigen Sendungen eingeladen. Die nachfolgende Liste enthält aufgrund der schieren Masse von Daten nur eine Auswahl von Auftritten Jackie Chans im Fernsehen.

Tiswas
Britische Samstagmorgen-Sendung für Kinder auf ATV mit einem von Jackie Chans ersten Fernsehauftritten im Westen. Promotion für »The Big Brawl« (1980).

CCTV New Year's Gala – Spring Festival
Seit 1983 werden die Festlichkeiten jährlich im chinesischen Fernsehen übertragen. Jackie Chan trat in mehreren Jahren auf, u. a. 2005, 2009, 2013, 2014, 2017 und 2018.

Mokuyo Supesharu (Thursday Special)
Die japanische Sendung von Nippon TV beschäftigte sich in einer Reihe mit den unterschiedlichsten Themen. In der Folge vom 23.02.1984 geht es in 50 Minuten um Jackie Chans »Project A« (1983). Tolle Aufnahmen vom Set werden gezeigt, die JC Group ist offiziell daran beteiligt und gewährt den Japanern exklusive Einblicke.

The Reporters
In einer Ausgabe der australischen TV-Nachrichtensendung um 1988 sieht man Jackie am Set von »Police Story Part II« und in einem seltenen Interview.

Jin Ye Bu She Fang (Celebrity Talk Show)
Eine beliebte Talkshow ab 1989 in Hongkong mit den Gastgebern Chua Lam, James Wong und Kuang Ni. In Folge 31 ist Jackie Chan zu Gast. Es gibt mehrere VCD-Versionen.

1995 MTV Movie Awards
Als Quentin Tarantino gebeten wurde, einen Preis zu verleihen, sagte er nur unter der Bedingung zu, dass es ein Preis für Jackie Chan sein muss. Und so gewann dieser.

Late Show With David Letterman
Auch hier gibt es mehrere Auftritte von Jackie Chan, und zwar vom 13.02.1996, 14.08.1996, 08.01.1997, 15.07.1997, 15.09.1998, 18.05.2000 und vom 02.08.2007.

The 68th Annual Academy Awards
Bei den Oscars am 25.03.1996 präsentierte Jackie Chan tatsächlich die Nominierten für den besten animierten Kurzfilm.

The Tonight Show With Jay Leno
In der beliebtesten Late-Night-Show der USA war Jackie Chan an folgenden Terminen zu Gast: #4.201 (19.07.1996), #7.57 (29.03.1999), #8.197 (24.05.2000), #8.266

(03.10.2000), #9.125 (26.07.2001), #10.160 (02.10.2002), #11.18 (03.02.2003), #11.143 (15.08.2003), #12.101 (11.06.2004).

The Rosie O'Donnell Show
In dieser Talkshow war Jackie zweimal zu Gast, am 22.07.1996 und am 17.09.1998.

The Daily Show
Comedy Centrals tägliches News-Magazin mit Humor. Jackie war in folgenden Episoden zu Gast: #1.4 (25.07.1996), #3.32 (21.09.1998), #3.120 (14.04.1999), #6.15 (01.08.2001).

Late Night With Conan O'Brien
Auch in dieser populären Talkshow war Jackie Chan mehrmals zu Gast: #3.175 (15.08.1996), #6.98 (02.04.1999), #8.12 (05.10.2000), #10.10 (25.09.2002), #11.130 (15.06.2004), #14.189 (03.08.2007).

SmapxSmap
In einer Ausgabe vom 21.10.1996 tritt Jackie Chan in der japanischen Musikshow auf.

Star & Me Interview (mit Bao Fong)
In dieser 22-teiligen taiwanesischen TV-Reihe wird Jackie Chan im Rahmen der Promo für »Mr. Nice Guy« (1997) ca. 1996/1997 interviewt. Titel »Star Orgasm« laut VCD.

1998 MTV Video Music Awards
Im September 1998 präsentierte Jackie Chan wieder einen Award.

Vivement Dimanche
In dieser französischen Talkshow aus Paris war er am 17.01.1999 zu Gast.

Viva Interaktiv
Der deutsche Musiksender Viva lud am 11.10.2000 Jackie Chan ein.

2001 ABC World Stunt Awards
Am 16.06.2001 fand die Verleihung dieses wichtigen Filmpreises statt.

The Priory
Der britische Show-Mix ist auch bekannt als »Right About Now« und hatte am 10.07.2001 Jackie Chan und Chris Tucker zu Gast.

Die Harald Schmidt Show
In der Episode 823 »Wie es zur deutschen Einheit kam« vom 12.10.2001 war Jackie Chan zu Gast bei Deutschlands beliebtester Late-Talk-Show.

Brit Awards 2003
Bei diesem TV-Special war Jackie Chan am 20.02.2003 als Präsentator dabei.

Miss World 2003
In der chinesischen Ausgabe des Schönheitswettbewerbs nahm Jackie Chan als Juror der Sendung am 06.12.2003 seinen Platz ein.

Großer Preis Von Shanghai
In der Vorberichterstattung zum Formel-1-Grand-Prix-Rennen auf RTL sieht man Jackie Chan. Datum war der 26.09.2004.

Wetten, dass..?
Live aus Nürnberg imponierte Jackie Chan am 11.12.2004 das deutschsprachige Fernsehpublikum, als er als Wettpate mit einem Ei in der Hand Betonklötze zerschlug.

The 24th Hong Kong Film Awards Presentation Ceremony
Dieses TV-Special gibt es sogar auf DVD. Datum war der 27.03.2005.

TV total
In der beliebten deutschen Comedy-Show war Jackie Chan einmal am 10.10.2005 zu Gast in der Episode #1.780. In einer anderen Folge gibt es Footage davon.

Getaway
In dieser australisch-neuseeländischen TV-Doku-Talkshow wird Jackie in Episode #16.33 vom 27.09.2007 als sogenannter Celebrity Traveller gefilmt.

Ellen: The Ellen DeGeneres Show
In der Folge vom 10.04.2008 hatte Jackie Chan einen legendären Auftritt, in dem er Gastgeberin Ellen DeGeneres höflich und lustig die Meinung geigt, ihn doch bitte nicht mehr mit typischen Handkantenschlägen anzusagen.

The Graham Norton Show
In der beliebten englischen Talkshow war Jackie Chan sowohl in Episode #3.6 am 22.05.2008 zu Gast als auch in Episode #4.13 am 27.12.2008, in der aber nur Footage-Aufnahmen von ihm gezeigt wurden.

Wushu Cannes 2008
Eine ca. 18-minütige Dokumentation begleitend zu Jackie Chans Auftritt bei den Internationalen Filmfestspielen in Cannes. Die Aufnahmen sind auf der US-DVD von »Wushu« (2008) enthalten.

Morgenpost TV
Für den Berliner Sender tv.berlin wurde Jackie Chan im Rahmen seiner Promotour für »Little Big Soldier« (2010) an den Internationalen Filmfestspielen in Berlin befragt.

The Iron Fist DASH!
Auch bekannt als »The Tetsuwan Dash«. Jackie Chan, sein Sohn Jaycee und Wilson Chen waren am 22.04.2010 zu Gast in der japanischen Reality-TV-Show.

Friday Night With Jonathan Ross
Das britische Pendant zum US-Original, in dem Filmexperte Jonathan Ross in Episode #18.25 am 16.07.2010 Jackie Chan, Mickey Rourke und Tom Cruise als Gäste hat.

Janela Indiscreta
Moderator Mario Augusto stellt in seiner Talkshow Filme vor und führt Interviews, so mit Jackie Chan in Episode #1.27 am 04.09.2010.

The Hour
Auch in dieser kanadischen Talkshow mit Moderator George Stroumboulopoulos für CBC kommt Jackie Chan in Episode #9.2 am 18.09.2012 zu Wort.

Close Up
Eine unabhängige Dokureihe über Stars, in der in Episode acht der fünften Staffel Jackie Chan porträtiert wird. Datum: 01.12.2012.

Leonning Maen (Running Man)
In der Ausgabe »Kwanghee Fashion Mall« dieser südkoreanischen Game-Show musste sich Jackie Chan am 03.03.2013 beweisen.

The 8th Annual Governors Awards
Hier erhielt Jackie Chan den Ehrenoscar für sein Lebenswerk am 12.11.2016.

The Kapil Sharma Show
In der beliebten indischen Talkshow lädt der Moderator Jackie Chan am 29.01.2017 ein, um über »Kung Fu Yoga« (2017) zu sprechen.

Steve
Ein toller Auftritt von Jackie Chan bei dem beliebten Steve Harvey. In der US-Talkshow soll er aus Privatvideos ablesen, ob ein Amateurstunt gut oder schlecht ausging. Termin war am 13.10.2017 zur Promo von »The Foreigner« (2017).

Weitere Sendungen sind zum Beispiel The Probe Team, MTV's Alternative Nation, 28th NAACP Image Awards, Happy Camp, Moviewatch, Ôsama No Buranchi, 20 Heures Le Journal, International Indian Film Awards, The Big Breakfast, Viva FilmAb, Heroes Of Black Comedy, Rank, Player$, The Mysti Show, Richard & Judy, Tinseltown, Film '72, Jimmy Kimmel Live!, Fusion: Kanye West, Gnarls Barkley, Lupe Fiasco, HBO First Look, Rome Is Burning, Up Close With Carrie Keagan, World Film Report, Art And Life, El Hormiguero, The View, Asia Uncut With Jon Nierman, SportTV, Vechernity Urgant, Guys Choice Awards 2013, Missing Reel, Extra, You Are The Best, Hidden Energy, The 5 Show, Day Day Up, Entertainment Tonight, The Nostalgia Critic, Good Morning Britain, Conan, Chelsea, Today, Access Hollywood, Made In Hollywood und viele weitere mehr.

Jackie Chan in TV-Werbespots (Auswahl)

Natürlich wollten Firmen am Marken- und Medienerfolg von Jackie Chan seit Anbeginn teilhaben. Angefangen in den frühen 1980ern, hat Jackie Chan bis heute dutzende Werbespots, Public Service Announcements (PSA) und Promovideos für Events und Veranstaltungen gedreht. Er ist nicht nur Werbeträger und Testimonial für viele Produkte, sondern gilt paradoxerweise in der Branche sogar als Werbefluch. Denn viele Produkte, die der Star beworben hat, waren nicht erfolgreich. Das liegt allerdings nicht an dem sympathischen Filmstar, sondern eher daran, dass das jeweilige Produkt nicht ganz zu Jackie Chan passte, die Hersteller einfach nur mit einem bekannten Gesicht werben wollten und Kunden so keine echte Kaufmotivation sahen.

Guy Laroche
Am Set dieses Werbespots für eine Luxusuhr lernten sich Jackie Chan und Michelle Yeoh 1984 kennen.

Mountain Dew
Einer der beliebtesten Werbespots mit Jackie Chan wurde von PepsiCo in Auftrag gegeben. Im 60-Sekunden-Spot mit dem Titel »Be The Dew« von 1996 treten auch Jackies Stuntmen seiner Sing Ga Ban auf.

Österreichische Bundesbahnen (ÖBB)
Tatsächlich wahr: Während der Dreharbeiten zu »Shanghai Noon« (2000) drehte Jackie Chan diesen Spot für die Österreichische Bundesbahnen, zu erkennen an seinen langen Haaren. Er spricht sogar ein wenig Deutsch.

Entrac
Während der Dreharbeiten zu »The Medallion« (2003) fungierte Jackie Chan als Testimonial für das südkoreanische Navigationssystem Entrac. Der Spot wurde in Bangkok, Thailand, auf der Rama-III.-Brücke in vier Tagen 2002 gedreht.

Hanes Tagless T-Shirts
Spotpremiere von »Jackie & Mike«, in dem Jackie Chan und Michael Jordan die T-Shirts ohne kratzendes Etikett bewerben, war am 26.01.2003 in den USA. Outtakes findet man sogar im Internet.

Bawang Shampoo
Für dieses umstrittene Haarwuchsmittel machte Jackie Chan 2004 Werbung. Im Spot prägt er den Ausdruck »Duang«, was mit »Puff« oder »Peng« übersetzt werden kann, eine Lautmalerei also. Jahre später ging ein Fan-Video so viral, dass Jackie selbst den Ausdruck in seinen Filmen untergebracht hat.

Hefty Ultra Flex
In den USA wurden 2004 auch die elastischen Müllbeutel der Firma Pactiv Corp. von Jackie Chan beworben. Ebenfalls ein toller Spot.

Visa
Für die Olympischen Sommerspiele 2008 in Peking beauftragte Visa die Agentur Clemenger BBDO aus Sydney, diesen Spot mit Jackie Chan und Yao Ming, beide offizielle Botschafter der Großveranstaltung, unter dem Titel »Beijing Olympics: Jackie Chan vs. Yao Ming« zu produzieren.

Kaspersky
Das Thema Internetsicherheit wurde im TV-Spot zur Kaspersky-Software 2010 im selben Jahr in Australien und Neuseeland mit Jackie Chan und dem Unternehmensgründer Eugene Kaspersky höchstpersönlich gedreht.

V8 Vegetable Juice
In fünf witzigen Werbespots von 2012 sieht man Jackie Chan und Cheryl White unter der Tagline »Could've Had A V8« diese Smoothies bewerben.

Chigo AC
Die chinesische Firma für Klimaanlagen nahm Jackie Chan 2014 unter Vertrag, um dem Konkurrenten Gree, für den Jackie 2009/2010 ein paar Spots drehte, den Rang abzulaufen. Die »Chigo«-Spots liefen erstmals 2015 im chinesischen Fernsehen.

Darüber hinaus engagiert sich Jackie Chan seit vielen Jahren für Wild Aid, Antidrogen-, Antipiraterie- und Antitabak-Kampagnen, für die er einige Public Service Announcements drehte. Weiterhin machte er Werbung für Mitsubishi, einen langjährigen treuen Geschäftspartner, Amercian Express, TD Waterhouse, Striker, Oranamin, Kirin Beer, den VW Caddy, Cable Flex, XGT Energy, Big China Nissin und viele weitere Produkte.

Jackie Chans Filmfirmen (Auswahl)

Neben gebuchten Auftritten als Werbeträger für Produkte, Dienstleistungen und Events hat Jackie Chan im Laufe seines Lebens nicht nur eigene Firmen gegründet sondern gilt auch als Teilhaber und Initiator bestehender Firmen. Diese kleine Auswahl gibt eine Übersicht über die wichtigsten seiner Unternehmungen.

Sing Ga Ban

Keine Firma, sondern ein Zusammenschluss von gleichgesinnten Stuntmen, die seit 1977 für bessere Bedingungen in den damaligen Hongkong-Filmproduktionen kämpften und eigene Projekte auf die Beine mit Gründer Jackie Chan stellten. Weltweit hat die Truppe viele Namen, darunter auch Jackie Chan's Stuntmen Club, Jackie Chan's Stuntmen Association oder Jackie Chan Stunt Team. Mittlerweile wurde aus dem losen Zusammenschluss einiger verrückter Stuntmen ein echter Ausbildungstrupp, der Nachwuchstalente im Film- und Stuntbereich in Jackies eigener Ausbildungsstätte in China für eigene, aber auch Fremdproduktionen unterrichtet. 2017 feierte die Sing Ga Ban ihr 40-jähriges Bestehen im chinesischen Fernsehen. Moderiert wurde die Show von Eric Tsang, dem es gelang, selbst die Gründungsmitglieder und ehemalige Stuntmen, die sich aus der Branche zurückgezogen hatten, zu Jackies Ehren einzuladen. Das Aufeinandertreffen nach so vielen Jahren war herzerweichend für alle Beteiligten und Zuschauer. Beim Gründungsdatum scheint es aber Unstimmigkeiten zu geben, denn auf den neuesten Team-Jacken der Sing Ga Ban prangt die Zahl 1976 – zu sehen auf Fotos und in diversen Aufnahmen hinter den Kulissen von »The Foreigner« (2017).

Authority Films Ltd.

Als Jackie Chan 1980 von Lo Wei zu Golden Harvest wechselte, gründete er gleich seine eigene Filmfirma, unter der er seine eigenen Kinofilme produzieren wollte. Es war eine schwierige Zeit für den jungen Star, denn Lo Wei machte ihm weiterhin das Leben schwer, weil Jackie Chan seinen Vertrag mit ihm brach. Obwohl Golden Harvest seine Ablösesumme zahlte und Freund Jimmy Wang Yu half, Schläger und Erpresser von ihm fernzuhalten und Lo Wei zu beruhigen, schickte Manager Willie Chan seinen Schützling nach Amerika, wo er in sicherem Abstand versuchen sollte, den US-Markt zu erobern. Zeitgleich produzierte seine Firma in Hongkong die Filme »Read Lips« (1980) und »The Gold Hunters« (1981). Der dritte und letzte Film von Authority Films Ltd. war »Dragon Lord« (1982), der (zu) lange in Produktion war und bei dem sich Lo Wei irgendwie einkaufte – das bezeugt sein Logo am Anfang des Films. Nach der langen und chaotischen Produktionsphase von »Dragon Lord« und dem Ankommen des Hongkong-Actionfilms in der Neuzeit musste auch bei Jackie Chan ein Umdenken geschehen.

Golden Way Films Ltd.

Nachdem die schwere Zeit mit Lo Wei erfolgreich überstanden war und Sammo Hung mit seiner Idee, den Hongkong-Actionfilm in die moderne Zeit zu adaptieren, erfolgreich war – erstmals mit »Winners & Sinners« (1983) und dann wieder mit »Wheels On Meals« (1984) –, stand auch bei Jackie Chan eine Veränderung an. So erlebte seine Authority Films Ltd. ein Rebranding und wurde ab 1985 unter dem neuen Namen Golden Way Films Ltd. geführt. Dies hatte zudem den Vorteil, dass die Verbindung zur Muttergesellschaft Golden Harvest optisch und konzeptionell besser erkennbar war. Unter der modern ausgerichteten Filmfirma entstanden so in genau zehn Jahren 20 Filme von und/oder mit Jackie Chan, von denen manche sogar bei internationalen Filmfestspielen ausgezeichnet wurden.

JCE Movies Limited

Nachdem es Mitte der 1990er ruhiger mit Eigenproduktionen zuging und Jackie mehr mit Media Asia und der Emperor Motion Group kooperierte, bahnte sich eine weitere Veränderung an. Mit der der Rückgabe Hongkongs ans Festland Chinas und dem Tod von Mitgründer Leonard Ho am 17. Februar 1998 musste die Firma Golden Harvest zur Jahrtausendwende neu organisiert werden. 2003 konzentrierte man sich daher weniger auf die Produktion von Filmen sondern mehr auf deren Vermarktung und Finanzierung auf dem Festland Chinas. 2007 verkaufte Raymond Chow, der noch verbliebene Mitgründer, im Alter von 80 Jahren seine Firma an den Geschäftsmann Wu Be-Ko, den Inhaber der Orange Sky Entertainment Group aus China. 2009 wurde die Firma dann in Orange Sky Golden Harvest umbenannt. Jackie wusste um diese Umwälzungen in der Zukunft und dass er in seinen eigenen Produktionen eingeschränkter agieren würde. Daher formierte er 2003 mit Albert Yeung die Hongkonger Filmfirma JCE Movies Limited unter der Emperor Motion Pictures Group. Seine Dokumentation »Traces Of A Dragon: Jackie Chan & His Lost Family« (2003) kündigte sein Geschäftsvorhaben an. Es folgten, wiederum in genau zehn Jahren, dreizehn Filme von und/oder mit Jackie Chan.

Jackie & JJ Productions Ltd.

Über all die Jahre war Manager Willie Chan Jackies rechte Hand. Doch mit dem wachsenden weltweiten Erfolg brauchte der Star immer weniger Beratung von seinem treuen Freund. Ebenso schlichen sich immer mehr selbsternannte Berater ein, die eher ans schnelle Geld und an Ruhm kommen wollten, anstatt Jackies und Willies Vermächtnis fortzuführen. Dies bemängelte jedenfalls Willie Chan damals, was mitunter ein Grund dafür war, dass sich die Wege beider Filmkoryphäen trennten. Diese Trennung ging über ein paar Jahre vonstatten, doch 2008 wurde in einer Zeremonie mit Jackie Chan, seiner Ehefrau Joan Lin Feng-Chiao und ihrem gemeinsam Sohn Jaycee Chan die neue gemeinsame Firma eingeweiht. Wo die vorherigen Firmen noch Hongkong-basiert waren, wurde die Jackie & JJ Productions Ltd. internationaler ausgerichtet.

Sparkle Roll Media Corporation

2015 dann eine weitere Veränderung. Mit der Sparkle Roll Group tat sich Jackie Chan zusammen, um die chinesische Firma Sparkle Roll Media Corporation zu gründen. Diese soll große Filmproduktionen vom Festland China mit der Welt verbinden und die Säle der gemeinsamen Kinokette füllen. Dazu zählen bisher »Dragon Blade« (2015) mit Hollywood-Stars, »Kung Fu Yoga« (2017) als erste chinesisch-indische Kooperation aller Zeiten und »The Foreigner« (2017), der Jackie seine wohl beste dramatische Rolle neben Ex-Bond-Darsteller Pierce Brosnan bescherte.

2015 gründete Jackie zudem die erste **Jackie Chan Film and Television Academy** in Wuhan unter der Obhut des Wuhan Institute of Design and Science, in der Studenten Kurse wie Animation, Performance, Digital Media, Broadcast Editing und Directing belegen können. Jackie Chan ist offizieller Dekan der Schule und wird, sooft es ihm möglich ist, sein Unternehmen besuchen, um auch hier und da zu dozieren.

Darüber hinaus ist Jackie Chan der Mitgründer von **Jackie & Willie Productions**, der **JC Group**, **Jackie's Angels** (einer Model- und Talentagentur von ca. 1985), der **Golden Way Creative Group** (eines Drehbuchautorenteams von 1985 rund um Edward Tang, die diskret Ideen von Jackie zu Papier brachten), **Jackie Chan Design** (einer Modefirma ab 2004), **Jackie Chan's Cafe** sowie **Jackie's Kitchen** von 2008, **Jackie Chan-Yaolai International Cinema** (einer eigenen Kinokette zusammen mit der Sparkle Roll Group ab 2010) und von **Jackie Chan DC Racing** (eines Rennstalls gegründet am 20.08.2015 unter Baxi DC Racing Alpine von David Cheng).

Ebenso war Jackie Chan Teilhaber der US-amerikanischen Restaurantkette **Planet Hollywood** ab ca. 1995, der Hongkonger **Media Asia Entertainment Group** ab Mitte der 1990er, und seit 2. Dezember 2017 ist er General Director bei der **Chang Ying Group**. Sein eigenes Fitnessstudio namens **Jackie Chan Signature Club** war eine Partnerschaft mit dem Studio California Fitness.

Das Beste an all den Teilhaberschaften und eigenen Firmen: Ein Prozentsatz der Einnahmen geht regelmäßig seinen eigenen Stiftungen zugute, darunter der klassischen **Jackie Chan Charitable Foundation** und der **Dragon's Heart Foundation**, die bereits vor einigen Jahren einen europäischen Ableger hervorgebracht hat.

Jackie Chan in Danksagungen

Oft werden Menschen von ihrem Idol dazu inspiriert, ein Projekt anzufangen oder zu beenden. Manchmal hilft dieses Idol sogar dabei mit – dank Kontakten, motivierenden Grußbotschaften, Empfehlungen und mehr. Die Gründe mögen unterschiedlich sein. Die folgende Liste enthält Produktionen, die alle etwas gemeinsam haben: Sie danken allen Jackie Chan in ihren Credits. Ausgelassen wurden die Filme mit Danksagung, die eh in seiner Filmografie zu finden sind.

FX Fighter Turbo
Das britische PC-Spiel kam am 24.06.1996 auf den Markt. Jackie Chan wird unter Special Thanks erwähnt.

Diablo
Das berühmte US-Videospiel für den PC und die PlayStation kam am 30.11.1996 auf den Markt. Jackie Chan wird unter Thanks gelistet.

Mr. Show With Bob And David
In der Folge »Operation Hell On Earth« vom 13.12.1996 dieser US-Sketch-Show wird Jackie Chan unter Special Thanks gedankt, ganz ohne Bezug zu ihm.

StarCraft
Dieses US-Videospiel für den PC und das Nintendo 64 nennt Jackie Chan unter Thanks.

The Contact
In diesem spanischen Kurzfilm vom 15.03.2004 dankt sein Macher Juan Herrán seinem Idol Jackie Chan unter Special Thanks. Co-Director ist Steven Dasz, der schon mit Jackie Chan zusammenarbeitete.

Left For Dead
Dieser »direct to video«-Film aus Großbritannien wurde selbst finanziert und kam am 09.09.2005 mit dem Vermerk Jackie Chans unter Thanks auf den Markt. Schöpfer des Films ist Gordon Alexander, der von Jackie Chan ausgebildet wurde.

El Morao Del Dragon Gordo
Ein weiterer Kurzfilm aus Spanien von den Dasz-Brüdern, die bereits mit Jackie Chan gearbeitet hatten. Auch bekannt als »Gordo Master vs. Twin Snakes« kam er am 25.03.2010 raus und dankt Jackie Chan in Form einer Widmung.

Scott Pilgrim vs. The World
Diese Ko-Produktion zwischen USA, Großbritannien, Kanada und Japan hatte James Allan Bradley, einen ehemaligen Schüler und Stuntman Jackie Chans, als Stuntkoordinator und Second Unit Director mit an Bord. Der Film dankt Jackie Chan unter Special Thanks. Der Film erschien am 27.07.2010.

Edicion Especial Coleccionista
Die Folge »Supercop« des Web-Magazins vom 08.02.2011 ist Jackie Chan gewidmet.

The Suppressor
In dem britischen Film vom 11.11.2011 wird Jackie Chan unter Special Thanks gedankt.

Funny Show Part Two: The Video-Movie
Jackie Chan diente dem griechischen Film, der seine Veröffentlichung am 17.09.2012 fand, als Inspiration.

The World's End
Auch diese Ko-Produktion zwischen Großbritannien, USA und Japan hatte James Allan Bradley als Crewmitglied an Bord, nämlich als erfahrener Action Director. Der Film dankt Jackie Chan unter Special Thanks. Erstveröffentlichung des Films war am 10.07.2013.

My Lucky Star
Wie zuvor beschrieben, arbeitete Jackie Chan an diesem Film sogar inoffiziell mit. Wegen seiner Unterstützung dankte man ihm mit einem Special Thank You. Der Film kam am 17.09.2013 raus.

That's Life!! Kilorenzos Smith In Talks ...
Der Folge »No More Funny Show!« vom November 2013 der griechischen Comedy-Sendung diente Jackie Chan als Inspiration.

Stunt Games
Ein weiterer Film der Dasz-Brüder, der seine Premiere im Internet am 11.12.2014 feierte und erst zwei Jahre später auf DVD erschien. Jackie Chan wird unter Special Thanks mit dem Kommentar »Dank allen 3 Brüdern« gedankt.

Triple Threat
Im neuen Scott-Adkins-Film dankt man bereits in der Produktionsphase öffentlich Jackie Chan mit einem Special Thanks in den Credits.

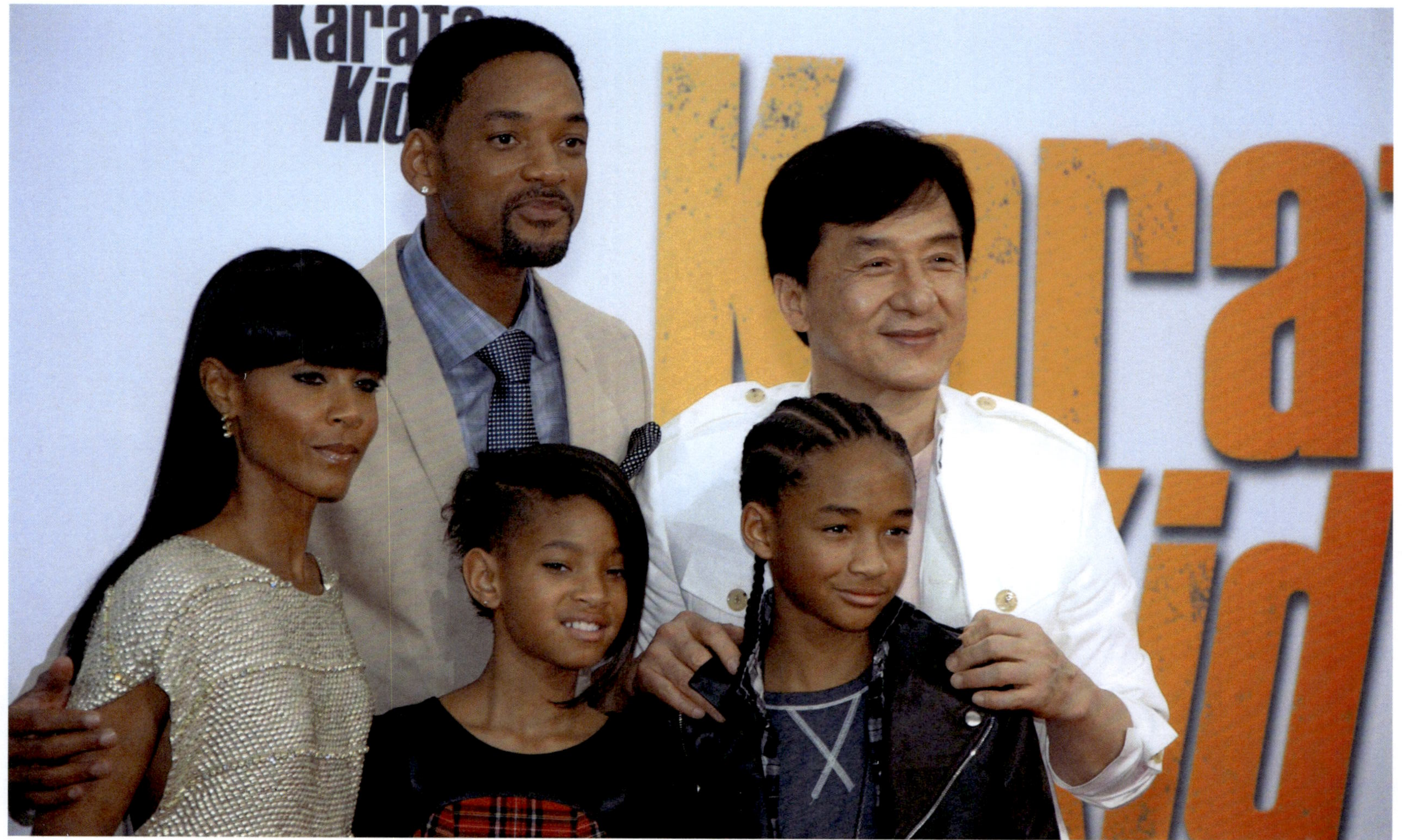

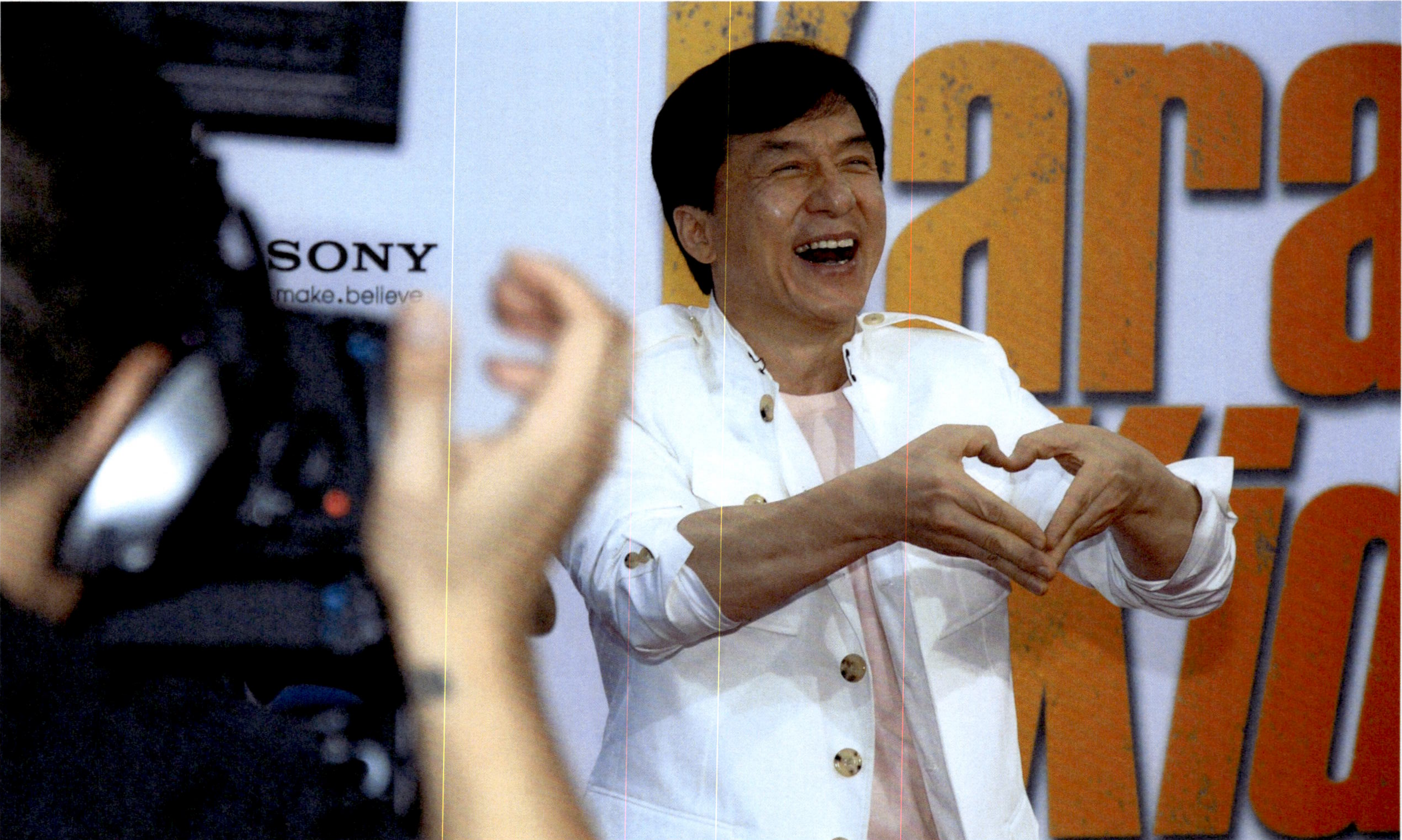
SONY
make.believe

Zukünftige Filme mit Jackie Chan

In Buchform einen Ausblick in die Zukunft von Filmproduktionen zu werfen, erscheint in erster Linie wenig sinnvoll, wenn man bedenkt, wie schnelllebig die Filmbranche ist – insbesondere rund um Jackie Chan, der, daran sei an dieser Stelle noch einmal erinnert, 2017 alleine in zehn großen Filmproduktionen involviert war.
Doch neben Filmen, die wegen diverser Gründe aufgeschoben wurden (s. Kapitel »Filme, die aufgeschoben wurden«) und Filmen, die aus ebenso unterschiedlichen Gründen nicht zustande kamen (s. Kapitel »Filme, die gecancelt wurden«), gibt es eine Liste von Produktionen, die bereits für einen zukünftigen Produktionsstart angekündigt sind. Diese Liste reicht einige Jahre zurück.

Mit dem Start des gigantischen Marvel Cinematic Universe wurde nicht nur ein Milliardendeal für die Firmen dingfest gemacht, sondern auch eine Reihe von Comic-Verfilmungen angekündigt, deren Faszination bis heute anhält und stets neue Rekorde brechen. 2005 lag die Idee zur Verfilmung von »**The Hands Of Shang-Chi**« auf dem Tisch von Marvel. Der Superheld im Original-Comic wurde von Steve Englehart, Jim Starlin und Stan Lee auf Grundlage von Bruce Lee Ende 1972 erschaffen und sollte die anwachsende asiatische Gesellschaft in den USA auf die populären Comics aufmerksam machen. Für die moderne Verfilmung im MCU waren bereits Yuen Wo-Ping und Ang Lee im Gespräch, bei Jackie Chan hielt man sich bei öffentlichen Diskussionen bisher zurück.
Vier Jahre später, 2009, wurden dann zwei Fortsetzungen zu erfolgreichen US-Franchises mit Jackie Chan vorgestellt. Nach dem dritten Teil kamen immer wieder Spekulationen um »**Rush Hour 4**« hoch; erst im Oktober 2017 gaben Jackie Chan und Chris Tucker unabhängig voneinander bekannt, dass sie an einem vierten Teil arbeiten und die Produktion bald starte. Im selben Jahr wurde auch die Idee zu »**Shanghai Dawn**« wieder aufgefrischt, die bereits während der Produktion zu »Shanghai Knights« (2003) besprochen wurde, um vielleicht zeitgleich daran zu arbeiten, was bekanntermaßen nicht der Fall war.
2010 nahm Jackie Chan dann mit Stanley Tong an einer Pressekonferenz zur TV-Serie »**The Patriot Yue Fei**« (2013) teil, auf der Stanley sagte, er wolle neben der TV-Serie auch einen Kinofilm, am liebsten mit Jackie, produzieren. 2011, nur ein Jahr nach dem Erscheinen von »The Karate Kid« (2010), war »**The Karate Kid 2**« im Gespräch und soll angeblich immer noch zur Debatte stehen. In einem Interview sagte Jackie Chan dazu: »Das ist zu lange her. Jaden ist mittlerweile erwachsen und ich ein alter Mann. Er könnte jetzt mein Meister sein!«
Die Huay Brothers wollten dann 2014 mit Jackie Chan zwei Filmprojekte angehen, »**Wolf Flag**« und »**Manhattan**«. Zeitgleich wurde das Projekt »**Civilian**« bekanntgegeben, dessen Skript seit 2010 vorlag und Jackie als Hauptdarsteller, Basil Iwanyk als Produzent und Peter Segal als Regisseur vorsah. Der Drehstart war sogar fürs Frühjahr 2015 in Südafrika geplant. Manche Quellen behaupten, der Film käme 2019 oder 2020 endgültig raus. Und für »**The Expendables 4**«, der ursprünglich 2019 erscheinen sollte, habe Jackie bereits angeblich zugesagt. Wegen diverser Zwiste in

Hollywood wird das Projekt weiter aufgeschoben, und dennoch hoffen Fans der beiden Actionhelden, dass sich das »Meeting Of The Muscles«, wie Renée Witterstaetter das filmische Aufeinandertreffen bereits in ihrem Buch »Dying for Action: The Life and Films of Jackie Chan« beschrieb, endlich bewahrheitet.
Parallel zu seiner US-Karriere hegt und pflegt Jackie Chan seine Karriere zuhause in China. Dort war für 2016 der Anti-Drogen-Film »**Polar Night**« angesetzt, in dem sein Sohn Jaycee Chan hätte mitspielen sollen. Doch da der wegen Drogenproblemen 2015 einige Monate im Knast saß, schob man dieses Projekt wohl aus Imagegründen auf unbestimmte Zeit auf. Im selben Jahr wurde auch der 100. Film des Kultregisseurs Wong Jing angekündigt, »**The Invincible 12**«, auch bekannt als »Dirty Dozen«. Der Film plante einen beeindruckenden Cast ähnlich »The Founding Of A Republic« (2009) ein. Beim Film »**Five Against A Bullett**« von Regisseur Jeffrey Nachmanoff habe Jackie Chan, der einen von fünf Bodyguards spielen soll, angeblich auch zugesagt. Und die neue Dokumentation von, mit und über Jackie Chan namens »**Jackie Chan: Down To Earth**« ist bereits seit Jahren in Produktion und wurde 2016 erstmals mit einem geplanten Start für 2018 bekanntgegeben und befindet sich immer noch in Produktion.
Während viele Projekte bereits vorbereitet wurden, kündigte Jackie Chan nach dem Kinostart von seinem umstrittenen »Kung Fu Yoga« (2017) den zweiten Teil »**Kung Fu Yoga 2**« an. Ob der aber wegen der weltweit unterschiedlichen Kritik jemals zustande kommen wird, ist fraglich. Ebenso erwähnte er in einem Interview zu der Zeit beiläufig einen »**Police Story 2017**«, in dem er dann mehr in Richtung Drama tendieren würde als in Sachen Action. Zusammen mit diesem Titel benannte der Schauspieler auch »**Police Story 2020**«; die Reihe könnte er ewig weiterführen, weil sich seine Figur ebenfalls weiterentwickelt und der jeweiligen Zeit anpasst.
Vom Regisseur von »Love Changes The World« sollte 2018 er Film »**Snow Covered Land**« mit Jackie Chan in Produktion gehen und den ersten einer Reihe von neuen 3D-Filmen ankündigen. Einige Quellen behaupten, dieser Film käme erst 2020 ins Kino. Interessant ist auch Jackies Statement am Ende der Dreharbeiten seines 2017er Sci-Fi-Actioner, als er sagt, dass die Crew sich ab 2018 für »**Bleeding Steel 2**« wiedersehen würde. Auch dieser Film spaltet weltweit die Gemüter, daher ist es fraglich, ob es eine Fortsetzung geben wird. Lange hielt sich zudem das Gerücht, Jackie Chan kämpfe in »**Ip Man 4**« gegen Donnie Yen. Man wollte daran glauben, hielt an dem tollen Gedanken fest, doch im August 2018 zitierte man Donnie in einem Interview, dass die Meldung falsch sei. Oder doch nicht?
Für 2019 stehen sogar einige Filme mehr auf dem Plan. Angefangen mit dem bereits vor Jahren angekündigten Animationsfilm »**All New Jackie Chan Adventures**« zur gleichnamigen chinesischen Kinderserie. Eine interessante Dokumentation über Bolo Yeung mit dem Titel »**Chinese Hercules: The Bolo Yeung Story**« ist ebenfalls für 2019 angesetzt. Der Titel der Doku basiert auf dem des Films von 1973, bei dem Jackie erstmals Action Director war. Vielleicht ist hier mit Footage-Aufnahmen von Chan zu rechnen. Ebenfalls seit 2017 ist das Reboot der erfolgreichen 1980er Jahre Filmreihe »**The Return Of The Lucky Stars**« von und mit Sammo Hung in Produktion. Doch ob Jackie dabei sein wird, ist mehr als fraglich – leider. Yuen Biaos Rolle in dem Film wird ebenso diskutiert, doch der machte Ende Juli 2018 bei einer Pressekonferenz mit seiner Aussage Schlagzeilen, dass er an einem Film mit dem Arbeitsti-

tel »**Seven Little Fortunes Movie**« arbeite. Er und die anderen sechs Kleinen Glücksbringer haben angeblich bereits zum 50. Bestehen der Truppe 2009 über einen gemeinsamen Film gesprochen, doch jetzt sei zum 60. Jubiläum der Theatertruppe von Meister Yu Jim-Yuen das Projekt ernsthaft im Gespräch. Und dann steht ja noch der angekündigte zweite Teil der Dokureihe von Jackie Chan und National Geographic an, »**Jackie Chan's Green Heroes 2**«, der mit »**Jackie Chan's Green Heroes 3**« 2020 die Reihe komplett machen soll.

Und als wäre dieser Ausblick noch nicht spannend und ausführlich genug, sind für 2020 sogar noch weitere Filme geplant. Laut Movie Douban gibt es ab 2020 den Film »**Yan Xia Xing**« mit Jackie Chan als Regisseur, im gleichen Jahr laut derselben Quelle auch »**Chinese Zodiac 2**«. Für 2020 ist auch eine Realverfilmung von »**Mulan**« geplant, in dem Jackie Chan angeblich zu sehen sein wird, genauso angeblich wie in »**Aankhen 2**«, der geplanten Fortsetzung zum indischen Kassenhit, der laut Story in einem chinesischen Casino spielen soll. Ein weiteres indisches Projekt ist der noch namenlose »**Untitled Tiger Shroff Movie**«. Ausschlaggebend sind hier wohl Hollywood-Produzenten, die den neuen indischen Actionstar in einem gigantischen, weltweit zu vermarkteten Blockbuster unterbringen wollen und ihn mit Versprechungen locken, dass er mitunter gegen Jackie Chan, Chuck Norris und Shannon Lee (Bruce Lees Tochter!) kämpfen soll. Wagemutige Behauptungen, die der Mumbai Mirror am 20.09.2018 online zitiert. Und natürlich stehen ja noch weitere drei »**Kung Fu Panda**«-Filme aus! Drei? Ja, genau, das bestätigten die Produzenten bereits 2010, indem für das Franchise seit Anfang an mit sechs Kapiteln gerechnet wurde. 2016 wurde diese Meldung wieder bestätigt. Man darf also gespannt sein, ob die zweite Panda-Trilogie bald in Produktion geht und ob Jackie Chan auch diesmal als Stimme für den Master Monkey engagiert werden konnte.

Jackie Chan in Videospielen

Eigentlich führt das Thema Videospiele zu weit vom Thema Film weg und könnte aufgrund der schieren Masse an Informationen ein eigenes Buch füllen. Doch in der Geschichte der Videospiele, an denen Jackie Chan beteiligt war, gab es auch so manche Videoaufnahmen von ihm, die weiter verwendet wurden. Ebenso sind viele der ersten Videospiele mit Filmtiteln verbunden, die auf jeden Fall erwähnenswert sind. Daher als Bonus die komplette Gamografie von Jackie Chan im Überblick!

Canon Ball 2

(Herkunft: Japan (Pony Canyon), Genre: Racing, Plattform: PC-88, FM-7, X1; VÖ: 1984)
Das erste Spiel, in dem Jackie Chan als Figur auftritt, hat mit ihm eigentlich gar nichts zu tun. Das simple Rennspiel nutzt die damalige Popularität um den Star aus, um den Film »Cannonball Run II« (1984) zu bewerben. Im Spiel hat er noch weniger Präsenz als im Film, nämlich gar keine. Das Spiel gilt heute als verschollen, wobei manche Quellen behaupten, es sei damals unspielbar gewesen.

Project A

(Herkunft: Japan (Pony Canyon), Genre: Action, Plattform: PC-88, MSX; VÖ: 1984)
In diesem Spiel spielt man tatsächlich mit Jackie Chan, um genauer zu sein mit Dragon Ma aus »Project A« (1983), auch wenn man es aufgrund der simplen Grafik nicht erkennen kann. Mit einfachen Rechts-Links-Bewegungen und Kampfhandlungen tritt man gegen Piraten und Fledermäuse an.

Spartan X

(Herkunft: Japan (Irem), Genre: Beat-em-up, Plattform: Arcade, NES; VÖ: Dezember 1984)
Dieses Spiel wurde von Towa Promotions, die den Film »Wheels On Meals« (1984) in Japan unter dem Titel »Spartan X« vertraten, lizenziert und auf den Markt gebracht. Die Story ist eine Mischung aus Jackies genanntem Film und Bruce Lees »The Game Of Death« (1978). Im Westen wurde das Spiel als »Kung-Fu Master« und »Kung Fu« mit minimalen Änderungen im Design auf den Markt gebracht. Sequels und Ableger dieser Spielereihe haben nichts mit Jackie Chan zu tun, so zum Beispiel das 1990 für den Game Boy erschienene und um ein paar Levels erweiterte »Kung' Fu Master« von Irem aus Japan. Tatsache ist, dass die Videospielereihe »Kung Fu Master« die älteste und eine der beliebtesten Kampfspiele ist und über Jahrzehnte aktualisiert und an verschiedene Plattformen angepasst wurde.

Spartan X

(Herkunft: Japan (Pony Canyon), Genre: Action, Plattform: MSX, VÖ: 1985)
Kurz nachdem Mitbewerber Irem sein »Spartan X«-Spiel herausbrachte, zog Pony Canyon mit einer Adaption nach, die viel näher am Originalfilm ist. Hier kam dieselbe Engine wie bei »Project A« im Jahr zuvor zu Werke, doch das Gameplay hat mehr mit Barcelona und den Filmfiguren zu tun.

The Protector

(Herkunft: Japan (Pony Canyon), Genre: Beat-em-up, Plattform: MSX, VÖ: 1985)

Eine weitere kleine Verbesserung hin zu einer Chan-ähnlichen Spielfigur. Auch wenn der Film »The Protector« (1985) im Westen floppte, so hatte er in Asien seine Anhängerschaft. Deshalb lizenzierte Pony Canyon dieses Spiel, indem man sich mit Gegnern anlegen muss. Nichts besonderes, aber erwähnenswert sei noch, dass der kleine Betrieb Brother Industries einige Jahre später das Spiel als »Legend Of Takeru« für die MSX neu herausbrachte.

The Police Story

(Herkunft: Japan (Pony Canyon), Genre: Beat-em-up, Plattform: MSX, VÖ: 1986)

Wenn man *den* Actionfilm von Jackie Chan benennen muss, ist weltweit die Antwort meist gleich: »Police Story« (1985). Nur wenige Monate nach »The Protector« veröffentlichte Pony Canyon mit derselben Engine dieses Spiel, in dem man als Jackie gegen Bösewichter und Schlangen in verschiedenen Räumen antreten muss.

THE Kung Fu

(Herkunft: Japan (Hudson Soft), Genre: Beat-em-up, Plattform: TurboGrafx-16, VÖ: 21.11.1987)

Im Westen wurde das Spiel als »China Warrior« bekannt und ursprünglich für die PC Engine/TurboGrafx-16 entwickelt. Jahre später wurde das Spiel für Mobiltelefone, das PlayStation Network und diverse Virtual Consoles aufbereitet. Im Spiel kämpft man als Bruce Lee gegen Gegner, und einer von ihnen ist tatsächlich Jackie Chan.

Project A 2

(Herkunft: Japan (Pony Canyon), Genre: Action, Adventure; Plattform: MSX2, VÖ: 1987)

Der letzte Versuch von Pony Canyon, Jackie Chan in der Videospielewelt zu etablieren, war dank eines ordentlichen Hardware-Booms sowie neuem Design und Gameplay mit japanischen Textanweisungen in einer Open World beinahe möglich. Das Spiel folgt lose der Handlung zum Film »Project A II« (1987), von dem eine Legende besagt, er sei zustande gekommen, weil der damalige japanische Kaiser darauf bestand. Eine zweite Version des Spiels wurde inoffiziell von der koreanischen Firma Zemina veröffentlicht, auch wenn es kaum merkliche Unterschiede gibt.

Jackie Chan's Action Kung Fu

(Herkunft: Japan (Hudson Soft), Genre: Action, Platforming, Adventure; Plattform: NES, TurboGrafx-16; VÖ: 14.12.1990)

Ende der 1980er standen zwei Dinge fest: Jackie Chan ist Asiens erfolgreichster Filmexport seit Bruce Lee und Nintendo regiert die Videospielewelt. Natürlich musste man beides in diesem Spiel zusammenfügen. So entstand das erste echte Jackie-Chan-Videospiel, das nicht an bestimmten Filmen aus Werbegründen gebunden war, sondern dem Star selbst einen eigenen Charakter zuschrieb. Das Design, die Musik sowie das Gameplay hatte sich um Welten verbessert, charakteristisch sind seine Haarpracht, seine dicke Nase und seine Mimik. Diverse Elemente aus seinen vergangenen Filmen kommen hier zur voller Pracht. Die dazugehörige Musik wurde vom erfahrenen Komponisten Masakatsu Maekawa erstellt und sogar als Soundtrack veröffentlicht. Die Version für die PC Engine/TurboGrafx-16 unterscheidet sich ein wenig im Design und dass Jackie hier eine Stimme hat (nicht seine eigene). Das Spiel ist auch einfach nur als »Jackie Chan« bekannt.

SUBOR SB-926

(Herkunft: China (Subor), VÖ: 1994)

Mit dem Erfolg von Nintendo kamen schnell die ersten Nachahmer-Konsolen. Tatsächlich wurde das damalige NES (Famicom in Asien genannt) oft billig kopiert. Die chinesische Firma Subor Educational Electronics Co. mit Sitz in Zhongshan wurde 1987 gegründet und stellte zunächst billige Videorekorder und Walkman her. Ihre SUBOR-Konsole war ein NES-Klon, für die es spezielle Lernspiele wie »English Word Blaster« für Kinder gab. Aber auch originale NES-Spiele konnte man mit dem System spielen. Jackie Chan gewann man hier als Testimonial, der das Gerät und die dahinterstehende Lernsoftware für Kinder bewirbt. In dem dazugehörigen TV-Spot spielt Jackie sich selbst als Erwachsenen, der wiederum sich selbst als Kind – hier kamen spannende CGI-Künste zum Tragen – dem SUBOR SB-926 nähert. Dieser sogenannte Famiclone war nicht nur in China populär sondern auch ein Exportschlager nach Russland.

Double Dragon

(Herkunft: Japan (Technōs Japan), Genre: Fighting, Plattform: Neo Geo, PS; VÖ: 03.03.1995)

Dieses Spiel basiert auf dem gleichnamigen Spielfilm von 1994 und wurde ursprünglich für das Arcade-System Neo Geo entwickelt. Die PlayStation-Variante erschien am 26. April 1996. Die darin enthaltene Figur des Cheng Fu basiert auf Jackie Chan, um genauer zu sein auf seiner Verkörperung eines Drunken Masters aus Hongkong.

Fatal Fury 3: Road To The Final Victory

(Herkunft: Japan (SNK), Genre: Fighting, Plattform: Neo Geo, Sega Saturn, PC, Virtual Console; VÖ: 27.03.1995)

Dieses Spiel wurde ursprünglich für das Arcade-System Neo Geo entwickelt und nach und nach auf diversen anderen Heimspiele-Plattformen veröffentlicht. Der Spielecharakter namens Hon Fu basiert sowohl auf Bruce Lee als auch auf Jackie Chan, der hier einige Elemente aus »Police Story« (1985) übernimmt.

Tekken 2

(Herkunft: Japan (Namco), Genre: Fighting, Plattform: Arcade, PS; VÖ: 03.08.1995)

Im zweiten Teil des beliebten Kampfspiels tritt die Figur Lei Wulong das erste Mal auf. Sie ist ein Polizeiinspektor in Hongkong, der gegen den illegalen Handel von bedrohten Tierarten vorgeht. Die Figur basiert teilweise auf Jackie Chan, der sich ebenfalls stark für das Wohl der Tiere einsetzt.

The Kung-Fu Master Jackie Chan

(Herkunft: Japan (Kaneko), Genre: Fighting, Plattform: Arcade, PS; VÖ: 1995)

Dieses Spiel kam dank des Films »Thunderbolt« (1995) erst zustande. Als das Filmteam nach Japan reiste, um einige Szenen zu drehen, suchte man vor Ort Sponsoren, um der Produktion eine Finanzspritze zu geben. Mitsubishi war bereits an Bord, und so sagte die Firma Kaneko nur unter der Bedingung zu, wenn sie mit Jackie Chan ein Videospiel produzieren dürfte. Das Ergebnis ist das heute seltene und bis 2008 unmöglich auf Emulatoren zu spielende Kampf-Game in der Art von »Mortal Kombat«, in dem sogar ein paar Schauspieler des Films »Thunderbolt« mitwirkten. Hierfür reiste man extra nach Hongkong, wo kein Geringerer als Frankie Chan mithilfe der Sing Ga Ban, Jackies Stuntteam, Motion-Capture-Aufnahmen von Sam Wong, Thorsten Nickel und anderen anfertigte. Sam Wong musste hier sogar öfter seinen Arbeitgeber doublen, weil dieser sich bei einem Stunt für »Rumble In The Bronx« (1995) den Knöchel brach. Jackie Chan selbst kann man in mehreren Varianten spielen. Der Filmstar wird sogar als Produzent des Spiels aufgeführt. Lustiger Fun Fact: Spielte man das Spiel durch, erschien die Meldung »Du hast Jackie Chan geschlagen und einen besonderen Preis gewonnen. Sprich den Manager darauf an!« Bis heute weiß niemand, was das für ein Preis gewesen sein soll. Man nimmt an, es handelte sich einfach um einen Marketinggag zur Promo für »Thunderbolt«.

Jackie Chan In Fists Of Fire: Jackie Chan Densetsu

(Herkunft: Japan (Kaneko), Genre: Fighting, Plattform: Arcade, VÖ: 1995)
Noch im selben Jahr wurde das Gameplay des originalen Spiels »The Kung-Fu Master Jackie Chan« aktualisiert und unter diesem Titel, auch bekannt als »Jackie Chan In Fists Of Fire: Legend Of Jackie Chan«, neu und exklusiv als Arcade-System herausgebracht. Diese Neufassung stellt eines der letzten Spiele von Kaneko dar, bevor die Firma 2006 bankrott ging. Nur in diesem Spiel lassen sich alle drei Chan-Charaktere spielen. Das führte dazu, dass man erkennen konnte, dass Jackie wegen seiner Fußverletzung von Sam Wong bei einigen Tritten gedoubelt werden musste.

Hong Kong 97

(Herkunft: Japan (HappySoft), Genre: Multidirectional Shooter, Plattform: SNES mit Floppy-Disk, VÖ: 1995)
Auch bekannt als »HONGKONG 1997«, wurde das Spiel in nur zwei Tagen von Yoshihisa »Kowloon« Kurosawa und einem von ihm extra angeheuerten Programmierer mit der Vorgabe entwickelt, das schlechteste Spiel überhaupt zu werden, um der Videospielindustrie eins auszuwischen. Das sagte jedenfalls der Designer und Journalist im Januar 2018 in einem Interview mit der South China Morning Post. Das Spiel wurde nie behördlich geprüft oder als offizielles Spiel angesehen und dennoch hat es bis heute Kultstatus in Japan und Taiwan. Jackie Chan ist wie Bruce Lee hier nur mit geklauten Fotografien im Spiel zu sehen.

Pokémon: Green / Red

(Herkunft: Japan (Game Freak), Genre: Role-playing, Plattform: Game Boy, VÖ: 27.02.1996)
In der beliebten Pokémon-Spielereihe hat Nockchan alias Hitmonchan, das auf Jackie Chan beruht, seinen ersten Auftritt in den beiden in Japan zeitgleich erschienenen Teilen »Pokémon: Green« und »Pokémon: Red«. Die beiden Editionen wurden im Westen später als »Red« und »Blue« veröffentlicht.

SUBOR SB-486D

(Herkunft: China (Subor), VÖ: 1996)

Zwei Jahre nach Erscheinen des ersten SUBOR-Systems nutzte man wiederum Jackie Chan als Werbemensch zur Promotion des leicht verbesserten Famiclones. Heutzutage spricht man hier ganz klar von Ideenklau und Piraterie. Doch da Nintendo ihre Spielekonsolen in China nicht auf den Markt bringen durfte, waren einheimische Industrielle gefragt, dem Volk ein Ersatz zu bieten. Dieses nahm das SUBOR dankend und wahrscheinlich ohne jede Kenntnis von einem NES oder SNES an – womöglich wusste nicht einmal Jackie als Fan von Videospielen von den ganzen Hintergründen.

Shadow Warrior

(Herkunft: USA (3D Realms), Genre: First-person shooter, Plattform: PC, VÖ: 13.05.1997)

Jackie Chan hat mit diesem Spiel eigentlich nichts zu tun. Doch im dritten Level ist auf einer Platte vor einem Grabstein die Inschrift »CHAN, er ist in der Dusche ausgerutscht« zu lesen. Beim Anblick des Grabsteins hört man die Spielfigur sagen »Willkommen im echten Leben, Mr. Chan« oder »Ha, das ist kein Film, Mr. Chan«. Das Spiel wurde am 29. Mai 2013 als »Shadow Warrior Classic« neu aufgelegt.

Gex: Enter The Gecko

(Herkunft: USA (Crystal Dynamics), Genre: Platforming, Plattform: PS, N64, PC, Game Boy Color; VÖ: Januar 1998)

Der zweite Teil der beliebten »Gecko«-Spielereihe ist auch bekannt als »Gex 3D: Enter The Gecko«, »Return Of The Gecko« und »Gex 64: Enter The Gecko« und wurde für diverse Plattformen entwickelt und 2011 sogar dem PlayStation Network hinzugefügt. Im Level »Mao Tse Tongue« hängt im Hintergrund ein Plakat, auf dem steht »Drunken Gecko I & II«, eine kleine Hommage an Jackie Chans Filme, die in den USA zu der Zeit gerade eine Renaissance erlebten.

Jackie Chan Stuntmaster

(Herkunft: USA, Kanada (Radical Entertainment), Genre: Beat-em-up, Platforming; Plattform: PS, VÖ: 29.03.2000)

Eines der beliebtesten und heute auf Verkaufsplattformen hoch gehandelten Jackie-Chan-Videospielen. 1999 begann der kanadische Entwickler die Arbeit an diesem Spiel, damals noch unter »Jackie Chan's Stuntmaster«, zu der das Motion-Capturing von Jackie Chans Bewegungen gehörte. Hierfür musste er extra in einem Spezialanzug vor einem Green Screen Kung Fu und Akrobatik betreiben. Er lieh seiner eigenen Figur sogar seine Stimme. Wie in jedem typischen Chan-Film gibt es auch hier über dem Abspann die Outtakes zur Produktion des Spiels zu bestaunen sowie ein kleines Making-Of. Und als wäre das noch nicht genug, hört man sogar einen originalen Jackie-Chan-Song: »I Wish The Flower Could Never Fade« aus seinem 1992 erschienenen Album »The First Time«.

Paper Mario

(Herkunft: Japan (Intelligent Systems), Genre: Role-playing, Plattform: N64, iQue Player; VÖ: 11.08.2000)

Eine der beliebtesten Nintendo-Figuren erlebte in »Paper Mario« als 2D-Charakter in einer 3D-Welt erstaunliche Abenteuer. Im Spiel selbst gibt es eine Figur namens Lee, die auf Bruce Lee zurückgehen soll, und eine namens Chan, die, wie soll es anders sein, auf Jackie Chan zurückfällt.

Der Superfighter

(Herkunft: Deutschland (big7Net), Genre: Fighting, Plattform: PC, VÖ: 2000)

Für die Masterpiece Edition von Splendid Films wurde dieses kleine PC-Spiel programmiert. Eine Online-Version davon zeigt einen anderen Copyright-Hinweis.

Jackie Chan Adventures: Legend Of The Dark Hand

(Herkunft: USA, Australien (Torus Games), Genre: Action, Plattform: Game Boy Advance, VÖ: 07.11.2001)

Noch während der Ausstrahlung der Kinderserie »Jackie Chan Adventures« (2000-2005) erschien von Activision dieses Spiel für den Game Boy Advance, in dem man als Jackie Chan aus der TV-Serie in zehn Levels die Dark-Hand-Gang besiegen muss.

Jackie Chan's Shanghai Showdown

(Herkunft: USA, Genre: Beat-em-up, Plattform: PC, VÖ: 2002)

Zur Promotion des Films »Shanghai Knights« (2003) mit Jackie Chan und Owen Wilson wurde dieses kostenlose Online-Game im Auftrag von Buena Vista Pictures Distribution und der Spyglass Entertainment Group in Auftrag gegeben. Als Jackie Chan kämpft man sich hier seinen Weg frei; das Spiel ist fast überall online zu finden.

Around The World In 80 Days

(Herkunft: USA (Saffire Corporation), Genre: Action-Adventure, Plattform: Game Boy Advance, VÖ: 22.06.2004)

Kurz vor ihrer Pleite brachte die Firma Hip Games das Spiel zum Film »Around The World In 80 Days« (2004) auf den Markt. Bei den Kritikern kam das Spiel überhaupt nicht an: Das Gameplay verlangt nach mehr Kontrolle und die Grafik wirkt zu pixelig.

Jackie Chan Adventures

(Herkunft: USA, Großbritannien (Atomic Planet Entertainment), Genre: Action, Plattform: PS2, VÖ: 01.10.2004)

Dieses Spiel mischt inhaltlich die ersten beiden Staffeln der Kinderserie »Jackie Chan Adventures« (2000-2005) zu einem ordentlichen, amüsanten Spiel durch. Aufgrund des Bankrotts von Hip Games nur in Europa erschienen, lässt es sich sogar mit dem EyeToy verbinden, wozu extra einige Mini-Spiele entwickelt und auf die CD gepackt wurden. Die originalen Stimmen aus der TV-Serie sprechen hier ihre Charaktere auch im Spiel. Man hört sogar hier und da Jackie Chan.

Simple 2000 Series Vol. 82: The Kung Fu

(Herkunft: Japan (Vingt-et-un Systems), Genre: Beat-em-up, Plattform: PS2, VÖ: 2004)
Dieses Spiel hat offiziell nichts mit Jackie Chan zu tun, doch wenn man es startet, erkennt man die Bezüge zu ihm. So taucht der Drunken Master von 1978 an der Seite seines betrunkenen Meisters auf.

JAMES Bang Jiao Ying Wen – Liu Xing Sheng Huo Ying Yu

(Herkunft: China (Ming Chuang), Genre: E-Learning, Plattform: DVD, VÖ: 26.01.2005)
Eigentlich ist dies kein Spiel sondern voller Ernst. In den chinesischen E-Learning-Lektionen soll dem Zuschauer in 19 Kapiteln Englisch beigebracht werden. In Kapitel sieben namens »Jackie Chan dreht einen Film!« wird anhand seiner Englischkenntnisse und Videoaufnahmen auf die richtige Aussprache hingewiesen. Leider ist die DVD heute »out of print«.

Guild Wars

(Herkunft: USA (ArenaNet), Genre: Role-playing, Plattform: PC, VÖ: 26.04.2005)
Auch wieder ein Spiel, das Jackie Chan mit seiner Drunken-Master-Figur ehrt. Benutzt man den Stil, wenn die Spielfigur betrunken ist, wird die Kraft verdoppelt.

Jackie Chan Studio Fitness: J-MAT

(Herkunft: USA (XaviXPORT), Genre: Fitness, Plattform: XaviXPORT, VÖ: 2005)
Die XaviXPORT-Konsole wurde erstmals 2004 veröffentlicht und von der SSD Company der sechsten Spielekonsolengeneration zugehörig entwickelt. Sie soll vor allem Fitness-Spiele für zuhause salonfähig machen. Dazu gab es auch diese spezielle Fitnessmatte, auf der man, ähnlich zu Wii Fit aber früher auf dem Markt, Übungen machen kann. Jackie Chan war Werbebotschafter dieser Innovation. Im Paket zur J-Mat lagen auch ein Paar mit Stoff ummantelter Trainingshanteln bei, die beim Workout ergänzt werden konnten.

Jackie Chan Studio Fitness: PowerBoxing

(Herkunft: USA (XaviXPORT), Genre: Fitness, Plattform: XaviXPORT, VÖ: 2005)
Neben der Fitnessmatte brachte die SSD Company auch diese Erweiterung raus. Bei diesem Spiel zieht der Spieler zwei Boxhandschuhe an, die als Controller fungieren. Im Spiel selbst gibt es verschiedene Spielmodi, so zum Beispiel den Championship-, den Exhibition- und den Exercise-Modus. Auch hierfür war Jackie Chan Werbebotschafter.

Shenmue Online

(Herkunft: Japan (Sega), Genre: Role-playing, Plattform: PC, VÖ: gecancelt)
Das Spiel sollte 2004 von Sega und JC Entertainment aus Korea entwickelt und für 2005 angekündigt werden. Es folgten zwar Betatests und Weiterentwicklungen, doch weil JC Entertainment aus dem Projekt ausstieg, wurde das Spiel nie veröffentlicht. Was hat Jackie Chan damit zu tun? Richtig, überhaupt nichts! Im Internet kursieren oft falsche Verlinkungen zu Jackies damaliger Filmfirma JCE Movies Limited.

CR – Jackie Chan

(Herkunft: Japan (Nishijin), Genre: Arcade, Plattform: Pachinko, VÖ: 2006)

Das sogenannte Pachinko-Gerät ist typisch japanisch und meist nur dort zu finden. Es ist eine Mischung aus Geldspielautomat und senkrechtem Arcade-Game. Es gibt unzählige Motive, die die Spieler zum Glücksspiel verführen sollen, hier zum Beispiel im Jackie-Chan-Design. Sogar das Titellied »Peace Of The World« wird von Clair und Jackie Chan gesungen, weshalb das Gerät offiziell lizenziert werden musste. Das Jahr der Veröffentlichung wurde anhand von minimalen Daten geschätzt; im Laufe der Jahre gab es immer mal wieder Pachinkos mit Bezug zu Jackie Chan. So zum Beispiel auch im Design von »Project A« (1983).

Rumble Fighter

(Herkunft: Südkorea (WeMade Entertainment), Genre: Fighting, Plattform: PC, VÖ: August 2007)

In diesem kostenlosen Online-Game kann man zwischen zwei Kampfstilen wählen, der Drunken Fist und dem Zui Quan. Beide Stile hatte Jackie Chan in frühen Filmen ausführlich dargestellt. Nur eine kleine, aber vorhandene Hommage an ihn.

Kung Fu Panda: Legendary Warriors

(Herkunft: USA, Kanada (Artificial Mind and Movement), Genre: Action-Adventure, Plattform: Nintendo DS, Nintendo Wii; VÖ: 05.11.2008)

Wo Jackie Chan für Teil eins der Videospielereihe zu den erfolgreichen »Kung Fu Panda«-Filmen noch nicht verpflichtet wurde, hört man hier aber deutlich seine Stimme für Master Monkey im Original. Die Kritiken für die Wii-Version waren recht durchwachsen, wohingegen die DS-Version mit besseren Rezensionen aufwarten kann. Beide Fassungen unterscheiden sich nur leicht am jeweils der Plattform angepassten Gameplay.

Grand Theft Auto: Chinatown Wars

(Herkunft: USA, Großbritannien (Rockstar), Genre: Action-Adventure, Plattform: Nintendo DS, PlayStation Portable, iOS, Android, Fire OS; VÖ: 17.03.2009)

In diesem Teil der berühmten GTA-Spielereihe gibt es ein Level namens »Jackin' Chan«, ein kleines Wortspiel und eine Hommage an den Schauspieler. Hier muss die Hauptfigur Huang Lee seinem Auftraggeber Chan Jaoming aushelfen. Auch wenn man es denken könnte, beide Namen beziehen sich nicht auf Bruce Lee oder Jackie Chan.

FLASH Little Big Soldier

(Herkunft: China, Genre: MMO, Plattform: PC, VÖ: 26.01.2010)

Zur Promotion des Films »Little Big Soldier« (2010) wurde dieses Spiel zusammen mit Universal Culture Limited und EURO WEBSOFT entwickelt. Das kostenlose Flash-Game lässt sich jederzeit online spielen.

Sleeping Dogs

(Herkunft: Japan, Kanada (United Front Games), Genre: Action-Adventure, Plattform: PC, PS3, Xbox 360; VÖ: 14.08.2012)

Dieses Action-Spiel wurde später sogar für die PlayStation 4 und die Xbox One neu aufgelegt. Mit seinem Spielcharakter lassen sich einige Outfits auswählen, darunter die von Jackie Chan in »Rumble In The Bronx« (1995) und in »Police Story Part II« (1988). Beide Outfits werden mit einem schlagkräftigen Slogan unterstützt. Vor kurzem tauchten im Internet Fotos von einer Bootleg-Version dieses Spiels auf, dessen Cover nicht-lizenziertes Fotomaterial von Jackie Chan zeigt. Thematisch geht es im Spiel um die Hongkonger Triaden – eine rassistische Fälschung aus dem südostasiatischen Raum.

Jackie Chan: Martial Arts Legend

(Herkunft: Hongkong (6waves), Genre: Role-playing, Plattform: PC, VÖ: 2012)

2012 lud der chinesische Spielehersteller und -vertreiber 6waves einen Trailer zu diesem Spiel auf YouTube hoch. Im Oktober desselben Jahres gab es dann ein zehnminütiges Demovideo, das einige Inhalte des »SIMS«-ähnlichen Spiels zeigte. Eine dazugehörige Facebook-Seite suggerierte, dass man das Spiel eine Zeitlang auf Facebook spielen konnte, andere Quellen behaupten, man konnte es sich aufs iPad herunterladen. Mittlerweile ist das Game nicht mehr zu finden, was wohl an den Unmengen von Urheberrechtsverletzungen lag, die die Spielemacher anhand von Fotos, Logos und mehr in ihr Game einbauten.

Dragon Quest Of The Stars

(Herkunft: Japan (Square Enix), Genre: Role-playing, Plattform: iOS, VÖ: 27.05.2018)

Dieses kostenlose Mobile-Game wurde exklusiv für iPhone-Nutzer generiert und gehört zu der langjährigen populären Reihe der »Dragon Quest«-Spiele. Der Originaltitel lautet »Hoshi No Dragon Quest«. Jackie Chan trat in Werbespots als Testimonial für das Spiel in atemberaubenden Kampfoutfits auf. Ein Gerücht besagt, dass man ihn im Level 99 als Kämpfer auswählen kann.

Zu der beeindruckenden Gamografie von Jackie Chan gehören noch drei weitere Titel, die zeitlich nicht genau einzuordnen sind. Angefangen mit »**Jackie Chan Adventures: Rely On Relics**«. Der erste Internet-Eintrag des kostenlosen Online-Games geht auf den 4. Juli 2007 zurück. Das Minigame lässt sich überall online zocken. Seit März 2009 sei zudem das Spiel »**J-Project**« in Entwicklung. Ein Bericht vom Juni 2010 erklärt, dass die Youlin Group mit der JC Group zusammen daran arbeite. Jackie sei also Mitentwickler – bis heute gibt es dazu aber kein weiteres Statement. Ungefähr zur selben Zeit, ab 4. September 2009, ging auch die Meldung rund, dass ein Online-Spiel aus China diverse Eastereggs aus Jackie-Chan-Filmen in seine Story einbaue. Der Titel dieses Spiels lautete schlicht und einfach »**Dragon**«. Ursprünglicher Release war wohl der 20. September 2009, doch mehr als ein paar Fotos im Netz findet man dazu nicht mehr.

Exklusives Interview mit **Roberta Chow**

Roberta Chow Chung-Hang, Tochter des berühmten Mitbegründers von Golden Harvest, Raymond Chow, ist in der deutschsprachigen Hongkong-Filmfan-Gemeinde leider wenig bekannt – bis jetzt. Die sehr warmherzige und freundliche Frau lebt ein faszinierendes Leben hinter den Filmkameras, angefangen Mitte der 1980er Jahre. An Jackie Chans »Project A II« (1987) arbeitete sie als Assistentin des Produktionsmanagers und war in der Planung von einigen »chantastischen« Blockbustern aus dieser Ära beteiligt. Heute lebt sie nach ein paar Jahren Aufenthalt in Los Angeles, USA, wieder in Hongkong. Zum ersten Mal überhaupt erlaubte Roberta Chow, einem deutschen Filmenthusiasten sie zu interviewen.

Roberta, zuerst einmal möchte ich mich bei dir für diese einmalige Chance für ein exklusives Interview für meine deutschsprachigen Leser bedanken. Es war nicht leicht, dich zu finden, aber die Stanford University hat mich freundlich unterstützt.
ROBERTA CHOW: *(lacht)* Ich bin geschmeichelt, dass du all die Recherche auf dich genommen hast, um mich zu finden.

Also, Roberta, vielleicht können wir mit ein paar Eckdaten zu deiner Person beginnen.
ROBERTA CHOW: Na klar. Ich bin in Hongkong geboren und aufgewachsen und hatte ständig mit der Filmbranche zu tun, bis ich in den USA auf die Uni ging. Auf der Stanford University machte ich meinen Master of Arts im Fach Kommunikation. Nachdem ich die praktischen Stanford-Filmkurse hinter mich gebracht hatte, bekam ich die Möglichkeit, bei »Armour Of God«, mit Jackie Chan in der Hauptrolle, als Übersetzer und Dolmetscher zu arbeiten. Und so beschloss ich, meine Masterarbeit erst einmal aufzuschieben.

Deine Masterarbeit war also die Kurzdokumentation »Someone Will Know Me«, in der Jackie und sein Stuntteam in seltenem Filmmaterial zu sehen sind, richtig?
ROBERTA CHOW: Das stimmt, der Dokufilm »Someone Will Know Me« war meine Masterabschlussarbeit.

Wusstest du, dass man ihn auf YouTube bewundern kann?
ROBERTA CHOW: Nein, oh. Ich bin ehrlich überrascht, dass er auf YouTube ist, denn das einzige mal, das er öffentlich gezeigt wurde (mit Stanfords Zustimmung), war am UCLA vor rund 15 Jahren.

Lass uns über diesen Film reden. Wie kam es zu der Idee?
ROBERTA CHOW: Einige Zeit, nachdem »Armour Of God« beendet war, wurde ich ziemlich krank, und meine Familie wollte, dass ich eine Pause von Filmproduktionen nehme. Ich beschloss, die Zeit für meine Masterarbeit zu nutzen. Da ich Jackie und die Sing Ga Ban während der 13-monatigen Produktion von »Armour Of God« (wegen Jackies schwerem Unfall) ziemlich gut kennenlernte und sich meine praktische Erfahrung in der Produktion von Filmen von dem, was mir auf der Universität beige-

bracht wurde, stark unterschied, dachte ich, es wäre sicher lustig, ein filmisches Statement dazu als Dokumentation zu drehen.

Das klingt nach einer einmaligen Gelegenheit, da Jackie ja immer extrem beschäftigt war und noch immer ist. Ich nehme an, der Dreh war ziemlich anstrengend?
ROBERTA CHOW: Hmm, ja und nein. Zu der Zeit stand Jackie in den Startlöchern mit der Produktion für »Project A II«. Seine Erlaubnis bekam ich schnell, schnappte mir einen jungen Kameramann und filmte die Zeremonie, in der sie das gekochte Schwein zerlegten, und arbeitete danach eh an einem guten Viertel des Films und der Post-Production mit Jackie zusammen. Während dieser Zeit drehte ich den Rest meines Materials.

Bey Logan erwähnte in seinem Audiokommentar zu »Project A II«, dass es eigentlich du warst, die in den Sack im Film gesteckt und dann in den Fluss geworfen wurde. Stimmt es, dass du für diese Einstellung Jackies Stuntdouble warst?
ROBERTA CHOW: Ja, das war ich! Sie suchten jemanden, der leicht genug zum Werfen war, der aber auch schwimmen konnte. Sie haben viele Sicherheitsvorkehrungen getroffen, zum Beispiel watete ein Stuntman vorher das Areal ab, um sicher zu stellen, dass sich nichts unter der Wasseroberfläche befindet, das mich hätte verletzen können. Die Einstellung wurde bewusst so gewählt, wie sie zu sehen ist, denn außerhalb des Bildrands warteten viele Stuntmen auf ihren Einsatz, mich im Wasser ausfindig zu machen. Ich glaube, in mindestens einer Fassung der Outtakes, die während des Abspanns laufen, sieht man mich, wie ich in den Sack gesteckt oder aus ihm gezogen werde. Beim Dreh dieser Einstellung wusste ich nicht, dass die Kamera mitläuft, und die Sonne blendete mich in den Augen, sodass ich wohl ziemlich seltsam dreinschaute. Also, ich glaube, deshalb wurde die Einstellung aus manchen Fassungen immer mal wieder entfernt.

Du warst nur einer von vielen Statisten am Set.
ROBERTA CHOW: Auch das stimmt! Jackie setzt seine Filmcrew gerne als Statisten ein, aus mindestens mal drei Gründen: Erstens wissen wir alle, wie man Filme dreht und wie man sich für Kamerawinkel und -fahrten bewegen muss. Zweitens, und das ist nur wenigen bekannt, plante Jackie (zumindest zu der damaligen Zeit) Einstellungen ad hoc während des Drehs und nicht groß im Voraus. Wir waren ja eh am Set, also musste man nicht extra Statisten für zwei, drei Einstellungen buchen. Und drittens wurden wir auch für Komparsen- und Stunteinsätze bezahlt. Jackie fand es immer aufregend, diese Bonuszahlungen an sein Team auszuzahlen und nicht an Fremde. In »Project A II« war ich in einigen Szenen zu sehen. Ich fuhr auf dem Fahrradlenker mit die Hauptstraße entlang. In der Party-Szene kam ich nicht zum Einsatz, denn da war ich für das Playback in der Tanzeinstellung zuständig. Aber alles in allem verbrachte ich sehr viel Zeit in den unterschiedlichen Kostümen jener Epoche im Film.

Zurück zu »Someone Will Know Me«. Könntest du für die, die den Film noch nicht gesehen haben, kurz anreißen, was du genau gefilmt hast?
ROBERTA CHOW: Ja, es beginnt mit einem Van, der eine Auffahrt hinauffährt. Am Ende sieht man das alte Tor der Golden-Harvest-Studios. Kurz danach wurde das Firmen-

gelände renoviert und ein größeres, repräsentativeres Tor wurde installiert. Da ich von den Umbaumaßnahmen wusste, wollte ich das originale Eingangstor unbedingt in meinem Film zeigen. Ich weiß, für niemand sonst hat das eine Bedeutung, aber ich wollte auch zeigen, dass Jackies Filme in einer gewöhnlichen Umgebung ohne Schnickschnack produziert wurden. Die Filmbranche ist nicht so glamourös!

Auch wenn er wenig Glamour transportiert, wie du sagst, glaube ich, dass »Someone Will Know Me« ein besonderes Geschenk für jeden Jackie-Chan-Fan ist und zudem sehr seltene Aufnahmen seiner Sing Ga Ban bereithält. Hast du viel schneiden müssen?
Roberta Chow: Mehr Material hat nicht überlebt. Alles, was nicht im Film verwendet wurde, wurde weggeworfen. Die Post-Production fand an der Stanford University und in Hongkong statt. Wenn man mal die Rechtefrage außer acht lässt, wäre es ein witziges Projekt, eine Fortsetzung à la 30 Jahre später zu drehen. *(lacht)*

Das wäre faszinierend!
Roberta Chow: Nun ja, Jackie ist mittlerweile ein Weltstar und hat einen Oscar gewonnen. Mein Kameramann, der damals Studiofotograf war und das erste Mal auf Film drehte, ist heute ein preisgekrönter Kinematograf. Die drei Stuntmen gingen alle unterschiedliche Wege, einige gute, einige weniger gute.

Wie reagierte die Crew, als sie deinen Film sahen?
Roberta Chow: Ich gab dem Film immer den Spitznamen »Der erste Jackie-Chan-Film, der sich nicht um Jackie Chan dreht«. Herr Chan selbst mochte ihn nicht, vielleicht aus genau diesem Grund.

Du hast im Abspann auch unbekannte Jackie-Chan-Fans erwähnt. Wie kommt das?
Roberta Chow: Ah, ja, die anonymen Fans. Die drei Mädels besuchten die örtliche High School und besuchten das Filmset die ganze Zeit über, sogar als Jackie ihnen persönlich einmal sagte, sie sollten aufhören, ihre Zeit zu verschwenden. Er sagte »Geht heim und lernt fleißig!«. Ihre Namen haben sie mir nicht verraten und kurz nach dem Dreh habe ich den Kontakt zu ihnen verloren. Ich frage mich, was sie aus sich gemacht haben!

Roberta, hab vielen Dank, dass du dir die Zeit für meine Fragen genommen hast. Es war mir eine Freude und eine Riesenehre!
Roberta Chow: Auch dir, danke nochmal für dein Interesse an »Someone Will Know Me«. Und vielen Dank, dass du mir so viele Erinnerungen zurückgebracht hast!

Das Interview mit Roberta Chow wurde im Januar 2018 vom Autor durchgeführt.

Exklusives Interview mit **Henry Chung**

Henry Chung Yau-Tim begann seine Karriere als Art Director in Clifford Chois »No U-Turn« (1981), der den Startschuss für eine glorreiche Karriere in der Filmbranche bildete. Es folgten Jobs als Assistent des Action Directors, Regieassistent, Tonmeister und sogar als Schauspieler. Seine Leidenschaft gilt der Kinematografie, die ihm bereits mehrere Preise für Yonfans Drama »Peony Pavilion« (2001) eingebracht hat, darunter den Hong Kong Golden Bauhinia Award für die beste Kinematografie. Henry Chung hat auch an verschiedenen Jackie-Chan-Produktionen mitgewirkt und ist ein guter Freund von Roberta Chow, der Tochter des Mitgründers des berühmten Filmstudios Golden Harvest, Raymond Chow. Zum ersten Mal überhaupt gewährt Henry Chung einem deutschsprachigen Publikum einen tiefen Einblick in sein Schaffen und sein Leben.

Henry, du hast an der Hong Kong Polytechnic University im Design Departement studiert. Kannst du mir mehr über dein Studium und den eigentlichen Aufgabenbereich eines Kinematografen bei einer Filmproduktion erzählen? Wie hat sich die Rolle des Kinematografen innerhalb des Hongkong-Kinos über die Jahre und Jahrzehnte verändert?
HENRY CHUNG: Ich bin studierter Grafikdesigner und hatte noch ein Jahr Produktdesign drangehängt; ich bin also handwerklich im Kunstbereich sehr vielfältig ausgebildet. Außerdem hatte ich beinahe jedes Buch über Fotografie in meiner Bücherei verschlungen und mich mit den Bibliothekaren angefreundet. Wann immer sie mich sahen, fragten sie mich, welches Fotografiebuch ich für ihren Bereich im Regal vorschlagen würde. Denn sie wussten von meinem immensen Input. So extrem habe ich selbstständig Fotografie studiert, denn damals gab es keine wirklichen Kurse, die man hätte belegen können. Also verließ ich irgendwann die Uni und begann als Assistent eines Fotografen in einer kleinen Fotoagentur zu arbeiten.
Im Grunde hilft ein Kinematograf dem Regisseur dabei, seine Geschichte in bewegten Bildern zu erzählen. Der Kinematograf war stets derjenige mit dem besten visuellen Verständnis eines Films während der Drehtage, zumal er mit einem Gerät, einem optischen Sucher, arbeitete, auch wenn die Ausgabequalität mit der einer Videokopie von 720 x 480 Pixeln zu vergleichen und damit ziemlich niedrig war. Heutzutage schauen sich die Regisseure das Filmmaterial in Echtzeit auf einem 4K-Monitor in ihrer Kabine an. Die Dinge haben sich geändert. Und dennoch gestaltet der Kinematograf heute die Lichtstimmung, die Kamerabewegungen und auch die Kamerawinkel für den Regisseur.

Nach dem Studium hast du als Assistent für einige Fotografen, Kameramänner und Regisseure an zahlreichen Projekten gearbeitet. Kannst du mir mehr über diese Zeit erzählen und wie du Roberta Chow kennengelernt hast?
HENRY CHUNG: In der kleinen Werbeagentur habe ich ein Jahr lang gearbeitet, in einem Abendkurs für Werbefotografie mit Auszeichnung meinen Abschluss gemacht und wurde dann als Fotograf für ein Food-Magazin engagiert, für das ich Inhalte und Coverfotos schoss. Dann wurde ich der Assistent von Kevin Orpin, dem besten aus-

tralischen Werbefotograf in Hongkong seiner Zeit. Nach drei Jahren wurde ich so selbst zum Fotograf befördert.
Es waren aber die Filme, in die ich mich verliebt hatte, und so nahm ich weitere Abendkurse. Als ein Regisseur meine Leidenschaft zum Film bemerkte, fragte er mich, ob ich bei seinem nächsten Film der Art Director sein wolle. Nachdem ich einige Jahre in der Branche die unterschiedlichsten Rollen als Art Director, Assistent der Visual-Effects-Experten, Soundeffekt-Tonmeister, Regieassistent und assistierender Art Director ausübte, erkannte ich, dass meine Leidenschaft immer noch die Kinematografie ist, und so begann ich mein Studium im ersten Jahr als Kameraassistent. Mein erster Film in dem Job war Jackie Chans »The Protector«. Jeder am Set kannte mich, da ich das Filmmaterial schon begutachtete, bevor Jackie es zerreißen konnte.
Nach ein paar Jahren war ich für den Fokus der Kameraleute verantwortlich und arbeitete freiberuflich. Aufgrund meiner guten Englischkenntnisse durfte ich mehr Dokumentationen drehen, auch mit vielen ausländischen Regisseuren der BBC, die ihre Themen in Hongkong umsetzen wollten. Roberta wurde mir wahrscheinlich von einem der Assistenten der Produktionsmanager bei Golden Harvest vorgestellt. Sie suchte zu der Zeit jemanden, der mit 16 mm Film umgehen konnte, und da fiel wohl mein Name. Sie musste für ihren Film die drei Stuntleute eine ganze Weile lang begleiten, also brauchte sie einen erfahrenen Allrounder für eine kleine Crew.

Für die Produzenten Karl Maka und Dean Shek Tin warst du beim Film »No U-Turn« (1981) als Art Director tätig und hattest bei Tsui Harks »Working Class« (1985) Erfahrungen als Schauspieler neben Legenden wie Sam Hui und Joey Wong machen dürfen. Wie war der Wechsel zwischen den Arbeiten vor und hinter der Kamera?
HENRY CHUNG: »No U-Turn« war mein erster Spielfilm. Clifford Choi war der Regisseur, der mich damals nach den Abendkursen anheuerte. Als Art Director war man eher der Assistent der Regie und für den künstlerischen Aspekt zuständig. Der Regisseur traf also alle filmrelevanten Entscheidungen. Clifford Choi stellte mich auch schnell Karl Maka vor, da ich ja auch am Polytechnic studiert hatte. Was »Working Class« angeht: Tsui hat auch in dem Film mitgespielt, und so stellte er einige seiner Regieassistenten nur zum Spaß als sein Fußballteam im Film auf. Wir waren alle mit seiner Filmarbeit vertraut, und so ging er kein Risiko ein, Zeit und Nerven zu verlieren, die einzelnen Szenen zu erklären.
In Hongkong-Filmen war das damals üblich. Wenn dem Regisseur die Leute ausgingen, mussten die Assistenten oft für kleine Statistenrollen einspringen. Oder sie mussten ein paar Worte sagen oder einfach nur im Hintergrund vorbeilaufen. Uns hat das nie etwas ausgemacht. Auf den Premieren war das Gelächter dann aber immer groß, wenn die eigenen Freunde dich auf der Leinwand sahen. Das verhalf auch oft zu einer positiven Filmkritik.

Bei Roberta Chows Dokumentation »Someone Will Know Me« (1988) – meiner Meinung nach ein wichtiges Stück Hongkonger Filmgeschichte – warst du der Kinematograf. Roberta erzählte mir, dass es ihr sehr wichtig war, das alte Golden-Harvest-Tor vor seiner Renovierung zu filmen. Wie war es, an diesem Projekt mitzuarbeiten? Was bedeutet dir dieser Film?

Henry Chung: Für mich war der Film natürlich auch sehr wichtig, zumal es der erste war, für den ich als Kinematograf auf 16 mm filmen durfte. Wir drehten ungefähr an zehn Tagen über einen Zeitraum von fünf bis sechs Monaten. Da ich bei »Zu: The Warriors From The Magic Mountain« als Visual Effects Assistant über ein Jahr lang und bei »The Protector« als Clapper über drei Monate lang arbeitete, kannte ich jeden Winkel des alten Golden-Harvest-Studios in- und auswendig. Roberta hatte alles perfekt geplant und setzte die Interviews zeitlich stimmig, da sich der Zeitplan der drei Stuntleute ständig änderte. Ich selbst nutzte ein einfaches Arri SR Kamerakit und eine kleine Dreierbeleuchtung, wie ich es immer für die BBC getan hatte. Als mein erster selbst gedrehter Film konnte ich so mein Wissen anwenden, mich verbessern und unter Beweis stellen.

Du warst auch als Tonmeister für zusätzliche Sounds gelistet ... wie kommt das?
Henry Chung: Ich glaube, eine Szene wurde ungeplant gedreht, weil sich der Zeitplan wieder einmal änderte, sodass wir an einem bestimmten Tag ein Interview und Voice-Overs aufnehmen mussten. Da war jedoch der Tonmann nicht verfügbar. Da ich durch meine Mitarbeit an »Zu: The Warriors From The Magic Mountain« aber vier Monate Erfahrung im Aufnehmen und Mischen von Special Effects hatte, konnte ich mit der Nagra 4.2 bestens umgehen. Also habe ich an dem Tag auch als Tonmeister gearbeitet.

Der Dreh dieser Dokumentation fand am Set von Jackie Chans Blockbuster »Project A II« (1987) statt. Wie war die Atmosphäre am Filmset? Bekamt ihr Unterstützung von Jackie Chan und seiner Crew?
Henry Chung: Natürlich, da Roberta noch vor Drehbeginn die Erlaubnis bekam und Jackie sie und mich persönlich kannte, war das kein Problem. Am Set waren sie alle sehr beschäftigt, aber sie behandelten uns wie eine Crew vom Making-Of. Jackie nahm sich alle Zeit der Welt, weil er jede Bewegung perfektionieren wollte, also verbrachte er viel Zeit am Set mit Nachdenken, wie er den nächsten Take noch verbessern konnte. Sie gingen mit uns um, als wären wir fester Teil der eigenen Filmcrew.

Roberta Chow hat in höchsten Tönen von dir und deiner Arbeit berichtet. Ihrer Meinung nach wäre eine Doku zum 30-jährigen Bestehen des Originals interessant; so viel hat sich seitdem verändert. Wie denkst du darüber?
Henry Chung: *(lacht)* Das würde ich liebend gerne umsetzen. Irgendwo habe ich sogar noch eine Originalkopie herumliegen.

Du hast hart an zahlreichen Projekten wie Spielfilmen, Dokumentationen, Werbespots und Musikvideos gearbeitet. Dann wurdest du ein preisgekrönter Kinematograf für deine Arbeit an »Peony Pavilion« (2001). Wie war die Arbeit an dem Film mit Regisseur Yonfan, Daniel Wu und Joey Wong?
Henry Chung: Das war ein tolle Erfahrung. Yonfan ist ein sehr erfahrener Regisseur. Zu der Zeit arbeitete ich mit Daniel Wu erst am zweiten gemeinsamen Projekt, jedoch reibungslos. Joey Wong war fabelhaft vor der Kamera, wie sie es schon in vielen Filmen zuvor gezeigt hatte. In diesem Film hatte sie das erste Mal eine weniger femi-

nine Rolle. Ich hatte eine großartige Zeit, denn die Requisiten und Kostüme wurden von den besten Experten aus Hongkong, Shanghai und Taiwan zusammengestellt. Die Settings für diesen Film bildeten die schönsten Gärten Suzhous. So setzte ich nur ein kompaktes Hollywood-Beleuchtungsset ein, was für chinesische Filme schon recht groß ist, und probierte einige meiner eigenen Beleuchtungsideen aus. Die Arri-535B-Kamera und die neue Ultra-Prime-Linsen kamen dort auch zum Einsatz.

Einen Werbespot, den du gedreht hast, war für das Royal Hong Kong Police Departement. Wann genau war das? Jackie Chans Titellied von »Police Story« (1985) wurde mal für Rekrutierungsmaßnahmen der Polizei verwendet. Hast du vielleicht an dieser Werbekampagne mitgearbeitet?

Henry Chung: Ich glaube, ich habe einen anderen Spot gedreht. Damals wurden viele solcher Rekrutierungsspots gedreht. Bei Jackie Chans »The Protector« habe ich als Kameraassistent und Clapper gearbeitet, auch erstmals im Bereich Kinematografie. Er sah mich jeden Tag beim Sichten des Filmmaterials im Screening-Raum und kannte mich sehr gut.

1998 hast du an der Dokumentation »David Carradine's Martial Arts Journey« mitgearbeitet. Ihr besuchtet dafür den echten Shaolin-Tempel.

Henry Chung: Genau, die Doku habe ich gedreht, das war eine schöne Erfahrung. Ich erinnere mich, als ich ihn das erste Mal getroffen hatte und ihm sagte, dass ich seinen Film »Bound For Glory« mag, dass seine Augen zu strahlen begannen. Wir hatten einen tollen Dreh. Ich erinnere mich auch noch, wie der oberste Mönch einen Schüler anwies, sein Kung Fu zu demonstrieren, und dieser dann den ganzen Weg vom Hof bis zu uns Saltos schlug. Der Hofflur war aus massiven, scharfkantigen Steinen gepflastert und mindestens 40 Meter lang.

Hattet ihr auch das Set von »Jackie Chan: My Stunts« besucht, wo – so wird behauptet – David Carradine einen kurzen Plausch mit Jackie hatte?

Henry Chung: Ja, er und Jackie unterhielten sich, das habe ich gefilmt. Es war interessant, wie sich zwei berühmte Schauspieler aus dem Osten und dem Westen zum ersten Mal treffen ... Jackie wurde aber an seinem eigenen Set gebraucht, und so musste er schnell wieder zurück.

Zurück in die Zukunft: Die Vorbereitungen für einen neuen Hongkong-Blockbuster im Sci-Fi-Genre namens »Future Fighters« haben begonnen. Kannst du mir mehr über dieses Projekt und deine Arbeit daran verraten?

Henry Chung: Wir haben einige visuelle Effekte testweise in 3D gedreht, aber das Projekt wird immer noch entwickelt bzw. wartet auf seine Finanzierung. Da es in der Geschichte um Weltraumpiloten geht, die gegen eine Alien-Invasion kämpfen, müssen wir viele visuelle Effekte einplanen. Ich glaube, das sollte im Stil der Battle-Angels-Comics geschehen.

Wie sehen deine Zukunftspläne aus? Wirst du vielleicht wieder mit Roberta Chow oder Jackie zusammenarbeiten? Vielleicht ist auch ein Projekt mit dir als Regisseur denkbar?

HENRY CHUNG: Derzeit arbeite ich an ein paar Manuskripten, etwas vorausplanend. Ja, ich werde als Kinematograf oder Regisseur arbeiten, sofern ich ein passendes Skript finde, das ich mag und Dinge enthält, die ich gerne zum Ausdruck bringen möchte.

Was wäre dein Traumprojekt und warum?
HENRY CHUNG: Ich habe tatsächlich einen Film im Kopf, den ich so im chinesischen Kino noch nicht gesehen habe. Aber ich kann es an dieser Stelle noch nicht offenlegen. Das Projekt befindet sich immer noch in der Skript-Phase.

Henry Chung, hab vielen Dank für dieses exzellente Interview. Es war mir eine wahre Freude. Alles Gute!
HENRY CHUNG: Gleichfalls und vielen Dank für die Einladung!

Das Interview mit Henry Chung wurde im Februar 2018 vom Autor durchgeführt.

Exklusives Interview mit **Hunt Hoe**

Hunt Hoe ist ein preisgekrönter Filmemacher aus Leidenschaft mit Verdiensten an Spiel- und Dokumentarfilmen. Für sein indisch-kanadisches Drama »Seducing Maarya« (2000) erhielt er den Preis als bester Regisseur beim Newport Beach International Film Festival, gefolgt vom Golden Sheaf Award für die beste Dokumentation für »Who Is Albert Woo?« (2000) beim Yorkton Film Festival. Für diese Doku setzte sich Hunt Hoe mit Jackie Chan in Verbindung und filmte selten gezeigtes Material. Zum ersten Mal überhaupt erzählt Hunt die Geschichte hinter der Produktion und wie er Jackie Chan kennenlernte – und er hält gerade für deutsche Fans der Filmlegende eine romantische Anekdote parat.

Hunt, könntest du für den Anfang etwas über dich erzählen und wie du zu der Idee deines Dokufilms »Who Is Albert Woo?« kamst?
HUNT HOE: Meine Wurzeln liegen in Südostasien, ich habe aber chinesische Vorfahren. Ich habe Wirtschaft studiert und bin danach vorzeitig aus dem Filmstudium ausgestiegen. Albert war ein Nebencharakter in meinem Film »Foreign Ghosts«. Er war der Stereotyp des asiatischen Mannes, der versuchte, die Hauptfigur zu beeindrucken, eine kanadische Chinesin, die sich entgegen des Willens ihrer Familie mit einem kaukasischen Mann trifft.
Eine Produzentin des National Film Board of Canada (NFB), Germaine Wong, war von der Figur des Alberts sehr angetan. Sie erkannte sich selbst in der Hauptfigur wieder und wie sie in ihren jüngeren Jahren mit einem Albert zu tun hatte. Sie wies ihren damaligen Albert zurück und heiratete einen Weißen, wie es damals viele Asiatinnen taten und bis zu einem gewissen Grat heute noch tun. »Foreign Ghosts« löste bei Germaine das Interesse aus, mehr über ihren Albert zu erfahren, den sie niemals wirklich kennengelernt hatte, und über das Stigma der chinesischen Männer im Westen.
Germaine erklärte mir, welches Potenzial eine Dokumentation zu dem Thema hätte. Ich war einverstanden unter der Bedingung, dass Albert mehr als nur der Stereotyp eines Chinesen verkörpern sollte – zumal die Asiaten im Land, in dem ich aufwuchs, Chinesen, Inder und Malaysier waren.

War dir bewusst, dass »Who Is Albert Woo?« auf YouTube zu sehen ist? Gibt es eine kommerzielle DVD-Version des Films zu kaufen oder ist eine Veröffentlichung geplant?
HUNT HOE: Danke für den Hinweis. Da ich eigene Kopien habe, habe ich nie danach im Internet gesucht. Der Film wurde vom NFB produziert. Die haben ihren eigenen Vertriebskanal. NFB ist eine Regierungsbehörde, die dafür bekannt ist, großartige Dokumentationen hervorzubringen, aber auf der anderen Seite – und das sage ich mit allergrößtem Respekt – nicht dafür, ihre Produkte weitreichend zu vermarkten.
Ich bedauere es, den Film nicht selbst produziert zu haben, denn seitdem er erschienen war, traten viele Leute an mich heran, die ihn gerne hätten vertreiben wollen. Ich glaube, er wird sehr oft an Colleges und Universitäten in deren ethnisch-kulturellen Studien eingesetzt.

Wie war es, mit Jackie Chan zu arbeiten? Er ist bekannt für einen straffen Zeitplan. Gab es Probleme aufgrund des Termindrucks?
HUNT HOE: Wir mussten harte Verhandlungen mit seinem Management führen. Uns wurde nur eine Stunde Interviewzeit mit Jackie gewährt. Stell dir mal vor, unser Team fliegt von Kanada nach Hongkong für nur eine Stunde Arbeit. Wie dem auch sei, als wir Jackie trafen, war Zeit kein Thema mehr. Letztendlich verbrachten wir zwei Tage zusammen mit ihm. Wir drehten sehr viel Filmmaterial, was schließlich auf dem Boden im Schneideraum endete.
Wo ich gerade vom Schneideraum spreche, da möchte ich eine kleine Geschichte mit dir teilen. Nach unserem Interview führte uns Jackie durch sein Studio. Obwohl damals schon der digitale Schnitt Standard war, bevorzugte Jackie immer noch seine alte Steenbeck aus Deutschland, an der er 35 mm Film schnitt. Stolz erzählte er uns, dass er so viele von den bewährten Steenbeck-Schneidetischen aufkaufte, dass die Firma ihm ein Geschenk schickte: ein eigens angefertigter Steenbeck-Schneidetisch mit seinem eingravierten Namen darauf. Übrigens schnitt er darauf seine Meisterwerke, zumindest zu der damaligen Zeit.

Wow, das ist faszinierend! An welchen Orten und wie lange habt ihr mit Jackie gefilmt?
HUNT HOE: Zu der Zeit besaß er zwei Büros in Hongkong. Das eine lag in seinem eigenen Firmenkomplex in Kowloon und das andere war das auf dem Gelände von Golden Harvest, wo Bruce Lee und all die anderen Stars ihre Filme in den Eastern-Tagen drehten. Aus Intuition wählte ich das Büro bei Golden Harvest für unser Interview aus. Das erkennst du vielleicht im Film, dort gibt es eine Einstellung, wie ich durch das berühmte Tor von Golden Harvest flaniere, auf meinem Weg zu Jackie.
Während unserer Verhandlungen aus Kanada aus gewährte uns sein Manager nur eine Stunde Interviewzeit. Aber als wir ankamen, spielte Zeit, wie gesagt, keine Rolle mehr. Schließlich drehten wir ein 3-stündiges Interview; danach folgten wir Jackie auf Schritt und Tritt durch sein Studiogelände und filmten einfach alles: seine Hunde, seinen Schneidekabine, seine Schatzkammer, in der er einige seiner populärsten Filme und Fotos seiner Verletzungen ausstellte, ja, seine körperlichen Narben, auf die er stolz war!
Am nächsten Tag filmten wir ihn dann, wie er im Hong Kong Cultural Centre einen Preis entgegennahm, was es aber auch nie in den finalen Schnitt geschafft hat.

Gibt es einen speziellen Grund, warum du gerade Jackie Chan als einen deiner Interviewpartner für deine Dokumentation wolltest, und waren auch andere Hongkong-Stars für diese Rolle im Gespräch?
HUNT HOE: Eigentlich hatten wir an Jackie erst spät gedacht. Wie man sieht, sind die meisten Interviewpartner Leute wie du und ich. Wir dachten, uns fehlen etablierte asiatische Männer oder Berühmtheiten, die den Film aus ihrer Perspektive abrundeten. Unser Versuch, die verschiedensten prominenten asiatischen Wissenschaftler und Moderatoren dafür zu gewinnen, scheiterte kläglich. Aus Frust heraus erklärte ich Germaine, dass die für uns am relevantesten Asiaten stereotype Kulturikonen wie Bruce Lee oder Jackie Chan seien. Da Bruce nicht verfügbar war, entschieden wir uns für Jackie. Das forderte viel Hirnschmalz von uns ab, bis wir mal zu ihm durchgedrungen waren. Der Verdienst geht allemal an meine furchtlose Produzentin.

Wie hat Jackie auf deinen Film reagiert? Hast du Feedback von seinem Management oder sogar von ihm persönlich erhalten?
Hunt Hoe: Hmm ... ich lud ihn zu einer Vorstellung auf dem Vancouver International Film Festival ein, aber er kam leider nicht.

Nachdem 14 Jahre nach der Veröffentlichung von »Who Is Albert Woo?« vergangen sind, was denkst du, wie sich das Bild von (männlichen) asiatischen Vorbildern heute geändert hat? Gibt es da Veränderungen – zum Guten oder zum Schlechten hin?
Hunt Hoe: Oh, Thorsten, darüber könnte ich ein Buch schreiben. Wenn du erlaubst, würde ich gerne meine Beobachtungen wie folgt auslegen:
Ja, ich glaube, 9/11 hat eine Rolle im Westen gespielt, vor allem in den USA, sodass sie ihre Augen für den Rest der Welt öffneten. Durch die Globalisierung und das Verbreiten des Internets wurde ein männliches asiatisches Vorbild auf einmal akzeptiert. Nehmen wir nur mal die Filmbranche. China besitzt jetzt die AMC Vertriebskette. Der drittstärkste Film von letzter Woche, gemessen an den Umsatzzahlen in den USA, war ein indischer Film. Es gab also in den letzten Jahren so etwas wie eine kulturelle Unterwanderung. Und durch das Heranwachsen der zweiten und dritten Generation von Asiaten im Westen wurde das Bild von asiatischen Männern gesellschaftlich immer mehr akzeptiert. Es ist ironisch, denn manchmal erlebe ich Fälle von umgekehrter Diskriminierung ... aber das ist ein Thema für ein anderes Buch.
Also, um auf deine Frage zurückzukommen: Ja. Zum Besseren. Und trotzdem werden Vorurteile weiterhin Bestand haben. Das liegt in der Natur des Menschen.

Bist du als Filmemacher noch aktiv? Welche Information, welche Geschichte oder welchen Tipp würdest du gerne mit mir und dem deutschen Publikum teilen?
Hunt Hoe: Nein, nach meinem letzten Projekt 2009 hatte ich Schwierigkeiten, Fördergelder zu bekommen. Aufgrund von technischen Weiterentwicklungen und Streaming-Diensten wurden die Zuschüsse für traditionelle Fördermittel wie im Bereich des Kabelfernsehens drastisch gesenkt. Für nichts wollte ich die Arbeit nicht erledigen oder sagen wir mal für einen Hungerlohn auf Minutenbasis.
Alles in allem bin ich froh, dass ich ein stolzes Portfolio vorweisen kann, das vier Spielfilme und drei Dokumentationen beinhaltet. Und passiv bin ich immer noch unterwegs, im Moment erarbeite ich ein Konzept für eine Doku über Kehlkopfgesang sowie einen Spielfilm um das Thema Tango.
Wie du weißt, einmal ein Filmemacher, immer ein Filmemacher. Vielleicht wird dieser »Foreign Ghost« eines Tages wieder einmal zuschlagen. *(lacht)*

Hunt, es war mir eine Freude, mit dir zu sprechen. Vielen Dank für deine Zeit und dass du so viele tolle Erinnerungen mit mir geteilt hast. Alles Gute!

Das Interview mit Hunt Hoe wurde
im Mai 2017 vom Autor durchgeführt.

Exklusives Interview mit **Schnittberichte.com**

Schnittberichte.com ist eine der ältesten deutschsprachigen Websites überhaupt und zudem die beste Anlaufstelle, wenn es um Schnittberichte verschiedener Fassungen von Filmen aus aller Welt geht. Mit Leidenschaft und Adleraugen dokumentiert die Community von Cineasten aufs Genaueste die Unterschiede und stellt ihr Wissen kostenlos den Fans zur Verfügung. Dabei geriet die unabhängige Seite in der Vergangenheit öfter mal ins Kreuzfeuer der Behörden. Doch kleinzukriegen sind sie bis heute nicht. Im Gegenteil, sie ist sich ihrer verantwortungsvollen Aufgabe in der Dokumentation sowie im Jugendschutz sehr bewusst. Heute arbeiten Mitglieder von Schnittberichte.com sogar als Berater für Filmverleiher, wenn es um Hintergrundinfos zu bestimmten Nischenfilmen geht. Zum ersten Mal berichtet Gründer und Betreiber von Schnittberichte.com Gerald Wurm zusammen mit dem fleißigsten Reviewer von Jackie-Chan-Filmen, Muck47 (mit bürgerlichem Namen Tobias Maurer), über die Arbeit an Schnittberichten und deren gesellschaftlichen Stand.

Schnittberichte.com blickt auf viele Jahre im Internet zurück. Können Sie etwas zur Idee und Historie der Website erzählen? Was genau ist Schnittberichte.com und wie finanziert sich die Website?

GERALD WURM: Wir sind ein Zusammenschluss aus Filmbegeisterten, die sich über die vielen geschnittenen Fassungen von Filmen geärgert haben, aber auch an den Marktmechanismen, die dahinter stecken, interessiert sind. Unser Weg war eben das Format, die zensierten Inhalte zu zeigen und auch in einen redaktionell aufbereiteten Kontext zu stellen. Dabei geht es uns nicht um Effekthascherei oder das Abfeiern von extremen Inhalten, sondern um Transparenz. Und das von Beginn an auch schon bei anderen Fällen mit Alternativversionen ohne Zensurhintergrund wie eine Kinofassung und deren Director's Cut. Wir decken unsere Server- und Materialkosten z. B. durch Partnershops wie Amazon. Unsere Leser können uns, wenn sie dort etwas kaufen, also gut unterstützen, indem sie unsere Links anklicken. Es sorgt für das Fortbestehen der Seite.

Nach so vielen Jahren spricht sich ein Projekt rum. Wie groß ist Ihre Community und die Reichweite der Inhalte? Besteht große Nachfrage bei Medien, Verleihern, Konsumenten?

GERALD WURM: Die Größe unserer Community könnte man natürlich in blanken Zahlen ausdrücken, doch das ist aus unserer Sicht zu eng gefasst. Wir haben z. B. viele User, die sich jeweils auf unser Forum, die Kommentarstrecken auf der Hauptseite oder den Facebook-Auftritt beschränken. Wir freuen uns, dass die Inhalte mit viel Engagement diskutiert werden und oft auch in anderen Foren Anlass für Austausch sind. Besonders freut uns, wenn wir erfahren, dass wir etwa auch in wissenschaftlichen Arbeiten als Literaturquelle von Wert sein konnten. Und sicher hat unsere Kontinuität auch geholfen, dass die Verleiher uns als seriös arbeitendes Magazin wahrnehmen und gerne den Dialog mit uns suchen.

Gibt es ähnliche Plattformen im deutschsprachigen Web oder auch im Ausland, mit denen Sie in Konkurrenz treten?

GERALD WURM: Klar ist, dass wir es nicht erfunden haben, über Filmzensur aufzuklären. Es ist gut möglich, dass es anderswo kleinere Gemeinschaften gibt, die sich dem großen Thema auf ihre Art nähern, und auch wir verbieten unseren Autoren nicht, dass sie ihre Inhalte noch woanders veröffentlichen. In der Größenordnung von unserem Archiv sind wir aber wohl allein auf weiter Flur. Ausländische Wissensquellen werden von uns auch immer gerne angesteuert, spontan fallen mir etwa das britische Melonfarmers-Portal oder Media Censorship in Australia ein.

Herr Maurer, in diversen Schnittberichten erkennt man Sie schnell als Urheber auf hohem Schnittberichte.com-Level unter dem Nickname Muck47. Können Sie etwas zu Ihrer Person sagen und wie Sie zu Schnittberichte.com gekommen sind?

TOBIAS MAURER: Zugegebenermaßen habe ich nicht die wilden Videozeiten mitbekommen, in denen man weitestgehend blind teure Import-Tapes aus z. B. den Niederlanden zusammensuchen musste. In der Jugend habe ich recht eifrig Filme aus dem TV aufgenommen und mich in TV-Zeitschriften schon öfter mal über das Scherensymbol gewundert. Der Titel ist mir jetzt entfallen, aber zu irgendeinem Film bin ich bei weiterer Internetrecherche kurz nach der Jahrtausendwende auf Schnittberichte.com (damals noch unter DE-Domain) gestoßen. Zu der Zeit hatte mich das Hongkong-Kino bereits in seinen Bann gezogen und ich mir durch Bücher wie die Jackie-Chan-Biografie oder »Sex and Zen & A Bullet in the Head« ein Grundwissen angeeignet. Die Infos über kuriose weltweite Fassungen, speziell zu diesen Genre-Filmen, habe ich in der Folge regelrecht verschlungen und recht schnell meine eigene Hilfe angeboten. Anfangs noch eher mit TV-Aufnahmen, aber auch schon mit einigen VHS-Auflagen aus Polygrams Jackie-Chan-Collection. Über die Jahre hinweg hat mich SB.com dann immer als Informationsquelle beim Aufbau der eigenen Sammlung begleitet, und speziell während meiner Studienzeit habe ich mich nach und nach an aufwändigere und exotischere Vergleiche gewagt. Auch heute finde ich diese grundsätzlichen Hintergründe bei Filmen und deren weltweiter Vermarktung spannend, deshalb widme ich neben meinem regulären Job gerne große Teile meiner Freizeit, um unsere Datenbank zu vervollständigen.

Ihr Portfolio ist immens und behandelt auch andere Filme und Genres. Doch Jackie Chan nimmt einen bedeutenden Platz ein. Warum gerade Filme der Hongkong-Legende? Würden Sie sich als Hardcore-Fan bezeichnen?

TOBIAS MAURER: Offensichtlich haben die Filme selbst meinen Geschmack getroffen. »Die Schlange Im Schatten Des Adlers« und der damals gerade frisch veröffentlichte »Mission Adler« haben mich Mitte der 90er einfach regelrecht begeistert. Das Schöne daran war, dass man schon damals drei ganz eigene Epochen nachholen konnte – und wer hätte gedacht, dass Chan auch 2017 noch mehrere Filme im Jahr abdreht? Jedenfalls haben ganz speziell die 70er- und 80er-Filme für mich, übergreifend betrachtet, jeweils ihren ganz eigenen Stil und im Detail alle auf unterschiedliche Weise ihren Charme. Die Nebenrollen in Sammos »Lucky Stars«-Filmen beispielsweise sind im Grunde eine Welt für sich. Es ist einfach eine derart umfangreiche Filmografie mit verschiedenen Genre-Experimenten und wegweisenden Klassikern; das Entdecken und Sammeln hat mich da recht schnell fasziniert.

Wie viele Jackie-Chan-Filme haben Sie bisher gesichtet und dokumentiert? Wie treffen Sie Ihre Auswahl bei neuen Berichten?

Tobias Maurer: Die vorliegende Filmografie in Buchform gab es in den 90ern ja noch nicht. Die schon erwähnte Biografie wurde damals aber zu meiner »Bibel«. Über IMDb.com und dann eben SB.com (sowie OFDB.de) ließ sich das über die Jahre hinweg wunderbar abarbeiten. Eine genaue Zahl fällt entsprechend schwer, und natürlich haben vor sowie während meiner aktiven Zeit auch andere Autoren etliche Chan-Schnittberichte geschrieben. Aber in Anbetracht von zum Teil mehr als fünf von mir ergänzten Schnittberichten für nur einen einzigen Film (siehe z. B. das Hauptrollen-Debut »Der Meister Mit Den Gebrochenen Händen«) liegt mein Beitrag zu Jackie-Chan-Vergleichen auf SB.com locker im dreistelligen Bereich. Eine Auswahl erfolgte da erstmal anhand persönlicher Favoriten oder gerade frisch erhaltenen Fassungen. Nach und nach entwickelte sich aber einfach eine Motivation, die Filmografie langfristig mit allen möglichen kuriosen Fassungen weltweit zu vervollständigen. Übrigens auch heute noch ein Ansatz vieler fleißiger Autorenkollegen zu anderen Schauspielern oder natürlich einzelnen Filmen – ein Hobby nebenbei, dem man aber mit einem gewissen persönlichen Anspruch begegnet.

Neben Schnittberichten schreibt die Community auch über aktuelle News und verschiedene Filmfassungen. Wie wird in der Community festgelegt, welcher Film behandelt wird? Spricht man sich ab?

Gerald Wurm: Mit der Zeit entwickelt man einen Blick dafür, was berichtenswert ist. In unserem Fall ist das ja eigentlich sogar recht einfach. Hat ein Titel eine Zensurgeschichte? Gibt es mehr als eine Fassung? Erscheint eine Uncut-Version erstmals auf einem neuen Medium? Und zum Glück gibt es in der Hinsicht seit Jahren kontinuierlich Neues zu verkünden. Natürlich haben wir auch Spezialisten im Team, die in einem Genre besonders bewandert sind. Im Falle einer neuen Jackie-Chan-Veröffentlichung würden wir natürlich unseren Experten auf die Meldung ansetzen.

Gleich die nächste Frage an diesen Experten: In der Regel macht man sich selten Gedanken um die Hintergründe von Filmen, geschweige denn, dass man sie in verschiedenen Fassungen sichtet. Wie läuft solch eine Dokumentation eines Schnittberichtes bei Ihnen ab? Wie viel Zeit investieren Sie pro Film und wann sind Sie zufrieden?

Tobias Maurer: Bei größeren Blockbustern gehen solche Hintergründe tendenziell eher durch die Medien, man denke da zum Beispiel an David Finchers Unzufriedenheit beim Dreh von »Alien³« und den entsprechend umfangreich abweichenden Director's Cut später. Zuerst einmal erfährt ein Autor eben auf irgendeine Weise von einer besonderen Filmfassung und hat je nachdem ein persönliches Interesse, diese genauer zu dokumentieren. Über die Jahre hinweg spielt sich der zeitliche Aufwand ein, hinsichtlich einzelner Komponenten wie Fassungszustand (Vorlagenfehler, detaillierte Eingriffe), textlicher Grundaufbau im Intro und Abweichungsbeschreibungen, Screenshots-Erstellung etc. Gerade der erste Punkt ist aber immer eine Wundertüte: 70er Filme haben tendenziell mehr Filmrisse in einer oder sogar beiden vorliegenden Fassungen, was speziell bei verschluckten Dialogen oder Einstellungen mehr Detailarbeit erfordert. Bei Chan-Filmen wie »Der Protector« oder »Mr. Nice Guy« trügt zudem ein reiner Blick auf die Laufzeiten der Fassungen. Bei nur sehr geringer Differenz gibt es hier jeweils um die 300 einzelne Abweichungsstellen – beim »Protector« durch etliche alternative Szenen, bei »Mr. Nice Guy« durch diverse reine Straffungseingriffe. Einen solchen Umfang bewältigt man natürlich nicht mal schnell an einem Abend. Zufriedenheit wird dann ebenso ganz unterschiedlich empfunden: Gerade bei »Der Protector« war mir es mir aufgrund der spannenden Hintergründe zu Jackies eigener Hongkong-Filmfassung und dem allgemein hohen Interesse der Fans wichtig, auch einen entsprechend ausführlicheren Einleitungstext anzubieten.

Bearbeiten Sie Ihre Schnittberichte nach, wenn Sie zu neuen Informationen gelangen oder in einer neuen Sichtung etwas bisher Unbemerktes hervorheben möchten?
TOBIAS MAURER: Definitiv, das kommt gerade bei zum Erstellungsdatum nur außerhalb Deutschlands erhältlichen Neuveröffentlichungen oder bei Indizierungen/Listenstreichungen immer mal wieder vor. In den meisten Fällen findet man dann einen kleinen Update-Vermerk im Einführungstext. Unfehlbar sind wir natürlich auch nicht, gerade über reine Schnitte hinausgehende Abweichungen (z. B. ein nur auf der Tonspur abgeschwächtes Genickbruch-Geräusch) sind manchmal schwer zu finden gewesen. Intern und dank unserer eingeschworenen Leserschaft bleibt sowas aber normalerweise selten länger unentdeckt. Mittlerweile sind wir zudem ein sehr gut eingespieltes Autorenteam, und auch Neulinge können Vergleiche auf eine professionelle Weise angehen, die früher z. B. mit zwei Videorekordern und TV-Geräten nicht denkbar gewesen wäre.

Herr Wurm, als Community sind Sie quasi unabhängig und dürfen frei berichten, vor allem im Internet. Ist in der Vergangenheit die Bundesprüfstelle für jugendgefährdende Inhalte oder die SPIO schon mal auf Sie aufmerksam geworden? Wenn ja, werden Ihre Schnittberichte etwa geprüft oder zensiert? Wie frei dürfen Sie über »verbotene« Inhalte innerhalb von EU-Vorschriften berichten?
GERALD WURM: Die Bilder in unseren Artikeln zeigen oftmals Gewaltinhalte. Das war anno 2002 nicht mit dem deutschen Jugendschutz vereinbar, weshalb Schnittberichte.de in der Form nicht weitergeführt werden konnte. Dass man bei der BPjM oder Staatsanwaltschaften mitunter aber auch schon auf unsere seriösen Recherchen zu beispielsweise Dokumentationen von Schnittfassungen als Wissensquelle für Beurteilungen zurückgegriffen haben soll, ist uns über drei Ecken auch schon zu Ohren gekommen. Das zeigt uns auch, dass unsere Arbeit im Kern auch von den Institutionen als wertvoll erachtet wird. Nur die verbildlichte Form stellte für die Rechtsprechung damals ein Problem dar. Seit 2003 sind wir in Österreich verortet, wo rechtlich andere Voraussetzungen herrschen. Ansonsten sind wir keinen Zensurzwängen unterworfen, entscheiden aber redaktionell, unter anderem keine reine Hardcore-Pornografie oder rechtsextremistisches Gedankengut unreflektiert zu behandeln.

Tobias Maurer: Wenn ich dazu was ergänzen dürfte: Wir agieren komplett unabhängig und müssen auch nicht um Erlaubnis fragen, wie und worüber wir berichten. Unser Anliegen hat im Kern einen zutiefst dokumentarischen Charakter und ist nicht als spekulatives Entertainment angelegt. Im Fokus unserer Arbeit stehen häufig die gleichen Fragen: Welche Fassungen existieren und warum, welche Freigabe- und Jugendschutzentscheidungen wurden getroffen, wie wurde was zensiert und wie beeinflussen diese Faktoren die Veröffentlichungspolitik der Labels? Auf dieser Basis unterliegen unsere Recherchen und die Berichterstattung ganz allein unserer Kontrolle.

Da Sie unabhängig agieren, wie verlässlich ist Schnittberichte.com als Quelle für Filmfans wie mich und meine Leser? Werden Ihre Berichte von Verleihern oder Produktionsfirmen angefragt, bestätigt oder halten sich die Offiziellen komplett zurück?
Gerald Wurm: Worüber wir berichten, ergibt sich, wie schon erklärt, aus der Faktenlage rund um den Titel. Es kann sicher mal passieren, dass ein Label sich bei uns meldet, weil es eine obskure, bisher nicht veröffentlichte Fassung in irgendeinem Archiv gefunden hat und für einen späteren Zeitpunkt eine Veröffentlichung plant. Dann ist es natürlich auch im Interesse von uns und unseren Lesern, dass wir uns damit beschäftigen. Wir wollen möglichst alle Lücken in unserem Archiv schließen. Wenn uns die Firmen bei diesem Vorhaben mit Vergleichsmaterial unterstützen, ist das nur zu begrüßen. Am Ende hat dann jeder was davon.

Um mit dem Mythos endgültig zu brechen: Sind NTSC-Filme immer länger als PAL-Filme und daher ungeschnitten?
Tobias Maurer: Durch die unterschiedliche Bildfrequenz pro Sekunde ergibt sich da zwangsweise eine Differenz. Bei korrekt eingehaltener Norm und absolut identischer Fassung läuft der gleiche Film in NTSC ca. 4 % langsamer als in PAL, also werden aus z. B. 100 Minuten PAL ca. 104 Minuten NTSC. Deswegen ist ohne Frage der Mammutanteil der NTSC-Fassungen von Filmen länger als ein PAL-Pendant – fassungstechnisch aber eben völlig identisch. Dass die Fassung in NTSC ungeschnitten ist, kann man jedenfalls nicht pauschal sagen. Diese Mutmaßung fußt wohl nur darauf, dass man in der PAL-Region Deutschland früher eben gefühlt öfter gekürzte Fassungen bekam und ein Import aus z. B. den USA in NTSC dann vollständig war. Selbstverständlich gab es aber damals schon auch NTSC-Veröffentlichungen, die gegenüber einer PAL-Auflage gekürzt waren. Zudem wird das Ganze gerade im Eastern- oder auch Horror-Bereich (sprich: eher Fan-Genres, an denen sich oft auch kleinere Labels mit vereinzelt schlechteren technischen Kenntnissen ausgetobt haben) zusätzlich kompliziert, da die NTSC-PAL-Normwandlung häufig nicht korrekt durchgeführt wurde. So gab es gerade zu Anfangszeiten der DVD etliche Veröffentlichungen, die zwar die für PAL üblichen 25 Einzelbilder pro Sekunde aufweisen, jedoch immer noch in der NTSC-Geschwindigkeit einer verwendeten ausländischen Vorlage liefen. Den umgekehrten Fall findet man auf dem damals ähnlich von Billig-Veröffentlichungen überfluteten US-DVD-Markt. Dort nahm man nämlich trotz NTSC nun hier oder da mal deutsche oder Hongkong-Tape-Auflagen in PAL-Geschwindigkeit für Eastern als Quelle.

Unterliegen TV-Sendungen bzw. Filme fürs TV auch der FSK? Warum gibt es hier so viele Sonderlängen?

GERALD WURM: Für Ausstrahlungen im TV ist die FSF zuständig, die den Sendern mitunter auch eigene Schnittauflagen erteilt, wenn besagter Inhalt zu einer bestimmten Zeit ausgestrahlt werden soll. Bis 22 Uhr muss alles auf FSK-12-Niveau, zwischen 22 und 23 Uhr alles maximal auf FSK-16-Niveau und ab 23 Uhr darf alles auf FSK-18-/Keine-Jugendfreigabe-Level sein. Will ein Sender früher ausstrahlen, sind Schnitte meist unumgänglich. Die FSF orientiert sich also im Gros der Fälle an den offiziellen FSK-Freigaben, kann aber auch mal eigene Sondergenehmigungen für frühere Ausstrahlungen höher freigegebener Inhalte erteilen. So wurde z. B. »Full Metal Jacket« schon uncut um 20:15 Uhr auf Kabel 1 erlaubt. Was manche Labels aber mitunter machen: Eine für eine TV-Ausstrahlung geschnittene Fassung offiziell bei der FSK prüfen lassen, diese kommt dann zur Anwendung. Aus der Reihe tanzen manchmal noch die Öffentlich-Rechtlichen, die eine eigene Jugendschutzabteilung haben und in manchen Fällen auch Filme zensieren, die von der Uhrzeit her auch uncut hätten laufen können. Als Beispiel sei hier »Gesetz Der Rache« mit Gerard Butler zu nennen.

Wie viele Filme stehen denn zuhause bei dem Experten im Regal? Und in wie vielen davon ist Jackie Chan zu sehen?

TOBIAS MAURER: Grundsätzlich würde ich gerade bei Jackie Chan zwischen Filmen und Fassungen unterscheiden. Ich bin schon an verschiedenen Genres interessiert, und bei anderen Filmen stehen bei mir, womöglich öfter als beim Durchschnittsfilmfan, z. B. Kinofassung und Director's Cut nebeneinander im Regal. Bei Chan kommen verschiedene weltweite Auflagen (speziell zu DVD-Zeiten, in denen man nur auf den britischen HKL-Veröffentlichungen die hörenswerten Audiokommentare von Bey Logan finden konnte) hinzu, welche für mich als Fan einen eigenen Reiz hatten und zumindest zum Teil auch immer noch haben. Da habe ich durchaus auch einiges wieder verkauft über die Jahre hinweg, und grob kann man wohl sagen: Insgesamt im vierstelligen Bereich, mehr als 10 % davon dürften in irgendeiner Form mit Jackie zusammenhängen.

Schnitt ist nicht gleich Schnitt. Stimmen Sie dem zu? Wieso wird überhaupt geschnitten und zwischen welchen Schnittarten unterscheiden Sie?

TOBIAS MAURER: In unserem Themengebiet herrscht häufig der Irrglaube, dass Schnitte einen Film zerstören – das ist per se natürlich Quatsch. Im Gegenteil machen sie aus einer Produktion mit etlichen Stunden Rohmaterial überhaupt erst einen irgendwie auf ein Publikum zugeschnittenes Produkt. Um mal etwas weiter auszuholen: Im Grunde kann man wohl zumindest zwischen vier verschiedenen Arten von Schnitten unterscheiden.

a) Ganz allgemein gibt es immer Straffungskürzungen, meist sogar ganze Szenen, die zugunsten von Dramaturgie und Dynamik noch vor der Veröffentlichung einer finalen Filmversion weichen müssen. So etwas ist gerade für Fans immer ein spannender Bonus und verständlicherweise in Form von »Deleted Scenes« seit Jahren beliebter Bestandteil von Heimkino-Veröffentlichungen. Interessanterweise gibt es hier bei Jackie-Chan-Filmen kaum Beispiele, was wohl auch stark mit dem in Hongkong und insbesondere noch vor ein paar Jahrzehnten durchaus etwas lockeren Umgang mit Rohmaterial zusammenhängt. Gerade Titel wie »Meister Aller Klassen«, die angeblich in der ersten beim Studio abgelieferten Version eine Laufzeit von rund drei Stunden aufwiesen, wären da spannend. Umgekehrt sind dieser oder z. B. auch »Action Hunter« wiederum Titel, bei denen man derartige zusätzliche Handlungsszenen in internationalen Exportfassungen sogar im Film integriert sehen kann – vielleicht sogar quasi als Ersatz für dort wiederum vorgenommene Schnitte, was zur nächsten Schnittart überleitet.

b) Bei Jackie-Chan- und allgemein asiatischen Filmen stößt man oft auf Schnitte für internationale Auswertungen in einer eigentlich schon fertigen Filmfassung, die so beispielsweise in Hongkong im Kino lief. Einerseits wird auch hier, wie bei Punkt a), einfach nochmal gestrafft. Ein Gedanke ist da sicher oft, weil man den Actionfilmen noch etwas mehr Schwung geben will. Oft glauben die Verleiher hier die Bedürfnisse des jeweiligen Marktes besser zu kennen. Ein Extrembeispiel wäre da wohl Jackies bewusst ruhig-ausschweifender »Miracles«, den man schon für den westlichen Export stark straffte und in Deutschland dann nochmal nachkürzte, um den Film mit rund 35 Minuten weniger Handlung eher als konventionellen Actioner vermarkten zu können. Auch der landeseigene und häufig eher alberne Humor wird westlichen Zuschauern seit jeher oft vorenthalten – in den 70ern bereits in z. B. »Sie Nannten Ihn Knochenbrecher« oder »Zwei Schlitzohren In Der Knochenmühle«, in den 80ern z. B. bei »Der Superfighter« oder »Police Story«.

c) Schnitte alleine reichen den Verleihern aber manchmal nicht und so gibt es auch öfter mal Umschnitte sowie Alternativmaterial. Vereinzelt hat das Studio diese Anforderungen sogar schon beim Dreh beachtet und beispielsweise alternative Takes aufgenommen – oder mittels Nachdrehs lenkt man das Ganze nochmal in eine andere Richtung. Da ist ohne Frage Jackies »Der Protector« wieder ein Musterbeispiel. Auch bei den internationalen Fassungen von den 90er-Filmen »Rumble In The Bronx« oder »First Strike« wurde ausgesprochen umfassend mit dem Rohmaterial getrickst bzw. dieses zum Teil ganz neu angeordnet und Szenenverläufe massiv umgestellt. Man kann so je nach vorliegender Fassung eigene inszenatorische Akzente erkennen, und im Grunde ist das somit häufig schon eine spannende Angelegenheit.

d) Einer einmal zum Beispiel im Kino ausgewerteten, finalen Filmfassung wird verständlicherweise üblich der insgesamt höchste Wert beigemessen. Zugunsten einer anderen lokalen Freigabe durchgeführte Zensurschnitte auf dieser Basis werden entsprechend besonders kritisch gesehen und sind Gegenstand etlicher Schnittberichte auf unserer Seite. Bei einem talentierten Cutter kann auch durchaus mal ganz spannend zu sehen sein, wie geschickt sich manchen Szenen die Brisanz nehmen lässt – amerikanische Eingriffe im Einzelbilderbereich fallen da oft auf. Ganz besonders in Deutschland und zu Beginn der Videozeiten ist man da aber deutlich grober vorgegangen. Viele Kaufhaus-Fassungen mit FSK 16 haben Sammlern da dank Anschlussfehlern und in Bild sowie Ton durchaus auffälligen Eingriffen Kopfschmerzen bereitet. Bei Polygrams Jackie-Chan-Collection auf VHS gab es hier von etlichen 70er-/80er-Filmen aus Jackies Filmografie regelrecht absurd zensierte Fassungen, die heutzutage zum Glück der Vergangenheit angehören. Möglich war dies häufig durch eine erneute FSK-Prüfung einer ungekürzten Fassung, bei der man dank veränderter Zeitumstände nun zu einem milderen Urteil kam.

Ihre Berichte sind äußerst detailgenau. Neben den offen einsehbaren Kommentaren, erhalten Sie viel persönliches Feedback zu Ihrer Arbeit? Vielleicht sogar von Verleihern selbst, die auf Ihre Expertise zurückgreifen möchten?

TOBIAS MAURER: Mit den Labels und Vertrieben haben wir seit Jahren ein gutes und vertrauensvolles Verhältnis. Auch bei diesen Firmen sitzen ganz oft eingefleischte Filmfans, die sich selbst darüber ärgern, wenn sie es aufgrund von Lizenzrechten oder Jugendschutzbestimmungen nicht bewerkstelligen können, dem deutschen Publikum die bestmögliche Fassung eines Films zugänglich zu machen. Und da sie unsere aufrichtige Mission des Aufklärens verstehen und selbst gut finden, unterstützen sie uns auch sehr oft mit Informationen oder Material zur Erstellung von Schnittberichten. Ich persönlich habe beispielsweise Koch Media unterstützt bei der Neuveröffentlichung von »The Punisher« mit Dolph Lundgren, der weltweit erstmals in HD als Unrated-Fassung ausgewertet wurde. Bei der Erstveröffentlichung hatte das Label ein paar kurze US-Zensuren im Einzelbild-Bereich (also unter 1 Sekunde!) übersehen und dafür Kritik einstecken müssen. Für diese Zweitauswertung wurde uns dann das neue Master vorab zur Überprüfung geschickt.

Welcher Kritik muss man sich als Autor für Schnittberichte aussetzen?

TOBIAS MAURER: Wie bei allem in der Kunst fußen die Diskussionen rund um einen Film und dessen Qualität natürlich auf dem persönlichen Geschmack. Deswegen kann es mitunter vorkommen, dass der Autor im Intro eines Schnittberichts einen Film lobt oder kritisiert, während Leser anderer Meinung sind und dies dann in der Kommentarspalte äußern. Kritik an der Sorgfalt der dahinter stehenden Arbeit ist das aber natürlich nicht. Wenn es trotz sorgfältiger Kontrolle noch Fehler in den Artikeln gibt, nehmen wir die Hinweise gerne an und überprüfen und korrigieren es. Aber auch das werten wir vor allem als Hilfestellung denn als Kritik.

Ganz spontan: Ihr Lieblingsfilm von oder mit Jackie Chan ist …?

TOBIAS MAURER: Wie weiter oben schon erwähnt, haben die einzelnen Jahrzehnte da meiner Meinung nach für sich stehende Highlights. Auf einen einzigen heruntergebrochen, fällt meine Wahl aber durchaus klar auf »Police Story«. Da passt einfach alles, und man kann Jackie Chans über die vorigen Jahre hinweg erarbeiteten, persönlichen Trademarks und inszenatorischen Experimente in Perfektion erleben.

Um einen Schnittbericht oder eine bestimmte Filmfassung zu dokumentieren und zu bewerten, sind (Insider-)Infos vonnöten. Woher beziehen Sie Ihr Vergleichsmaterial wie ausländische Filmfassungen oder Masterband-Abtastungen, die kommerziell (noch) nicht zu kaufen sind? Und woher wissen Sie überhaupt, dass es diese gibt?

TOBIAS MAURER: Masterband-Abtastungen fallen nur darunter, wenn diese von einem Label offiziell ausgewertet werden und wir sie durch zeitigen Kontakt vorab zur Verfügung gestellt bekommen haben. Hier sowie bei ausländischen Veröffentlichungen liegen vorwiegend sowohl eine persönliche Recherche in internationalen Internet-Foren als auch über die Jahre hinweg geknüpfte Kontakte zugrunde. Das kann manchmal nur eine reine Vermutung sein, so geschehen bei der kurioserweise längeren Laufzeitangabe der 2014 in Japan veröffentlichten Blu-ray von »Mission Adler«, welche dann tatsächlich erstmals eine exklusive Langfassung enthielt.

Können Sie ein bis zwei Beispiele von Jackie-Chan-Filmen nennen, deren Arbeit am Schnittbericht Ihnen im Gedächtnis blieb, weil Sie entweder lustige Dinge herausgefunden haben, es höchst schwierig war, an Material zu gelangen, oder aus anderen Gründen?
TOBIAS MAURER: Der schon erwähnte Vergleich zur Hongkong-Fassung von »Der Protector« war ohne Frage eine Herzensangelegenheit für mich. Zum Film selbst gehen die Meinungen sicher auseinander, bei kaum einem anderen Chan-Titel waren die verschiedenen Fassungen aber derart wesentlicher Bestandteil in allen erdenklichen Reviews/Kommentaren. Entsprechend schön war es, diesen für Schnittberichte.com prädestinierten Fall abschließen zu können. Eine absolute Kuriosität wiederum war die 70er Jahre Produktion »Blood Fingers – Brutal Boxer«, in der Jackie nur belanglos für ein paar Sekunden im Hintergrund zu entdecken ist. Eine Frechheit, wie Verleiher weltweit so einen Mini-Auftritt für eine Vermarktung als Jackie-Chan-Film nutzten. Dieser »Chanploitation« nochmal eine kleine Abhandlung im Einleitungstext zu widmen und überhaupt erst durch einen Kollegen an eine seltene italienische VHS zu kommen, die eine längere Filmfassung enthält, war mal eine interessante Abwechslung.

Dank modernster Technik werden Spiele und Filme immer realistischer. Inwiefern ist das System einer Prüfstelle sowie einer Indizierung von Inhalten noch zeitgemäß? Gibt es alternative Lösungsansätze?
TOBIAS MAURER: Die Existenz von Prüfinstanzen an sich würde ich nach wie vor als wichtig für die Jugendentwicklung ansehen. Wir erleben bei der FSK und auch der USK in den letzten Jahren einen deutlichen Wandel bei der Bewertung von Gewaltinhalten, die wesentlich zeitgemäßer wirkt als früher. Filme wie »The Raid 2« oder Spiele wie »Mortal Kombat X« wären vor ein paar Jahren sehr wahrscheinlich nicht ungeschnitten mit der 18er-Freigabe versehen worden. Die eben schon erwähnten Neuprüfungen von Jackie-Chan-Filmen zu Zeiten der Collector's Edition sprechen in der Hinsicht auch Bände, exemplarisch seien nur mal die von FSK 18 auf FSK 12 herabgestuften »Die Große Keilerei« oder »Tiger Der Todesarena« genannt. Der Index wirkt hingegen wie ein überholtes Relikt, das gerade in Zeiten der Globalisierung des Internets, das alles jederzeit verfügbar macht, seinen einstigen Abschirmeffekt nicht mehr wirklich ausspielen kann. Er ist in seiner Form ohnehin einzigartig in der westlichen Hemisphäre und beherbergt auch aktuell noch viele Filme und Spiele, die nach heutigen Maßstäben sogar problemlos für Minderjährige geeignet sind. Man denke nur an »Tanz Der Teufel«, der mittlerweile rehabilitiert und ab 16 frei ist. Alternative Lösungen könnten darin liegen, dem Publikum etwas mehr Vertrauen entgegenzubringen und sie selbst entscheiden zu lassen, was sie konsumieren wollen, schließlich sollte »ab 18« schon genug Signalwirkung für alle Beteiligten haben.

Und die deutschen FSK-Stufen frei, 6, 12, 16, 18? Sind sie überholt oder passgenau aufs Alter zugeschnitten?

TOBIAS MAURER: Man kann sie weder als »überholt«, noch als »passgenau« bezeichnen, weil jeder heranwachsende Mensch einen individuellen Reifeprozess durchläuft. Einem Film immer die für jeden Menschen perfekte Freigabe zu erteilen, ist ein unmögliches Unterfangen. Im Idealfall gibt es aufmerksame Eltern und/oder wichtige Wegbegleiter, die einen jungen Menschen bei seinem Umgang mit Medien verantwortungsvoll unterstützen. Eine solch wertvolle Begleitung in der Medienerziehung kann die Alterseinstufung nicht ersetzen. Sie hat zur Aufgabe, Filme von Altersgruppen fernzuhalten, die in ihrer Entwicklung davon gestört werden könnten.

Könnten Neuprüfungen von Filmen vor der FSK durch enorme Kosten ein abschreckender Grund sein, warum es viele alte Filme in Deutschland noch nicht uncut gibt?

TOBIAS MAURER: Natürlich kosten Neuprüfungen bei der FSK Geld, da sie keine Behörde ist und sich über diese Gebühren finanziert. Ob ein Verleiher einen Film in Deutschland auf den Markt bringt, hängt natürlich auch wesentlich von wirtschaftlichen Faktoren ab. Ist eine ausreichende Kundennachfrage zu erwarten, mit der sich sowohl sämtliche Produktions- und Prüfungskosten decken und darüber hinaus auch noch Gewinne erzielen lassen? Wenn sich diese Frage mit »ja« beantworten lässt, dürfen Fans zu Recht auf solche Veröffentlichungen hoffen. Die FSK fließt hier aber allenfalls als ein Faktor in die Gesamtkalkulation ein. Will man hingegen eine Indizierung vorzeitig aufheben lassen oder gar die Beschlagnahmung eines Films anfechten, sind die Gutachter- und Anwaltskosten natürlich deutlich höher, weil auch der ganze Prozess länger dauert.

Gehen wir noch tiefer in die Materie. Was halten Sie von den Veröffentlichungen von Splendid, angefangen von der ersten Masterpiece über die Collector's bis hin zur Dragon Edition? Ist mit der Dragon Edition das Limit erreicht, was man aus einem Filmprojekt für das Home Entertainment herauskitzeln kann?

TOBIAS MAURER: Da sollte man wohl niemals nie sagen, wie regelmäßig an HD-Neuabtastungen, nachträglich aufgetauchten Kinorollen (z. B. Fritz Langs »Metropolis«) oder aufwändigen Restaurationsprojekten zu sehen ist. Ausgerechnet einige von Jackies 70er-Fühwerken für Lo Wei werden aktuell angeblich von L'Immagine Ritrovata, die kürzlich auch die Bruce-Lee-Filme restauriert haben, neu in 4K abgetastet. Von der Bildqualität her dürfte da in vielen Fällen in der Zukunft noch mehr machbar sein, wobei Splendid zum Erscheinungsdatum der Dragon Edition Blu-rays zumindest gemäß zu diesem Zeitpunkt weltweit erhältlicher Alternativen das Maximum herausgeholt hat. Auch ansonsten verdient ganz konkret die Dragon Edition ausdrücklich ein ganz großes Lob. Hier hat Splendid Fan-Informationen beachtet, meist Bonusmaterial von etlichen weltweiten Veröffentlichungen gesammelt und vor allem bei den Tonspuren ganze Arbeit geleistet. Weltweit sind von Jackie-Chan- und etlichen anderen Hongkong-Filmen digital leider nur zum Teil sehr fragwürdige Upmixes mit zusätzlichen Soundeffekten im Umlauf. Bei den Splendid-Blu-rays wurden hingegen erfreulicherweise fast ausschließlich die Original-Spuren sowohl beim deutschen als auch dem Originalton verwendet. Außerdem hat man jeweils die längstmögliche deutsche Synchronisation rekonstruiert. Bei den qualitativ heute niemandem mehr zu empfehlenden Masterpiece und Collector's Editionen waren nämlich leider vereinzelt Stellen unter den Tisch gefallen, die zuvor auf VHS oder Kinorollen noch zu hören waren.

Wie Sie wissen, ist gerade Splendid seit vielen Jahren *der* Filmverleiher für Jackie-Chan-Fans. Nach dem VHS-Zeitalter brachte Splendid mit der Masterpiece Edition Anfang 2001 erstmals eine remastered DVD-Reihe heraus. Leider oft die alten deutschen, geschnittenen Versionen. Drei Jahre später folgte die Collector's Edition, bei der bisher unveröffentlichtes Material in OmU einiger Filme angezeigt wurde. Wiederum ein paar Jahre später kamen viele Uncut-Filme im Original-Bildformat mit allen Szenen und sogar ausländischem Bonusmaterial auf Blu-ray heraus. Wie erklären Sie sich diese Entwicklung gerade im Fall der Jackie-Chan-Filme? Verlangt die Gesellschaft allgemein immer mehr nach unzensierten Informationen aus aller Welt?

TOBIAS MAURER: Da hat gerade Schnittberichte.com, aber auch generell der heutige Informationsfluss im Internet und durch ausführlich recherchierte Literatur wie der vorliegenden Filmografie sicher einen großen Beitrag geleistet. Speziell zu Beginn des DVD-Zeitalters wurden in Amerika Unrated-/Extended-Auswertungen zum Verkaufsschlager und »Uncut« wiederum im deutschen Raum das beliebteste Argument, wie das Design der Collector's Edition eindrücklich dokumentiert. Durch Bildvergleiche und Datenbanken im Netz hat sich glücklicherweise das Bewusstsein über die Jahre etwas gewandelt. »Uncut« alleine machte bei besagter Collector's Edition von Jackie-Chan-Filmen nämlich noch keine rundum gelungene Veröffentlichung aus. Natürlich mag der Durchschnittskäufer im Saturn oder selbst auf Amazon sich da nicht immer so ausführliche Gedanken drüber machen. Negative Rückmeldungen verbreiten sich aber heute nun mal rasend schnell, und die direkte Kommunikation vieler Labels auch mit SB.com zeigt, dass die Ansprüche sich hier zumindest ein bisschen die richtige Richtung verändert haben.

Manchmal kommt es vor, dass eine ungeschnittene Exportfassung Material enthält, welches in einer japanischen Langfassung seltsamerweise fehlt. Kann man hier überhaupt von einem ungeschnittenen Film sprechen? Wäre demnach nicht ein Hybrid aus beiden der ultimative Uncut-Movie?

TOBIAS MAURER: Solche Bastelarbeiten sind immer schwierig und generell sollte meiner Meinung nach dann doch eher den verschiedenen Studio-Fassungen der Vorzug gegeben werden. Lieber beide Fassungen als Kunstwerke für sich stehen lassen oder für eine entscheiden. Beim Kombinieren versuchen an der eigentlichen Produktion unbeteiligte Parteien stattdessen oft passend zu machen, was nicht passt. Ein klassisch bei uns diskutierter Extremfall ist da wohl Romeros Zombie-Klassiker »Dawn Of The Dead«, den Astro damals als 154 Minuten langen »Final Cut« auf DVD veröffentlichte. Die von Dario Argento entworfene »Exportfassung« enthielt hier zusätzliche Szenen, jedoch auch einen komplett eigenen Score, sodass sich gerade die Tonspur massiv unterscheidet. Für den »Final Cut« hat das deutsche Label ganz ohne Mitwirkung der eigentlichen Filmverantwortlichen dann einfach alles zusammengeworfen und noch mit aufgefundenen Deleted Scenes oder ähnlichem Rohmaterial aufgefüllt. Auch diese Fassung hat ihre Fans gefunden, gemeinhin herrscht allerdings die Meinung, dass es sich um eine nicht zu empfehlende Patchwork-Version handelt – nicht zuletzt wegen den Abweichungen auf der Tonspur. Ein ähnliches Unding hat man bei der ersten japanischen Blu-ray von »Der Protector« versucht. Dort findet man eine rund 105 Minuten lange Fassung, die in die US-Fassung Szenen aus Jackies Hongkong-Cut einfügt. Vollständig und somit »ultimativ uncut« ist das aber nicht mal im Ansatz geworden, der Filmfluss wird durch das unterschiedliche Material auch eher gestört. Rein von der Tonspur ist da auch die Exportfassung von »Meister Aller Klassen« ein Sorgenkind, denn nur dort hört man durchgängig einen flotten Score im Hintergrund. Als Splendid diese kurze Tonspur auf die ungekürzte Fassung angepasst hat, sind immer zwischendrin auffällige Wechsel entstanden. Diesen Film schaue ich persönlich in der Hongkong-Kinofassung nur im O-Ton, auf Deutsch hingegen sei auf die für die deutsche Blu-ray erfreulicherweise sogar mit den zusätzlichen zwei Szenen rekonstruierte Exportfassung verwiesen. Noch besser ist die japanische Kinofassung, welche bis kurz vor Schluss dem Verlauf der Exportfassung folgt und den Endkampf dann in der fast 10 Minuten längeren Originalform zeigt. Sie ist auf der neuen japanischen Blu-ray sogar mit dem hochwertigen englischen Original-Dub von Golden Harvest (enthält auch den flotten Score) in HD enthalten.

Also gibt es definitiv auch den umgekehrten Fall, in dem die kurze, normal-lange Fassung lebendiger ist als deren Extended Director's Cut. Ich persönlich denke da an »Donnie Darko«. Welchen Sinn haben verschiedene Arten von Filmfassungen?
Tobias Maurer: Da mögen natürlich ganz verschiedene Beweggründe dahinter liegen, wie zuvor schon erwähnt. In dem genannten Fall sagt die (leider auch manchmal missbrauchte) Bezeichnung der Fassung als Director's Cut darüber schon etwas aus: Der Regisseur selbst hatte offenbar noch mehr zu sagen. Wie weiter oben zu den Deleted Scenes schon angemerkt, fällt die Trennung von so manchen Szenen den Machern selbst offensichtlich häufig schwer – für den Zuschauer des finalen Films sind die Schnitte aber nicht immer eine schlechte Sache. Tatsächlich raubt so manche etwas genauer erklärende Szene im Director's Cut von »Donnie Darko« dem Film auch meiner Meinung nach etwas von seinem Reiz. Einerseits hängt das für den Zuschauer sicher auch damit zusammen, welche Fassung er zum ersten Mal gesehen und dann liebgewonnen hat. Andererseits spielt da die grundsätzliche Stimmung des Films wohl immer eine Rolle. Das ist natürlich sehr subjektiv, aber nehmen wir unter Jackies Filmen mal »Miracles« und »Police Story 2«. Ersterer sticht durch seine Machart und Atmosphäre einfach heraus mit dem 30er-Jahre-Setdesign. Man weiß auch, dass Jackie da selbst viel Wert auf einen speziellen Look gelegt hat und den Film als Hommage an damalige Produktionen versteht. Hier bevorzuge ich auch in jedem Fall die längere Fassung, gerne sogar die nochmal etwas längere von der chinesischen DVD, da es für meinen Geschmack einfach passt. »Police Story 2« hingegen ist ein exzellenter Actionfilm, will meinem Empfinden nach aber im Grunde auch nicht mehr sein. Die knackige alte deutsche Exportfassung mit rund 90 Minuten passt da, in der mittlerweile weltweit gebräuchlichen Langfassung aus Japan mit über 120 Minuten wird so manches für mich einfach unnötig in die Länge gezogen.

Nach vielen aktiven Jahren und vielen Berichten, wie halten Sie Ihre Motivation hoch? Auf welche Berichte von Jackie-Chan-Filmen dürfen wir uns in Zukunft freuen?
TOBIAS MAURER: Die auch in Deutschland erhältliche, internationale Fassung von »Mr. Nice Guy« beispielsweise habe ich erst kürzlich behandelt, und bei beispielsweise den neuen Produktionen »Armour Of God: Chinese Zodiac« oder »Dragon Blade« war wieder das alte Schema einer kürzeren internationalen Fassung zu beobachten. Ältere Lücken findet man also wohl immer mal oder es ergeben sich Möglichkeiten durch neue Veröffentlichungen. Abseits von Jackie-Chan-Filmen hat sich da in den letzten Jahren durchaus auch bereits einiges an Vergleichsmaterial aufgestaut, alleine an sonstigen Hongkong-Filmen im dreistelligen Bereich. Arbeit wartet bei mir und anderen Autoren wirklich noch ausreichend und somit gibt es auch genug Material für den Fortbestand von Schnittberichte.com.

Zum Schluss: Irgendetwas in eigener Sache?
TOBIAS MAURER: Es ist schön zu sehen, dass andere Leute wie Sie ähnlich interessiert und sich dem Bedarf einer umfassend-informativen Abhandlung bewusst sind. Wie schon beschrieben, habe ich mich damals ausgehend von den Kurzkommentaren in Jackies Biografie durch die Filmografie gearbeitet. Dort hatten sich durch Übersetzungsfehler oder wohl schlicht Lücken in Jackies eigener Erinnerung auch einige Fehler eingeschlichen. Ohne Frage ist es bei der Fülle an heutzutage verbreiteten Informationen zudem manchmal schwierig, einen vernünftigen Detaillierungsgrad zu finden – was wiederum auch häufig zu Missverständnissen führt. Ich hoffe jedenfalls, dass der Beitrag über Schnittberichte.com da eine gute Hilfestellung bietet und mit Ihrem Buch auch zukünftige Interessenten besser vorbereitet an dieses schöne Sammler-Hobby gehen.

Vielen Dank, Herr Maurer, für dieses ausführliche Interview und Ihre Kommentare! Herr Wurm, eine letzte, wichtige Frage noch an Sie: Wie kann man bei euch mitmachen, wie geht's mit Schnittberichte.com in den nächsten Jahren weiter?
GERALD WURM: Wir sind immer offen für motivierte Filmfans, die uns unterstützen wollen. Sei es durch Fassungsmaterial oder Mitarbeit in unserer Redaktion. Es gibt noch so viele offene Schnittberichte-Lücken und ständig Neuigkeiten zu berichten, dass uns der Stoff für viele weitere Jahre sicher nicht ausgehen wird. Und natürlich haben wir auch Pläne für die Zukunft, zu denen wir hier aber noch nicht zu viel verraten wollen. Wer Teil davon sein will, ist herzlich eingeladen.

Das Interview mit Gerlad Wurm und Tobias Maurer wurde im Mai und August 2017 vom Autor durchgeführt.

Nachwort

Auch »Der neue deutsche Jackie Chan Filmführer« hat nach seinem Vorgänger von 2008 den Anspruch, die umfangreichste Filmografie über Jackie Chan zu sein. Dies schafft er dank diverser Abstecher in verschiedenen Kapiteln und bisher unveröffentlichten Hintergrundinformationen, doch perfekt kann auch dieses Lexikon nicht sein – dafür tickten die Uhren der Hongkonger Filmbranche ganz anders.

Erst 1993 wurde das Hong Kong Film Archive (HKFA) gegründet, das sich zur Aufgabe gesetzt hat, das filmische Schaffen von Hongkong zu sammeln, zu kategorisieren und der Weltöffentlichkeit zugänglich zu machen. Als Jackie Chans »Police Story III – Super Cop« (1992) bereits erfolgreich aus den Kinos ausgespielt wurde, landeten die Filmrollen entweder wieder bei Golden Harvest, auf irgendeinem Dachboden oder wurden wegen Platzmangel einfach vernichtet.

Diese Vorgehensweise war lange Standard. Im extrem schnelllebigen Hongkong hatte man keine Zeit für Nostalgie. Man wollte den nächsten Film noch besser, noch lukrativer machen. So verschwanden über viele Jahre unzähliges Filmmaterial, Schnittfassungen sowie ganze Filme, die heute als verloren gelten. Mit der Gründung der HKFA wurden tausende Filmproduktionen erstmals behördlich kategorisiert, zertifiziert und als filmisches Kulturgut betrachtet. Und immer mehr Material wird der HKFA zugespielt.

Vor allem dem Interesse britischer Filmproduzenten, Manager und Cineasten ist es heute zu verdanken, dass besonders Jackie-Chan-Filme in verschiedenen Fassungen komplettiert und restauriert wurden. Die Pionierarbeit des Labels Hong Kong Legends hat letztendlich dazu geführt, dass Fans sich mehr mit den Hintergründen zum Hongkong-Kino beschäftigen und ungeschnittene Originalfilme sehen möchten. Das wiederum treibt sie an, eigenständig altes Filmmaterial neu zu entdecken und darüber in aufklärenden Berichten wie bei Schnittberichte.com für die Nachwelt festzuhalten. Die langjährige Arbeit des deutschen Labels Splendid Films sei an dieser Stelle als Fan ebenfalls lobend erwähnt.

Auch wenn Filme in Hongkong seit den 1910er Jahren gedreht werden, erst seit Mitte der 1990er werden sie als Kulturgut anerkannt. Es ist meine persönliche Meinung, dass es aus der Zeit der Billig-Eastern in den 1970ern noch einige Filme gibt, an denen Jackie Chan als Stuntman und Komparse beteiligt war.

»Als Junior-Stuntmen schob man uns die miesesten Jobs zu. Häufig engagierte uns der Stuntkoordinator für Probeszenen, die nachher im Film von den kostspieligeren Senior-Stuntmen durchgeführt wurden. Oft spielten wir auch Leichen, die stundenlang reglos auf dem Boden liegenbleiben mußten. Wenn wir zur Schule zurückliefen, waren wir völlig verschwitzt und schmutzig.« (S. 142-143, »Jackie Chan – Ein Leben Voller Action: Die Autobiographie«, aktualisierte Ausgabe, Heyne, 2002)

Es ist eine Sache, ob sich diese Filme irgendwann finden lassen und wir einen jungen Jackie Chan erkennen werden, es ist aber eine andere Sache, in welchen anderen Filmen Jackie Chan als Komparse weiterhin unerkannt bleiben wird. Vielleicht wird es daher nie eine hundertprozentig vollständige Filmografie von Jackie Chan geben. Doch eins ist sicher: Fans dürfen sich auch in Zukunft auf die Arbeit ihres Idols freuen. Denn für die nächsten Jahre stehen genügend Projekte von und mit ihm an.

Und wer weiß, vielleicht entdecken ja auch Sie einen bisher unbekannten alten Eastern oder eine seltene Schnittfassung eines Films mit Jackie Chan ...

Thorsten Boose im November 2018

Quellen & weiterführende Lektüre

Für ein so umfangreiches Filmlexikon wie »Der neue deutsche Jackie Chan Filmführer« braucht es neben vielen Quellen natürlich auch einen gewissen Erfahrungsschatz innerhalb der Materie des Hongkong-Kinos, um diese Quellen zu hinterfragen und eigene Grundlagenforschung zu betreiben. Als Ausgangsbasis für eine Filmografie dient natürlich offizieller Lesestoff wie Jackie Chans erste und zweite Autobiografie oder das einzige offizielle, von der JC Group genehmigte Abo-Magazin »Screen Power« (1997-2007). Wenn man dann frei zugängliche Internet-Filmdatenbanken miteinander und untereinander vergleicht, tauchen schon die ersten Konflikte und fehlenden Informationen auf. Diese Fragen führten zu mehr Lesestoff in Form von Büchern, aber auch zu Websites und Dokumenten, die einen bestimmten Film detaillierter und vor allem offiziell beleuchteten. Der direkte Kontakt zu Personen aus der Branche diente zudem als Bestätigung oder Widerlegung diverser Daten und Inhalte (s. beispielsweise die Interviews dieses Buches). Darüber hinaus bieten Audiokommentare einen reichhaltigen Schatz an Hinweisen für weitere Recherchen. Und zu guter Letzt ist man als Autor auch noch selbst Fan seit Jahrzehnten und tauscht sich regelmäßig, entweder privat oder über das Internet, mittlerweile weltweit mit Gleichgesinnten aus, die ebenfalls ihren eigenen Hinweisen nachgehen oder über etwas gestolpert sind, was manch andere in dem romantischen Hongkong-Kino-Chaos – selbst erfahrene Filmkritiker – bis heute übersehen haben. Die nachfolgenden Listen enthalten sowohl einige Quellen als auch weiterführende Lektüre.

Internet

Hong Kong Movie Database
www.hkmdb.com

The Internet Movie Database
www.imdb.com

Movie Douban
movie.douban.com

Mtime
www.mtime.com

Hong Kong Film Archive
www.filmarchive.gov.hk

Online-Filmdatenbank
www.ofdb.de

Schnittberichte.com
www.schnittberichte.com

Wikipedia (entspr. Verweise)
www.wikipedia.org

SuperChan Blog
superchan.blogspot.com

Sing Lung Sings
sites.google.com/site/singlungsings

Weitere Einzelquellen werden auf der jeweiligen Buchseite beschrieben.

Bücher

Jackie Chan – Ein Leben Voller Action: Die Autobiographie
aktualisierte Ausgabe, Heyne, 2002

Made in Hongkong
Schwarzkopf & Schwarzkopf, 2000

The Essential Jackie Chan Sourcebook
Pocket Books, 1997

Dying for Action: The Life and Films of Jackie Chan
Warner Books, 1997

Jackie Chan - The Best of Inside Kung-Fu
Contemporary Books, 1998

100 % Jackie Chan: The Essential Companion
Titan Books, 2002

More 100 % Jackie Chan: The Essential Companion Volume 2
Titan Books, 2004

ebenfalls vom Autor zum Thema erschienen sind:

Der deutsche Jackie Chan Filmführer
Shaker Media, 2008

Hongkong, meine Liebe – Ein spezieller Reiseführer
Shaker Media, 2009

Desweiteren ist die Website **www.jackiechanfilme.de** des Autors zu empfehlen, auf der in detaillierten Artikeln weitere Informationen zu Jackie Chans Filmen, seinem Leben und anderen Arbeiten der Filmlegende behandelt werden. Ganz speziell werden folgende Artikel für den Einstieg empfohlen:

Aufgeklärt: Jackie Chan ist nicht in „Come Drink With Me" („Das Schwert der Gelben Tigerin") von 1966 zu sehen
Kurzlink: http://bit.ly/ComeDrinkWithMeJC

Jackie Chan bestätigt „Rush Hour 4": Historie der Buddyfilm-Trilogie
Kurzlink: http://bit.ly/RushHourHistory

Jackie Chans Karriere als Rennfahrer seit 1984 | Jackie Chan DC Racing Sieger bei Le Mans 2017
Kurzlink: http://bit.ly/JackieChanRennfahrer

Duang! – Wie Jackie Chan viral ging und ein neues chinesisches Schriftzeichen erfand
Kurzlink: http://bit.ly/DuangJC

Sensation: Jackie Chan in alter Bill-Cosby-Fernsehserie aus den 60ern entdeckt!
Kurzlink: http://bit.ly/ISpyJackieChan

Danksagung

Als Verfasser dieses Buches möchte ich die Gelegenheit zum Dank nutzen.

Ich bedanke mich hiermit bei dem *Zweiten Deutschen Fernsehen* (ZDF) für die Bereitstellung wichtiger Informationen über »Film Ohne Fesseln – Das Neue Hongkong Kino« (1993), bei *Kabel eins* für die Rücksprache zu »Jackie Chan – Vom Stuntman Zum Superstar« (2004), bei *The Cinema Guild, Inc.* für eine äußerst freundliche Beratung und die Bereitstellung der Informationen über »Bontoc Eulogy« (1995), bei Nigel Levy von *Leviathan Films* für die genaue Klärung beider Dokumentationen »Jackie Chan: The Inside Story« (2004) und »Crossings: Jackie Chan« (2004), bei Mike Leeder für die Informationen zu seiner Dokumentation »David Carradine's Martial Arts Journey« (1998), bei *DiscoverHongKong.com* und *Studiocanal* für ihre Unterstützung bzgl. meines zuvor online erschienenen Artikels und den damit einhergehenden Informationen über »I Spy« (1965-1968), bei Andrew Cooper von *Nine Network TCN* für die Bereitstellung diverser Infos zur TV-Doku-Talkshow »Getaway«, bei einem Kritiker und Cineasten, der lieber anonym bleiben möchte, für seine Meinung zum Film »Fists And Guts« (1979), bei Frédéric Savard vom National Film Board of Canada für die Bereitstellung von exklusiven Informationen und Daten zu »Who Is Albert Woo?« (2000) und bei allen anderen, die mir mit Infos, Hinweisen, Daten, Zahlen, Fakten und viel moralischer Unterstützung über zwei Jahre lang geholfen haben, dieses Mammutprojekt zu meiner und hoffentlich zur Zufriedenheit der Jackie-Chan-Fans vollendet zu haben.

Desweiteren danke ich von ganzem Herzen meinen Interviewpartnern Roberta Chow – und in diesem Zusammenhang auch besonders der Stanford University – Henry Chung, Hunt Hoe sowie Gerald Wurm und Tobias Maurer.

Einen persönlichen Dank möchte ich zum Schluss noch an folgende Personen aussprechen, die allesamt eingefleischte Jackie-Chan-Fans sind und mich in meinem Vorhaben eines weiteren Buches über unser aller Idol bestärkt haben: Julia Jin für ihre Übersetzungsarbeiten aus dem Chinesischen von sehr seltenem Videomaterial, Yumiko Kishimoto ebenfalls für ihre Übersetzungsarbeit aus dem Japanischen bzgl. eines TV-Specials und Anu Singh für ihre Unterstützung zur Sichtung des Materials der »Jackie's Global Friendship Tour 06« (2006). Danke auch an meine Ko-Autorin von »Hongkong, meine Liebe – Ein spezieller Reiseführer«, Silke Oettel, und an Sandra Töpper für die Informationen zu »Midsummer Romance 30's: Gala Evening« (1988). Ein ganz besonderer Dank gilt Tommy Sandrock für die cineastische Verbundenheit im Geiste und den vielen geistreichen Gesprächen über Jackie Chan, Hongkong und das Kino im allgemeinen, sowie zu guter Letzt Florian Krapp, der mich mit seiner Leidenschaft für Jackie Chan nicht nur immer wieder aufs Neue motivierte, an diesem Filmlexikon weiter zu arbeiten, sondern auch privat unterstützte, seltene Merchandise- und Heimkino-Artikel aufzufinden, zu besorgen und als weitere Puzzle-Stücke in das große Chan-Bild einzufügen.

Filmregister

Thorsten Boose, Silke Oettel

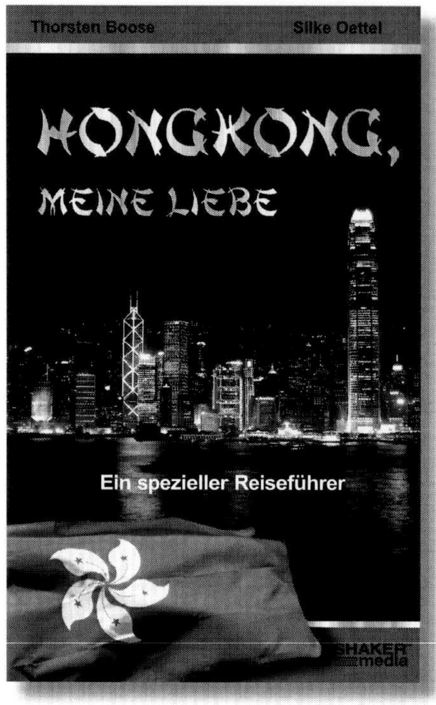

Shaker Media
ISBN 978-3-86858-255-0
232 Seiten
Deutsch
Paperback
12,5 x 20,5 cm
22,00 EUR

Hongkong, meine Liebe
Ein spezieller Reiseführer

Ein chinesisches Sprichwort lautet: „Es ist egal, wie schnell du reist, deine Seele geht immer zu Fuß." Obwohl sich Hongkong in den letzten einhundert Jahren vom Hafendorf zum Tor der modernen asiatischen Welt entwickelt hat, so hat es doch seinen markanten Charme nie verloren.

In diesem Reiseführer erleben Sie einen Urlaub der besonderen Art: Reisen Sie mit den Autoren durch urbane Distrikte, kleine Gassen und Dörfer, Parkanlagen und auf verschiedene Inseln. Sie werden an viele Kulturstätten entführt und entdecken auf Ihrer Route die Geschichte Hongkongs neu. All das wird mit imposanten Farbfotografien untermalt.

Offizieller Tourismusbotschafter der Stadt ist Jackie Chan. Aus 25 ausgewählten Filmen der Kung-Fu-Legende stellen die Autoren nähere Bezüge zu Hongkong her und präsentieren eingefleischten Fans bisher unveröffentlichte Informationen. Selbst Hongkong-Insider lernen hier noch etwas dazu.

Fiaz Rafiq, Thorsten Boose

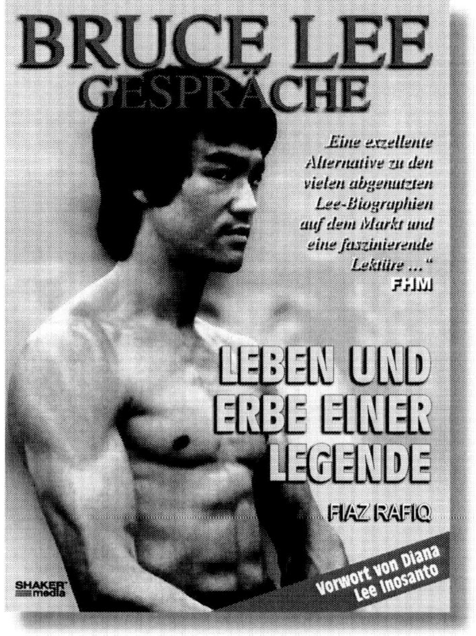

Shaker Media
ISBN 978-3-86858-565-0
316 Seiten
Deutsch
Paperback
24 x 17 cm
17,90 EUR

Bruce Lee: Gespräche

Bruce Lee gehört zu den einflussreichsten Stars und Ikonen dieser Welt. Mehr als 35 Jahre nach seinem Tod ist er ein beständiger Bestseller in Videotheken, Comicbuchläden, auf T-Shirts und Postern. Er hat die Popkultur mehr als irgendjemand zuvor oder danach beeinflusst. Lee wurde vom Time Magazine als einer ihrer einhundert einflussreichsten Personen des 20. Jahrhunderts ausgezeichnet. Er hat den Kultstatus einer Legende erreicht und eine größere Wirkung auf mehr Menschen auf der Welt gehabt als Elvis Presley, Marilyn Monroe und James Dean zusammen.

In diesem einzigartigen und faszinierenden Buch werden sie eine Zusammenstellung exklusiver Interviews mit Bruce Lees ursprünglichen Schülern, engen Freunden, Co-Stars und Kollegen entdecken. Jene, die ihn am besten kannten, geben die Sicht frei auf den großartigen Martial-Arts-Meister und Action-Filmstar, der von Millionen auf der Welt angehimmelt wird. Ihre Erinnerungen und Geschichten stellen ihn dar, wie es der beste Erzähler nicht tun könnte. Darüber hinaus - und zum allerersten Mal - lesen sie Exklusivinterviews mit einigen der besten Profiboxern, Bodybuildern, UFC-Kämpfern und Persönlichkeiten aus der Filmbranche, die jener Legende Tribut zollen, die weiterhin eine unauslöschliche Wirkung auf Athleten und Menschen aus allen Gesellschaftsschichten hat. Freuen Sie sich auf über 50 fesselnde und besinnliche Interviews.

Kämpfer, Filmstar, Philosoph, Lehrer, Fitnessliebhaber - Bruce Lee erreicht uns noch immer, obwohl sein Licht vor über dreieinhalb Jahrzehnten erloschen ist. Dies ist eine einzigartige und erfrischende Sicht auf einen Mann, dessen mysteriöses Leben sich als eines der erstaunlichsten Rätsel des Jahrhunderts erwies. Bruce Lee: Gespräche ist die ultimative Hommage an den Mann, dessen Erbe weltweit stetig wächst.

Fiaz Rafiq, Thorsten Boose

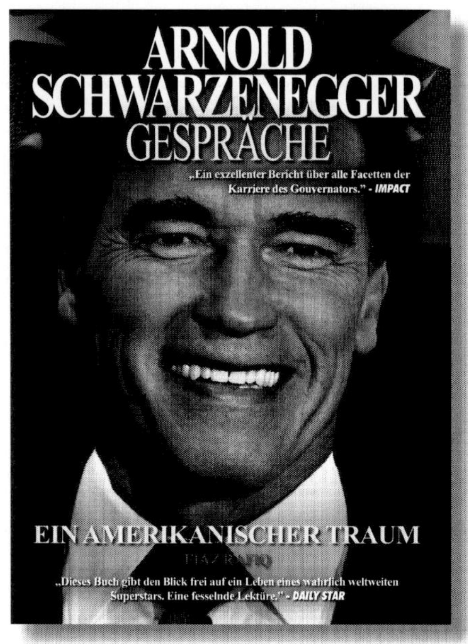

Shaker Media
ISBN 978-3-86858-719-7
292 Seiten
Deutsch
Paperback
24 x 17 cm
19,90 EUR

Arnold Schwarzenegger: Gespräche

Zum ersten Mal überhaupt wird mit diesem Buch eine Biographie über Schwarzenegger veröffentlicht, in der Exklusivinterviews ins richtige Licht gerückt werden. Anhand von Gesprächen aus erster Hand mit seinen engen Freunden, ehemaligen Bodybuilderkollegen und Trainingspartnern, der Hollywood-Riege (Co-Stars, Regisseure, Produzenten und Journalisten) sowie politischen Persönlichkeiten und Reportern behandelt dieses Werk seinen kometenhaften Aufstieg und sein Leben als weltweiter Superstar mit einer äußerst komplexen Karriere.

Schwarzeneggers resoluter Optimismus, sein Antrieb, seine Ambitionen, sein Verhalten als Geschäftsmann sowie sein Verlangen, alles zu erreichen, was er sich in den Kopf setzt, ist bemerkenswert und inspirierend. Arnold Schwarzenegger machte sich auf der Welt einen Namen, der ihm unzähligen Reichtum und ewigen Ruhm brachte. Er ist der Inbegriff des Amerikanischen Traums.

Dieses Buch enthält erstmals mündlich überlieferte Eindrücke in die Person Schwarzeneggers, dem größten Star auf der Erde. Es beschäftigt sich mit seiner Karriere als Bodybuilder, als Filmstar und als Politiker und liefert einen exklusiven Einblick in sein Leben.